（下）

中國古典名著

陸西星　撰
鍾伯敬　評
楊宗瑩　校注
繆天華　校閱

三民書局

國家圖書館出版品預行編目資料

封神演義／陸西星撰;鐘伯敬評;楊宗瑩校注;繆天華校閱.－－二版一刷.－－臺北市：三民，2007
面；　公分.－－(中國古典名著)

ISBN 978-957-14-4736-0　(平裝)

857.44　　96002426

© 封神演義(下)

撰　　者　陸西星
評　　者　鐘伯敬
校 注 者　楊宗瑩
校 閱 者　繆天華
美術設計　郭雅萍

發 行 人　劉振強
著作財產權人　三民書局股份有限公司
發 行 所　三民書局股份有限公司
地址　臺北市復興北路386號
電話　(02)25006600
郵撥帳號　0009998-5
門 市 部　(復北店) 臺北市復興北路386號
(重南店) 臺北市重慶南路一段61號

出版日期　初版一刷　1991年4月
初版七刷　2006年8月
二版一刷　2007年2月
編　　號　S 851930
基本定價　陸　元
行政院新聞局登記證局版臺業字第〇二〇〇號

ISBN　978-957-14-4736-0　(平裝)

回目

下冊

第五十四回　土行孫立功顯耀

征西將士有奇才，縮地能令濁土開。劫寨偷營如掣電，飛書走檄若轟雷。
貪趨相府幾亡命，恐失佳期被所媒。總是君明天自愛，英謀奇略盡成灰。

話說楊戩見鄧嬋玉回馬飛來要殺龍鬚虎，楊戩大呼曰：「少待傷吾師兄！」馬走如飛，搖鎗來刺。嬋玉只得架鎗。兩馬相交，未及數合，嬋玉便走，楊戩隨後趕來。嬋玉又發一石，正中楊戩，打的臉上火星迸出，往下愈趕得緊了。他不知楊戩有無限騰挪變化。嬋玉見馬勢趕得甚急，忙發一石，又中楊戩臉上，只當不知。嬋玉正是著忙，楊戩祭起哮天犬，把鄧嬋玉頸子上一口，連皮帶肉咬去了一塊。嬋玉負痛難忍，幾乎落馬，大敗進營，叫喊不止。鄧九公又見女兒著傷，心下十分不爽，納悶在帳，切齒深恨哪吒。且說楊戩救了龍鬚虎，回見子牙。子牙見龍鬚虎又著石傷，雖然楊戩哮天犬傷了鄧嬋玉，子牙心上也自不悅。

當日鄧九公父子著傷，日夜煎熬。四將在營商議：「今主帥帶傷，不能取勝西岐，奈何？」正議論間，報：「有督糧官土行孫等令。」內帳傳出令來。土行孫上帳，不見主帥，問其原故，太鸞備言其事。土行孫進帳來，見鄧九公問安。九公說：「被哪吒打傷肩臂，筋斷骨折，不能痊癒；今奉旨來征西岐，誰知如此！」土行孫曰：「主將之傷不難，末將有藥。」忙取葫蘆裡一粒金丹，用水研開，將鳥翎搽上，

真如甘露沁心，立時止痛。土行孫又聽得帳後有婦女嬌怯悲慘之聲，土行孫問曰：「裡面是何人呻吟？」九公曰：「是吾女嬋玉，也被著傷。」土行孫又取出一粒金丹，如前取水研開，扶出小姐，用藥敷上，立時止痛，鄧九公大喜。至晚，帳內擺酒待土行孫，眾將共飲。土行孫請問鄧九公：「與姜子牙見了幾陣？」九公曰：「屢戰不能取勝。」土行孫笑曰：「當時主將肯用吾征時，如今平服西岐多時了。」九公暗想：「此人必定有些本事。他無有道術，申公豹決不薦他。也罷，不若把他改作正印先行。」彼時酒散。次早陞帳，九公謂太鸞曰：「將軍今把先行印讓土行孫掛了，使他早能成功，回師奏凱，共享皇家天祿，無使遷延日月，何如？」太鸞曰：「主帥將令，末將怎敢有違？況土行孫早能建功，豈不是美事？情願讓位。」忙將正印交代。土行孫當時掛印施威，領本部人馬，殺奔西岐城下，厲聲大呼曰：「只叫哪吒出來答話！」子牙正與諸將商議，忽報湯營有將搦戰，坐名要哪吒答話。子牙命哪吒出城。哪吒登風火輪來至陣前，只管瞧，不見將官，只管望營裡看。——土行孫其身止高四尺有餘，哪吒不曾往下看。土行孫叫曰：「來者何人？」哪吒方往下一看，原來是個矮子，身不過四尺，拖一根賓鐵棍。哪吒問曰：「你是甚麼人，敢來大張聲勢？」土行孫曰：「吾乃鄧元帥麾下先行官土行孫是也。」哪吒曰：「你來作何事？」土行孫曰：「奉令特來擒你。」哪吒大笑不止，把鎗往下一戳，土行孫把棍往上迎來。哪吒登風火輪，使開鎗，展不開手。土行孫矮，只是前後跳，把哪吒殺出一身汗來。土行孫戰了一回，跳出圈子，大叫曰：「哪吒！你長我矮，你不好發手，我不好用功。你下輪來，見個輸贏。」哪吒想一想：「這矮匹夫自來取死。」哪吒從其言，忙下輪來，把鎗來挑。土行孫身子矮小，鑽將過去，把哪吒腿上打了一棍。哪吒急待轉身，土行孫又往後面，又把哪吒胯子上打兩棍。哪吒急了，纔要用乾坤圈打

他，不防土行孫祭起綑仙繩，一聲響，把哪吒平空拿了去，望轅門下一擲，把哪吒縛定，怎能得脫此厄，正是：

飛龍洞裡仙繩妙，不怕蓮花變化身。

話說土行孫得勝回營見鄧九公，報生擒哪吒。鄧九公令來。只見軍卒把哪吒擡來，放在丹墀下。鄧九公問曰：「如何這等拿法？」土行孫曰：「各有秘傳。」鄧九公想一想，意欲斬首，但思：「奉詔征西，今獲大將，解往朝歌，使天子裁決，更尊天子之威，亦顯邊戍元戎之勇。」傳令將哪吒拘于後營。令軍政司上土行孫首功，營中治酒慶功。

且說報馬進相府，報說哪吒被擒一事。子牙驚問探馬：「如何擒去？」掠陣官啟曰：「只見一道金光，就平空的拿去了。」子牙沉吟：「又是甚麼異人來了？」心下鬱鬱不樂。次日，報土行孫請戰。子牙曰：「何人會土行孫？」堦下黃天化應聲而出：「願往。」子牙許之。天化上了玉麒麟，出城看土行孫，大喝曰：「你這縮頭畜生，焉敢傷吾道兄！」手中鎚分頂門打來。土行孫賓鐵棍左右來迎。鎚打棍，寒風凜凜；棍迸鎚，殺氣騰騰。戰未及數合，土行孫盜了懼留孫師父綑仙繩，在這裡亂拿人，不知好歹，又祭起綑仙繩，將黃天化拿了；如哪吒一樣，也拘在後營。哪吒一見黃天化也如此拿將進來，就把黃天化激得三尸神暴跳，大呼曰：「吾等不幸，又遭如此陷身！」哪吒曰：「師兄不必著急。命該絕地，急也無用；命若該生，且自寧耐。」話說子牙又聞得拿了黃天化，子牙大驚，心下不樂。相府兩邊亂騰騰的議論不表。

且言土行孫得了兩功，鄧元帥治酒慶賀，夜飲至二更，土行孫酒後狂談，自恃道術，誇張曰：「元

帥若早用末將，子牙已擒，武王早縛，成功多時矣。」鄧九公見土行孫連勝兩陣，擒拿二將，故此深信其言。酒至三更，眾將各回寢帳。獨土行孫還吃酒。九公失言曰：「土將軍，你若早破西岐，吾將弱女贅公為婿。」土行孫聽得此言，滿心歡喜，一夜躊躕不睡。且言次日鄧九公令土行孫早早立功，旋師奏凱，朝賀天子，共享千鍾。土行孫領命，排開陣勢，坐名要姜子牙答話。報馬報進相府來，子牙隨即出城，眾將在兩邊，見土行孫跳躍而來，大呼曰：「姜子牙，你乃崑崙之高士，吾特來擒你，可早早下馬受縛，無得使我費手。」眾將官那裡把他放在眼裡，齊聲大笑。子牙曰：「觀你形貌，不入衣冠之內，你有何能，敢來擒吾？」土行孫不由分說，將鐵棍劈面打來。子牙用劍架隔，只是撈不著他。如此往來，未及三五合，土行孫祭起綑仙繩，子牙怎逃此厄，綑下騎來。土行孫士卒來拿，這邊將官甚多，齊奮勇沖出，一聲喊，把子牙搶進城去了。惟有楊戩在後面，看見金光一道，其光正而不邪，歎曰：「又有些古怪！」且說眾將搶了子牙進相府，來解此繩解不開，用刀割此繩，且陷在肉裡，愈弄愈緊。子牙曰：「不可用刀割。」早已驚動武王，親自進相府來看，問相父安。看見子牙這等光景，武王垂淚言曰：「孤不知有何罪，天子屢年征伐，竟無寧宇，民受倒懸，軍遭殺戮，將逢陷穽，如之奈何？相父今又如此受苦，使孤日夜惶悚不安！」楊戩在旁，仔細看這繩子，卻似綑仙繩，自己沉吟：「必是此寶。」正慮之間，忽報有一道童要見丞相。子牙道：「請進來。」原來是白鶴童子，至殿前見子牙，口稱：「師叔，老爺法牒，送符印將此繩解去。」童兒把符印在繩頭上，用手一指，那繩即時落將下來。子牙忙頓首崑崙，拜謝老師慈憫。白鶴童子回宮不表。且說楊戩對子牙曰：「此繩是綑仙繩。」子牙曰：「豈有此理！難道懼留孫反來害我，決無此說！」正疑惑之間。次日，土行孫又來請戰。楊戩應聲而出：「弟子願往。」

子牙吩咐：「小心！」楊戩領令上馬，提鎗出得城來。土行孫曰：「你是何人？」楊戩道：「你將何術綑吾師叔？不要走！」搖鎗來取。土行孫發棍來迎，鎗棍交加。楊戩先自留心看他端的。未及五七合，土行孫祭綑仙繩來拿楊戩，只見光華燦爛，楊戩已被拿了。土行孫令士卒擡著楊戩，纔到轅門，一聲響，擡塌了，掉在地下，及至看時，乃是一塊石頭，眾人大驚。土行孫親目觀見，心甚驚疑。正沉吟不語，只見楊戩大呼曰：「好匹夫！焉敢以此術惑吾！」搖鎗來取。土行孫只得復身迎戰。兩家殺得長短不一。楊戩急把哮天犬祭在空中。土行孫看見，將身子一扭，即時不見。楊戩觀看，便駭然大驚曰：「成湯營裡若有此人，西岐必不能取勝。」凝思半晌，面有憂色。回進相府。子牙看見楊戩這等面色，問其故。楊戩曰：「西岐又添一患。土行孫善有地行之術，奈何！這到不可不防。這事是件沒有遮攔的，若是他暗進城來，怎能準備！」子牙曰：「有這樣事？」楊戩曰：「他前日拿師叔，據弟子看，定是綑仙繩。今日弟子被他綑著，我留心著意，仔細定睛，還是綑仙繩，分毫不差。待弟子往夾龍山飛龍洞去探問一番，何如？」子牙曰：「此處甚遠，且防他目下進城。」楊戩亦不敢再說。

且說土行孫回營來見，鄧九公問曰：「今日勝了何人？」土行孫把擒楊戩之事說了一遍。九公曰：「但願早破西岐，旋師奏凱，不負將軍得此大功也。」土行孫暗想：「不然今夜進城，殺了武王，誅了姜尚，眼下成功，早成姻眷，多少是好！」土行孫上帳言曰：「元帥不必憂心，末將今夜進西岐，殺了武王、姜尚，領二人首級回來，進朝報功；西岐無首，自然瓦解。」九公曰：「怎得入城？」土行孫曰：「昔日吾師傳我有地行之術，可行千里。如進城，有何難事？」鄧九公大喜，治酒與土行孫賀功，晚間進西岐，行刺武王、子牙不表。

且言子牙在府，慮土行孫之事，忽然一陣怪風刮來，甚是利害。怎見得，有贊為證：

淅淅蕭蕭，飄飄蕩蕩。淅淅蕭蕭飛落葉，飄飄蕩蕩捲浮雲。松柏遭摧折，波濤盡攪渾。山鳥難棲，海魚顛倒。東西舖閣，難保門窗脫落；前後屋舍，怎分戶牖欹傾。真是：無蹤無影驚人膽，助怪藏妖出洞門。

子牙在銀安殿上，見大風一陣刮得來，響一聲，把寶纛旛一折兩段。子牙大驚，忙取香案，焚香爐內，將八卦搜求吉凶。子牙舖下金錢，便知就裡，大驚拍案曰：「不好！」命左右：「忙傳請武王駕至相府！」眾門人慌問其故。子牙曰：「楊戩之言大是有理！方纔風過甚凶，主土行孫今晚進城行刺。」命：「府前大門懸三面鏡子，大殿上懸五面鏡子，今晚眾將不要散去，俱在府內嚴備看守，須弓上弦，刀出鞘，以備不虞。」少時，諸將披執上殿。只見門官報入：「武王駕至。」子牙忙率眾將接駕至殿內，行禮畢。武王曰：「相父請孤，有何見諭？」子牙曰：「老臣今日訓練眾將六韜，特請大王筵席。」武王大喜：「難得相父如此勤勞，孤不勝感激。只願兵戈寧息，與相父共享安康也。」子牙忙令左右安排筵席，侍武王飲宴；只是談笑軍國重務，不敢說土行孫行刺一節。且說鄧九公飲酒至晚，時至初更。土行孫辭鄧九公、眾將，打點進西岐城。鄧九公與眾將立起，看土行孫把身子一扭，杳然無跡無蹤。鄧九公撫掌大笑曰：「天子洪福，又有這等高人輔國，何愁禍亂不平！」且說土行孫進了西岐，到處找尋。來至子牙相府，只見眾將弓上弦，刀出鞘，侍立兩旁。土行孫在下面立等，不得其便，只得伺候。且說楊戩上殿來，對子牙悄悄道了幾句；子牙許之。子牙先把武王安在密室，著四將保駕。子牙自坐殿上，運用元神，保護自己不題。且言土行孫在下面久等，不能下手，心中焦躁起來，自思：「也罷！我且往

宮裡殺了武王，再來殺姜子牙不遲。」土行孫離了相府，來尋皇城，未走數步，忽然一派笙簧之音，猛擡頭看時，已是宮內。只見武王同嬪妃奏樂飲宴，土行孫見了大喜。正所謂：

踏破鐵鞋無覓處，得來全不用功夫。

話說土行孫喜不自勝，輕輕蹲在底下等候。只見武王曰：「且止音樂。況今兵臨城下，軍民離亂，收了筵席，且回宮安寢。」兩邊宮人隨駕入宮。武王命眾宮人各散，自同宮妃解衣安寢；不一時，已有鼻息之聲。土行孫把身子鑽將上來，此時紅燈未滅，舉室通明。土行孫提刀在手，上了龍床，揭起帳幔，搭上金鉤。武王合眼朦朧，酣然熟睡。土行孫只一刀，把武王割下頭來，往床下一擲。只見宮妃尚閉目，鼾睡不醒。土行孫看見妃子臉似桃花，異香撲鼻，不覺動了慾心，乃大喝一聲：「你是何人，兀自熟睡？」那女子醒來，驚問曰：「汝是何人，夤夜至此？」土行孫曰：「吾非別人，乃成湯營中先行官土行孫是也。武王已被吾所殺，爾欲生乎，欲死乎？」宮妃曰：「我乃女流，害之無益，可憐赦妾一命，其恩非淺。若不棄賤妾貌醜，收為婢妾，得侍將軍左右，銘德五內，不敢有忘。」土行孫原是一位神祇，怎忘愛慾？心中大喜：「也罷，若是你心中情願，與我暫效魚水之歡，我便赦你。」女子聽說，滿面堆下笑來，百般應喏。土行孫不覺情逸，隨解衣上床，往被裡一鑽，神魂飄蕩，用手正欲抱摟女子，只見那女人雙手反把土行孫摟住一束，土行孫氣兒也歎不過來，叫道：「美人，略鬆著些！」那女子大喝一聲：「好匹夫！你把吾當誰！」叫左右拿住了土行孫！三軍吶喊，鑼鼓齊鳴。土行孫及至看時，原來是楊戩。土行孫赤條條的，不能展掙，已被楊戩擒住。——此是楊戩智擒土行孫。——楊戩將土行孫夾著走，不放他沿著地；若是沿著地，他就走了。土行孫自己不好看相，只是閉著眼。且說子牙在銀安殿，只聞金

鼓大作，殺聲振地，問左右：「那裡殺聲？」只見門官報進相府：「啟丞相：楊戩智擒了土行孫。」子牙大喜。楊戩夾著土行孫在府前聽令，子牙傳令進來。楊戩把土行孫赤條條的夾到簷前來。子牙一見，便問楊戩曰：「拿將成功，這是如何光景？」楊戩夾著土行孫曰：「這人善能地行之術，若放了他，沿了地就走了。」子牙傳令：「拿出去斬了！」楊戩領令方出府，子牙批行刑箭出。楊戩方轉換手來用刀，土行孫往下一掙，楊戩急搶時，土行孫沿土去了。楊戩面面相覷，來回子牙曰：「弟子只因換手斬他，被他掙脫，沿土去了。」子牙聽說，默然不語。此時丞相府吵嚷一夜不表。且說土行孫得生，回至內營，悄悄的換了衣裳，來至營門聽令。鄧九公傳令：「令來。」土行孫至帳前，鄧九公問曰：「將軍昨晚至西岐，功業如何？」土行孫曰：「子牙防守嚴緊，分毫不能下手，故此守至天明空回。」鄧九公不知所以原故，也自罷了。且說楊戩上殿，來見子牙曰：「弟子往仙山洞府，訪問土行孫是如何出處，將綑仙繩問個下落。」子牙曰：「你此去，又恐土行孫行刺；你不可遲誤，事機要緊！」楊戩曰：「弟子知道。」楊戩領令，離了西岐，往夾龍山來。不知後事如何，且聽下回分解。

評

土行孫器宇易盈，舉其對鄧九公之言，何其渺視西土？也不知子牙帳下有多少智術之士，豈在土行孫之下？真所謂初生之犢不懼虎，不過以管窺天，井中之量耳。只鄧九公竟以女許之，可稱為真愛才，真為國，予不覺三復斯言。

又評

或曰土行孫幸有地行之術；不然，幾為貪色所敗，可不辜負鄧九公一片熱心。這等真真該一棒打煞！予曰：若是如此，今日當不得打。

第五十五回　土行孫歸伏西岐

藏身匿影總無良，水到渠成為甚忙。背卻天真貪愛慾，有違師訓逐疆場。
百千伎倆終歸正，八九元功自異常。兩國始終成好合，認由月老定鸞凰。

話說楊戩借土遁往夾龍山來，正駕遁光，風聲霧色，不覺飄飄蕩蕩落將下來，乃是一座好山。但見：

山頂嵯峨摩斗柄，樹梢彷彿接雲霄。青煙堆裡，時聞谷口猿啼；亂翠陰中，每聽松間鶴唳。嘯風山魅，立溪邊戲弄樵夫；成器狐狸，坐崖畔驚張獵戶。八面崔嵬，四圍險峻。古怪喬松盤翠嶺，槎枒老樹掛藤蘿。綠水清流，陣陣異香忻馥郁；巔峰彩色，飄飄隱現白雲飛。時見大蟲❶來往，每聞山鳥聲鳴。麀鹿成群，穿荊棘往來跳躍；玄猿出入，盤溪澗摘菓攀桃。竚立草坡，一望並無人走；行來深凹，俱是採藥仙童。不是凡塵行樂地，賽過蓬萊第一峰。

話說楊戩落下土遁來，見一座山，真實罕見。往前一望，兩邊俱是古木喬松，路徑幽深，杳然難覓。行過數十步，只見一座橋梁。楊戩過了橋，又見碧瓦雕簷，金釘朱戶，上懸一扁「青鸞斗闕」。楊戩觀羨不盡，甚是清幽，不覺立在松陰之下，看玩景致。只見朱紅門開，鸞鳴鶴唳之聲；又見數對仙童，各執旗旛羽扇；當中有一位道姑，身穿大紅白鶴絳綃衣，徐徐而來；左右分八位女童，香風嬝嬝，彩瑞翩翩。

❶ 大蟲：老虎。

怎見得，有贊為證：

魚尾金冠霞彩飛，身穿白鶴絳綃衣。蕊宮玉闕曾生長，自幼瑤池養息機。只因勸酒蟠桃會，誤犯天條謫翠微。青鸞斗闕權修攝，再上靈霄啟故扉。

話說楊戩隱在松林之內，不好出來，只得待他過去，方好起身。只見道姑問左右女童：「是那裡有閑人隱在林內？走去看來。」有一女童兒往林中來，楊戩迎上前去，口稱：「道兄，方纔誤入此山，弟子乃玉泉山金霞洞玉鼎真人門下楊戩是也；今奉姜子牙命，往夾龍山去探機密事，不意駕土遁誤落于此。望道兄轉達娘娘，我弟子不好上前請罪。」女童出林見道姑，把楊戩的言語一一回覆了。道姑曰：「既是玉鼎真人門下，請來相見。」楊戩只得上前施禮。道姑曰：「楊戩，你往那裡去，今到此處？」楊戩曰：「因土行孫同鄧九公伐西岐，他有地行之術，前日險些被他傷了武王與姜子牙；如今訪其根由，覓其實跡，設法擒他。不知誤落此山，失于迴避。」道姑曰：「土行孫乃懼留孫門人，你請他師父下山，大事可定。你回西岐，多拜上姜子牙。你速回去。」楊戩躬身問曰：「請娘娘尊姓，大名，回西岐好言娘娘聖德。」道姑曰：「吾非別人，乃昊天上帝親女，瑤池金母所生。只因那年蟠桃會，該我奉酒，有失規矩，誤犯清戒，將我謫貶鳳凰山青鸞斗闕。吾乃龍吉公主是也。」楊戩躬身辭了公主，借土遁而行；未及盞茶時候，又落在低澤之旁。楊戩偏生要行此術，為何又落？只見澤中微微風起：

揚塵播土，倒樹摧林。海浪如山聳，渾波萬疊侵。乾坤昏慘慘，日月暗沉沉。一陣搖松如虎嘯，忽然吼樹似龍吟。萬竅怒號天噎氣，飛沙走石亂傷人。

話說楊戩見狂風大作，霧暗天愁，澤中旋起二三丈水頭。猛然開處，見一怪物，口似血盆，牙如鋼

劍，大叫一聲：「那裡生人氣？」跳上岸來，兩手撚叉來取。楊戩笑曰：「好孽障！怎敢如此！」手中鎗急架相還。未及數合，楊戩發手，用五雷訣，一聲響，霹靂交加，那精靈抽身就走。楊戩隨後趕來。往前跳至一山腳下，有斗大一個石穴，那妖精往裡面鑽了去。楊戩笑曰：「是別人不進來；遇我，憑你有多大一個所在，我也走走！」喝聲：「疾！」隨跟進石穴中來。只見裡邊黑暗不明，楊戩借三昧火眼，現出光華，照耀如同白晝。原來裡面也大，只是一個盡頭路。觀看左右，並無一物，只見閃閃灼灼，一口三尖兩刃刀，又有一包袱紮在上面。楊戩連刀帶出來，把包袱打開一看，是一件淡黃袍。怎見得，有贊為證：

淡鵝黃，銅錢厚；骨突雲，霞光透。屬戊己，按中央。黃澄澄，大花袍。渾身上下金光照。

楊戩將袍抖開，穿在身上，不長不短；把刀和鎗紮在一處，收了黃袍，方欲起身，只聽的後面大呼曰：「拿住盜袍的賊！」楊戩回頭，見兩個童兒趕來。楊戩立而問曰：「那童子，那個盜袍？」童子曰：「是你。」楊戩大喝一聲：「吾盜你的袍？把你這孽障！吾修道多年，豈犯賊盜！」二童子曰：「你是誰？」楊戩曰：「吾乃玉泉山金霞洞玉鼎真人門下楊戩是也。」二童聽罷，倒身下拜：「弟子不知老師到，有失迎迓。」楊戩曰：「二童子果是何人？」童子曰：「弟子乃五夷山金毛童子是也。」楊戩曰：「你既拜吾為師，你先往西岐去見姜丞相，你說我往夾龍山去了。」金毛童子曰：「倘姜丞相不納，如何？」楊戩曰：「你將此鎗連刀袍都帶去，自然無事。」二童辭了師父，借水遁往西岐來了。正是：

玄門自有神仙訣，腳踏風雲咫尺來。

話說金毛童子至西岐，尋至相府前，對門官曰：「你報丞相，說有二人求見。」門官進來啟丞相：「有

二道童求見。」子牙命來。二童入見子牙，倒身下拜，「弟子乃楊戩門徒金毛童子是也。家師中途相遇，為得刀袍，故先著弟子來。師父往夾龍山去了。特來謁叩老爺。」子牙曰：「楊戩又得門人，深為可喜。」留在本府聽用不題。

且說楊戩架土遁至夾龍山飛龍洞，逕進洞，見了懼留孫下拜，口稱：「師伯。」懼留孫忙答禮曰：「你來做甚麼？」楊戩道：「師伯可曾不見了綑仙繩？」懼留孫慌忙站起曰：「你怎麼知道？」楊戩曰：「有個土行孫同鄧九公來征伐西岐，用的是綑仙繩，將子牙師叔的門人拿入湯營，被弟子看破；特來奉請師伯。」懼留孫聽得，怒曰：「好畜生！你敢私自下山，盜吾寶貝，害吾不淺！楊戩，你且先回西岐，我隨後就來。」楊戩離了高山，回到西岐，至府前，入見子牙。子牙問曰：「可是綑仙繩？」楊戩把收金毛童子事，誤入青鸞斗闕，見懼留孫的事說了一遍。子牙曰：「可喜你又得了門下！」楊戩曰：「前緣有定，今得刀袍，無非賴師叔之大德，主上之洪福耳。」

且言懼留孫吩咐童子：「看守洞門，候我去西岐走一遭。」童子領命不題。道人駕縱地金光法來至西岐。左右報與子牙：「懼留孫仙師來至。」子牙迎出府來。二人攜手至殿，行禮坐下。子牙曰：「高徒累勝吾軍，我又不知；後被楊戩看破，只得請道兄一顧，以完道兄昔日助燃燈道兄之雅。末弟不勝幸甚！」懼留孫曰：「自從我來破十絕陣回去，自未曾檢點此寶；豈知是這畜生盜在這裡作怪！不妨，須得如此如此，頃刻擒獲。」子牙大喜。

次日，子牙獨自乘四不相往成湯轅門前後，觀看鄧九公的大營，若探視之狀。只見巡營探子報入中軍：「啟元帥：姜丞相乘騎在轅門私探，不知何故。」鄧九公曰：「姜子牙善能攻守，曉暢兵機，不可

不防。」旁有土行孫大喜曰：「元帥放心，待吾擒來，今日成功。」土行孫暗暗走出轅門，大呼曰：「姜尚！你私探吾營，是自送死期，不要走！」舉手中棍照頭打來，子牙仗手中劍急架來迎。未及三合，子牙撥轉四不相就走。土行孫隨後趕來，祭起綑仙繩，又來拿子牙。他不知懼留孫駕著金光法隱在空中，只管接他的。土行孫意在拿了子牙，早奏功回朝，要與鄧嬋玉成親。此正是愛慾迷人，真性自昧，只顧拿人，不知省視前後一路；只是祭起綑仙繩，不見落下來，也不思忖。只顧趕子牙，不上一里，把繩子都用完了；隨手一摸，只至沒有了，方纔驚駭。土行孫見勢頭不好，站立不趕。子牙勒轉四不相，大呼曰：「土行孫敢至此再戰三合否？」土行孫大怒，拖棍趕來。纔轉過城垣，只見懼留孫曰：「土行孫那裡去！」土行孫擡頭見是師父，就往地下一鑽。懼留孫用手一指，「不要走！」只見那一塊土比鐵還硬，鑽不下去。懼留孫趕上一把，抓住頂瓜皮，用綑仙繩四馬攢蹄綑了，搼著他進西岐城來。眾將知道擒了土行孫，齊至府前來看。道人把土行孫放在地下。

楊戩曰：「師伯仔細，莫又走了他！」懼留孫曰：「有吾在此，不妨。」復問土行孫曰：「你這畜生，我自破十絕陣回去，此綑仙繩我一向不曾檢點，誰知被你盜出。你實說，是誰人唆使？」土行孫曰：「老師來破十絕陣，弟子閑耍高山，偶逢一道人跨虎而來，問弟子叫甚名字，弟子說名與他。弟子也隨問他；他說是闡教門人申公豹。他看我不能了道成仙，只好受人間富貴，他教我往聞太師行營成功，弟子不肯。他薦我往三山關鄧九公麾下建功。師父，弟子一時迷惑，但富貴人人所欲，貧賤人人所惡，弟子動了一個貪痴念頭，故此盜了老師綑仙繩，兩葫蘆丹藥，走下塵寰。望老師道心無處不慈悲，饒了弟子罷！」子牙在旁曰：「道兄，似這等畜生，壞了吾教，速速斬訖報來！」懼留孫曰：「若論無知冒犯，

理當斬首。但有一說：此人子牙公後有用他處，可助西岐一臂之力。」子牙曰：「道兄傳他地行之術，他心毒惡，暗進城垣，行刺武王與我。賴皇天庇佑，風折旗旛，把吾驚覺，算有吉凶，著實防備，方使我君臣無虞，此事還多虧楊戩設法擒獲，又被他狡猾走了。這樣東西，留他作甚！」子牙道罷，懼留孫大驚，忙下殿來大喝曰：「畜生！你進城行刺武王，行刺你師叔，那時幸而無虞；若是差遲，罪係于我。」土行孫曰：「我實告師尊：弟子隨鄧九公伐西岐，一次仗師父綑仙繩拿了哪吒，二次擒了黃天化；鄧元帥與弟子賀功。三次將師叔拿了。見我屢拿有名之士，將女許我，欲贅為婿；被他催逼弟子，弟子不得已，仗地行之術，故有此舉。怎敢在師父跟前有一句虛語！」懼留孫低頭連想，默算一回，不覺嗟歎。

子牙曰：「道兄為何嗟歎？」懼留孫曰：「子牙公，方纔貧道卜算，這畜生與那女子該有繫足之緣❷。前生分定，事非偶然。若得一人作伐，方可全美。若此女來至，其父不久也是周臣。」子牙曰：「吾與鄧九公乃是敵國之讎，怎能得全此事？」懼留孫曰：「武王洪福，乃有道之君。天數已定，不怕不能完全。只是選一能言之士，前往湯營說合，不怕不成。」子牙低頭沉思良久，曰：「須得散宜生去走一遭方可。」懼留孫曰：「既如此，事不宜遲。」子牙命左右去請上大夫散宜生來商議，命放了土行孫。不一時，上大夫散宜生來至，行禮畢。子牙曰：「今鄧九公有女鄧嬋玉，原係鄧九公親許土行孫為妻。今煩大夫至湯營作伐，乞為委曲周旋，務在必成，如此如此，方可。」散宜生領命出城不表。且說鄧九公在營，懸望土行孫回來，只見一去，竟無影響；令探馬打聽多時，回報：「聞得土行孫被子牙拿進城去了。」鄧九公大驚曰：「此人捉去，西岐如何能克！」心下十分不樂。只見散宜生來與土行孫議親。不

---

❷ 繫足之緣：謂夫婦之姻緣。

知吉凶如何，且聽下回分解。

評

楊戩往夾龍山來，偏要落在這些山澤中得了許多東西；雖曰天數，亦是楊戩乖巧處，故到處討些便宜。

又評

或曰土行孫趕子牙，甚至將綑仙繩放盡，方纔知覺，可謂癡極；然而到底是他騙了個好老婆，呆子未嘗不討便宜。然而還是癡好，還是乖好？予曰：正好與楊戩做一對。不然土行孫進西岐，楊戩不以美人弄他。旁人不覺大笑。

第五十六回　子牙設計收九公

姻緣前定果天然，須信紅絲足下牽。敵國不妨成好合，仇讎應自得翩聯。

子牙妙計真難及，鸞使奇謀枉用偏。總是天機難預料，紂王無福鎮坤乾。

話說散宜生出城，來至湯營，對旗門官曰：「轅門將校，報與你鄧元帥得知：岐周差上大夫散宜生有事求見。」軍政官報進中軍：「啟元帥：岐周差上大夫有事求見。」鄧九公曰：「吾與他為敵國，為何差人來見我！必定來下說詞，豈可容他進營，惑亂軍心。你與他說：『兩國正當爭戰之秋，相見不便。』」軍政官出營，回覆散宜生。宜生曰：「『兩國相爭，不阻來使。』相見何妨？吾此來奉姜丞相命，有事面決，非可傳聞。再煩通報。」軍政官只得又進營來，把散宜生言語對九公訴說一遍。九公沉吟。旁有正印先行官太鸞上前言曰：「元帥乘此機會放他進來，隨機應變，看他如何說，亦可就中取事，有何不可？」九公曰：「此說亦自有理。」命左右請他進來。旗門官出轅門，對散宜生曰：「元帥有請。」散大夫下馬，走進轅門，進了三層鹿角，行至滴水簷前，鄧九公迎下來。散宜生鞠躬，口稱元帥。九公曰：「大夫降臨，有失迎候。」彼此遜讓行禮。後人有詩單贊子牙妙計，詩曰：

子牙妙算世無倫，學貫天人泣鬼神。縱使九公稱敵國，藍橋也自結姻親。

話說二人遜至中軍，分賓主坐下。鄧九公曰：「大夫，你與我今為敵國，未決雌雄，彼此各為其主，

豈得循私妄議。大夫今日見諭，公則公言之，私則私言之，不必效舌劍唇鎗，徒勞往返耳。予心如鐵石，有死而已，斷不為浮言所搖。」散宜生笑曰：「吾與公既為敵國，安敢造次請見。只有一件大事，特來請一明示，無他耳。昨因拿有一將，係是元帥門婿；于盤問中，道及斯意。吾丞相不忍驟加極刑，以割人間恩愛，故命宜生親至轅門，特請尊裁。」鄧九公聽說，不覺大驚曰：「誰為吾婿，為姜丞相所擒？」散宜生說：「元帥不必故推，令婿乃土行孫也。」鄧九公聽說，不覺面皮通紅，心中大怒，厲聲言曰：「大夫在上：吾只有一女，乳名嬋玉，幼而喪母。吾愛惜不啻掌上之珠，豈得輕意許人？今雖及笄，所求者固眾，吾自視皆非佳婿。而土行孫何人，妄有此說也！」散宜生曰：「元帥暫行息怒，聽不才拜稟：古人相女配夫，原不專在門第。今土行孫亦不是無名小輩，彼原是夾龍山飛龍洞懼留孫門下高弟；因申公豹與姜子牙有隙，故說土行孫下山，來助元帥征伐西岐。昨日他師父下山，捉獲行孫在城，因窮其所事。彼言所以，雖為申公豹所惑，次為元帥以令愛相許，有此一段姻緣，彼因傾心為元師而暗進岐城行刺，欲速成功，良有以也。昨已被擒，伏辜不枉。但彼再三哀求姜丞相，及師尊懼留孫曰：『為此一段姻緣，死不瞑目。』姜丞相與他師尊俱不肯赦，只予在旁勸慰：豈得以彼一時之過，而斷送人間好事哉？因勸姜丞相暫且留人。宜生不辭勞頓，特謁元帥，懇求俯賜人間好事，曲成兒女恩情，此亦元帥天地父母之心。故宜生不避斧鉞，特見尊顏，以求裁示。倘元帥果有此事，姜丞相仍將土行孫送還元帥，以遂姻親，再決雌雄耳。併無他說。」鄧九公曰：「大夫不知，此土行孫妄語耳。行孫乃申公豹所薦，為吾先行，不過一牙門裨將，吾何得驟以一女許之哉？彼不過借此為偷生之計，以辱吾女耳。大夫不可輕信。」宜生曰：「元帥也不必固卻，此事必有他故。難道土行孫平白興此一番言語，其中定有委曲。想是元帥

或于酒後賞功之際，憐才惜技之時，或以一言安慰其心，彼便妄認為實，作此痴想耳。」九公被散宜生此一句話，道出九公一腔心事。九公不覺答道：「大夫斯言，大是明見！當時土行孫被申公豹薦在吾麾下，吾亦不甚重彼；初為副先行督糧使者，後因太鸞失利，彼恃其能，改為正先行官。首陣擒了哪吒，次擒黃天化，三次擒了姜子牙，被岐周眾將搶回。土行孫進營，吾見彼累次出軍獲勝，治酒與彼賀功，以盡朝廷獎賞功臣至意。及至飲酒中間，彼曰：『元帥在上：若是早用末將為先行，吾取西岐多時矣。』那時吾酒後失口，許之曰：『你若取了西岐，吾將嬋玉贅你為婿。』一來是獎勵彼竭力為公，早完王事；今彼既以被擒，安得又妄以此言為口實，令大夫往返哉？」散宜生笑曰：「元帥此言差矣。大丈夫一言既出，駟馬難追，況且婚姻之事，人之大倫，如何作為兒戲之談？前日元帥言之，土行孫信之；土行孫又言之，天下共信之；傳與中外，人人共信；正所謂『路上行人口似碑』。將以為元帥相女配夫，誰信元帥權宜之術，為國家行此不得已之深衷也？徒使令愛千金之軀作為話柄，閨中美秀竟作口談。萬一不曲全此事，徒使令愛有白頭之歎。吾竊為元帥惜之！今元帥為湯之大臣，天下三尺之童無不奉命；若一旦而如此，吾不知所稅駕❶矣。乞元帥裁之。」鄧九公被散宜生一番言語說得默默沉思，無言可答。只見太鸞上前，附耳說：「如此如此，亦是第一妙計。」鄧九公聽太鸞之言，回嗔作喜曰：「大夫之言深屬有理，末將無不聽命。只小女因先妻早喪，幼而失教，予雖一時承命，未知小女肯聽此言。俟予將此意與小女商榷，再令人至城中回覆。」散宜生只得告辭，鄧九公送至營門而別。散宜生進城，將鄧九公言語從頭至尾說了一遍。子牙大笑曰：「鄧九公此計，怎麼瞞得我過！」懼留孫亦笑曰：「且看如何來說。」

❶ 稅駕：猶解駕。此散宜生指責鄧九公言而無信，不知以後吉凶如何。

子牙曰：「動勞散大夫，俟九公人來，再為商議。」宜生退去不表。

且說鄧九公與太鸞曰：「適纔雖是暫允，此事畢竟當如何處置？」太鸞曰：「元帥明日可差一能言之士，說『昨日元帥至後營，與小姐商議，小姐已自聽允；只是兩邊敵國，恐無足取信，是必姜丞相親自至湯營納聘，小姐方肯聽信。』子牙如不來便罷，再為之計；若是他肯親自來納聘，彼必無帶重兵自衛之理，如此，只一匹夫可擒耳。若是他帶有將佐，元帥可出轅門迎接，至中軍用酒筵賺開他手下眾將，預先埋伏下驍勇將士，俟酒席中擊盃為號，擒之如囊中之物。西岐若無子牙，則不攻自破矣。」九公聞說大喜：「先行之言，真神出鬼沒之機！只是能言快語之人，臨機應變之士，吾知非先行不可。乞煩先行明日親往，則大事可成。」太鸞曰：「若元帥不以末將為不才，鸞願往周營叫子牙親至中軍，不勞苦爭惡戰，早早奏凱回軍。」九公大喜，一宿晚景不題。

次日，鄧九公陞帳，命太鸞進西岐說親。太鸞辭別九公出營，至西岐城下，對守門官將曰：「吾是先行官太鸞；奉鄧元帥命，欲見姜丞相。煩為通報。」守城官至相府，報與姜丞相曰：「城下有湯營先行官太鸞求見，請令定奪。」子牙聽罷，對懼留孫曰：「大事成矣。」懼留孫亦自暗喜。子牙對左右曰：「速與我請來。」守門官同軍校至城下，開了城門，對太鸞曰：「丞相有請。」太鸞忙忙進城，行至相府下馬。左右通報：「太鸞進府。」子牙與懼留孫降階而接。太鸞控背躬身言曰：「丞相在上：末將不過馬前一卒，禮當叩見；豈敢當丞相如此過愛？」子牙曰：「彼此二國，俱係賓主，將軍不必過謙。」太鸞再四遜謝，方敢就坐。彼此溫慰畢，子牙以言挑之曰：「前者因懼道兄將土行孫擒獲，當欲斬首；彼因再四哀求，言鄧元帥曾有牽紅之約，乞我少緩須臾之死，故此著散大夫至鄧元帥中軍，問其的確。

倘元帥果有此言，自當以土行孫放回，以遂彼兒女之間，人間恩愛耳。幸蒙元帥見諾，俟議定回我。今將軍賜顧，元帥必有教我。」太鸞欠身答曰：「蒙丞相下問，末將敢不上陳。今特奉主帥之命，多拜上丞相，不及寫書；但主帥乃一時酒後所許，不意土行孫被獲，竟以此事倡明，主帥亦不敢辭。但主帥此女，自幼失母，主帥愛惜如珠；況此事須要成禮。後日乃吉日良辰，意欲散大夫同丞相親率土行孫入贅，以珍重其事，主帥方有體面，然後再面議軍國之事。不識丞相允否？」子牙曰：「我知鄧元帥乃忠信之士，但幾次天子有征伐之師至此，皆不由分訴，俱以強力相加；只我周這一段忠君愛國之心，併無背逆之意，不能見諒于天子之前，言之欲涕。今天假其便，有此姻緣，庶幾將我等一腔心事可以上達天子，表白于天下也。我等後日，親送土行孫至鄧元帥行營，吃賀喜筵席。乞將軍善言道達，姜尚感激不盡！」太鸞遜謝。子牙遂厚款太鸞而別。

太鸞出得城來，至營門前等令。左右報入營中：「有先行官等令。」鄧九公命：「令來。」太鸞至中軍，九公問曰：「其事如何？」太鸞將姜子牙應允後日親來言語，訴說一遍。鄧九公以手加額曰：「天子洪福，彼自來送死！」太鸞曰：「雖然大事已成，但防備不可不謹。」鄧九公吩咐：「選有力量軍士三百人，各藏短刀利刃，埋伏帳外，聽擊盃為號，左右齊出；不論子牙眾將，一頓刀剁為肉醬！」眾將士得令而退。命趙昇領一枝人馬，埋伏營左；候中軍砲響，殺出接應。又命孫焰紅領一枝人馬，埋伏營右；候中軍砲響，殺出接應。又命太鸞與子鄧秀在轅門賺住眾將。又吩咐後營小姐鄧嬋玉領一枝人馬，為三路救應使。鄧九公吩咐停當，專候後日行事。左右將佐俱去安排不表。

且說子牙送太鸞出府歸，與懼留孫商議曰：「必須如此如此，大事可成。」光陰迅速，不覺就是第

三日。先一日，子牙命：「楊戩變化，暗隨吾身。」楊戩得令。子牙命選精力壯卒五十名，裝作擡禮腳夫；辛甲、辛免、太顛、閎夭，四賢、八俊等充作左右應接之人，俱各暗藏利刃。又命雷震子領一枝人馬，搶他左哨，殺入中軍接應。再命南宮适領一枝人馬，搶彼右哨，殺入中軍接應。金吒、木吒、龍鬚虎統領大隊人馬，救應搶親。子牙俱吩咐暗暗出營埋伏不表。怎見得，有詩為證，詩曰：

湯營此日瑞筵開，專等鷹揚大將來。孰意子牙籌畫定，中軍砲響搶嬌才。

且說鄧九公其日與女嬋玉商議曰：「今日子牙送土行孫入贅，原是賺子牙出城，擒彼成功。吾與諸將分剖已定；你可將掩心甲緊束，以備搶將接應。」其女應允。鄧九公陞帳，吩咐鋪氈搭彩，俟候子牙不題。

且說子牙其日使諸將裝扮停當，乃命土行孫至前聽令。子牙曰：「你同至湯營，看吾號砲一響，你便進後營搶鄧小姐，要緊！」土行孫得令。子牙等至午時，命散宜生先行，子牙方出了城，望湯營進發。宜生先至轅門，太鸞接著，報于九公。九公降階，至轅門迎接散大夫。宜生曰：「前蒙金諾，今姜丞相已親自壓禮，同令婿至此；故特令下官先來通報。」鄧九公曰：「動煩大夫往返，尚容申謝。我等在此立等，如何？」宜生曰：「恐驚動元帥不便。」鄧九公曰：「不妨。」彼此等候良久，鄧九公遠遠望見子牙乘四不相，帶領腳夫一行不上五十人，並無甲冑兵刃。九公看罷，不覺暗喜。只見子牙同眾人行至轅門。子牙見鄧九公同太鸞、散宜生俱立候，子牙慌忙下騎。鄧九公迎上前來，打躬曰：「丞相大駕降臨，不才未得遠接，望乞恕罪。」子牙忙答禮曰：「元帥盛德，姜尚久仰芳譽，無緣未得執鞭❷；今幸天緣，得罄委曲，姜尚不勝幸甚！」只見懼留孫同土行孫上前行禮。九公問子牙曰：「此位是誰？」子牙曰：

❷ 執鞭：做馬夫，為執鞭趕車，此姜子牙謙虛之言。

「此是土行孫師父懼留孫也。」鄧九公忙致款曲曰：「久仰仙名，未曾拜識；今幸降臨，足慰夙昔。」懼留孫亦稱謝畢，彼此遜讓，進得轅門。子牙睜眼觀看，只見肆筵設席，結彩懸花，極其華美。怎見得，有詩為證，詩曰：

結彩懸花氣象新，麝蘭香靄襯重茵。屏開孔雀千年瑞，色映芙蓉萬谷春。

金鼓兩傍藏殺氣，笙簫一派鬱荊榛。孰知天意歸周主，十萬貔貅化鬼燐。

話說子牙正看筵席，猛見兩邊殺氣上沖，子牙已知就裡，便與土行孫眾將丟個眼色；眾人已解其意，俱親上帳來。鄧九公與子牙諸人行禮畢，子牙命左右擡上禮來。鄧九公方纔接禮單看玩，只見辛甲暗將信香取出，忙將擡盒內大砲燃著。一聲砲響，恍若地塌山崩。鄧九公吃了一驚，及至看時，只見腳夫一擁而前，各取出暗藏兵器，殺上帳來。鄧九公措手不及，只得望後就跑。太鸞與鄧秀見勢不諧，也往後逃走。只見四下伏兵盡起，喊聲振天。土行孫綽了兵器，望後營來搶鄧嬋玉小姐。子牙與眾人俱各搶上馬騎，各執兵刃廝殺。那三百名刀斧手如何抵擋得住？及至鄧九公等上得馬出來迎戰時，營已亂了。趙昇聞砲，自左營殺來接應，孫焰紅聽得砲響，從右營殺來接應；俱被辛甲、辛免等分頭截殺。鄧嬋玉方欲前來接應，又被土行孫敵住，彼此混戰。不意雷震子、南宮适兩枝人馬從左右兩邊裏來。成湯人馬反在居中，首尾受敵，如何抵得住？後面金吒、木吒等大隊人馬掩殺上來。鄧九公見勢不好，敗陣而走；軍卒自相踐踏，死者不計其數。鄧嬋玉見父親與眾將敗下陣走，也虛閃一刀，往正南上逃走。土行孫知嬋玉善于發石傷人，遂用綑仙繩祭起，將嬋玉綑了，跌下馬來，被土行孫上前綽住，先擒進西岐城去了。子牙與眾將追殺鄧九公有五十餘里，方鳴金收軍進城。鄧九公與子鄧秀併太鸞、趙昇等直至岐山下方纔

收集敗殘人馬，查點軍卒，見沒了小姐，不覺傷感。指望擒拿子牙，孰知反中奸計，追悔無及。只得暫扎住營寨不表。

且說子牙與懼留孫大獲全勝，進城，陞銀安殿坐下，諸將報功畢。子牙對懼留孫曰：「命土行孫乘今日吉日良時，與鄧小姐成親，何如？」懼留孫曰：「貧道亦是此意，時不宜遲。」子牙命土行孫：「你將鄧嬋玉帶至後房，乘今日好日子，成就你夫婦美事。明日我另有說話。」土行孫領命。子牙又命侍兒：「攙鄧小姐到後面，安置新房內去，好生伏侍。」鄧小姐嬌羞無那，含淚不語；被左右侍兒挾持往後房去了。子牙命諸將吃賀喜酒席不題。

且說鄧小姐攙至香房，土行孫上前迎接，嬋玉一見土行孫笑容可掬，便自措身無地，淚雨如傾，默默不語。土行孫又百般安慰。嬋玉不覺怒起，罵曰：「無知匹夫，賣主求榮！你是何等之人，敢妄自如此？」土行孫陪著笑臉答曰：「小姐雖千金之軀，不才亦非無名之輩，也不辱沒了你。況小姐曾受我療疾之恩，又是你尊泰山親許與我，俟行刺武王回兵，將小姐入贅，人所共知。且前日散大夫先進營與尊翁面訂，今日行聘入贅，丞相猶恐尊翁推托，故略施小計，成此姻緣。小姐何苦固執？」嬋玉曰：「我父親許散宜生之言，原是賺姜丞相之計，不意誤中奸謀，落在彀中，有死而已。」土行孫曰：「小姐差矣！別的好做口頭話，夫妻可是暫許得的？古人一言為定，豈可失信。況我等俱是闡教門人，只因誤聽申公豹唆使，故投尊翁帳下以圖報效；昨被吾師下山，擒進西岐，責吾暗進西岐行刺武王、姜丞相，有辱闡教，背本忘師，逆天助惡，欲斬吾首，以正軍法，吾哀告師尊，姜丞相定欲行刑；吾只得把初次擒哪吒、黃天化，尊翁泰山晚間飲酒將小姐許我，俟旋師命吾入贅，我只因欲就親事之心急，不得已方暗

進西岐。吾師與姜丞相聽得斯言，掐指一算，乃曰：『此子該與鄧小姐有紅絲繫足之緣，後來俱是周朝一殿之臣。』因此赦吾之罪，命散大夫作伐。小姐，你想：若非天緣，尊翁怎麼肯？小姐焉能到此？況今紂王無道，天下叛離，累伐西岐，不過魔家四將、聞太師、十洲三島仙眾皆自取滅亡，不能得志，天意可知，順逆已見。又何況尊翁區區一旅之師哉？古云：『良禽相木而棲，賢臣擇主而仕。』小姐今自固執，三軍已知土行孫成親。小姐縱冰清玉潔，誰人信哉？小姐請自三思！」鄧嬋玉被土行孫一席話說得低頭不語。

土行孫見小姐略有回心之意，又近前促之曰：「小姐自思，你是香閨艷質，天上奇葩；不才乃夾龍山門徒，相隔不啻天淵。今日何得與小姐玉體相親，情同夙覯？」便欲上前，強牽其衣。小姐見此光景，不覺粉面通紅，以手拒之曰：「事雖如此，豈得用強！候我明日請命與父親，再成親不遲。」土行孫此時情興已迫，按納不住，上前一把摟住；小姐抵死拒住。土行孫曰：「良時吉日，何必苦推，有誤佳期。」竟將一手去解其衣。小姐雙手推托，彼此扭作一堆。小姐終是女流，如何敵得土行孫過。不一時，滿面流汗，喘吁氣急，手已酸軟。土行孫乘隙將右手插入裡衣。嬋玉及至以手擋抵，不覺其帶已斷。及將雙手揝住裡衣，其力愈怯。土行孫得空，以手一抱，暖玉溫香，已貼滿胸懷。檀口香腮，輕輕緊揾。小姐嬌羞無主，將臉左右閃躲不得，流淚滿面曰：「如是恃強，定死不從！」土行孫那裡肯放，死死壓住。彼此推扭，又有一個時辰。

土行孫見小姐終是不肯順從，乃紿❸之曰：「小姐既是如此，我也不敢用強，只恐小姐明日見了尊

❸ 紿：音ㄉㄞˋ，欺騙。

翁變卦，無以為信耳。」小姐忙曰：「我此身已屬將軍，安有變卦之理？只將軍肯憐我，容見過父親，庶成我之節；我若是有負初心，定不逢好死。」土行孫曰：「既然如此，賢妻請起。」土行孫將一手摟抱其頸，輕輕扶起。鄧嬋玉以為真心放她起來，不曾提防，將身起時，便用一手推開土行孫之手。土行孫乘機將雙手插入小姐腰裡，抱緊了一摔，腰已鬆了，裡衣逕往下一卸。鄧嬋玉被土行孫所算，及落手相持時，已被雙肩隔住手，如何下得來！小姐展掙❹不住，不得已言曰：「將軍薄倖！既是夫妻，如何哄我？」土行孫曰：「若不如此，賢妻又要千推萬阻。」小姐惟閉目不言，嬌羞滿面，任土行孫解帶脫衣。二人扶入錦被，嬋玉對土行孫曰：「賤妾係香閨幼稚，不識雲雨，乞將軍憐護。」土行孫曰：「小姐嬌香艷質，不才欽德久矣，安敢狂逞。」正是：

翡翠衾中，初試海棠新血；鴛鴦枕上，漫飄桂蕊奇香。

彼此溫存，交相慕戀，極人間之樂，無過此時矣，後人有詩單道子牙妙計，成就二人美滿前程。詩曰：

妙算神機說子牙，運籌幃幄更無差。百年好事今朝合，莫把紅絲孟浪誇。

話說土行孫與鄧嬋玉成就夫妻，一著晚景已過。次日，夫妻二人起來，梳洗已畢。土行孫曰：「我二人可至前殿，叩謝姜丞相與我師尊撫育成就之恩。」嬋玉曰：「此事固當要謝；但我父親昨日不知敗于何地，豈有父子事兩國之理？乞將軍以此意道達于姜丞相得知，作何區處，方保兩全。」土行孫曰：「賢妻之言是也。伺上殿時，就講此事。」話猶未了，只見子牙陞殿，眾將上殿參謁畢。土行孫與鄧嬋玉夫妻二人上前叩謝。子牙曰：「鄧嬋玉今屬周臣，爾父尚抗拒不服。我欲發兵前去擒勦，但你係他骨

❹ 展掙：掙扎。

肉至親，當如何區處？」土行孫上前曰：「嬋玉適纔正為此事與弟子商議。懇求師叔開惻隱之心，設一計策，兩全其美。此師叔莫大之恩也。」子牙曰：「此事也不難。若嬋玉果有真心為國，只消得親自去說他父親歸周，有何難處！但不知嬋玉可肯去否？」鄧嬋玉上前跪而言曰：「丞相在上：賤妾既已歸周，豈敢又蓄兩意？早晨嬋玉已欲自往說父親降周，惟恐丞相不肯信妾真情，致生疑慮。若丞相肯命妾說父歸降，自不勞張弓設箭，妾父自為周臣耳。」子牙曰：「我斷不疑小姐反復；只恐汝父不肯歸周，又生事端耳。今小姐既欲親往，吾撥軍校隨去。」嬋玉拜謝子牙，領兵卒出城，望岐山前來不表。

且說鄧九公收集殘兵，駐紮一夜；至次日陞帳，其子鄧秀、太鸞、趙昇、孫焰紅侍立。九公曰：「吾自行兵以來，未嘗遭此大辱；今又失吾愛女，不知死生，正是羊觸藩籬，進退兩難，奈何！奈何！」太鸞曰：「元帥可差官齎表進朝告急，一面探聽小姐下落。」正遲疑間，左右報曰：「小姐領一枝人馬，打西周旗號，至轅門等令。」太鸞等驚愕不定。鄧九公曰：「令來。」左右開了轅門，嬋玉下馬，進轅門來，至中軍，雙膝跪下。鄧九公看見如此行徑，慌立起問曰：「我兒這是如何說？」嬋玉不覺流淚言曰：「孩兒不敢說。」鄧九公曰：「你有甚麼冤屈？站起來說無妨。」嬋玉曰：「孩兒係深閨幼女，此事俱是父親失言，弄巧成拙。父親平空將我許了土行孫，勾引姜子牙做出這番事來，將我擒入西岐，強逼為婚。如今追悔何及！」鄧九公聽得此言，諕得魂飛天下，半晌無言。嬋玉又進言曰：「孩兒今已失身為土行孫妻子，欲保全爹爹一身之禍，不得不來說明。今紂王無道，天下分崩，三分天下，有二歸周。其天意人心，不卜可知。縱有聞太師、魔家四將與十洲三島真仙，俱皆滅亡。順逆之道明甚。今孩兒不孝，歸順西岐，不得不以利害與父親言之。父親今以愛女輕許敵國，姜子牙親進湯營行禮，父親雖是賺

辭，誰肯信之！父親況且失師辱國，歸商自有顯戮。孩兒乃奉父命歸適良人，自非私奔桑濮❺之地，父親亦無罪孩兒之處。父親若肯依孩兒之見，歸順西周，改邪歸正，擇主而仕；不但骨肉可以保全，實是棄暗投明，從順棄逆，天下無不忻悅。」九公被女兒一番言語說得大是有理，自己沉思：「欲奮勇行師，眾寡莫敵；欲收軍還國，事屬嫌疑。」沉吟半晌，對嬋玉曰：「我兒，你是我愛女，我怎的捨得你！只是天意如此。但我羞入西岐，屈膝與子牙耳。如之奈何？」嬋玉曰：「這有何難！姜丞相虛心下士，並無驕矜。父親果真降周，孩兒願先去說明，令子牙迎接。」九公見嬋玉如此說，命嬋玉先行，鄧九公領眾軍歸順西岐不題。

且說鄧嬋玉先至西岐城，入相府對子牙將上項事訴說一遍。子牙大喜，命左右排隊伍出城，迎接鄧元帥；左右聞命，俱披執迎接里餘之地。已見鄧九公軍卒來至，子牙曰：「元帥請了！」九公連在馬上欠背躬身曰：「末將才疏智淺，致蒙譴責，理之當然。今已納降，望丞相恕罪。」子牙忙勒騎向前，攜九公手，並轡而言曰：「今將軍既知順逆，棄暗投明，俱是一殿之臣，何得又分彼此。況令愛又歸吾門下師侄，吾又何敢賺將軍哉？」九公不勝感激。二人俱至相府下馬，進銀安殿，重整筵席，同諸將飲慶賀酒，一宿不題。次日，見武王，朝賀畢。

且不言鄧九公歸周，只見探馬報入汜水關，韓榮聽得鄧九公納降，將女私配敵國，韓榮飛報至朝歌。有上大夫張謙看本，見此報大驚，忙進內打聽，皇上在摘星樓，只得上樓啟奏。左右見上大夫進疏，慌忙奏曰：「啟陛下：今有上大夫張謙候旨。」紂王聽說，命：「宣上樓來。」張謙聞命上樓，至滴水簷

---

❺ 桑濮：桑間、濮上之簡稱。禮樂記：「桑間、濮上之音，亡國之音也。」謂淫風流行之地。此指男女淫奔。

前拜畢。紂王曰：「朕無旨宣卿，卿有何奏章？就此批宣。」張謙俯伏奏曰：「今日汜水關韓榮進有奏章，臣不敢隱匿；雖觸龍怒，臣就死無辭。」紂王聽說，命當駕官：「即將韓榮本拿來朕看。」張謙忙將韓榮本展于紂王龍案之上。紂王看未完，不覺大怒曰：「鄧九公受朕大恩，今一旦歸降叛賊，情殊可恨！待朕陞殿，與臣共議，定拿此一班叛臣，明正伊罪，方洩朕恨！」張謙只得退下樓來，候天子臨軒。只見九間殿上，鐘鼓齊鳴，眾官聞知，忙至朝房伺候。

須臾，孔雀屏開，紂王駕臨，登寶座傳旨：「命眾卿面議。」眾文武齊至御前，俯伏候旨。紂王曰：「今鄧九公奉詔征西，不但不能伐叛奏捷，反將己女私婚敵國，歸降逆賊，罪在不赦；除擒拿逆臣家屬外，必將逆臣拏獲，以正國法。卿等有何良策，以彰國之常刑？」紂王言未畢，有中諫大夫飛廉出班奏曰：「臣觀西岐抗禮拒敵，罪在不赦。然征伐大將，得勝者或有捷報御前，失利者懼罪即歸伏西土，何日能奏捷音也？依臣愚見，必用至親骨肉之臣征伐，庶無二者之虞；且與國同為休戚，自無不奏捷者。」紂王曰：「君臣父子，總係至戚，又何分彼此哉？」飛廉奏曰：「臣保一人征伐西岐，姜尚可擒，大功可奏。」紂王曰：「卿保何人？」飛廉奏曰：「要克西岐，非冀州侯蘇護不可。一為陛下國戚；二為諸侯之長，凡事無有不用力者。」紂王聞言大悅：「卿言甚善。」即令軍政官速發黃旄、白鉞，使命齎詔前往冀州。不知勝負如何，且聽下回分解。

評

子牙收伏鄧九公，其計雖巧，然非散宜生舌辯，不能以成其巧；非太鸞之贊助，不足以湊其巧，此正謂天機湊巧，特借人力以曲全之耳。若專以人力巧謀，曲取固不可；若專任天機湊合亦不可，惟善於乘時者自識之。

第五十七回　冀州侯蘇護伐西岐

蘇侯有意欲歸周，紂主江山似浪浮。紅日已隨山後卸，落花空逐水東流。
人情久欲投明聖，世局翻為急浪舟。貴戚親臣皆已散，獨夫猶自臥紅樓。

話說天使離了朝歌，前往冀州，一路無詞，翌日來至冀州館驛安下。次日，報至蘇侯府內。蘇侯即至館驛接旨。焚香拜畢，展詔開讀，詔曰：

朕聞征討之命，皆出于天子；閫外之寄，實出于元戎。建立功勳，威鎮海內，皆臣子分內事也。茲西岐姬發肆行不道，抗拒王師，情殊可恨。特敕爾冀州侯蘇護，總督六師，前往征伐；必擒獲渠魁，殄滅禍亂。俟旋師奏捷，朕不惜茅土以待有功。爾其勗哉！特詔。

話說蘇侯開讀旨意畢，心中大喜。管待天使，齎送程費，打發天使起程。蘇侯暗謝天地曰：「今日吾方得洗一身之冤，以謝天下。」忙令後廳治酒，與子全忠、夫人楊氏共飲，曰：「我不幸生女妲己，進上朝歌。誰想這賤人盡違父母之訓，無端作孽，迷惑紂王，無所不為；使天下諸侯銜恨于我。今武王仁德播于天下，三分有二盡歸于西周。不意昏君反命吾征伐，吾得遂平生之願。我明日意欲將滿門家眷帶在行營，至西岐歸降周王，共享太平；然後會合諸侯，共伐無道，使我蘇護不得遺笑于諸侯，受譏于後世，亦不失丈夫之所為耳。」夫人大喜：「將軍之言甚善，正是我母子之心。」且說次日殿上鼓響，眾將軍

參見。蘇護曰：「天子敕下，命吾西征。眾將整備起行。」眾將得令，整點十萬人馬，即日祭寶纛旗，收拾起兵。同先行官趙丙、孫子羽、陳光、五軍救應使鄭倫，即日離了冀州，軍威甚是雄偉。怎見得，有贊為證，贊曰：

殺氣征雲起，金鑼鼓又鳴。旛幢遮瑞日，劍戟鬼神驚。平空生霧彩，遍地長愁雲。閃翻銀葉甲，撥轉皂雕弓。人似離山虎，馬如出水龍。頭盔生燦爛，鎧甲砌龍鱗。離了冀州界，西土去安營。

蘇侯行兵非止一日，有探馬報入中軍：「前是西岐城下。」蘇侯傳令安營結寨，陞帳坐下。眾將參謁，立起帥旗。

且說子牙在相府，收四方諸侯本請武王伐紂。忽報馬入府：「啟老爺：冀州侯蘇護來伐西岐。」子牙問黃飛虎曰：「久聞此人善能用兵，黃將軍必知其人，請言其概。」黃飛虎曰：「蘇護秉性剛直，不似諂媚無骨之夫；名為國戚，與紂王有隙，一向要歸周，時常有書至末將處。此人若來，必定歸周，再無疑惑。」子牙聞言大悅。且說蘇侯三日未來請戰，黃飛虎上殿見子牙，曰：「蘇侯按兵不動，待末將探他一陣，便知端的。」子牙許之。飛虎領令，上了五色神牛，出得城來，一聲砲響，立于轅門，大呼曰：「請蘇侯答話！」探馬報入中軍，蘇侯令先行官見陣。趙丙領令，上馬提方天戟逕出轅門；認的是武成王黃飛虎。趙丙曰：「黃飛虎，你身為國戚，不思報本，無故造反，致起禍端，使生民塗炭，屢年征討不息；今奉旨特來擒你，尚不下馬受縛，猶自支吾！」搖戟刺來。黃飛虎將鎗架住，對趙丙曰：「你好好回去，請你主將出來答話，吾自有道理。你何必自逞其強也！」趙丙大怒：「既奉命來擒你報功，豈得猶以語言支吾！」又一戟刺將來。黃飛虎大怒：「好大膽匹夫！焉敢連刺吾兩戟！」催開神牛，手

中鎗赴面交還。牛馬相交，鎗戟并舉。怎見得：

二將陣前勢無比，撥開牛馬定生死。這一箇鋼鎗搖動鬼神愁，那一箇畫戟展開分彼此。一來一往勢無休，你生我活誰能已？從來惡戰不尋常，攪海翻江無底止。

話說黃飛虎大戰趙丙，二十回合，被飛虎生擒活捉，拿解相府來見子牙。報入府中，子牙令飛虎進見：「將軍出陣，勝負若何？」飛虎曰：「生擒趙丙，聽令定奪。」子牙命：「推來。」士卒將趙丙擁至殿前，趙丙立而不跪。子牙曰：「既已被擒，尚何得抗禮？」趙丙曰：「奉命征討，指望成功；不幸被擒，唯死而已，何必多言！」子牙傳令：「暫且囚于禁中。」

且說蘇侯聞報趙丙被擒，低首不語。只見鄭倫在旁曰：「君侯在上：黃飛虎自恃強暴，待明日拿來，解往朝歌，免致生靈塗炭。」次日，鄭倫上了火眼金睛獸，提了降魔杵，往城下請戰。左右報入相府，子牙令黃將軍出陣走一遭。飛虎領令出城，見一員戰將，面如紫棗，十分梟惡，騎著火眼金睛獸。怎見得，有詩為證。詩曰：

道術精奇別樣粧，降魔寶杵世無雙。忠肝義膽堪稱誦，無奈昏君酒色荒。

話說飛虎大呼曰：「來者何人？」鄭倫曰：「吾乃蘇侯麾下鄭倫是也。黃飛虎，你這叛賊！為你屢年征伐，百姓遭殃，今天兵到日，尚不投戈伏誅，意若何為？」飛虎曰：「鄭倫，你且回去，請你主將出來，吾自有說話。你若是不知機變，如趙丙自投陷身之禍！」鄭倫大怒，掄杵就打，黃飛虎手中鎗急架相還。二獸相交，鎗杵併舉，兩家大戰三十回合。鄭倫把杵一擺，他有三千烏鴉兵走動，行如長蛇之勢。鄭倫竅中兩道白光往鼻子裡出來。「哼」的一聲響，黃將軍正是：

見白光三魂即散，聽聲響撞下鞍轎。烏鴉兵用撓鉤搭住，一踴上前拿翻，剝了衣甲，繩纏索綁。飛虎上了繩子，二目方睜。飛虎點首曰：「今日之擒，如同做夢一般，真是心中不服！」鄭倫掌得勝鼓回營，來見蘇侯，入帳報功：「今日生擒反叛黃飛虎至轅門，請令發落。」蘇侯令：「推來。」小校將飛虎推至帳前，飛虎曰：「今被邪術受擒，願請一死，以報國恩。」蘇侯曰：「本當斬首，且監候，留解朝歌，請天子定罪。」左右將黃飛虎送下後營。

且說報馬報入相府，言黃飛虎被擒。子牙大驚曰：「如何擒去？」掠陣官啟曰：「蘇侯麾下有一鄭倫，與武成王正戰之間，只見他鼻子裡放出一道白光，黃將軍便墜騎被他拿去。」子牙心下十分不樂：「又是左道之術！」只見黃天化在旁，聽見父親被擒，恨不得平吞了鄭倫。當日晚間不題。次日，天化上帳，請令出陣，以探父親消息；子牙許之。天化領令，上了玉麒麟，出城請戰。探馬報入營中：「有將請戰。」蘇侯曰：「誰去見陣走一遭？」鄭倫答曰：「願往。」上了金睛獸，砲聲響處，來至陣前。黃天化曰：「爾乃是鄭倫？擒武成王者是你？不要走，吃吾一鎚！」一似流星閃灼光輝，呼呼風響。鄭倫忙將杵劈面相還。二將交兵，未及十合。鄭倫見天化腰束著絲縧，是個道家之士，「若不先下手，恐反遭其害。」把杵望空中一擺，烏鴉兵齊至，如長蛇一般。鄭倫鼻竅中一道白光吐出，如鐘鳴一樣。天化看見白光出竅，耳聽其聲，坐不住玉麒麟，翻身落騎。烏鴉兵依舊把天化綁縛起來。急睜目開眼，不知其身已受綁縛。

鄭倫又擒黃天化進營來見。鄭倫曰：「末將擒黃天化已至轅門等令。」蘇侯令：「推至中軍。」見

天化眼光暴露，威風凜凜，一表非俗，立而不跪。蘇侯也命監在後營。黃天化入後營，看見父親監禁在此，大呼曰：「爹爹！我父子遭妖術成擒，心中甚是不服！」飛虎曰：「雖是如此，當思報國。」按下黃家父子，且說探馬報入相府：「黃天化又被擒去。」子牙大驚：「黃將軍說蘇侯有意歸周，不料擒他父子！」子牙心中納悶。且說鄭倫捉了二將，軍威甚盛，次日又來請戰，探馬報入相府。子牙急令：「何人走遭？」言未畢，土行孫答曰：「弟子歸周，寸功未立，願去走一遭，探其虛實，何如？」子牙許之。土行孫方領令出府；旁有鄧嬋玉上前告曰：「末將父子蒙恩，當得掠陣。」子牙並許之。鄭倫聽得城內砲響，見兩扇門開，旗旛磨動，見一女將飛來，怎見得，有詩為證，詩曰：

此女生來錦織成，腰肢一搦體輕盈。西岐山下歸明主，留得芳名照汗青。

話說鄭倫見城內女將飛馬而來，不曾看見土行孫出來。土行孫生得矮小，鄭倫只看了前面，未曾照看面前。土行孫大呼曰：「那匹夫！你看那裡？」鄭倫往下一看，見是箇矮子。鄭倫笑曰：「你那矮子，來此做甚麼？」土行孫曰：「吾奉姜丞相將令，特來擒爾！」鄭倫復大笑曰：「看你這廝，形似嬰孩，乳毛未退，敢出大言，自來送死！」土行孫聽見罵他甚是卑微，大叫：「好匹夫！焉敢辱我！」使開鐵棍，一滾而來，就打金睛獸的蹄子。鄭倫急用杵來迎架，只是撈不著。大抵鄭倫坐的高，土行孫身子矮小，故此往下打費力。幾個回合，把鄭倫掙了一身汗，反不好用力，心裡焦躁起來，把杵一晃，那烏鴉兵飛走而來。土行孫不知那裡響，鄭倫把鼻子裡白光噴出，哼然有聲。土行孫眼看耳聽，魂魄盡散，一交跌在地下。烏鴉兵把土行孫拿了，綁將起來。土行孫睜開眼，見渾身上了繩子，道聲：「噫！倒有趣！」土行孫綁著，鄧嬋玉看見，走馬大呼曰：「匹夫不必逞兇擒將！」把刀飛來直取。鄭倫手中杵劈面打來。

嬋玉未及數合，撥馬就走，鄭倫不趕。佳人掛下刀，取五光石，側坐鞍轎，回手一石。正是：

從來暗器最傷人，自古婦人為更毒。

鄭倫「哎呀！」的一聲，面上著傷，敗回營中來見蘇侯。蘇侯曰：「鄭倫，你失機了？」鄭倫答曰：「拿了一個矮子，纔待回營；不意有一員女將來戰，未及數合，回馬就走，末將不曾趕他，他便回手一石，急自躲時，面上已著了傷。如今那箇矮子拿在轅門聽令。」蘇侯傳令：「推將進來。」眾將卒將土行孫簇擁推至帳下。蘇侯曰：「這樣將官，拿他何用！推出去斬了！」土行孫曰：「且不要斬，我回去說個信來。」蘇侯笑曰：「這是個獃子！推出斬了！」土行孫曰：「你不肯，我就跑了。」眾人大笑。正是：

仙家秘授真奇妙，迎風一晃影無蹤。

眾人一見大驚，忙至帳前來，稟啟元帥：「方纔將矮子推出轅門，他把身子一扭就不見了。」蘇侯歎曰：「西岐異人甚多，無怪屢次征伐，俱是片甲不回，無能取勝。」嗟歎不已。鄭倫在旁只是切齒；自己用丹藥敷貼，欲報一石之恨。次日，鄭倫又來請戰，坐名要女將，鄧嬋玉就要出馬。子牙曰：「不可。他此來必有深意。」哪吒應曰：「弟子願往。」子牙許之。哪吒上了風火輪，出城大呼曰：「來者可是鄭倫？」鄭倫答曰：「然也。」哪吒不答話，登輪就殺，鄭倫急用杵相還。輪獸交兵，怎見得，有贊為證，贊曰：

哪吒怒發氣吞牛，鄭倫惡性展雙眸。火尖鎗擺噴雲霧，寶杵施開轉捷稠。這一個傾心輔佐周王駕，那一個有意能分紂主憂。二將大戰西岐地，海沸江翻神鬼愁。

話說鄭倫大戰哪吒，恐哪吒先下手，把杵一擺，烏鴉兵如長蛇陣一般，都拿著撓鉤套索前來等著。哪吒

看見，心下著忙。只見鄭倫對著哪吒一聲哼，哪吒無魂魄，怎能跌得下輪來？鄭倫見用此術不能響應，大驚曰：「吾師秘授，隨時響應，今日如何不驗？」又將白光吐出鼻子竅中。哪吒見頭一次不驗，第二次就不理他。鄭倫著忙，連哼第三次。哪吒笑曰：「你這匹夫害的是甚麼病？只管哼！」鄭倫大怒，把杵劈頭亂打，又戰三十回合。哪吒把乾坤圈祭在空中，一圈打將下來。鄭倫難逃此厄，正中其背，只打得筋斷骨折，幾乎墜騎，敗回行營。哪吒得勝，回來見子牙，將「鄭倫如此如彼被乾坤圈打傷，敗回去」說了一遍。子牙大喜，上了哪吒功不表。

且說蘇侯在中軍，聞鄭倫失機來見；蘇侯見鄭倫著傷，站立不住，其實難當。蘇侯借此要說鄭倫，乃慰之曰：「鄭倫，觀此天命有在，何必強為！前聞天下諸侯歸周，俱欲共伐無道，只聞太師屢欲扭轉天心，故此俱遭屠戮，實生民之難。我今奉敕征討，你得功莫非暫時僥倖耳。吾見你著此重傷，心下甚是不忍。我與你名為主副之將，實有手足之情。今見天下紛紛，刀兵未息，此乃國家不祥，人心、天命可知。昔堯帝之子丹朱不肖，堯崩，天下不歸丹朱而歸于舜。舜之子商均亦不肖，舜崩，天下不歸商均而歸于禹。方今世亂如麻，真假可見，從來天運循環，無往不復。今主上失德，暴虐亂常，天下分崩，黯然氣象，莫非天意也。我觀你遭此重傷，是上天警醒你我耳。我思：『順天者昌，逆天者亡。』不若歸周，共享安康，以伐無道。此正天心人意，不卜可知。你意下如何？」鄭倫聞言，正色大呼曰：「君侯此言差矣！天下諸侯歸周，君侯不比諸侯，乃是國戚；國亡與亡，國存與存。今君侯受紂王莫大之恩，娘娘享宮闈之寵，今一旦負國，謂之不義。今國事艱難，不思報效，而欲歸反叛，謂之不仁。鄭倫竊為君侯不取也！若為國捐生，捨身報主，不惜血肉之軀以死自誓，乃鄭倫忠君之願，其他非所知也。」蘇

護曰：「將軍之言雖是，古云：『良禽擇木而棲，賢臣擇主而事。』古人有行之不損令名者，伊尹是也。黃飛虎官居王位，今主上失德，有乖天意，人心思亂，故捨紂而歸周。鄧九公見武王、子牙以德行仁，知其必昌，紂王無道，知其必亡，亦捨紂而從周。所以人要見機，順時行事，不失為智。你不可執迷，恐後悔無及。」鄭倫曰：「君侯既有歸周之心，我決然不順從于反賊。待我早間死，君侯早上歸周；我午後死，君侯午後歸周。我忠心不改，此頸可斷，心不可汙！」轉身回帳，調養傷痕不題。

且說蘇侯退帳，沉思良久，命蘇全忠後帳治酒。一鼓時分，命全忠往後營，把黃飛虎父子放了，請到帳前。蘇護下拜請罪，言曰：「末將有意歸周久矣。」黃飛虎忙答拜曰：「今蒙盛德，感賜再生。前聞君侯意欲歸周，使我心懷渴想，喜如雀躍，故末將纔至營前，欲會君侯，問其虛實耳。不期被鄭倫所擒，有辱君命。今蒙開其生路，有何吩咐，愚父子惟命是從。」蘇護曰：「不才久欲歸周，不能得便。今奉敕西征，實欲乘機歸順，怎奈偏將鄭倫堅執不允。我將言語開說上古順逆有歸之語，他只是不從。今特設此酒，請大王、公子少敘心曲，以贖不才冒瀆之罪。」飛虎曰：「君侯既肯歸順，宜當速行。雖然鄭倫執拗，只可用計除之。大丈夫先立功業，共扶明主，垂名竹帛，豈得區區效匹夫匹婦之小忠小諒哉！」酒至三更，蘇護起身言曰：「大王、賢公子，出後糧門，回見姜丞相，把不才心事呈與丞相，以知吾之心腹也。」遂送黃飛虎父子回城。飛虎至城下叫門，城上聽得是武成王，不敢夤夜開門，來報子牙。子牙聽得是三更天氣，報：「黃飛虎回來。」忙傳令開城門。少時，飛虎至相府來見子牙。子牙曰：「黃將軍被妖惡所獲，為何夤夜而歸？」黃飛虎把蘇護心欲歸周之事，一一說了一遍，「只是鄭倫把持，不得遂其初心。再等一兩日，他自有處治。」不表飛虎回城，且說蘇侯父子不得歸周，作何商議？蘇全

忠曰：「不若乘鄭倫身著重傷，修書一封，打入城中，知會子牙前來劫營，將鄭倫生擒進城，看他歸順不歸順，任姜丞相處治。孩兒與爹爹早得歸周，恐後致生疑惑。」蘇護曰：「此計雖好，只是鄭倫也是箇好人，必須周全得他方好。」全忠曰：「只是不好傷他性命便了。」蘇護大喜：「明日准行。」父子計較停當，來日行事。有詩為證，詩曰：

蘇護有意欲歸周，怎奈門官不肯投。只是子牙該有厄，西岐傳染病無休。

話說鄭倫被哪吒打傷肩背，雖有丹藥，只是不好；一夜聲喚，睡臥不寧，又思：「主將心意歸周，恨不能即報國恩，以遂其忠悃。其如凡事不能就緒，如之奈何！」且說蘇護次日陞帳，打點行計，忽聽得把轅門旗官報入中軍：「有一道人，三隻眼穿大紅袍，要見老爺。」蘇護不是道家出身，不知道門尊大，便叫：「令來。」左右出轅門，報與道人。道人聽得叫「令來」，不曾說個「請」字，心下鬱鬱不樂；欲待不進營去，恐辜負了申公豹之命。道人自思：「且進營去，看他何如。」只得忍氣吞聲進營，來至中軍。蘇侯見道人來，不知何事。道人見蘇侯曰：「貧道稽首了！」蘇侯亦還禮畢，問曰：「道者今到此間，有何見諭？」道者曰：「貧道特來相助老將軍，共破西岐，擒反賊，以解天子。」蘇侯曰：「道者住居那裡？從何處而來？」道人答曰：「吾從海島而來。有詩為證，詩曰：

弱水行來不用船，週遊天下妙無端。陽神出竅人難見，水虎牽來事更玄。
九龍島內經修煉，截教門中我最先。若問衲子名何姓？呂岳聲名四海傳。」

話說道人作罷詩，對蘇護曰：「衲子乃九龍島聲名山煉氣士是也，姓呂，名岳；乃申公豹請我來助老將軍。將軍何必見疑乎？」蘇侯欠身請坐。呂道人也不謙讓，就上坐了。只聽得鄭倫聲喚曰：「痛殺吾也！」

呂道人問：「是何人叫苦？」蘇侯暗想：「把鄭倫扶出來，詭他一詭。」蘇侯答曰：「是吾軍大將鄭倫，被西岐將官打傷了，故此叫苦。」呂道人曰：「且扶他出來，待吾看看何如？」左右把鄭倫扶將出來。呂道人一看，笑曰：「此是乾坤圈打的，不妨，待吾救你。」豹皮囊中取出一個葫蘆，倒出一粒丹藥，用水研開，敷于上面，如甘露沁心一般，即時痊癒。鄭倫今得重傷痊癒，正是：

猛虎又生雙脇翅，蛟龍依舊海中來。

鄭倫傷痕痊癒，遂拜呂岳為師。呂道人曰：「你既拜吾為師，助你成功便了。」帳中靜坐，不語三日。蘇侯歎曰：「正要行計，又被道人所阻，深為可恨！」且說鄭倫見呂岳不出去見陣，上帳啟曰：「老師既為成湯，弟子聽候老師法旨，可見陣會會姜子牙。」呂岳曰：「吾有四位門人未曾來至，但他們一來，管取你克了西岐，助你成功。」又過數日，來了四位道人，至轅門問左右曰：「裡邊可有一呂道長麼？煩為通報：有四門人來見。」軍政官報入中軍：「啟老爺：有四位道人要見老爺。」呂岳曰：「是吾門人來也。」著鄭倫出轅門來請。

鄭倫至轅門，見四道者臉分青、黃、赤、黑，或挽抓髻，或戴道巾，或似頭陀，穿青、紅、黃、皂，身俱長一丈六七尺，行如虎狼，眼露睛光，甚是凶惡。鄭倫欠背躬身曰：「老師有請。」四位道人也不謙讓，逕至帳前，見呂道人行禮畢，口稱老師，兩邊站立。呂岳問曰：「為何來遲？」內有一穿青者答曰：「因攻伐之物未曾製完，故此來遲。」呂岳謂四門人曰：「這鄭倫乃新拜吾為師的，亦是你等兄弟。」鄭倫重新又與四人見禮畢。鄭倫欠身請問曰：「四位師兄高姓大名？」呂岳用手指著一位曰：「此位姓周，名信；此位姓李，名奇；此位姓朱，名天麟；此位姓楊，名文輝。」鄭倫也通了名姓，遂治酒管待，

飲至二鼓方散。次日，蘇侯昇帳，又見來了四位道者，心下十分不悅，懊惱在心。呂岳曰：「今日你四人誰往西岐走一遭？」內有一道者曰：「弟子願往。」呂岳許之。那道人抖擻精神，自恃胸中道術，出營步行，來會西岐。不知吉凶如何，且聽下回分解。

評

蘇侯擇主而事，棄暗投明，固是賢士；但身係紂王戚臣，不思捨身報主，效龍逢比干，以直諫死，真有愧於諸君子萬世之下。以此為口實者，蘇侯其罪之魁乎！

又評

鄭倫乃裨將也，知有君而不知有身，真是有血性男子。看其對蘇侯數語，真使蘇侯父子汗下。

第五十八回　子牙西岐逢呂岳

疫痢瘟㾮幾遍災，子牙端是有奇才。匡扶社稷開基域，保護黔黎脫禍胎。
劫運方來神鬼哭，兵戈時至士民哀。何年得遂清平日，祥靄氤氳萬歲臺。

話說周信提劍來城下請戰，報入相府：「有一道人請戰。」子牙聞知連日未曾會戰，「今日竟有道人，此來畢竟又是異人。」便問：「誰去走一遭？」有金吒欠身而言曰：「弟子願往。」子牙許之。金吒出城，見一個道者，生的十分凶惡。怎見得，有詩為證：

髮似硃砂臉帶綠，獠牙上下金精目。道袍青色勢猙獰，足下麻鞋雲霧簇。
手提寶劍電光生，胸藏妙訣神鬼哭。行瘟使者降西岐，正是東方甲乙木。

話說金吒問曰：「道者何人？」周信答曰：「吾乃九龍島煉氣士周信是也；聞爾等仗崑崙之術，滅吾截教，情殊可恨！今日下山，定然與你等見一高下，以定雌雄。」綽步執劍來取，金吒用劍急架相還。未及數合，周信抽身便走，金吒隨即趕來。周信揭開袍服，取出一磬，轉身對金吒連敲三四下。金吒把頭搖了兩搖，即時面如金紙，走回相府，只叫：「頭疼殺我！」子牙問其詳細，金吒把趕周信事說了一遍，子牙不語。金吒在相府，晝夜叫苦。且說次日，又報進相府：「又有一道人請戰。」子牙問左右：「誰去見陣走一遭？」旁有木吒曰：「弟子願往。」木吒出城，見一道人，挽雙抓髻，穿淡黃服，面如

滿月，三柳長髯。怎見得，有詩為證，詩曰：

面如滿月眼如球，淡黃袍服繡花禽。絲絛上下飄瑞彩，腹內玄機海樣深。

五行道術般般會，灑豆成兵件件精。兌地行瘟號使者，正屬西方庚辛金。

話說木吒大喝曰：「你是何人？敢將左道邪術困吾兄長，使他頭疼？想就是你了！」李奇曰：「非也。那是吾道兄周信。吾乃呂祖門人李奇是也。」木吒大怒：「都是一班左道邪黨！」輕移大步，執劍當空來取李奇，李奇手中劍劈面交還。二人步戰之間，劍分上下，要賭雌雄：一個是肉身成聖的木吒，施威仗勇；一個是瘟部內有名的惡煞，展開凶光。往來未及五七回合，李奇便走，木吒隨後趕來。二人步行，趕不上一射之地，李奇取出一旛，拿在手中，對木吒連搖數搖。木吒打了一個寒噤，不去追趕。李奇也全然不理，逕進大營去了。且說木吒一會兒面如白紙，渾身上如火燎，心中似油煎，解開袍服，赤身來見子牙，只叫：「不好了！」子牙大驚，急問：「怎的這等回來？」木吒跌倒在地，口噴白沫，身似炭火。子牙命扶往後房。子牙問掠陣官：「木吒如何這樣回來？」掠陣官把木吒追趕，搖旛之事說了一遍。子牙不知其故，「此又是左道之術！」心中甚是納悶。

且說李奇進營，回見呂岳。道人問曰：「今日會何人？」李奇曰：「今日會木吒，弟子用法旛一展，無不響應，因此得勝，回見尊師。」呂岳大悅，心中樂甚，乃作一歌，歌曰：

「不負玄門訣，工夫修煉來。爐中分好歹，火內辨三才。

陰陽定左右，符印最奇哉。仙人逢此術，難免殺身災。」

呂岳作罷歌，鄭倫在旁，口稱：「老師，二日成功，未見擒人捉將；方纔聞老師作歌最奇，甚是歡喜，

其中必有妙用，請示其詳。」呂岳曰：「你不知吾門人所用之物俱有玄功，只略展動了，他自然絕命，何勞持刀用劍殺他。」鄭倫聽說，讚歎不已。次日，呂岳令朱天麟：「今日你去走一遭，也是你下山一場。」朱天麟領法旨，提劍至城下，大呼曰：「著西岐能者會吾！」有探事的報入相府。子牙雙眉不展，問左右曰：「誰去走一遭？」旁有雷震子曰：「弟子願去。」子牙許之。雷震子出城，見一道人生的凶惡。怎見得，有詩為證，詩曰：

巾上斜飄百合纓，面如紫棗眼如鈴。身穿紅服如噴火，足下麻鞋似水晶。
絲絲結就陰陽扣，寶劍揮開神鬼驚。行瘟部內居離位，正按南方火丙丁。

話說雷震子大呼曰：「來的妖人，仗何邪術，敢困吾二位道兄也！」朱天麟笑曰：「你自恃猙獰古怪，發此大言，誰來怕你？你也不知我是誰，吾乃九龍島朱天麟的便是。你通名來，也是我會你一番。」雷震子笑曰：「諒爾不過一草莽之夫，焉能有甚道術？」雷震子把風雷翅分開，飛起空中，使起黃金棍，劈頭就打。朱天麟手中劍急架相還。二人相交，未及數合。大抵雷震子在空中使開黃金棍，往下打將來，朱天麟如何招架得住？只得就走。雷震子方纔要趕，朱天麟將劍往雷震子一指，雷震子在空中駕不住風雷二翅，響一聲落將下來，便往西岐城內跳將進來，走至相府。子牙一見走來之勢不好，子牙出席，急問雷震子曰：「你為何如此？」雷震子不言，只是把頭搖，一交跌倒在地。子牙仔細定睛，看不出他蹊蹺原故，心中十分不樂，命擡進後廳調息。子牙納悶。且說朱天麟回見呂岳，言如法治雷震子，無不應聲而倒。呂道人大悅。次日，又著楊文輝來城下請戰。左右報入相府：「今日又是一位道人搦戰。」子牙聞報，心下躊躕：「一日換一個道者，莫非又是十絕陣之故事？」子牙心中疑惑。只見龍鬚虎要去見

陣，子牙許之。鬚虎出城，見一道人面如紫草，髮似鋼針，頭戴魚尾金冠，身穿皂服，飛步而來。怎見得，有詩為證，詩曰：

頂上金冠排魚尾，面如紫草眼光煒。絲絲彩結扣連環，寶劍砍開天地髓。
草履斜登寒霧生，胸藏秘訣多文斐。封神臺上有他名，正按坎宮壬癸水。

話說龍鬚虎見道人，大呼曰：「來者何人？」楊文輝一見大驚，看龍鬚虎形相古怪稀奇，問曰：「通個名來。」龍鬚虎曰：「吾乃姜子牙門人龍鬚虎是也。」楊文輝大怒，仗劍來取。龍鬚虎發手有石，只管打將下來。楊文輝不敢久戰，掩一劍便走。龍鬚虎隨後趕來。楊文輝取出一條鞭，對著龍鬚虎一頓轉。龍鬚虎忽的跳將回去，發著石頭，盡行力氣打進西岐，直打到相府，又打上銀安殿來。子牙忙著兩邊軍將：「快與吾拿下去！」眾將官用鉤連鎗鉤倒在地，綑將起來。龍鬚虎口中噴出白沫，朝著天，睜著眼，只不作聲。子牙無計可施，不知就裡。這個是瘟部中四個行瘟使者，頭一位周信按東方使者，用的磬名曰頭疼磬；第二位李奇按西方使者，用的旛名曰發燥旛；第三位朱天麟按南方使者，用的劍名曰昏迷劍；第四位楊文輝按北方使者，用的鞭名曰散瘟鞭；故此瘟部之內先著四個行瘟使者，先會門人，此乃子牙一災又至，姜子牙那裡知道？子牙正在府中，謂楊戩曰：「吾師言三十六路伐西岐，算將來有三十路矣。今又逢此道者，把吾四個門人困住，聲叫痛苦，使我心下不忍，如何是好？將奈之何？」正議間，忽門旗官報曰：「有一三隻眼道人請丞相答話。」哪吒、楊戩在旁曰：「今連戰五日，一日換一個，不知他營中有多少截教門人？師叔會他，便知端的。」子牙傳令：「擺隊伍出城。」炮聲響亮，兩扇門開，左右列興周滅紂英雄，前後立玉虛門下。且說呂岳見子牙出城，兵勢嚴整，果然比別人不同。正是：

果然紀律分嚴整，不亞當年風后強。

話說子牙見黃旛腳下有一道人，穿大紅袍服，面如藍靛，髮似硃砂，三目圓睜，騎金眼駝，手提寶劍，大呼曰：「來者可是姜子牙麼？」子牙答曰：「然也。道兄是那座名山？何處仙府？今往西岐屢敗吾門下，道兄何所見而為？今紂主無道，周室興仁，天下共見；從來人心歸順真主，道兄何必強為！常言『順天者存，逆天者亡。』今我周鳳鳴岐山，英雄間出，似不卜可知。道兄又何得逆天而行，任一己私意哉？況道兄在道門久煉，豈不知封神榜乃三教聖人所定，非吾一己之私。今我奉玉虛符命，扶助真主，不過完天地之劫數，成氣運之遷移。今道兄既屢得勝，不過一時僥倖成功，若是劫數來臨，自有破你之術者。道兄不得恃強，無貽伊戚。」呂岳曰：「吾乃九龍島煉氣之士，名為呂岳。只因你等恃闡教門人，侮我截教，吾故令四個門人略略使你知道。今日特來會你一會，共決雌雄。只是你死日甚近，幸無追悔！你聽我道來：

截教門中我最先，玄中妙訣許多言。五行道術尋常事，駕霧騰雲只等閑。
腹內離龍併坎虎，捉來一處自熬煎。煉就純陽乾健體，九轉還丹把壽延。
八極神遊真自在，逍遙任意大羅天。今日降臨西岐地，早早投戈免罪愆。」

呂岳道罷，子牙笑曰：「據道兄所談，不過如峨嵋山趙公明，三仙島雲霄、瓊霄、碧霄之道，一旦俱成畫餅，料道兄此來，不過自取殺身之禍耳。」呂岳大怒，罵曰：「姜尚，你有何能，敢發如此惡言？」縱開金眼駝，執手中劍，飛來直取。子牙劍急架忙迎。楊戩在旁，縱馬搖刀飛來，大呼曰：「師叔，弟子來也！」楊戩不分好歹，照頂上剁來。呂岳手中劍架刀隔劍。哪吒登開風火輪，使開火尖鎗，沖殺過

來。黃天化在旗門腳下，忍不住心頭火起：「雖然是蘇侯放歸吾父子，難道我不如他們？只要成功，顧不得了！」催開玉麒麟，殺將過來，把呂岳圍在當中。且言旗門下鄭倫看見黃天化殺將過來，「呀」的一聲，幾乎墜于獸下，長吁歎曰：「誰知我為紂王擒將立功，元來主將有意歸周，反將黃家父子放回去了。」鄭倫自思：「這番捉住，即時打死，絕其他念。」急催開金睛獸，大呼黃天化曰：「吾來也！」天化見了鏕人，撥轉麒麟，雙鎚并起，力戰鄭倫。哪吒見黃天化敵住了鄭倫，恐怕有失，忙登回風火輪，把鎗劈心就刺鄭倫，大叫曰：「黃公子，你去拿呂岳，吾來殺此匹夫！」鄭倫曾被哪吒乾坤圈打過一次，大抵心下十分怯他，縱戰俱是不濟，先是留心著意，防哪吒動手。且說子牙見楊戩使刀敵住呂岳，又見黃天化助力，土行孫也提邠鐵棍滾將進來。鄧嬋玉在轅門下看戰。呂岳見周將有增，隨將身手搖動，三百六十骨節，霎時現出三頭六臂，一隻手執形天印，一隻手擎住瘟疫鐘，一隻手持定形瘟旛，一隻手執住止瘟劍，雙手使劍，現出青臉獠牙。子牙見了呂岳現如此形相，心下十分懼怕。楊戩見子牙怯戰，忙將馬走出圈子外，命金毛童子拿金丸在手，拽滿扣兒，一金丸正打中呂岳肩臂。黃天化見楊戩成功，把玉麒麟跳遠了，回手一火龍標，把呂岳腿上打了一標。子牙見呂岳著傷，祭起打神鞭，這一鞭正中呂岳，響一聲，墜下金眼駝來，借土遁去了。鄭倫見呂岳失機，不能取勝，心下一慌，被哪吒一鎗正中肩背，幾乎閃下獸來，敗進轅門。子牙不趕，鳴金回兵。

且說蘇侯父子在轅門見呂岳失機著了重傷，鄭倫也著了傷，心中大悅：「這匹夫該當如此！」呂岳回營進中軍帳坐定，被打神鞭打的三昧火從竅中而出。四門人來問老師曰：「今日不意老師反被他取了勝。」呂岳曰：「不妨，吾自有道理。」隨將葫蘆中取藥自啖，仍復笑曰：「姜尚，你雖然取勝一時，

你怎逃滅一城生靈之禍！」鄭倫著傷，呂岳又將藥救之。呂岳至一更時，分命四門人，每一人拿一葫蘆瘟丹，借五行遁進西岐城。呂岳乘了金眼駝，也在當中，把瘟丹用手抓著，往城中按東、西、南、北，灑至三更方回不表。

且說西岐城中那知此丹俱入井泉河道之中，人家起來，必用水火為急濟之物，大家小戶，天子文武，士庶人等，凡吃水者，滿城盡遭此厄。不二日，一城中煙火全無，街道上並無人走。皇城內人聲寂靜，止聞有聲喚之音；相府內眾門人也逢此難。內有二人不遭此殃：哪吒乃蓮花化身，楊戩有元功變化，故此無災。二人見滿城如此，心下十分著慌。哪吒進內庭看武王；楊戩在相府照顧，又不時要上城看守。二人計議：「城中止有二人，若是呂岳加兵攻打，如之奈何？」楊戩曰：「不妨。武王乃聖明之君，其福不小；師叔該有這場苦楚，定有高明之士來佐。」不言二人在城上商議，且說呂岳散了瘟丹，次日在帳前對蘇侯等言曰：「我今一日與汝等成功，不用張弓隻箭，六七日之內，西岐一郡生靈盡皆死絕。爾等速速奏凱回兵，不負我下山一遭。」鄭倫曰：「連日西岐不見城上有人。」呂岳曰：「一郡眾生盡逢大劫，不久身亡。」鄭倫曰：「既西岐城人民俱遭困厄，何不調一枝人馬殺進城中，剪草除根？」呂岳曰：「也使得。」鄭倫欣然領了蘇侯令，調出人馬來，方出湯營。且說楊戩在城上看見鄭倫調兵出營，哪吒著慌，問楊戩曰：「人馬殺來，我你二人焉能擋抵大眾人馬？」楊戩曰：「不要忙，吾自有退兵之策。」楊戩連忙把土與草抓了兩把，望空中一灑，喝聲：「疾！」西岐城上盡是彪軀大漢，往來耀武。鄭倫擡頭看時，見城上人馬反比前不相同，故此不敢攻城。有詩為證，詩曰：

楊戩神機妙術奇，呂岳空自費心機。武王洪福包天地，應合姜公遇難時。

話說鄭倫見西岐城上人馬軒昂驍勇，不敢進兵，徐徐退進營來，見呂岳言曰：「城上有人。」不表。

且說楊戩雖用此術，只過一時三刻，只救眼下之急，不能常久。哪吒正憂煩，聽的空中鶴唳之聲，原來是黃龍真人跨鶴而來，落在城上。哪吒、楊戩下拜，口稱：「老師。」真人曰：「你師父可曾來？」楊戩答曰：「家師不曾來。」黃龍真人至相府來看子牙，又入內庭看過武王，復出皇城，上了城，玉鼎真人方駕縱地金光法而至。黃龍真人曰：「道兄為何來遲？」玉鼎真人曰：「我借金光縱地，故此來遲。今呂岳將此異術治此一郡，眾生遭逢大厄。今著楊戩速往火雲洞見三聖大師，速取丹藥，可救此愆。」楊戩領師命，逕往火雲洞來。正是：

足踏五行生霧彩，週遊天下只須臾。

話說楊戩借土遁來至火雲洞。此處雲生八處，霧起四方；挺生秀柏，屈曲蒼松，真好所在！怎見得：

巨鎮東南，中天勝岳。芙蓉峰巃嵸，紫蓋嶺巍峨。百草含香味，爐煙鶴唳蹤。上有玉虛之寶籙，朱陸之靈臺。舜巡禹禱，玉簡金書。樓閣飛青鸞，亭臺隱紫霧。地設名山雄宇宙，天開仙境透三清。幾樹桃梅花正放，滿山瑤草色皆舒。龍潛澗底，虎伏崖前。幽鳥如訴語，馴鹿近人行。白鶴伴雲棲老檜，青鸞丹鳳向陽鳴。火雲福地真仙境，金闕仁慈治世公。

話說楊戩不敢擅入，伺候多時，只見一童兒出洞府，楊戩上前稽首曰：「師兄，弟子乃玉泉山金霞洞玉鼎真人門徒楊戩，今奉師命，特到此處，參謁三聖老爺。借師兄轉達一聲。」童兒曰：「你可知道三聖人是誰？如何以老爺相稱？」楊戩欠身曰：「弟子不知。」童子曰：「你不知，不怪你。此三聖乃天、地、人三皇帝主。」楊戩曰：「多感師兄指教，其實弟子不知。」童兒進洞府，少時出來，曰：「三

位皇爺命你相見。」楊戩進洞府，見三位聖人：當中一位，頂生二角；左邊一位，披葉蓋肩，腰圍虎豹之皮；右邊一位，身穿帝服。楊戩不敢踐越階次，只得倒身下拜，言曰：「弟子楊戩奉玉鼎真人之命，今為西岐武王因呂岳助蘇護征伐其地，不知用何道術，將一郡生民盡是臥床不起，呻吟不絕，晝夜無寧。武王命在旦夕，姜尚死在須臾。弟子奉師命，特懇金容，大發慈悲，救援無辜生靈，實乃再造洪恩，德如淵海！」楊戩訴罷。當中一位聖人乃伏羲皇帝，謂左邊神農曰：「想吾輩為君，和八卦，定禮樂，並無禍亂。方今商運當衰，干戈四起，想武王德業日盛，紂惡貫盈。以周伐紂，此是天數。但申公豹扭轉天心，助惡為虐，邀請左道，大是可恨。御弟不可辭勞，轉濟周功，不負有德之業。」神農答曰：「皇兄此言有理。」忙起身入後，取了丹藥，付與楊戩，曰：「此丹三粒：一粒救武王宮眷，一粒救子牙諸多門人，一粒用水化開，用楊枝細灑西城。凡有此疾者，名為傳染之疫。」楊戩叩首在地，拜謝出洞。神農復叫楊戩，吩咐曰：「你且站住。」神農出洞府，往紫芝崖來，尋了一遍，忽然拔起一草，遞與楊戩：「你將此寶帶回人間，可治傳染之疾。若凡世間眾生遭此苦厄，先取此草服之，其疾自癒。」楊戩接草，跪而啟曰：「此草何名？留傳人間急濟寒疫，懇乞明示。」神農道：「你聽我道來，有偈為證，偈曰：

此草生來蓋世無，紫芝崖下用功夫。常桑曾說玄中妙，寒門發表是柴胡。」

話說楊戩得了柴胡草併丹藥，離了火雲洞，逕往西岐而來。早至城上，見師父回話。玉鼎真人問：「取丹藥一事如何？」楊戩把神農吩咐的言語，細細說了一遍。玉鼎真人依法而行，將三粒丹如法製度。果然好丹藥！正是：

聖主洪福無邊遠，呂岳何須枉用心！

話說呂岳在營過了七八日，對眾門人曰：「西岐人民想已盡絕。」蘇侯在中軍聽得呂道人之言，心下十分不樂。又過了數日，蘇侯暗出大營，來看西岐城上，只見旛幢依舊，往來不斷人行；看哪吒精神抖擻，楊戩氣概軒昂，心下大悅：「呂岳之言不過愚惑吾等耳，可將言語激他一番。」遂進中軍對呂岳曰：「老師言西岐人民盡絕，如今反有人馬往來，戰將威武，此事不實了。老師將何法處之？不可以前言為戲。」呂岳聞言，起身曰：「豈有此理！」蘇侯曰：「此不才適纔經目看將來的，豈敢造次亂言。」呂岳就出營一看，果然如此；掐指一算，不覺失聲大叫曰：「原來玉鼎真人往火雲洞借了丹藥，以救此一城生靈之厄！」忙命四門人鄭倫：「你可每門調三千人馬，乘他身弱無力支持，殺進城中，盡行屠戮。」鄭倫領命，來問蘇侯調人馬破西岐。蘇侯情知呂岳不能破子牙，遂將一萬二千人馬調出。周信領三千往東門殺來；李奇領三千往西門殺來；朱天麟領三千往南門殺來；楊文輝領三千同呂岳往北門殺來。鄭倫在城外打點進城。且說哪吒在城上看見成湯營裡發出人馬，殺奔城前，忙見黃龍真人曰：「城內空虛，止有四人，焉能護持得來？」黃龍真人曰：「不妨。」命楊戩：「你去東門迎敵，開門讓他進來，吾自有道理。哪吒，你在西門，也是如此。玉鼎真人，你在南門。我貧道在北門。把他誆進城來，我自有處治。」且說呂岳把四個門人點出來取西岐城，不知勝負如何，且聽下回分解。

評

蘇侯要歸周，偏有這些強神惡煞來幫助，果是天意如此。這些事須要與近日推算者商量。

又評

瘟疫，惡病也；瘟疫死者，惡煞也。今人惡之更深，避之亦力，當時便自如此，無怪近日諱之。

第五十九回　殷洪下山收四將

紂王極惡已無恩，安得延綿及子孫？非是申公能反國，只因天意絕商門。
收來四將皆逢劫，自遇三災若返魂。塗炭一場成箇事，封神臺上泣啼痕。

話說周信領三千人馬殺至城下，一聲響，沖開東門，往城裡殺來。喧天金鼓，喊聲大振。楊戩見人馬俱進了城，把三尖刀一擺，大呼：「周信！是爾自來取死，不要走，吃吾一刀！」周信大怒，執劍飛來直取。楊戩的刀赴面交還。話分四路：李奇領三千人馬殺進西門，有哪吒截住廝殺。朱天麟領人馬殺進南門，有玉鼎真人截住去路。楊文輝同呂岳殺進北門，只見黃龍真人跨鶴，大喝一聲：「呂岳慢來！你欺敵擅入西岐，真如魚游釜中，鳥投網裡，自取其死！」呂岳一見是黃龍真人，笑曰：「你有何能，敢出此大言？」將手中劍來取真人，真人忙用劍遮架。正是：

神仙殺戒相逢日，只得將身向火中。

黃龍真人用雙劍來迎。呂岳在金眼駝上，現出三頭六臂，大顯神通。一位是了道真仙，一位是瘟部鼻祖。不說呂岳在北門，且說東門楊戩戰周信，未及數合，楊戩恐人馬進滿，殺戮城中百姓，隨將哮天犬祭在空中，把周信夾頸子上一口咬住不放。周信欲待掙時，早被楊戩一刀揮為兩段。一道靈魂往封神臺去了。楊戩大殺成湯人馬，三軍逃出城外，各顧性命。楊戩往中央來接應。且說哪吒在西門與李奇大戰，交鋒

未及數合，李奇非哪吒敵手，被哪吒乾坤圈打倒在地，脇下復加一鎗，一靈也往封神臺去了。玉鼎真人在南門戰朱天麟，楊戩走馬接應。只見哪吒殺了李奇，登風火輪趕殺士卒，勢如猛虎，三軍逃竄。呂岳戰黃龍真人，真人不能敵，且敗往正中央來。楊文輝大呼：「拿住黃龍真人！」哪吒聽見三軍吶喊，振動山川，急來看時，見呂岳三頭六臂，追趕黃龍真人。哪吒大叫曰：「呂岳不要恃勇！吾來了！」把鎗刺斜裡殺來，呂岳手中劍架鎗大戰。哪吒正戰，楊戩馬到，使開三尖刀，如電光耀目。玉鼎真人祭起斬仙劍，誅了朱天麟，又來助楊戩、哪吒來戰呂岳。西岐城內止有呂岳、楊文輝二人。

且說子牙坐在銀安殿，其疾方癒，未能全妥。左右站立幾箇門人：雷震子、金吒、木吒、龍鬚虎、黃天化、土行孫。只聽的喊聲振地，鑼鼓齊鳴。子牙慌問，眾門人俱曰不知。旁有雷震子深恨呂岳，「待弟子看來。」把風雷翅飛起空中一看，知是呂岳殺進城來，忙轉身報於子牙：「呂岳欺敵，殺入城來。」金吒、木吒、黃天化聞言，恨呂岳深入骨髓，五人喊聲大叫：「今日不殺呂岳，怎肯干休！」齊出相府，子牙阻攔不住。呂岳正戰之間，只見金吒大呼曰：「兄弟！不可走了呂岳！」忙把遁龍樁祭在空中。呂岳見此寶落將下來，忙將金眼駝拍一下，那駝四足就起風雲，方欲起去，不防木吒將吳鉤劍祭起砍來。呂岳躲不及，被劍卸下一隻膀臂，負痛逃走。楊文輝見勢不好，亦隨師敗下陣去。且說眾門人等回見子牙。黃龍真人同玉鼎真人曰：「子牙放心，此子今日之敗，再不敢正眼覷西岐了。吾等暫回山嶽，至拜將吉辰，再來拜賀。」二仙回山不表。且說鄭倫在城外，見敗殘人馬來報：「啟爺知道：呂老爺失機走了。」鄭倫低首無語，回營見蘇侯。蘇侯暗喜曰：「今日方顯真命聖主。」俱各無話。

且說那日呂岳同門人敗走，來至一山，心下十分驚懼；下了坐騎，倚松靠石，少憩片時，對楊文輝

曰：「今日之敗，大辱吾九龍島聲名。如今往那裡去覓一道友來，以報吾今日之恨？」話猶未了，聽得腦後有人唱道情而來，歌曰：

「煙霞深處隱吾軀，修煉天皇訪道機。一點真元無破漏，拖白虎，過橋西。易消磨，天地須臾。人稱我全真客，伴龍虎守茅蘆，過幾世固守男兒。」

呂岳聽罷，回頭一看，見一人非俗非道，頭戴一頂盔，身穿道服，手執降魔杵，徐徐而來。呂岳立身言曰：「來的道者是誰？」其人答曰：「吾非別人，乃金庭山玉屋洞道行天尊門下韋護是也；今奉師命下山，佐師叔子牙，東進五關滅紂。今先往西岐，擒拿呂岳，以為進見之功。」楊文輝聞言大怒，大喝一聲曰：「你這廝好大膽，敢說欺心大話！」縱步執劍，來取韋護。韋護笑曰：「事有湊巧，原來此處正與呂岳相逢！」二人輕移虎步，大殺山前。只三五回合，韋護祭起降魔杵。怎見得好寶貝，有詩為證，詩曰：

曾經煅煉爐中火，製就降魔杵一根。護法沙門多有道，文輝遇此絕真魂。

話說此寶拿在手中，輕如灰草；打在人身上，重似泰山。楊文輝見此寶落將下來，方要脫身，怎免此厄，正中頂上，可憐打的腦漿迸出，一道靈魂進封神臺去了。呂岳又見折了門人，心中大怒，大喝曰：「好孽障！敢如此大膽，欺侮於我！」擇手中劍，飛來直取。韋護展開杵，變化無窮。一箇是護三教法門全真，一箇是第三部瘟部正神。兩家來往，有五七回合，韋護又祭起寶杵。呂岳觀之，料不能破此寶，隨借土遁，化黃光而去。韋護見走了呂岳，收了降魔杵，逕往西岐來；至相府，門官通報：「有一道人求見。」子牙聽得是道者，忙道：「請來。」韋護至簷前，倒身下拜，口稱：「師叔，弟子是金庭山玉屋

洞道行天尊門下韋護是也。今奉師命，來佐師叔，共輔西岐。弟子中途曾遇呂岳，兩下交鋒，被弟子用降魔杵打死了一箇道者，不知何名。單走了呂岳。」子牙聞言大悅。且說呂岳回往九龍島，煉瘟𤵸傘不表。

且說蘇侯被鄭倫拒住，不肯歸周，心下十分不樂。自思：「屢屢得罪子牙，如何是好？」且不言蘇護納悶。話分兩處，且言太華山雲霄洞赤精子，只因削了頂上三花，潛消胸中五氣，默坐於洞中，保養天元。只見有玉虛宮白鶴童子持札而至，赤精子接見。白鶴童子開讀御札，謝恩畢，方知姜子牙金臺拜將，「請師叔西岐接駕。」赤精子打發白鶴童子回宮。忽然見門人殷洪在旁，道人曰：「徒弟，你今在此，非是了道成仙之人。如今武王乃仁聖之君，有事於天下，伐罪弔民。你姜師叔合當封拜，東進五關，會諸侯於孟津，滅獨夫於牧野。你可即下山，助子牙一臂之力。只是你有一件事掣肘。」殷洪曰：「老師，弟子有何事掣肘？」赤精子曰：「你乃是紂王親子，你決不肯佐周。」殷洪聞言，將口中玉釘一銼，二目圓睜：「老師在上：弟子雖是紂王親子，我與妲己有百世之讎。父不慈，子不孝。他聽妲己之言，刳吾母之目，烙吾母二手，在西宮死於非命。弟子時時飲恨，刻刻痛心。怎能得此機會拿住妲己，以報我母沉冤，弟子雖死無恨！」赤精子聽罷大悅：「你雖有此意，不可把念頭改了。」殷洪曰：「弟子怎敢有負師命？」道人忙取紫綬仙衣、陰陽鏡、水火鋒，拿在手中曰：「殷洪，你若是東進時，倘過佳夢關，有一火靈聖母，他有金霞冠戴在頭上，放金霞三四十丈，罩著他一身，他看得見你，你看不見他。你穿此紫綬仙衣，可救你刀劍之災。」又取陰陽鏡付與殷洪：「徒弟，此鏡半邊紅，半邊白；把紅的一晃，便是生路；把白的一晃，便是死路。水火鋒可以隨身護體。你不可遲留，快收拾去罷！吾不久也至西岐。」

殷洪收拾，辭了師父下山。赤精子暗想：「我為子牙，故將洞中之寶盡付與殷洪去了。他終是紂王之子，倘若中途心變，如之奈何？那時節反為不美。」赤精子忙叫：「殷洪！你且回來。」殷洪曰：「弟子既去，老師又令弟子回來，有何吩咐？」赤精子曰：「吾把此寶俱付與你，切不可忘師之言，保紂伐周。」殷洪曰：「弟子若無老師救上高山，死已多時，豈能望有今日！弟子怎敢背師言而忘之理！」赤精子曰：「從來人面是心非，如何保得到底！你須是對我發個誓來。」殷洪隨口應曰：「弟子若有他意，四肢俱成飛灰！」赤精子曰：「出口有願，你便去罷！」且說殷洪離了洞府，借土遁往西岐而來。正是：

神仙道術非凡術，足踏風雲按五行。

話說殷洪架土遁正行，不覺落將下來。一座古古怪怪的高山，好凶險！怎見得，有詩為證，詩曰：

頂巔松柏接雲青，石壁荊榛掛野藤。萬丈崔嵬峰嶺峻，千層峭險壑崖深。
蒼苔碧蘚鋪陰石，古檜高槐結大林。林深處處聽幽鳥，石磊層層見虎行。
澗內水流如瀉玉，路旁花落似堆金。山勢險惡難移步，十步全無半步平。
狐狸麋鹿成雙走，野獸玄猿作對吟。黃梅熟杏真堪食，野草閑花不識名。

話說殷洪看罷山景，只見茂林中一聲鑼響，殷洪見有一人，面如亮漆，海下紅髯，兩道黃眉，眼如金鍍，皂袍烏馬，穿一付金鎖甲，用兩條銀裝鐧，滾上山來，大叱一聲，如同雷鳴；問道：「你是那裡道童，敢探吾之巢穴？」劈頭就打一鐧。殷洪忙將水火鋒急架忙迎，步馬交還。山下又有一人大呼曰：「長兄，我來了！」那人戴虎磕腦，面如赤棗，海下長鬚，用駝龍鎗，騎黃驃馬，雙戰殷洪。殷洪怎敵得過二人，心中暗想：「吾師曾吩咐，陰陽鏡按人生死，今日試他一試。」殷洪把陰陽鏡拿在手中，把一邊白的對

著二人一晃。那二人坐不住鞍鞽，撞下塵埃，殷洪大喜。只見山下又有二人上山來，更是凶惡。一人面如黃金，短髮虬鬚，穿大紅，披銀甲，坐白馬，用大刀，真是勇猛。殷洪心下甚怯，把鏡子對他一晃，那人又跌下鞍鞽。後面一人見殷洪這等道術，滾鞍下馬，跪而告曰：「望仙長大發慈悲，赦免三人罪愆！」殷洪曰：「吾非仙長，乃紂王殿下殷洪是也。」那人聽罷，叩頭在地，曰：「小人不知千歲駕臨，吾兄亦不知，萬望饒恕。」殷洪曰：「吾與你非是敵國，決不害他。」將陰陽鏡把紅的半邊對三人一晃。三人齊醒回來，躍身而起，大叫曰：「好妖道！敢欺侮我等！」旁立一人大呼曰：「長兄，不可造次！此乃是殷殿下也。」三人聽罷，倒身下拜，口稱：「千歲！」殷洪曰：「請問四位，高姓大名？」內一人應曰：「某等在此二龍山黃峰嶺嘯聚綠林，末將姓龐，名弘；此人姓劉，名甫；此人姓苟，名章；此人姓畢，名環。」殷洪曰：「觀你四人，一表非俗，真是當世英雄，何不隨我往西岐去助武王伐紂，如何？」劉甫曰：「殿下乃成湯胄胤，反不佐成湯而助周武者何也？」殷洪曰：「紂王雖是吾父，奈他絕滅彝倫，有失君道，為天下所共棄。吾故順天而行，不敢違逆。你此山如今有多少人馬？」龐弘答曰：「此山有三千人馬。」殷洪曰：「既是如此，你們同吾往西岐，不失人臣之位。」四人答曰：「若千歲提攜，乃貴神所照，敢不如命。」四將隨將三千人馬改作官兵，打西岐號色，放火燒了山寨，離了高山，一路上前。正是：

殺氣沖空人馬進，這場異事又來侵。

話說人馬非止一日，行在中途，忽見一道人跨虎而來。眾人大叫：「虎來了！」道人曰：「不妨，此虎乃是家虎，不敢傷人。煩你報與殷殿下，說有一道者要見。」軍士報至馬前曰：「啟千歲：有一道

人要見。」殷洪原是道人出身，命左右：「住了人馬，請來相見。」少時，見一道者飄然而來，白面長鬚，上帳見殷洪，打箇稽首；殷洪亦以師禮而待。殷洪問曰：「道者高姓？」道人曰：「你師與吾一教，俱是玉虛門下。」殷洪欠身，口稱師叔。二人坐下，殷洪問：「師叔高姓？大名？今日至此，有何見諭？」道人曰：「吾乃是申公豹也。你如今往那裡去？」殷洪曰：「奉師命往西岐，助武王伐紂。」道人正色言曰：「豈有此理！紂王是你甚麼人？」洪曰：「是弟子之父。」道人大喝一聲曰：「世間豈有子助他人，反伐父親之理！」殷洪曰：「紂王無道，天下叛之。今以天之所順，行天之罰，天必順之；雖有孝子慈孫，不能改其愆尤。」申公豹笑曰：「你乃愚迷之人，執一之夫，不知大義。你乃成湯苗裔，雖紂王無道，無子伐父之理。況百年之後，誰為繼嗣之人？你何不思社稷為重，聽何人之言，忤逆滅倫，為天下萬世之不肖，未有若殿下之甚者！你今助武王伐紂，倘有不測，一則宗廟被他人所壞，社稷被他人所有。你久後死於九泉之下，將何顏相見你始祖哉？」

殷洪被申公豹一篇言語說動其心，低首不語，默默無言；半晌，言曰：「老師之言雖則有理，我曾對吾師發咒，立意來助武王。」申公豹曰：「你發何咒？」殷洪曰：「我發誓說：如不助武王伐紂，四肢俱成飛灰。」申公豹笑曰：「此乃牙疼咒耳！世間豈有血肉成為飛灰之理？你依吾之言，改過念頭，竟去伐周，久後必成大業，庶幾不負祖宗廟社之靈，與我一片真心耳。」殷洪彼時聽了申公豹之言，把赤精子之語丟了腦後。申公豹曰：「如今西岐有冀州侯蘇護征伐。你此去與他合兵一處，我再與你請一高人來，助你成功。」殷洪曰：「蘇護女妲己將吾母害了，我怎肯與讎人之父共居！」申公豹笑曰：「『怪人須在腹，相見有何妨。』你成了天下，任你將他怎麼去報母之恨，何必在一時自失機會。」殷洪欠身

謝曰：「老師之言大是有理。」申公豹說反了殷洪，跨虎而去。正是：

　　堪恨申公多饒舌，殷洪難免遇災迍。

且說殷洪改了西周號色，打著成湯字號，一日到了西岐，果見蘇侯大營扎在城下。殷洪命龐弘去令蘇侯來見。龐弘不知就裡，隨上馬到營前，大呼曰：「殷千歲駕臨，令冀州侯去見！」有探事馬報入中軍：「啟君侯：營外有殷殿下兵到，如今來令君侯去見。」蘇侯聽罷，沉吟曰：「天子殿下久已湮沒，如何又有殿下？況吾奉敕征討，身為大將，誰敢令我去見？」因吩咐旗門官曰：「你且將來人令來。」軍政司來令龐弘，龐弘隨至中軍。蘇侯見龐弘生的凶惡，相貌蹺蹊，便問來者曰：「你是那裡來的兵？是那個殿下命你來至此？」龐弘答曰：「此是二殿下之令，命末將來令老將軍。」蘇侯聽罷，沉吟曰：「當時有殷郊、殷洪綁在絞頭樁上，被風刮不見了，那裡又有一箇二殿下殷洪也？」旁有鄭倫啟曰：「君侯聽稟：當時既有被風刮去之異，此時就有一箇不可解之理。想必當初被那一位神仙收去。今見天下紛紛，刀兵四起，特來扶助家國，亦未可知。君侯且到他行營，看其真假，便知端的。」蘇侯從其言，隨出大營，來至轅門。

龐弘進營回覆殷洪曰：「蘇護在轅門等令。」殷洪聽得，命左右：「令來。」蘇侯、鄭倫至中軍行禮，欠身打躬曰：「末將甲冑在身，不能全禮。請問殿下是成湯那一枝宗派？」殷洪曰：「孤乃當今嫡派次子殷洪。只因父王失政，把吾弟兄綁在絞頭樁，欲待行刑，天不亡我，有海島高人將吾提拔。故今日下山，助你成功，又何必問我？」鄭倫聽罷，以手加額曰：「以今日之遇，正見社稷之福！」殷洪令蘇護合兵一處。殷洪進營陞帳，就問：「連日可曾與武王會兵以分勝負？」蘇侯把前後大戰一一說了一

遍。殷洪在帳內，改換王服。次日領眾將出營請戰。有報馬報入相府：「啟丞相：外有殷殿下請戰。」子牙曰：「成湯少嗣，焉能又有殿下提兵？」旁有黃飛虎曰：「當時殷郊、殷洪綁在絞頭樁上，被風刮去，想必今日回來。末將認的他，待吾出去，便知真假。」黃飛虎領令出城，有子黃天化壓陣。黃天祿、天爵、天祥父子五人齊出城。黃飛虎在坐騎上，見殷洪王服，左右擺著龐、劉、苟、畢四將，後有鄭倫為左右護衛使，真好齊整！看殷洪出馬，怎見得，有詩為證，詩曰：

束髮金冠火焰生，連環鎧甲長征雲。紅袍上面團龍現，腰束擋兵走獸裙。
紫綬仙衣為內襯，暗掛稀奇水火鋒。拿人捉將陰陽鏡，腹內安藏秘五行。
坐下走陣逍遙馬，手提方天戟一根。龍鳳旛上書金字，成湯殿下是殷洪。

話說黃飛虎出馬言曰：「來者何人？」殷洪離飛虎十年有餘，不想飛虎歸了西岐，一時也想不到。殷洪答曰：「吾乃當今次殿下殷洪是也。你是何人，敢行叛亂？今奉敕征西，早早下騎受縛，不必我費心。莫說西岐姜尚乃崑崙門下之人，若是惹惱了我，連你西岐寸草不留，定行滅絕！」黃飛虎聽說，答曰：「殿下，吾非別人，乃開國武成王黃飛虎是也。」殿下暗想：「此處難道也有箇黃飛虎？」殷洪把馬一縱，搖戟來取。黃飛虎催神牛，手中鎗急架來迎。牛馬相交，鎗戟併舉。這一場大戰，不知勝負如何，且聽下回分解。

評

殷洪對師發誓，言猶在耳，申公豹浮言安得插入？況當日親見殺母幾遭刑戮，豈得一旦忘之哉？但申公豹之言，皆在天倫之極之處打轉他，他不得不為之轉念耳。此是赤精子失計較處。

又評

紂王罪惡貫盈，天心厭棄久矣。縱有孝子仁人，亦不能挽回愆尤，況如殷郊、殷洪二子者乎！

第六十回　馬元下山助殷洪

玄門久煉紫真官，暴虐無端性更殘。五厭貪痴成惡孽，三花善果屬欺謾。
紂王帝業桑林晚，周武軍威瑞雪寒。堪歎馬元成佛去，西岐猶自怯心剜。

話說黃飛虎大戰殷洪，二騎交鋒，鎗戟上下，來往相交，約有二十回合。黃飛虎鎗法如風馳電掣，往來如飛，搶入懷中，殷洪招架不住，只見龐弘走馬來助。這壁廂黃天祿縱馬搖鎗，敵住龐弘。劉甫舞刀飛來，黃天爵也來接住廝殺。苟章見眾將助戰，也沖殺過來。黃天祥年方十四歲，大呼曰：「少待！吾來！」鎗馬搶出，大戰苟章。畢環走馬，使鐧殺來，黃天化舉雙鎚接殺。且說殷洪敵不住黃飛虎，把戟一掩就走。黃飛虎趕來，殷洪取出陰陽鏡，把白光一晃。黃飛虎滾下騎來，早被鄭倫殺出陣前，把黃飛虎搶將過去了。黃天化見父親墜騎，棄了畢環，趕來救父。殷洪見黃天化坐的是玉麒麟，知是道德之士，恐被他所算，忙取出鏡子，如前一晃。黃天化跌下鞍轎，也被擒了。苟章欺黃天祥年幼，不以為意，被天祥一鎗，正中左腿，敗回行營。殷洪一陣擒二將，掌得勝鼓回營。

且說黃家父子五人出城，倒擒了兩箇去，止剩三箇回來，進相府泣報子牙。子牙大驚，問其原故。天爵等將鏡子一晃，即便拿人，訴了一遍；子牙十分不悅。只見殷洪回至營中，令：「把擒來二將擡來。」殷洪明明賣弄他的道術，把鏡子取出來，用紅的半邊一晃。黃家父子睜開二目，見身上已被繩索綑住；

及推至帳前，黃天化只氣得三尸神暴跳，七竅內生煙。黃飛虎曰：「你不是二殿下。」殷洪喝曰：「你怎見得我不是？」黃飛虎曰：「你既是二殿下，你豈不認得我武成王黃飛虎？當年你可記得我在十里亭前放你，午門前救你？」殷洪聽罷，呀的一聲：「你原來就是大恩人黃將軍！」殷洪忙下帳，親解其縛；又令放了黃天化。殷洪曰：「你為何降周？」黃飛虎欠身打躬曰：「殿下在上：臣愧不可言。紂王無道，因欺臣妻，故棄暗投明，歸投周主。況今三分天下，有二歸周；天下八百諸侯無不臣服。紂王有十大罪，得罪天下，醢戮大臣，炮烙正士，剖賢之心，殺妻戮子，荒淫不道，沉湎酒色，峻宇雕梁，廣興土木，天愁民怨，天下皆不願與之俱生，此殿下所知者也。今蒙殿下釋吾父子，乃莫大之恩。」鄭倫在旁，急止之曰：「殿下不可輕釋黃家父子，恐此一回去，又助惡為孽，乞殿下察知。」殷洪笑曰：「黃將軍昔日救我弟兄二命，今日理當報之。今放過一番，二次擒之，當正國法。」叫左右：「取衣甲還他。」殷洪曰：「黃將軍，今日之恩吾已報過了，以後併無他說。再有相逢，幸為留意，毋得自遺伊戚！」黃飛虎感謝出營。正是：

昔日施恩今報德，從來萬載不生塵。

且說黃家父子回至城下，放進城來，到相府謁見子牙。子牙大悅，問其故：「將軍被獲，怎能得復脫此厄？」黃飛虎把上件事說了一遍。子牙大喜：「正所謂天相吉人。」話說鄭倫見放了黃家父子，心中不悅，對殷洪曰：「殿下，這番再擒來，切不可輕易處治。他前番被臣擒來，彼又私自逃回。這次切宜斟酌。」殿下曰：「他救我，我理當報他。料他也走不出吾之手。」

次日，殷洪領眾將來城下，坐名請子牙答話。探馬報入相府。子牙對諸門人曰：「今日會殷洪，須

是看他怎樣箇鏡子。」傳令排隊伍，炮聲響亮，旗旛招展出城，對子馬各分左右，諸門人鴈翅排開。殷洪在馬上把畫戟指定，言曰：「姜尚為何造反？你也曾為商臣，一旦辜恩，情殊可恨！」子牙欠身曰：「殿下此言差矣！為君者上行而下效，其身正，不令而行；其身不正，雖令不從。其所令反其所好，民孰肯信之！紂王無道，民愁天怨，天下皆與為讎，天下共叛之，豈西周故逆王命哉。今天下歸周，天下共信之，殿下又何必逆天強為，恐有後悔！」殷洪大喝曰：「誰與我把姜尚擒了？」左隊內龐弘大叱一聲，走馬滾臨陣前，用兩條銀裝鐧沖殺過來。哪吒登風火輪，搖鎗戰住。劉甫出馬來戰，又有黃天化接住廝殺。畢環助戰，又有楊戩攔住廝殺。且說蘇侯同子蘇全忠在轅門，看殷洪走馬來戰姜子牙，子牙仗劍來迎。怎見得這場惡殺：

撲咚咚陳皮鼓響，血瀝瀝旗磨硃砂。檳榔馬上叫活拿，便把人參捉下。暗裡防風鬼箭，烏頭便撞飛抓。好殺！只殺得附子染黃沙，都為那地黃天子駕。

話說兩家鑼鳴鼓響，驚天動地，喊殺之聲，地沸天翻。且說子牙同殷洪未及三四合，祭打神鞭來打殷洪。不知殷洪內襯紫綬仙衣，此鞭打在身上，只當不知。子牙忙收了打神鞭。哪吒戰龐弘，忙祭起乾坤圈，一圈將龐弘打下馬去，復脇下一鎗刺死。殷洪見刺殺龐弘，大叫曰：「好匹夫！傷吾大將！」棄了子牙，忙來戰哪吒。戟鎗併舉，殺在虎穴。卻說楊戩戰畢環，未及數合，楊戩放出哮天犬，將畢環咬了一口，畢環負疼，把頭一縮，措手不及，被楊戩復上一刀，可憐死於非命。二人俱進封神臺去了。殷洪戰住哪吒，忙取陰陽鏡照著哪吒一晃。哪吒不知就裡，見殷洪拿鏡子照他晃。不知哪吒乃蓮花化身，不係精血之體，怎晃的他死？殷洪連晃數晃，全無應驗。殷洪著忙，只得又戰。彼時楊戩看見殷洪拿著

陰陽鏡，慌忙對子牙曰：「師叔快退後！殷洪拿的是陰陽鏡。方纔弟子見打神鞭雖打殷洪，不曾著重，此必有暗寶護身。如今又將此寶來晃哪吒，幸哪吒非血肉之軀，自是無恙。」子牙聽說，忙命鄧嬋玉暗助哪吒一石，以襄成功。嬋玉聽說，把馬一縱，將五光石掌在手上，望殷洪打來。正是：

發手石來真可羨，殷洪怎免面皮青。

殷洪與哪吒大戰局中，不防鄧嬋玉一石打來，及至著傷，打得頭青眼腫，哎喲一聲，撥騎就走。哪吒刺斜裡一鎗，劈胸刺來，虧穿了紫綬仙衣，鎗尖也不曾刺入分毫。哪吒大驚，不敢追襲。子牙掌得勝鼓進城。殷洪敗回大營，面上青腫，切齒深恨姜尚：「若不報今日之恥，非大丈夫之所為也！」

且說楊戩在銀安殿啟子牙曰：「方纔弟子臨陣，見殷洪所掌，實是陰陽鏡。今日若不是哪吒，定然壞了幾人。弟子往太華山去走一遭，見赤精子師伯，看他如何說。」子牙沉吟半晌，方許前去。楊戩離了西岐，借土遁到太華山來，隨風而至。來到高山，收了遁術，逕進雲霄洞來。赤精子見楊戩進洞，問曰：「楊戩，你到此有何說話？」楊戩行禮，口稱：「師伯，弟子來見，來借陰陽鏡與姜師叔，暫破成湯大將，隨即奉上。」赤精子曰：「前日殷洪帶下山去，我使他助子牙伐紂，難道他不說有寶在身？」楊戩曰：「弟子單為殷洪而來。此殷洪不曾歸周，如今反伐西岐。」道人聽罷，頓足歎曰：「吾錯用其人！將一洞珍寶盡付殷洪。豈知這畜生反生禍亂！」赤精子命楊戩：「你且先回，我隨後就至。」楊戩辭了赤精子，借土遁回西岐，進相府來見子牙。子牙問曰：「你往太華山見你師伯如何說？」楊戩曰：「果是師伯的徒弟殷洪。師伯隨後就來。」子牙心下焦悶。過了三日，門官報入殿前：「赤精子老爺到了。」子牙忙迎出府前。二人攜手上殿。

赤精子曰：「子牙公，貧道得罪！吾使殷洪下山，助你同進五關，使這畜生得歸故土；豈知負我之言，反生禍亂。」子牙曰：「道兄如何把陰陽鏡也付與他？」赤精子曰：「貧道將一洞珍寶盡付與殷洪。恐防東進有礙，又把紫綬仙衣與他護身，可避刀兵水火之災。這孽障不知聽何人唆使，中途改了念頭。也罷，此時還未至大決裂，我明日使他進西岐贖罪便了。」一宿不表。

次日，赤精子出城至營，大呼曰：「轅門將士傳進去，著殷洪出來見我。」話說殷洪自敗在營調養傷痕，切齒痛恨，欲報一石之讎。忽軍士報：「有一道人，坐名請千歲答話。」殷洪不知是師父前來，隨即上馬，帶劉甫、苟章，一聲炮響，齊出轅門。殷洪看見是師父，便自置身無地；欠身打躬，口稱：「老師，弟子殷洪甲冑在身，不能全禮。」赤精子曰：「殷洪，你在洞中怎樣對我講？你如今反伐西岐，是何道理？徒弟，開口有願，出語受之，仔細四肢成為飛灰也！好好下馬，隨吾進城，以贖前日之罪，庶免飛灰之禍。如不從我之言，那時大難臨身，悔無及矣！」殷洪曰：「老師在上，容弟子一言告稟：殷洪乃紂王之子，怎的反助武王。古云：『子不言父過。』況敢從反叛而弒父哉。即人神仙佛，不過先完綱常彝倫，方可言其沖舉。又云：『未修仙道，先修人道。人道未完，仙道遠矣。』且老師之教弟子，且不論證佛成仙，亦無有教人有逆倫弒父之理。即以此奉告老師，老師當何以教我？」赤精子笑曰：「畜生！紂王逆倫滅紀，慘酷不道，殺忠害良，淫酗無忌。天之絕商久矣，故生周武，繼天立極。天心效順，百姓來從。你之助周，尚可延商家一脈；你若不聽吾言，這是大數已定，紂惡貫盈，而遺疚於子孫也。可速速下馬，懺悔往愆。吾當與你解釋此罪尤也。」殷洪在馬上正色言曰：「老師請回。未有師尊教人以不忠不孝之事者。弟子實難從命！俟弟子破了西岐逆孽，再來與老師請罪。」赤精子大怒：「畜生不

聽師言，敢肆行如此！」仗手中劍飛來直取。殷洪將戟架住，告曰：「老師何苦深為子牙，自害門弟？」赤精子曰：「武王乃是應運聖君，子牙是佐周名臣，子何得逆天而行暴橫乎！」又把寶劍直砍來。殷洪又架劍，口稱：「老師，我與你有師生之情，你如今自失骨肉而動聲色，你我師生之情何在？若老師必執一偏之見，致動聲色，那時不便，可惜前情教弟子一場，成為畫餅耳。」道人大罵：「負義匹夫！尚敢巧言！」又一劍砍來。殷洪面紅火起：「老師，你偏執己見，我讓你三次，吾盡師禮；這一劍吾不讓你了！」赤精子大怒，又一劍砍來。殷洪發手，赴面交還。正是：

師徒共戰掄劍戟，悔卻當初救上山。

話說殷洪回手與師父交兵，已是逆命於天。戰未及數合，殷洪把陰陽鏡拿出來，欲晃赤精子。赤精子見了，恐有差訛，借縱地金光法走了，進西岐城，來至相府。子牙接住，問其詳細。赤精子從前說了一遍。眾門人不服，俱說：「赤老師，你太弱了。豈有徒弟與師尊對持之理！」赤精子無言可對，納悶廳堂。

且說殷洪見師父也逃遁了，其志益高，正在中軍與蘇侯共議破西岐之策。忽轅門軍士來報：「有一道人求見。」殷洪傳令：「請來。」只見營外來一道人，身不滿八尺，面如瓜皮，獠牙巨口，身穿大紅，頸上帶一串念珠，乃是人之頂骨，又掛一金鑲瓢，是人半個腦袋，眼、耳、鼻中冒出火焰，如頑蛇吐信一般；殷殿下同諸將觀之駭然。那道人上帳，稽首而言曰：「那一位是殷殿下？」殷洪答曰：「吾是殷洪。不知老師那座名山？何處洞府？今到小營，有何事吩咐？」道人曰：「吾乃骷髏山白骨洞一氣仙馬元是也，遇申公豹請吾下山助你一臂之力。」殷洪大喜，請馬元上帳坐了，「請問老師吃齋，吃葷？」道

人曰：「吾乃吃葷。」殷洪傳令軍中治酒，管待馬元。當晚已過。次日，馬元對殷洪曰：「貧道既來相助，今日吾當會姜尚一會。」殷洪感謝。道人出營至城下，只請姜子牙答話。報馬報入府中：「啟丞相：城外有一道人請丞相答話。」子牙曰：「吾有三十六路征伐之厄，理當會他。」傳令：「排隊伍出城。」子牙隨帶眾將、諸門人出得城來。只見對面來一道人，甚是醜惡。怎見得，有詩為證，詩曰：

髮似硃砂臉似瓜，金睛凸暴冒紅霞。竅中吐出頑蛇信，上下斜生利刃牙。大紅袍上雲光長，

金葉冠拴紫玉花。腰束麻縧太極扣，太阿寶劍手中拿。封神榜上無名姓，他與西方是一家。

話說子牙至軍前，問曰：「道者何名？」馬元答曰：「吾乃一氣仙馬元是也。申公豹請吾下山，來助殷洪，共破逆天大惡。姜尚，休言你闡教高妙，吾特來擒汝，與截教吐氣。」子牙曰：「申公豹與吾有隙，殷洪誤聽彼言，有背師教，逆天行事，助極惡貫盈之主，反伐有道之君。道者既是高明，何得不順天從人，而反其所事哉？」馬元笑曰：「殷洪乃紂王親子，反說他逆天行事。終不然轉助爾等，叛逆其君父，方是順天應人？姜尚，還虧你是玉虛門下，自稱道德之士，據此看來，真滿口胡言，無父無君之輩！我不誅你，更待何人！」仗劍躍步砍來。子牙手中劍赴面交還。未及數合，子牙祭打神鞭打將來。馬元不是封神榜上人，被馬元看見，伸手接住鞭，收在豹皮囊裡。子牙大驚。正戰之間，忽一人走馬軍前，鳳翅盔，金鎖甲，大紅袍，白玉帶，紫驊騮，大喝一聲：「丞相，吾來也！」子牙看時，乃秦州運糧官、猛虎大將軍武榮。因催糧至此，見城外廝殺，故來助戰。一馬沖至軍前，展刀大戰。馬元抵武榮這口刀不住，真若山崩地裂，漸漸筋力難支。

馬元默念咒，道聲：「疾！」忽腦後伸出一隻手來，五個指頭似五個斗大冬瓜，把武榮抓在空中，

望下一摔，一腳躧住大腿，兩隻手端定一隻腿，一撕兩塊，血滴滴取出心來，對定子牙、眾周將、門人，「嘓喳嘓喳」，嚼在肚裡；大呼曰：「姜尚，捉住你也是這樣為例！」把眾將嚇得魂不附體。馬元仗劍，又來搦戰。土行孫大呼曰：「馬元少待行惡，吾來也！」掄開大棍，就打馬元一棍。馬元及至看時，是一個矮子。

馬元笑而問曰：「你來做甚麼？」土行孫曰：「特來拿你。」又是一棍打來。馬元大怒：「好孽障！」綽步撩衣，把劍往下就劈。土行孫身子伶俐，展動棍就勢已鑽在馬元身後，摻著鐵棍把馬元的大腿連腰，打了七八棍；把馬元打得骨軟筋酥，招架著實費力；怎禁得土行孫在穴道上打。馬元急了，念動真言，伸出那一隻神手，抓著土行孫，望下一摔。馬元不知土行孫有地行道術，摔在地下，就不見了。馬元曰：「想是摔狠了，怎麼這廝連影兒也不見了？」正是：

馬元不識地行妙，尚疑雙眼認模糊。

且說鄧嬋玉在馬上見馬元將土行孫摔不見了，只管在地上瞧，鄧嬋玉忙取五光石發手打來。馬元未曾提防，臉上被一石頭，只打的金光亂冒，哎呀一聲，把臉一抹，大罵「是何人暗算打我？」只見楊戩縱馬舞刀，直取馬元。馬元仗劍來戰楊戩。楊戩刀勢疾如飛電，馬元架不住三尖刀，只得又念真言，復現那一隻神手，將楊戩抓在空中，往下一摔，也像撕武榮一般，把楊戩心肺取將出來，血滴滴吃了。馬元指子牙曰：「今日且饒你多活一夜，明日再來會你。」馬元回營。殷洪見馬元道術神奇，食人心肺，這等凶猛，心下甚是大悅。掌鼓回營，治酒與大小將校直飲至初更時候不表。

且說子牙進城至府，自思：「今日見馬元這等凶惡，把人心活活的吃了，從來未曾見此等異人。」楊

戩雖是……如此，不知凶吉。」正是放心不下。卻說馬元同殷殿下飲酒，至二更時分，只見馬元雙眉緊皺，汗流鼻尖。殷洪曰：「老師為何如此？」馬元曰：「腹中有點痛疼。」鄭倫答曰：「想必吃了生人心，故此腹中作痛；吃些熱酒沖一沖，自然無事。」馬元命取熱酒來吃了，越吃越疼。馬元忽的大叫一聲，跌倒在地下亂滾，只叫：「疼殺我也！」腹中嘷嘷的響。鄭倫曰：「老師腹中有響聲，請往後營方便方便，或然無事，也不見得。」馬元只得往後邊去了。豈知是楊戩用八九元功，變化騰挪之妙，將一粒奇丹，使馬元瀉了三日，瀉的馬元瘦了一半。

且說楊戩回西岐來見子牙，備言前事，子牙大喜。楊戩對子牙曰：「弟子權將一粒丹使馬元失其形神，喪其元氣，然後再做處治；諒他有六七日不能得出來會戰。」正言之間，忽哪吒來報：「文殊廣法天尊駕至。」子牙忙迎至銀安殿，行禮畢；又見赤精子，稽首坐下。文殊廣法天尊曰：「恭喜子牙公，金臺拜將，吉期甚近！」子牙曰：「今殷洪背師言而助蘇護征伐西岐，黎庶不安；又有馬元凶頑肆虐，不肖如坐針毡。」文殊廣法天尊曰：「子牙公，貧道因聞馬元來伐西岐，恐誤你三月十五日拜將之辰，故此來收馬元。子牙公可以放心。」子牙大喜：「若是道兄相助，姜尚幸甚，國家幸甚！但不知用何策治之？」天尊附子牙曰：「如要伏馬元，須是如此如此，自然成功。」子牙忙令楊戩領法旨。楊戩得令，自去策應。正是：

馬元今入牢籠計，可見西方有聖人。

話說子牙當日申牌時分，騎四不相，單人獨騎，在成湯轅門外若探望樣子，用劍指東畫西。只見巡哨探馬報入中軍曰：「稟殿下：有子牙獨自一個在營前探聽消息。」殷洪問馬元曰：「老師，此人今日

如此模樣，探我行營，有何奸計？」馬元曰：「前日誤被楊戩這廝，中其奸計，使貧道有失形之累；待吾走去擒來，方消吾恨。」馬元出營，見子牙怒起，大叫：「姜尚不要走！吾來了！」綽步上前，仗劍來取，子牙手中劍急架相還；未及數合，子牙撥騎就走。馬元只要拿姜子牙的心重，怎肯輕放，隨後趕來。不知馬元勝負如何，且聽下回分解。

評

殷洪惡戰苦爭，俱是替紂王添擔子，愈顯其父惡蹟，真可稱父作子述。

又評

馬元惡煞也，西方竟收去成佛。予嘗曰：「和尚道人心最毒。」今觀此，可見成佛的，俱要惡人。予友聞此言，深為予折辯。予因笑謂之曰：「兄何執迷太甚！彼經卷有云：『殺豬王棄屠刀，立地成佛。』斯言豈是誑言？屠戶可見善信。」予友不覺大笑。

第六十一回　太極圖殷洪絕命

太極圖中造化奇，仙凡迥隔少人知。移來幻化真玄妙，懺過前非亦浪思。
弟子悔盟師莫救，蒼天留意地難私。當時紂惡彰彌極，一木安能挽阿誰？

話說馬元追趕子牙，趕了多時，不能趕上。馬元自思：「他騎四不相，我倒跟著他跑？今日不趕他，明日再做區處。」子牙見馬元不趕，勒回坐騎，大呼曰：「馬元！你敢來這平坦之地與我戰三合，吾定擒爾！」馬元笑曰：「料你有何力量，敢禁我來不趕？」隨綽開大步來追。子牙又戰三四合，撥騎又走。馬元見如此光景，心下大怒，「你敢以誘敵之法惑我！」咬牙切齒趕來，「我今日拿不著你，勢不回軍！便趕上玉虛宮，也擒了你來。」只管往下趕來。看看至晚，見前面一座山，轉過山坡，就不見了子牙。馬元見那山甚是險峻。怎見得，有贊為證：

那山真個好山，細看處色斑斑。頂上雲飄蕩，崖前樹影寒。飛鳥睍睆，走獸凶頑。凜凜松千幹，挺挺竹幾竿。吼叫是蒼狼奪食，咆哮是餓虎爭餐。野猿常嘯尋鮮果，麋鹿攀花上翠嵐。風灑灑，水潺潺，暗聞幽鳥語間關❶。幾處藤蘿牽又扯，滿溪瑤草雜香蘭。磷磷怪石，磊磊峰岩。狐狸成群走，猿猴作對頑。行客正愁多險峻，奈何古道又彎還。

❶ 間關：鳥鳴聲。

話說馬元趕子牙，來至一座高山，又不見了子牙，跑的力盡筋酥；天色又晚了，腿又酸了，馬元只得倚松靠石，少憩片時，喘息靜坐，存氣定神，待明日回營，再做道理。不覺將至二更，只聽的山頂炮響。正是：

喊聲震地如雷吼，燈毬火把滿山排。

馬元擡頭觀看，見山頂上姜子牙同著武王在馬上傳盃，兩邊將校一齊大叫：「今夜馬元已落圈套，死無葬身之地！」馬元聽得大怒，躍身而起，提劍趕上山來。及至山上來看，見火把一晃，不見了子牙。馬元睜睛四下裡看時，只見山下四面八方，圍住山腳，只叫：「不要走了馬元！」馬元大怒，又趕下山來，又不見了。把馬元往來，跑上跑下兩頭趕，只趕到天明。把馬元跑了一夜，甚是艱難辛苦，肚中又餓了，深恨子牙，咬牙切齒，恨不能即時拿子牙方消其恨。自思：「且回營，破了西岐再處。」馬元離了高山，往前纔走，只聽的山凹裡有人聲喚叫：「疼殺我了！」其聲甚是悽楚。

馬元聽得有人聲叫喊，急轉下山坡，見茂草中睡著一個女子。馬元問曰：「你是甚人，在此叫喊？」那女子曰：「老師救命！」馬元曰：「你是何人？叫我怎樣救你？」婦人答曰：「我是民婦。因回家探親，中途偶得心氣疼，命在旦夕，望老師或在近村人家討些熱湯，搭救殘喘，勝造七級浮屠。倘得重生，恩同再造。」馬元曰：「小娘子，此處那裡去尋熱湯？你終是一死，不若我反化你一齋，實是一舉兩得。」女子曰：「若救我全生，理當一齋。」馬元曰：「不是如此說。我因趕姜子牙，殺了一夜，肚中其實餓了。量你也難活，不若做個人情，化你與我貧道吃了罷。」女人曰：「老師不可說戲話。豈有吃人的理？」馬元餓急了，不由分說，趕上去一腳，踏住女人胸膛，一腳踏住女人大腿，把劍割開衣服，現出肚皮。

馬元忙將劍從肚臍內刺將進去，一腔熱血滾將出來。馬元用手抄著血，連吃了幾口；在女人肚子裡去摸心吃。左摸右摸摸不著，兩隻手在肚子裡摸，只是一腔熱血，併無五臟。馬元看了，沉思疑惑。正在那裡撈，只見正南梅花鹿上坐一道人仗劍而來。怎見得，有贊為證，贊曰：

雙抓髻，雲分靄靄；水合袍，緊束絲縧。仙風道骨任逍遙，腹隱許多玄妙。玉虛宮元始門下，十仙首會赴蟠桃。乘鸞跨鶴在碧雲霄，天皇氏修仙養道。

話說馬元見文殊廣法天尊仗劍而來，忙將雙手掣出肚皮，不意肚皮竟長完了，把手長在裡面；欲待下女人身子，兩隻腳也長在女人身上。馬元無法可施，莫能掙扎。馬元蹲在一堆兒，只叫：「老師饒命！」文殊廣法天尊舉劍纔待要斬馬元，只聽得腦後有人叫曰：「道兄劍下留人！」廣法天尊回顧，認不得此人是誰：頭挽雙髻，身穿道服，面黃微鬚。道人曰：「稽首了！」廣法天尊答禮，口稱：「道友何處來？有甚事見諭？」道人曰：「元來道兄認不得我。吾有一律，說出便知端的。詩曰：

大覺金仙不二時，西方妙法祖菩提。不生不滅三三行，全氣全神萬萬慈。
空寂自然隨變化，真如本性任為之。與天同壽莊嚴體，歷劫明心大法師。

貧道乃西方教下準提道人是也。封神榜上無馬元名諱；此人根行且重，與吾西方有緣，待貧道把他帶上西方，成為正果，亦是道兄慈悲，貧道不二門中之幸也。」廣法天尊聞言，滿面歡喜，大笑曰：「久仰大法行教西方，蓮花現相，舍利生光，真乃高明之客。貧道謹領尊命。」準提道人向前，摩頂受記曰：「道友可惜五行修煉，枉費功夫！不如隨我上西方，八德池邊，談講三乘大法；七寶林下，任你自在逍遙。」馬元連聲喏喏。準提謝了廣法天尊，又將打神鞭交與廣法天尊帶與子牙，準提同馬元回西方不表。

且說廣法天尊回至相府，子牙接見，問起馬元一事如何？廣法天尊將準提道人的事詳細說了一遍，又將打神鞭付與子牙。赤精子在旁，雙眉緊皺，對文殊廣法天尊曰：「如今殷洪阻撓逆法，恐誤子牙拜將之期，如之奈何？」正話間，忽楊戩報曰：「有慈航師伯來見。」三人聞報，忙出府迎接。慈航道人一見，攜手上殿。行禮已畢，子牙問曰：「道兄此來，有何見諭？」慈航曰：「專為殷洪而來。」赤精子聞言大喜，便曰：「道兄將何術治之？」慈航道人問子牙曰：「當時破十絕陣，太極圖在麼？」子牙答曰：「在此。」慈航曰：「若擒殷洪，須是赤精子道兄將太極圖，須如此如此，方能除得此患。」赤精子聞言，心中尚有不忍，因子牙拜將日已近，恐誤限期，只得如此；乃對子牙曰：「須得公去，方可成功。」

且說殷洪見馬元一去無音，心下不樂，對劉甫、苟章曰：「馬道長一去，音信杳無，定非吉兆。明日且與姜尚會戰，看是如何，再探馬道長消息。」鄭倫曰：「不得一場大戰，決不能成得大功。」一宿晚景已過。次日早晨，湯營內大砲響亮，殺聲大振，殷洪大隊人馬，出營至城下，大叫曰：「請子牙答話！」左右報入相府。三道者對子牙曰：「今日公出去，我等定助你成功。」子牙不帶諸門人，領一枝人馬，獨自出城，將劍尖指殷洪，大喝曰：「殷洪！你師命不從，今日難免大厄，四肢定成飛灰，悔之晚矣！」殷洪大怒，縱馬搖戟來取，子牙手中劍赴面相還。獸馬爭持，劍戟併舉。未及數合，子牙便走，不進城，落荒而逃。殷洪見子牙落荒而走，急忙趕來，隨後命劉甫、苟章率眾而來。這一回正是：

前邊布下天羅網，難免飛灰禍及身。

話說子牙在前邊，後隨殷洪，過東南，看看到正南上，赤精子看見徒弟趕來，難免此厄，不覺眼中淚落，

點頭歎曰：「畜生！畜生！今日是你自取此苦。你死後休來怨我。」忙把太極圖一抖放開。此圖乃包羅萬象之寶，化一座金橋。子牙把四不相一縱，上了金橋。殷洪馬趕至橋邊，見子牙在橋上指殷洪曰：「你敢上橋來，與我見三合否？」殷洪笑曰：「連吾師父在此，吾也不懼；又何怕你之幻術哉。我來了！」把馬一摔，那馬上了此圖。有詩為證，詩曰：

混沌未分盤古出，太極傳下兩儀來。四象無窮真變化，殷洪此際喪飛灰。

話說殷洪上了此圖，一時不覺杳杳冥冥，心無定見，百事攢來。心想何事，其事即至。殷洪如夢寐一般，心下想：莫是有伏兵？果見伏兵殺來；大殺一陣，就不見了。心下想拿姜子牙；霎時子牙來至，兩家又殺一陣。忽然想起朝歌，與父王相會；隨即到了朝歌，進了午門，至西宮，見黃娘娘站立，殷洪下拜；忽的又至馨慶宮，又見楊娘娘站立，殷洪口稱：「姨母。」楊娘娘不答應。此乃是太極四象，變化無窮之法；心想何物，何物便見，心慮百事，百事即至。只見殷洪左舞右舞，在太極圖中如夢如痴。赤精子看看他，師徒之情，數年慇懃，豈知有今日，不覺嗟歎。只見殷洪將到盡頭路，又見他生身母親姜娘娘大叫曰：「殷洪！你看我是誰？」殷洪擡頭看時：「呀！原來是母親姜娘娘！」殷洪不覺失聲曰：「母親！孩兒莫不是與你冥中相會？」姜娘娘曰：「冤家！你不尊師父之言，要保無道而伐有道，又發誓言，開口受刑，出口有願。當日發誓說四肢成為飛灰，你今日上了太極圖，眼下要成灰燼之苦！」殷洪聽說，急叫：「母親救我！」忽然不見了姜娘娘。殷洪慌在一堆。只見赤精子大叫曰：「殷洪！你看我是誰？」殷洪看見師父，泣而告曰：「老師，弟子願保武王滅紂，望乞救命！」赤精子曰：「此時遲了！你已犯天條，不知見何人叫你改了前盟。」殷洪曰：「弟子因信申公豹之言，故此違了師父之語。望老師慈悲，

借得一線之生，怎敢再滅前言！」赤精子尚有留戀之意，只見半空中慈航道人叫曰：「天命如此，豈敢有違。毋得誤了他進封神臺時辰！」赤精子含悲忍淚，只得將太極圖一抖，卷在一處；擲著半晌，復一抖，太極圖開了，一陣風，殷洪連人帶馬，化作飛灰去。一道靈魂進封神臺來了。有詩為證，詩曰：

殷洪任信申公豹，要伐西岐顯大才。豈知數到皆如此，魂遶封神臺畔哀。

話說赤精子見殷洪成了灰燼，放聲哭曰：「太華山再無人養道修真。見吾將門下這樣如此，可為疼心！」慈航道人曰：「道兄差矣！馬元封神榜上無名，自然有救拔苦惱之人；殷洪事該如此，何必嗟歎？」三位道者復進相府，子牙感謝。三位道人作辭：「貧道只等子牙吉辰，再來餞東征。」三道人別子牙回去不表。

且言蘇侯聽得殷洪絕了，又有探馬報入營中曰：「稟元帥：殷殿下趕姜子牙，只一道金光就不見了。」鄭倫與劉甫、苟章打聽，不知所往。且說蘇侯暗與子蘇全忠商議曰：「我如今暗修書一封，你射進城去，明日請姜丞相劫營，我和你將家眷先進西岐西門，吾等不管他是與非，將鄭倫等一齊拿解見姜丞相，以償前罪。此事不可遲誤！」蘇全忠曰：「若不是呂岳、殷洪，我等父子進西岐多時矣。」蘇侯忙修書，命全忠夤夜將書穿在箭上，射入城中。那日是南宮适巡城，看見箭上有書，知是蘇侯的，忙下城進相府來，將書呈與姜子牙。子牙拆開觀看，書曰：

征西元戎冀州侯蘇護百叩頓首姜丞相麾下：護雖奉敕征討，心已歸周久矣。兵至西岐，急欲投戈麾下，執鞭役使。孰知天違人願，致有殷洪、馬元抗逆，今已授首；惟佐貳鄭倫執迷不悟，尚自屢犯天條，獲罪如山。護父子自思，非天兵壓寨，不能勦強誅逆。今特敬修尺書，望丞相早發大兵，今

夜劫營。護父子乘機可將巨惡擒解施行。但願早歸聖主，共伐獨夫❷，洗蘇門一身之冤，畢矣。謹此上啟，蘇護九頓。

話說子牙看書大喜。次日午時發令：「命黃飛虎父子五人作前隊，鄧九公沖左營，南宮适沖右營，令哪吒壓陣。」且說鄭倫與劉甫、苟章回見蘇護，曰：「不幸殷殿下遭于惡手，如今須得上本朝歌，面君請援，方能成功。」蘇護只是口應：「俟明日區處。」諸人散入各帳房去了。蘇護暗暗打點今夜進西岐不題。鄭倫那裡知道？正是：

挖下戰坑擒虎豹，滿天張網等蛟龍。

話說西岐傍晚，將近黃昏時候，三路兵收拾出城埋伏。伺至二更時分，一聲砲響，黃飛虎父子兵沖進營來，併無遮擋；左有鄧九公，右有南宮适，三路齊進。鄭倫急上火眼金睛獸，撡降魔杵往大轅門來，正遇黃家父子五騎，大戰在一處，難解難分。鄧九公沖左營，劉甫大呼曰：「賊將慢來！」南宮适進右營，正遇苟章，接住廝殺。西岐城開門，發大隊人馬來接應，只殺得地沸天翻。蘇家父子已往西岐城西門進去了。鄧九公與劉甫大戰，劉甫非九公敵手，被九公一刀砍于馬下。南宮适戰苟章，展開刀法，苟章招架不住，撥馬就走，正遇黃天祥，不及提防，被黃天祥刺斜裡一鎗挑于馬下。二將靈魂已往封神臺去了。眾將官把一箇成湯大營殺的瓦解星散。單剩鄭倫力抵眾將。不防鄧九公從旁邊將刀一蓋，降魔杵磕定不能起，被九公抓住袍帶，提過鞍轎，往地上摔。兩邊士卒將鄭倫繩纏索綁，綑將起來。西岐城一夜鬧嚷嚷的，直到天明。

---

❷ 獨夫：調貪暴無道之君。

子牙陞了銀安殿，聚將鼓響，眾將上殿參謁，然後黃飛虎父子回令。鄧九公回令：斬劉甫，擒鄭倫。南宮适回令：大戰苟章敗走，遇黃天祥鎗刺而絕。又報：「蘇護聽令。」子牙傳令：「請來。」蘇家父子進見子牙，方欲行禮，子牙曰：「請起敘話。君侯大德，仁義素布海內，不是小忠小信之夫。識時務，棄暗投明，審禍福，擇主而仕，寧棄椒房之寵，以洗萬世污名，真英雄也！不才無不敬羨！」蘇護父子答曰：「不才父子多有罪戾，蒙丞相曲賜生全，愧感無地！」彼此遜謝。言畢，子牙傳令：「把鄭倫推來。」眾軍校把鄭倫蜂擁推至簷前。鄭倫立而不跪，睜眼不語，有恨不能吞蘇侯之意。子牙曰：「鄭倫，諒你有多大本領，屢屢抗拒？今已被擒，何不屈膝求生，尚敢大廷抗禮！」鄭倫大喝曰：「無知匹夫！吾與爾身為敵國，恨不得生擒爾等叛逆，解往朝歌，以正國法。今不幸，吾主帥同謀，誤被爾擒，有死而已，何必多言！」子牙命左右：「推去斬訖號令！」眾軍校將鄭倫推出相府，只等行刑牌出。只見蘇侯向前跪而言曰：「啟丞相：鄭倫違抗天威，理宜正法；但此人實是忠義，似還是可用之人。況此人胸中奇術，一將難求，望丞相赦其小過，憐而用之，亦古人釋怨用仇之意。乞丞相海涵！」子牙扶起蘇侯，笑曰：「吾知鄭將軍忠義，乃可用之人，特激之，使將軍說之耳，易于見聽。今將軍既肯如此，老夫敢不如命？」蘇護聞言大喜，領令出府，至鄭倫面前。鄭倫見蘇侯前來，低首不語。

蘇護曰：「鄭將軍，你為何迷而不悟？嘗言，識時務者呼為俊傑。今國君無道，天愁民怨，四海分崩，生民塗炭，刀兵不歇，天下無不思叛，正天之欲絕殷商也。今周武以德行仁，惟誠待士，澤及無告，民安物阜，三分有二歸周，其天意可知。子牙不久東征，弔民伐罪，獨夫授首，又誰能挽此愆尤也！將軍可速早回頭，我與你告過姜丞相，容你納降，真不失君子見機而作；不然，徒死無益。」鄭倫長吁不

語。蘇護復說曰：「鄭將軍，非我苦苦勸你，可惜你有大將之才，死非其所。你說『忠臣不事二君』，今天下諸侯歸周，難道都是不忠的？難道武成王黃飛虎、鄧九公俱是不忠的？又是君失其道，便不可為民之父母，而殘賊之人稱為獨夫。今天下叛亂，是紂王自絕于天。況古云：『良禽擇木，賢臣擇主。』將軍可自三思，毋徒伊戚。天子征伐西岐，其藝術高明之士，經天緯地之才者，至此皆化為烏有，此豈是力為之哉？況子牙門下，多少高明之士，道術精奇之人，豈是草草罷了。鄭將軍不可執迷，當聽吾言，後面有無限受用，不可以小忠小諒而已。」鄭倫被蘇護一篇言語，說得如夢初覺，如醉方醒，長歎曰：「不才非君侯之言，幾誤用一番精神。只是吾屢有觸犯，恐子牙門下諸將不能相容耳。」蘇護曰：「姜丞相量如滄海，何細流之不納。丞相門下皆有道之士，何不見容？將軍休得錯用念頭。待我稟過丞相就是。」蘇護至殿前打躬曰：「鄭倫被末將一番說肯歸降，奈彼曾有小過，恐丞相門下諸人不能相容耳。」子牙笑曰：「當日是彼此敵國，各為其主；今肯歸降，係是一家，何嫌隙之有？」忙令左右傳令：「將鄭倫放了，衣冠相見。」

少時，鄭倫整衣冠，至殿前下拜，曰：「末將逆天，不識時務，致勞丞相籌畫；今既被擒，又蒙赦宥，此德此恩，沒齒不忘矣！」子牙忙降堦扶起慰之曰：「將軍忠心義膽，不佞識之久矣。但紂王無道，自絕于天，非臣子之不忠于國也。吾主下賢禮士，將軍當安心為國，毋得以嫌隙自疑耳。」鄭倫再三拜謝。子牙遂引蘇侯等至殿內，朝見武王。行禮稱臣畢，王曰：「相父有何奏章？」子牙啟曰：「冀州侯蘇護今已歸降，特來朝見。」武王宣蘇護上殿，慰曰：「孤守西岐，克盡臣節，未敢逆天行事；不知何故，累辱王師。今卿等既捨紂歸孤，暫住西土。孤與卿等當共修臣節，以俟天子修德，再為商議。相父

與孤代勞，設宴待之。」子牙領旨。蘇侯人馬盡入城，西岐雲集群雄不題。且言汜水關韓榮聞得此報大驚，忙差官修本赴朝歌城來。不知吉凶如何，且聽下回分解。

評

殷洪乃紂王之子，豈得概以違天論之？雖紂惡貫盈，而殷洪罪不應此，豈得定報之如誓？當日殷洪等既是封神榜有名之人，赤精子何不叫他不要下山？不是，也免得這番惡孽，分明是赤精子送他上山。宜乎再無人肯上太華山修行學業也！哭之何益？

又評

鄭倫真有丈夫氣概，其對子牙之語，勝蘇護十倍。蘇護此際，當如何生活？

第六十二回　張山李錦伐西岐

搶攘兵戈日不寧，生民塗炭自零星。甘驅蒼赤填溝壑，忍令脂膏實羽翎。
戰士有心勤國主，彼蒼無意固皇扃。只因大劫人多難，致使西岐殺戮腥。

話說差官一路無詞，來到朝歌城，至館驛中歇下。次日進午門，至文書房。那日是中大夫方景春看本，忽然接著看時，見蘇護已降岐周，方景春點首罵曰：「老匹夫！一門盡受天子寵眷，不思報本，今日反降叛逆，真狗彘之不若！」遂抱本入內庭，問侍御官曰：「天子在何處？」左右侍御對曰：「在摘星樓。」方景春竟至樓下候旨。左右啟上天子。紂王聞奏，宣上樓，朝賀畢，王曰：「大夫有何奏章？」方景春奏曰：「汜水關總兵官韓榮具本到都城，奏為冀州侯蘇護世受椒房之貴，滿門叨其恩寵，不思報國，反降叛逆，深負聖恩，法紀安在？具本申奏。臣未敢擅便，請旨定奪。」紂王見奏大驚曰：「蘇護乃朕心腹之臣，貴戚之卿，如何一旦反降周助惡，情殊痛恨！大夫暫退，朕自理會。」方景春下樓。紂王宣蘇皇后。妲己在御屏後，已聽知此事，聞宣，竟至紂王御案前，雙膝跪下，兩淚如珠，嬌聲軟語，泣而奏曰：「妾在深宮，荷蒙聖上恩寵，粉骨難消。不知父親受何人唆使，反降叛逆，罪惡通天，法當族誅，情無可赦。願陛下斬妲己之首，懸于都城，以謝天下。庶百官萬姓知陛下聖明，乾綱在握，守祖宗成法，不私貴倖。正妾之報陛下恩遇之榮，死有餘幸矣。」道罷，將香肌伏在紂王膝上，相偎相倚，

悲悲泣泣，淚雨如注。紂王見妲己淚流滿面，嬌啼婉轉，真如帶雨梨花，啼春嬌鳥，紂王見如此態度，更覺動情，用手挽起，口稱：「御妻，汝父反朕，你在深宮，如何得知？何罪之有？賜卿平身，毋得自戚，有損花容。縱朕將江山盡失，也與愛卿無干。幸宜自愛。」妲己謝恩。紂王次日陞九間殿，聚眾文武，曰：「蘇侯叛朕歸周，情實痛恨！誰與孤代勞伐周，將蘇護併叛逆眾人拿解朕躬，以正其罪？」班中閃出一員大臣，乃上大夫李定，進前奏曰：「姜尚足智多謀，故所到者非敗則降，累辱王師，大為不軌。若不擇人而用，速正厥罪，則天下諸侯皆觀望效尤，何以懲將來！臣舉大元戎張山，久于用兵，慎事慮謀，可填斯任，庶幾不辱君命。」紂王聞奏大喜，即命傳詔齎發❶，差官往三山關來。使命離了朝歌，一路上無詞。一旦到了三山關館驛歇下。次日傳與管關元帥張山同錢保、李錦等來館驛，接了聖旨，至府堂上焚香案，跪聽開讀詔敕。

詔曰：征伐雖在於天子，功成又在閫外❷元戎。姬發猖獗，大惡難驅，屢戰失機，情殊痛恨！朕欲親往討賊，百司諫阻。茲爾張山，素有才望，上大夫李定等特薦卿得專征伐。爾其用心料理，克振壯猷，毋負朕倚托之重。俟旋凱之日，朕決不食言，以吝此茅土之賞。爾其欽哉！特詔。

欽差官讀罷詔旨，眾官謝恩畢，管待使臣，打發回朝歌。張山等候交代官洪錦，交割事體明白，方好進兵。

一日，洪錦到任，張山起兵，領人馬十萬，左右先行乃錢保、李錦；佐貳乃馬德、桑元。一路上人

---

❶ 齎發：齎，付之意，此謂發付詔命。

❷ 閫外：閫為城郭門限，閫外即郭外。

喊馬嘶，正值初夏天氣，風和日煖，梅雨霏霏，真好光景。怎見得，有詩為證：

冉冉綠陰密，風輕燕引雛。新荷翻沼面，修竹漸扶蘇。芳草連天碧，山花遍地鋪。溪邊蒲插劍，榴火壯行圖。何時了王事，鎮日醉呼盧❸。

話言張山人馬一路晚住曉行，也受了些饑餐渴飲，鞍馬奔馳。不一日，來到西岐北門。左右報入行營：「稟元帥：前哨人馬已至岐周北門。」張山傳令安營。一聲砲響，三軍吶喊，絞起中軍帳來。張山坐定，只見錢保、李錦上帳參謁。錢保曰：「兵行百里，不戰自疲，請主將定奪。」張山謂二將曰：「將軍之言甚善。姜尚乃智謀之士，不可輕敵。況吾師遠來，利在速戰。今且暫歇息軍士，吾明日自有調用。」二將應諾而退。

且言子牙在西岐，日日與眾門人共議拜將之期，命黃飛虎造大紅旗幟，不要雜色。黃飛虎曰：「旗號乃三軍眼目。旗分五色，原為按五方之位次，使三軍知左右前後，進退攻擊之法，不得錯亂隊伍。若純是一色紅旗，則三軍不知東南西北，何以知進退趨避之方？猶恐不便；或其中另有玅用？乞丞相一一教之。」子牙笑曰：「將軍實不知其故耳。紅者火也。今主上所居之地乃是西方，此地原自屬金，非借火煉，寒金豈能為之有用？此正興周之兆。然于旗上另安號帶，須按青、黃、赤、白、黑五色，使三軍各自認識，自然不致亂淆。又使敵軍一望生疑，莫知其故，自然致敗。兵法云：『疑則生亂。』正此故耳，又何不可之有？」黃飛虎打躬謝曰：「丞相妙算如神！」子牙又令辛甲造軍器。只見天下八百諸侯又表上西岐，請武王伐紂，會兵于孟津。子牙接表，與眾將官商議，恐武王不肯行。眾人正遲疑間，只

---

❸ 呼盧：古時有博戲叫樗蒱。盧、雉都是樗蒱中的名目。呼盧即是賭博之代稱。

見探事官報入相府，來報子牙曰：「成湯有人馬在北門安營，主將乃是三山關總兵張山。」子牙聽說，忙問鄧九公曰：「張山用兵如何？」鄧九公曰：「張山原是末將交代官，此人乃一勇之將耳。」正話之時，又報：「有將請戰。」子牙傳令：「誰去走遭？」鄧九公欠身：「末將願往。」領令出城；見一員戰將，如一輪火車，滾至軍前。怎見得打扮驍勇，有贊為證，贊曰：

頂上金盔分鳳翅，黃金鎧掛龍鱗砌。大紅袍上繡團花，絲鑾寶帶吞頭異。腰下常懸三尺鋒，打陣銀鎚如猛鷙。攛山跳澗紫驊騮，斬將鋼刀生殺氣。一心分免紂王憂，萬古留傳在史記。

話說鄧九公馬至軍前，看來者乃是錢保。鄧九公大叫曰：「錢將軍，你且回去，請張山出來，吾與他自有話說。」錢保指九公大罵曰：「反賊！紂王有何事負你！朝廷拜你為大將，寵任非輕，不思報本，一旦投降叛逆，真狗彘不若！尚有何面目立于天地之間？」鄧九公被數語罵得滿面通紅，亦罵曰：「錢保！料你一匹夫，有何能處，敢出此大言！你比聞太師何如？況他也不過如此。早受吾一刀，免致三軍受苦。」言罷，縱馬舞刀，直取錢保。錢保手中刀急架相還。二馬盤旋，看一場大戰。怎見得：

二將坐鞍鞽，征雲透九霄。急取壺中箭，忙拔紫金標。這一個興心安社稷，那一個用意正天朝。這一個千載垂青史，那一個萬載把名標。真如一對狻猊鬥，不亞翻江兩怪蛟。

話說鄧九公大戰錢保有三十回合，錢保豈鄧九公對手，被九公回馬刀劈于馬下，梟首級進城，來見子牙，請令定奪。子牙大悅，記功宴賀不表。只見敗兵報與張山說：「錢保被鄧九公梟首級進城去了。」張山聞報大怒。次日，親臨陣前，坐名要鄧九公答話。報馬報入相府，言：「有將請戰，要鄧將軍答話。」鄧九公挺身而出，有女鄧嬋玉願隨壓陣，子牙許之。九公同女出城，張山一見鄧九公走馬至軍前，乃大

罵曰：「反賊匹夫！國家有何事虧你，背恩忘義；一旦而事敵國，死有餘辜！今不倒戈受縛，尚敢恃強，殺朝廷命官。今日拿匹夫解上朝歌，以正大法。」鄧九公曰：「你既為大將，上不知天時，下不諳人事，空生在世，可惜衣冠著體，真乃人中之畜生耳！今紂王貪淫無道，殘虐不仁，天下諸侯不歸紂而歸周，天心人意可見。汝尚欲勉強逆天，是自取辱身之禍，與聞太師等枉送性命耳。可聽吾言，下馬歸周，共伐獨夫，拯溺救焚，上順天心，下酬民願，自不失封侯之位。若勉強支吾，悔無及矣。」張山大怒，罵曰：「利口匹夫！敢假此無稽之言，惑世誣民，碎屍不足以盡其辜！」搖鎗直取。鄧九公刀迎面還來。二將相持，一場賭鬥。怎見得，有贊為證，贊曰：

輕舉擎天手，生死在輪回。往來無定論，叱咤似春雷。一個恨不得平吞你腦袋，一個恨不得活砍你頤腮。只殺得一個天昏地暗沒三才，那時節方纔兩下分開。

話說鄧九公與張山大戰三十回合，鄧九公戰張山不下，鄧嬋玉在後陣，見父親刀法漸亂，打馬兜回，發手一石，把張山臉上打傷，幾乎墜馬，敗進大營。鄧九公父女掌得勝鼓進城，入相府報功不表。

話言張山失機進營，臉上著傷，心上甚是急躁，切齒深恨。忽報：「營外有一道人求見。」張山傳令：「請來。」只見一道人，頭挽雙髻，背縛一口寶劍，飄然而至中軍，打稽首。張山欠身答禮，至帳中坐下。道人見張山臉上青腫，問曰：「張將軍面上為何著傷？」張山曰：「昨日見陣，偶被女將暗算。」道人忙取藥餌敷搽，即時痊癒。張山忙問：「老師從何處而來？」道人曰：「吾從蓬萊島而至，貧道乃羽翼仙也。特為將軍來助一臂之力。」張山感謝道人。次日，早至城下，請子牙答話。報馬報入相府：「城外有一道人請戰。」子牙曰：「原該有三十六路征伐西岐，此來已是三十二路，還有四路未曾來至，

我少不得要出去。」忙傳令：「排五方隊伍。」一聲砲響，齊出城來。羽翼仙擡頭觀看，只見兩扇門開，紛紛繞繞，俱是穿紅著綠狼虎將；攢攢簇簇，盡是敢勇當先驍騎兵。哪吒對黃天化，金吒對木吒，韋護對雷震子，楊戩與眾門人左右排列保護，中軍武成王壓陣，子牙坐四不相，走出陣前。見對面一道者，生的形容古怪，尖嘴縮腮，頭挽雙髻，徐徐而來。怎見得，有贊為證：

頭挽雙髻，體貌輕揚。皂袍麻履，形異尋常。嘴如鷹鷙，眼露凶光。葫蘆背上，劍佩身藏。蓬萊怪物，得道無疆。飛騰萬里，時歇滄浪。名為金翅，綽號禽王。

話說子牙拱手言曰：「道友請了！」羽翼仙曰：「請了。」子牙曰：「道友高姓何名？今日會尚有何事吩咐？」羽翼仙答曰：「貧道乃蓬萊島羽翼仙是也。姜子牙，我且問你：你莫非是崑崙門下元始徒弟，你有何能，對人罵我，欲拔吾翎毛，抽吾筋骨？我與你無涉，你如何這等欺人？」子牙欠身曰：「道友不可錯來怪人。我與道友並未曾會過，焉知道友根底？必有人搬唆❹，說有甚失禮得罪之處。我與道友未有半面之交，此語從何而來？道友請自三思。」羽翼仙聽得此語，低頭暗思：「此言大是有理。」乃謂子牙曰：「你話雖有理，只是此語未必無自而來。但說過，你從今百事斟酌，毋得再是如此造次，我與你不得干休。去罷！」子牙欲勒騎，哪吒聽罷大怒：「這潑道焉敢如此放肆，渺視師叔！」登開風火輪，搖鎗就刺。羽翼仙笑曰：「原來你仗這些孽障兇頑，敢於欺人！」徹步持劍相交，鎗劍併舉。黃天化忙催玉麒麟，使雙鎚，雙戰道人。雷震子把風雷翅飛起空中，黃金棍往下刷來。土行孫倒拖邠鐵棍，來打下三路。楊戩縱馬舞三尖刀，前來助戰。把羽翼仙圍裹核心。上三路雷震子，中三路哪吒、楊戩、

❹ 搬唆：搬弄是非。

黃天化，下三路土行孫。

且說哪吒見羽翼仙了得，先下手祭乾坤圈打來，正中羽翼仙肩胛。道人把眉頭一皺，方欲把身逃走，被黃天化回手一攢心釘，把道人右臂打通；又被土行孫把道人腿上打了數下；楊戩復祭哮天犬把羽翼仙夾頸子一口。羽翼仙四下吃虧，大叫一聲，借土遁走了。子牙得勝，眾門人相隨進城。且說羽翼仙吃了許多的虧，把牙一挫，走進營來。張山接住，口稱：「老師今日誤中奸計，老師反被他著傷。」道人曰：「不妨，吾不曾防備他，故此著了他的手。」羽翼仙忙將花籃中取出丹藥，用水吞下一二粒，即時痊癒。羽翼仙謂張山曰：「我念慈悲二字，到不肯傷眾生之命；他今日反來傷我，是彼自取殺身之禍。」復對張山：「可取些酒來，你我痛飲。至更深時，我叫西岐一郡化為渤海。」張山大喜，忙治酒相款不表。

卻說子牙得勝進府，與諸門人將佐商議。忽一陣風把簷瓦刮下數片來。子牙忙焚香爐中，取金錢在手，占卜吉凶，只見排下卦來，把子牙諕得魂不附體；忙沐浴更衣，望崑崙下拜。拜罷，子牙披髮仗劍，移北海之水，救護西岐，把城郭罩住。只見崑崙山玉虛宮元始天尊早知詳細，用瑠璃瓶中三光神水，灑向北海水面之上，又命四謁諦神把西岐城護定，不可幌動。正是：

人君福德安天下，元始先差謁諦神。

話說羽翼仙飲至一更時分，命張山收去了酒，出了轅門，現了本像，乃大鵬金翅鵰。張開二翅，飛在空中，把天也遮黑了半邊。好利害！有贊為證。贊曰：

二翅遮天雲霧迷，空中響亮似春雷。曾搧四海俱見底，吃盡龍王海內魚。只因怒發西岐難，還是明君福德齊。羽翼根深歸正道，至今萬載把名題。

只見大鵬鵰飛在空中，望下一看，見西岐城是北海水罩住。羽翼仙不覺笑曰：「姜尚可謂腐朽，不知我的利害。我欲稍用些須之力，連四海頃刻搧乾，豈在此一海之水！」羽翼仙展兩翅，用力連搧有七八十搧。他不知此水有三光神水在上面，越搧越長，不見枯涸。羽翼仙自一更時分直搧到五更天氣，那水差不多淹著大鵬鵰的腳。這一夜將氣力用盡，不能成功，不覺大驚，「若再遲延，恐到天明不好看。」自覺慚愧，不好進營來見張山，一怒飛起來，至一座山洞，甚是清奇。怎見得，有贊為證，贊曰：

高峰掩映，怪石嵯峨。奇花瑤草馨香，紅杏碧桃艷麗。崖前古樹，霜皮溜雨四十圍；門外蒼松，黛色參天三千尺。雙雙野鶴，常來洞口舞清風；對對山禽，每向枝頭啼白晝。簇簇黃藤如掛索，行行煙柳似垂金。方塘積水，深穴依山。方塘積水，隱千年未變的蛟龍；深穴依山，生萬載得道之仙子。果然不亞玄都府，真是神仙出入門。

話說大鵬鵰飛至山洞前，見一道人靠著洞邊默坐。羽翼仙尋思：「不若將此道人抓來充饑，再作道理。」大鵬鵰方欲撲來，道人用手一指，大鵬鵰撲蹋的跌將下地來。道人揉眉擦目，言曰：「你好沒禮！你為何來傷我？」羽翼仙曰：「實不相瞞，我去伐西岐，腹中餓了，借你充饑，不知道友仙術精奇，得罪了！」道人曰：「你腹中饑了，問吾一聲，我自然指你去。你如何就來害我？甚是非禮。也罷，我說與你知道：離此二百里，有一山，名為紫雲崖，有三山五嶽四海道人，俱在那裡赴香齋。你速去，恐遲了不便。」大鵬鵰謝曰：「承教了。」把二翅飛起，霎時而至，即現仙形。只見高高下下，三五一攢，七八一處，都是四海三山道者赴齋。又見一童兒往來捧東西與眾道人吃。羽翼仙曰：「道童請了！貧道是來赴齋的。」那童兒聽說，呀的一聲，答曰：「老師來早些方好，如今沒有東西了。」羽翼仙曰：「偏我來就沒有東

西了？」道童答曰：「來早就有，來遲了，東西已儘與眾位師父，安能再有？必至明日方可。」羽翼仙曰：「你揀人布施，我偏要吃！」二人嚷將起來。只見一位穿黃的道人向前問曰：「你為何事在此爭論？」童兒曰：「此位師父來遲了，定要吃齋。那裡有了？故此閑講。」那道人曰：「童兒，你看可有麵點心否？」童兒答曰：「點心還有；要齋卻沒有了。」羽翼仙曰：「就是點心也罷，快取將來。」那童兒忙把點心拿將來，遞與羽翼仙。羽翼仙一連吃了七八十個。那童兒曰：「老師可吃夠了？」羽翼仙曰：「有，還吃得幾個。」童兒又取十數個來。羽翼仙共吃了一百零八個。正是：

妙法無邊藏秘訣，今番捉住大鵬鵰。

話說羽翼仙吃飽了，謝過齋，復現本像，飛起往西岐來；復從那洞府過，道人還坐在那裡，望著大鵬鵰把手一指，大鵬鵰跌將下來。哎呀的一聲，跌斷肚腸了！在滿地打滾，只叫：「痛殺我也！」不知大鵬鵰性命如何，且聽下回分解。

評

張山有大將之才，惜乎自不是子牙對手！只這箇大鵬鵰，也來混一場戰，並未曾得尺寸之功，反為口腹被擒，畢竟是羽毛中品格。

又評

來伐西岐的，屢欲暗算子牙，每每被狂風簷瓦報信，便至保全無事。即此可卜天意，豈是人力所能強為？可笑殷洪殷郊錯了念頭。

第六十三回　申公豹說反殷郊

公豹存心至不良，紂王兩子喪疆場。當初致使殷洪反，今日仍教太歲亡。
長舌惹非成個事？巧言招禍作何忙？雖然天意應如此，何必區區話短長！

話說羽翼仙在地下打滾，只叫疼殺我也！這道人起身，徐徐行至面前，問曰：「你方纔去吃齋，為何如此？」大鵬答曰：「我吃了些麵點心，腹中作疼。」道人曰：「吃不著，吐了罷。」大鵬當真的去吐，不覺一吐而出，有雞子大，白光光的，連綿不斷，就像一條銀索子，將大鵬的心肝鎖住。大鵬覺得異樣，及至扯時，又扯得心疼。大鵬甚是驚駭，知是不好消息，欲待轉身，只見這道人臉一抹，大喝一聲：「我把你這孽障！你認得我麼？」這道人乃是靈鷲山元覺洞燃燈道人。道人罵曰：「你這孽障！姜子牙奉玉虛符命，扶助聖主，戡定禍亂，拯溺救焚，弔民伐罪，你為何反起狼心，連我也要吃？你助惡為虐！」命黃巾力士：「把這孽障弔在大松樹上，只等姜子牙伐了紂，那時再放你不遲！」大鵬忙哀訴曰：「老師大發慈悲，赦宥弟子！弟子一時愚昧，被旁人唆使。從今知過，再不敢正眼窺伺西岐。」燃燈曰：「你在天皇時得道，如何大運也不知，真假也不識，還聽旁人唆使，情真可恨，決難恕饒！」大鵬再三哀告曰：「可憐我千年功夫，望老師憐憫！」燃燈曰：「你既肯改邪歸正，須當拜我為師，我方可放你。」大鵬連忙極口稱道曰：「願拜老爺為師，修歸正果。」燃燈曰：「既然如此，待我放你。」

用手一指，那一百零八個念珠還依舊吐出腹中。大鵬遂歸燃燈道人，往靈鷲山修行不表。

話分兩頭，且說九仙山桃園洞廣成子只因犯了殺戒，只在洞中靜坐，保攝天和，不理外務。忽有白鶴童子奉玉虛符命，言子牙不日金臺拜將，命眾門人須至西岐山餞別東征。廣成子謝恩，打發白鶴童兒回玉虛去了。道人偶想起殷郊：「如今子牙東征，把殷郊打發他下山，佐子牙東進五關，一則可以見他家之故土，一則可以捉妲己報殺母之深仇。」忙問：「殷郊在那裡？」殷郊在殿後聽師父呼喚，忙至前殿，見師父行禮。廣成子曰：「方今武王東征，天下諸侯相會孟津，共伐無道，正你報仇泄恨之日。我如今著你前去，助周作前隊，你可去麼？」殷郊聽罷，口稱老師曰：「弟子雖是紂王之子，實與妲己為仇。父王反信奸言，誅妻殺子，母死無辜，此恨時時在心，刻刻掛念，不能有忘。今日老師大捨慈悲，發付弟子，敢不前往，以圖報效，真空生於天地間也。」廣成子曰：「你且去桃源洞外獅子崖前，尋了兵器來，我傳你些道術，你好下山。」殷郊聽說，忙出洞往獅子崖來尋兵器。只見白石橋那邊有一洞。怎見得，有西江月為證：

門依雙輪日月，照耀一望山川。珠淵金井煖含煙，更有許多堪羨。　疊疊朱樓畫閣，凝凝赤壁青田。三春楊柳九秋蓮，兀的❶洞天罕見。

話說殷郊見石橋南畔有一洞府，獸環朱戶，儼若王公第宅。殿下自思：「我從不曾到此，一過橋去，便知端的。」來至洞前，那門雖兩扇，不推而自開。只見裡邊有一石几，几上有熱氣騰騰六七枚豆兒。殷郊拈一個吃了，自覺甘甜香美，非同凡品，「好豆兒，不若一總吃了罷。」剛吃了時，忽然想起：「來尋

❶ 兀的：相當這或那。也作兀底。

兵器，如何在此閑玩？」忙出洞來，過了石橋，及至回頭，早不見洞府。殿下心疑，不覺渾身骨頭響，左邊肩頭上忽冒出一隻手來。殿下著慌，大驚失色；只見右邊又是一隻。一會兒忽長出三頭，六臂，把殷郊只諕得目瞪口呆，半晌無語。只見白雲童兒來前叫曰：「師兄，師父有請。」殷郊這一會略覺神思清爽，面如藍靛，髮似硃砂，上下獠牙，多生一目，晃晃蕩蕩，來至洞前。

廣成子拍掌笞曰：「奇哉！奇哉！仁君有德，天生異人。」命殷郊進洞，至桃園內，廣成子傳與方天畫戟，言曰：「你先下山，前至西岐，我隨後就來。」道人取出番天印、落魂鐘、雌雄劍付與殷郊。殷郊即時拜辭下山。廣成子曰：「徒弟，你且住。我有一事對你說。吾將此寶盡付與你，須是順天應人，東進五關，輔周武，興弔民伐罪之師，不可改了念頭，心下狐疑，有犯天譴，那時悔之晚矣。」殷郊曰：「老師之言差矣！周武明德聖君，吾父荒淫昏虐，豈得錯認，有辜師訓。弟子如改前言，當受犁鋤之厄。」道人大喜。殷郊拜別師尊。正是：

殿下實心扶聖主，只恐旁人起禍殃。

話說殷郊離了九仙山，借土遁往西岐前來。正行之間，不覺那遁光飄飄，落在一座高山。怎見得好山，有贊為證，贊曰：

沖天占地，轉日生雲。沖天處尖峰矗矗，占地處遠脈迢迢。轉日的，乃嶺頭松鬱鬱；生雲的，乃崖下石磷磷。松鬱鬱，四時八節常青；石磷磷，萬年千載不改。林中每聽夜猿啼，澗內常見妖蟒過。山禽聲咽咽，走獸吼呼呼。山獐山鹿，成雙作對紛紛走；山鴉山雀，打陣攢群密密飛。山草山花看不盡，山桃山菓應時新。雖然崎險不堪行，卻是神仙來往處。

話說殷郊纔看山巔險峻之處，只聽得林內一聲鑼響，見一人面如藍靛，髮似硃砂，騎紅砂馬，金甲紅袍，三隻眼，搿兩根狼牙棒，那馬如飛奔上山來，見殷郊三頭六臂，也是三隻眼，大呼曰：「三首者乃是何人，敢來我山前探望？」殷郊答曰：「吾非別人，乃紂王太子殷郊是也。」那人忙下馬，拜伏在地，口稱：「千歲為何往此白龍山上過？」殷郊曰：「吾奉師命，往西岐去見姜子牙。」話未曾了，又一人帶扇雲盔，淡黃袍，點鋼鎗，白龍馬，面如傅粉，三綹長髯，也奔上山來，大呼曰：「此是何人？」藍臉的道：「快來見殷千歲。」那人也是三隻眼，滾鞍下馬，拜伏在地。二人同曰：「且請千歲上山，至寨中相見。」三人步行至山寨，進了中堂。

二人將殷郊扶在正中交椅上，納頭便拜。殷郊忙扶起，問曰：「二位高姓大名？」那藍臉的應曰：「末將姓溫，名良；將白臉的姓馬，名善。」殷郊曰：「吾看二位一表非俗，俱負英雄之志，何不同吾往西岐立功，助武王伐紂？」二人曰：「千歲為何反助周滅紂？」殷郊答曰：「商家氣數已盡，周家王氣正盛，況吾父得十罪于天下，今天下諸侯應天順人，以有道伐無道，以無德讓有德，此理之常，豈吾家故業哉。」溫良、馬善曰：「千歲之言是也，真以天地父母為心，乃丈夫之所為，如千歲者鮮矣。」溫良與馬善整酒慶喜。殷郊一面吩咐嘍囉改作周兵，放火燒了寨柵，隨即起兵。殷郊三人同上了馬，離了白龍山，往大路進發，逕奔西岐而來。正是：

殷郊有意歸周主，只怕蒼天不肯從。

殷郊正行，嘍囉報：「啟千歲：有一道人騎虎而來，要見千歲。」殷郊聞報，忙吩咐左右旗門官，令安下人馬，請來相見。道人下虎進帳。殷郊忙迎將下來打躬，口稱：「老師從何而來？」道人曰：「吾乃

崑崙門下申公豹是也。殿下往那裡去？」殷郊曰：「吾奉師命，往西岐投拜姬周，姜師叔不久拜將，助他伐紂。」道人笑曰：「我問你，紂王是你甚麼人？」殷郊答曰：「是吾父王。」道人曰：「恰又來！世間那有子助外人而伐父之理！此乃亂倫忤逆之說。你父不久龍歸滄海，你原是東宮，自當接成湯之胤，位九五之尊，承帝王之統，豈有反助他人，滅自己社稷，毀自己宗廟，此亘古所未聞者也。且你異日，百年之後，將何面目見成湯諸王在天之靈哉！我見你身藏奇寶，形像可定乾坤，當從吾言，可保自己天下，以誅無道周武，是為長策。」殷郊答曰：「老師之言雖是，奈天數已定，吾父無道，天命人心已離，周主當興，吾何敢逆天哉！況姜子牙有將相之才，仁德散布于天下，諸侯無不響應。我老師曾吩咐我下山助姜師叔東進五關，吾何敢有背師言，此事斷難從命。」申公豹暗想：「此言犯不動他，也罷，再犯他一場，看他如何？」申公豹又曰：「殷殿下，你言姜尚有德，他的德在那裡？」殷郊曰：「姜子牙為人公平正直，禮賢下士，仁義慈祥，乃良心君子，道德丈夫，天下服從，何得小視他。」申公豹曰：「殿下有所不知。吾聞有德不滅人之彝倫，不戕人之天性，不妄殺無辜，不矜功自伐❷。殿下之父親固得罪于天下，可與為讎。殿下之胞弟殷洪，聞說他也下山助周；豈意他欲邀己功，竟將殿下親弟用太極圖化成飛灰，此還是有德之人做的事，無德之人做的事？今殿下忘手足而事讎敵，吾為殿下不取也。」殷郊聞言大驚曰：「老師，此事可真？」道人曰：「天下盡知，難道吾有誑語。實對你說，如今張山現在西岐住紮人馬，你只問他。如果殷洪無此事，你再進西岐不遲；如有此事，你當為弟報讎。我今與你再請一高人，來助你一臂之力。」申公豹跨虎而去。

---

❷ 矜功自伐：即自己誇大自己的功勞。

殷郊甚是疑惑，只得把人馬催動，逕往西岐。殷郊一路上沉吟思想：「吾弟與天下無讎，如何將他如此處治，必無此事。若是姜子牙將吾弟果然如此，我與姜尚誓不兩立，必定為弟報讎，再圖別議。」人馬在路，非止一日，來至西岐，果然有一枝人馬打商湯旗號在此住劄。殷郊令溫良前去營裡去問果是張山否？話說張山自羽翼仙當晚去後，兩日不見回來，差人打探，不得實信。正納悶間，忽軍政官來報：「營外有一大將，口稱『請元帥接千歲大駕』，不知何故，請元帥定奪。」張山聞報，不知其故，沉思：「殿下久已失亡，此處是那裡來的？」忙傳令：「令來。」軍政官出營對來將曰：「元帥令將軍相見。」溫良進營來見張山，打躬。張山問曰：「將軍自何處而來？有何見諭？」溫良答曰：「吾奉殷郊千歲令旨，令將軍相見。」張山對李錦曰：「殿下久已失亡，如何此處反有殿下？」李錦在旁曰：「只恐是真。元戎可往相見，看其真偽，再做區處。」張山從其言，同李錦出營，來至軍前。

溫良先進營回話，對殷郊曰：「張山到了。」殷郊曰：「令來。」張山進營，見殷郊三首六臂，像貌凶惡；左右立溫良、馬善，都是三隻眼。張山問曰：「啟殿下：是成湯那枝宗派？」殷郊曰：「吾乃當今長殿下殷郊是也。」因將前事訴說一番。張山聞言，不覺大悅，忙行禮，口稱千歲。殷郊曰：「你可知道二殿下殷洪的事？」張山答曰：「二千歲因伐西岐，被姜尚用太極圖化作飛灰多日矣。」殷郊聽罷，大叫一聲，昏倒在地。眾人扶起，放聲大哭曰：「兄弟果死于惡人之手！」躍身而起，將令箭一枝折為兩段，曰：「若不殺姜尚，誓與此箭相同！」次日，殷郊親自出馬，坐名只要姜尚出來。報馬報入城中，進相府報曰：「城外有殷郊殿下請丞相答話。」子牙傳令：「軍士排隊伍出城。」砲聲響處，西岐門開，一對對英雄似虎，一雙雙戰馬如飛，左右列各洞門人。子牙見對營門一人，三首六臂，青面獠

牙，左右二騎乃溫良、馬善，各持兵器。哪吒暗笑：「三人九隻眼，多了個半人！」殷郊走馬至軍前，叫：「姜尚出來見我！」子牙向前曰：「來者何人？」殷郊大喝曰：「吾乃長殿下殷郊是也！你將吾弟殷洪用太極圖化作飛灰，此恨如何消歇！」子牙不知其中緣故，應聲曰：「彼自取死，與我何干。」殷郊聽罷，大叫一聲，幾乎氣絕，大怒曰：「好匹夫！尚說與你無干！」縱馬搖戟來取。

旁有哪吒登開風火輪，將火尖鎗直取殷郊。輪馬相交，未及數合，被殷郊一番天印把哪吒打下風火輪來。黃天化見哪吒失機，催開了玉麒麟，使兩柄銀鎚，敵住了殷郊。子牙左右救回哪吒。黃天化不知殷郊有落魂鐘。殷郊搖動了鐘，黃天化坐不住鞍轎，跌將下來，張山走馬將黃天化拿了。及至上了繩索，黃天化方知被捉。黃飛虎見子被擒，催開五色神牛來戰。殷郊也不答話，鎗戟併舉，又戰數合，搖動落魂鐘，黃飛虎也撞下神牛，早被馬善、溫良捉去。楊戩在旁見殷郊祭番天印、搖落魂鐘，恐傷了子牙，忙鳴金收回隊伍。子牙忙令軍士進城，坐在殿上納悶。楊戩上殿奏曰：「師叔，如今又是一場古怪事出來！」子牙曰：「有甚古怪？」楊戩曰：「弟子看殷郊打哪吒的是番天印；此寶乃廣成子師伯的，如何反把與殷郊？」子牙曰：「難道廣成子使他來伐我？」楊戩曰：「殷洪之故事，師叔獨忘之乎？」子牙方悟。

且說殷郊將黃家父子拿至中軍，黃飛虎細觀不是殷郊。殷郊問曰：「你是何人？」黃飛虎曰：「吾乃武成王黃飛虎是也。」殷郊曰：「西岐也有武成王黃飛虎？」張山在旁坐，欠身答曰：「此就是天子殿前黃飛虎；他反了五關，投歸周武，為此叛逆，惹下刀兵；今已被擒，正所謂『天網恢恢，疏而不漏』，是彼自取死耳。」殷郊聞言，忙下帳來，親解其索，口稱：「恩人，昔日若非將軍，焉能保有今日。」

忙問飛虎曰：「此人是誰？」黃飛虎答曰：「此吾長子黃天化。」殷郊急傳令也放了，因對飛虎曰：「昔日將軍救吾兄弟二人；今日我放你父子，以報前德。」

黃飛虎感謝畢，因問曰：「千歲當時風刮去，卻在何處？」殷郊不肯說出根本，恐泄了機密，乃朦朧應曰：「當日乃海島仙家救我，在山學業；今特下山，來報吾弟之仇。今日吾已報過將軍大德，倘後見戰，幸為迴避；如再被擒，必正國法。」黃家父子告辭出營，至城下叫門。把門軍官見是黃家父子，忙開城門放入。父子進相府來見子牙，盡言其事。子牙大喜。次日，探馬來報：「有將請戰。」子牙問：「誰人去走一遭？」旁有鄧九公願往，子牙許之。鄧九公領令出府，上馬提刀，開放城門，見一將白馬長鎗，穿淡黃袍。怎見得：

戴一頂扇雲冠，光芒四射；黃花袍，紫氣盤旋；銀葉甲，輝煌燦爛；三股絲，身後交加；白龍馬，追風趕日；杵白鎗，大蟒頑蛇。修行在仙山洞府，成道行有正無邪。

話說鄧九公大呼曰：「來者何人？」馬善曰：「吾乃大將馬善是也。」鄧九公也不通姓名，縱馬舞刀，飛來直取。馬善鎗劈面相迎。兩馬往還，戰有十二三回合，鄧九公刀法如神，馬善敵不住，被鄧九公閃一刀逼開了馬善的鎗，抓住腰間絲袍，摔過鞍鞽，往下一摔，生擒進城，至相府來見子牙。子牙問曰：「將軍勝負如何？」九公曰：「擒了一將，名喚馬善；今在府前，候丞相將令。」子牙命：「推來。」少時，將馬善推至殿前。那人全不畏懼，立而不跪。子牙曰：「既已被擒，何不屈膝？」馬善大笑，罵曰：「老匹夫！你乃叛國逆賊。吾既被擒，要殺就殺，何必多言！」子牙大怒，令：「推出府斬訖報來！」南宮适為監斬官，推至府前，只見行刑箭出，南宮适手起一刀，猶如削菜一般。正是：

鋼刀隨過隨時長，如同切水一般同。

南宮适看見大驚，忙進相府回令曰：「啟丞相：異事非常！」子牙問曰：「有甚話說？」南宮适曰：「奉令將馬善連斬三刀，這邊過刀，那邊長完，不知有何幻術，請丞相定奪。」子牙聽報大驚，忙同諸將出府來，親見動手，也是一般。旁有韋護祭起降魔杵打將下來，正中馬善頂門，只打的一派金光，就地散開。韋護收回杵，還是人形。眾門人大驚，只叫古怪！子牙無計可施，命眾門人：「借三昧真火燒這妖物！」旁有哪吒、金木二吒、雷震子、黃天化、韋護，運動三昧真火焚之。馬善乘火光一起，大笑曰：「吾去也！」楊戩看見火光中走了馬善。子牙心下不樂，各回府中商議不題。且言馬善走回營來見殷郊，盡言擒去，怎樣斬他，怎樣放火焚他，「末將借火光而回。」殷郊聞言大喜。

子牙在府中沉思。只見楊戩上殿，對子牙曰：「弟子往九仙山探聽虛實，看是如何。二則再往終南山見雲中子師叔，去借照妖鑑來，看馬善是甚麼東西，方可治之。」子牙許之。楊戩離了西岐，借土遁逕往九仙山來。不一時，已至桃園洞，來見廣成子。楊戩行禮，口稱：「師叔。」廣成子曰：「前日令殷郊下山，到西岐同子牙伐紂，好三首六臂麼？候拜將日，再來囑他。」楊戩曰：「如今殷郊不伐朝歌，反伐西岐，把師叔的番天印打傷了哪吒諸人，橫行狂暴。弟子奉子牙之命，特來探其虛實。」廣成子聞言，大叫：「這畜生有背師言，定遭不測之禍！但吾把洞內寶珍盡付與他，誰知今日之變。」叫楊戩：「你且先回，我隨後就來。」楊戩離了九仙山，逕往終南山來，須臾而至；進洞府，見雲中子行禮，口稱：「師叔，今西岐來了一人，名曰馬善，誅斬不得，水火亦不能傷他，不知何物作怪，特借老師照妖鑑一用；俟除此妖邪，即當奉上。」雲中子聽說，即將寶鑑付與楊戩。

楊戩離了終南山，往西岐來，至相府參謁子牙。子牙問曰：「楊戩，你往九仙山見廣成子，此事如何？」楊戩把上項事情一一訴說一遍，又將取照妖鑑來的事亦說了一遍，令明日可會馬善。次日，楊戩上馬提刀，來營前請戰，坐名只要馬善出來。探馬報入中軍，殷郊命馬善出營。馬善至軍前，楊戩暗取寶鑑照之，乃是一點燈頭兒在裡面晃。楊戩收了寶鑑，縱馬舞刀，直取馬善。二馬相交，刀鎗併舉。戰有二三十回合，楊戩撥馬就走。馬善不趕，回營來見殷郊回話：「與楊戩交戰，那廝敗走，末將不去趕他。」殷郊曰：「知己知彼，此是兵家要訣，此行是也。」

且言楊戩回營進府來，子牙問曰：「馬善乃何物作怪？」楊戩答曰：「弟子照馬善，乃是一點燈頭兒，不知詳細。」旁有韋護曰：「世間有三處有三盞燈：玄都洞八景宮有一盞燈，玉虛宮有一盞燈，靈鷲山有一盞燈，莫非就是此燈作怪？楊道兄可往三處一看，便知端的。」楊戩忻然欲往，子牙許之。楊戩離了西岐，先往玉虛宮而來，駕著土遁而走。正是：

風聲響處行千里，一飯功夫至玉虛。

話說楊戩自不曾至崑崙山，今見景致非常，因便玩賞。怎見得：

珍樓玉閣，上界崑崙。谷虛繁地籟，境寂散天香。青松帶雨遮高閣，翠竹依稀兩道旁。霞光縹緲，采色飄飄。朱欄碧檻，畫棟雕簷。談經香滿座，靜閉月當窗。鳥鳴丹樹內，鶴飲石泉旁。四時不謝奇花草，金殿門開射赤光。樓臺隱現祥雲裡，玉磬韻長。珠簾半捲，爐內煙香。講動黃庭方入聖，萬仙總領鎮東方。

話說楊戩至麒麟崖，看罷崑崙景致，不敢擅入，立于宮外，等候多時；只見白鶴童子出宮來，楊戩上前

施禮，口稱：「師兄，弟子楊戩，借問老爺面前瑠璃燈可曾點著？」白鶴童兒答曰：「點著哩。」楊戩自思：「此處點著，想不是這裡，且往靈鷲山去。」彼時離了玉虛，逕往靈鷲山來。好快！正是：

駕霧騰雲仙體輕，玄門須仗五行行。週遊寰宇須臾至，纔離崑崙又玉京。

楊戩進元覺洞，倒身下拜，口稱：「老師，弟子楊戩拜見。」燃燈問曰：「你來做甚麼？」楊戩答曰：「老爺面前的瑠璃燈滅了。」道人擡頭看見燈滅了，呀的一聲，「這孽障走了！」楊戩把上件事說了一遍。燃燈曰：「你先去，我隨即就來。」楊戩別了燃燈，借土遁逕歸西岐，至相府來見子牙，將至玉虛見燃燈事說了一遍：「燃燈老師隨後就來。」子牙大喜。正言之間，門官報：「廣成子至。」子牙迎接至殿前。廣成子對子牙謝罪曰：「貧道不知有此大變，豈意殷郊反了念頭，吾之罪也。待吾出去，招他來見。」廣成子隨即出城，至營前大呼曰：「傳與殷郊，快來見我！」不知後事如何，且聽下回分解。

評

申公豹與子牙有甚麼讎隙？五次三番，邀請十洲三島凶神惡煞來伐西岐，不知殺害多少生靈，畢竟與子牙無損，徒自送了這許多人。這不是與子牙為讎，是與眾人為讎耳。

又評

紂王兩個兒子，被申公豹一場巧言浪語，都送入極慘死地。此正不是保紂，實所以害紂；所謂自滅還自滅耳。大抵今人作惡還自身受，正是天道恰好主張。

第六十四回　羅宣火焚西岐城

離宮原是火之精，配合干支在丙丁。烈石焚山情更惡，流金爍海勢偏橫。
在天列曜人君畏，入地藏形萬姓驚。不是羅宣能作難，只因西土降仙卿。

話說探馬報入中軍：「啟千歲：有一道人請千歲答話。」殷郊暗想：「莫不是吾師來此？」隨即出營，果然是廣成子。殷郊在馬上欠身言曰：「老師，弟子甲冑在身，不敢叩見。」廣成子見殷郊身穿王服，大喝曰：「畜生！不記得山前是怎樣話？你今日為何改了念頭？」殷郊泣訴曰：「老師在上，聽弟子所陳：弟子領命下山，又收了溫良、馬善；中途遇著申公豹，說弟子保紂伐周，弟子豈肯有負師言？弟子知吾父殘虐不仁，肆行無道，固得罪于天下，弟子不敢有違天命。只吾幼弟又得何罪，竟將太極圖把他化作飛灰！與姜尚何讎，遭此慘死！此豈有仁心者所為？此豈以德行仁之主？言之痛心刺骨！老師反欲我事讎，是誠何心？」殷郊言罷，放聲大哭。廣成子曰：「殷郊：你不知申公豹與子牙有隙，他是誑你之言，不可深信。此事乃汝弟自取，實是天數。」殷郊曰：「申公豹之言固不可信；吾弟之死，又是天數，終不然是吾弟自走入太極圖中去，尋此慘酷極刑。老師說得好笑！今兄存弟亡，實為可慘。老師請回，俟弟子殺了姜尚以報弟讎，再議東征。」廣成子曰：「你可記得發下誓言？」殷郊曰：「弟子知道。就受了此厄，死也甘心，決不願獨自偷生！」廣成子大怒，喝一聲，仗劍來取。殷郊用戟架住：

「老師，沒來由你為姜尚與弟子變顏，實係偏心；倘一時失禮，不好看相。」廣成子又一劍劈來。殷郊曰：「老師何苦為他人不顧自己天性，則老師所謂天道、人道，俱是矯強❶。」廣成子曰：「此是天數，你自不悔悟，違背師言，必有殺身之禍！」復又一劍砍來。殷郊急得滿面通紅，曰：「你既無情待我，偏執己見，自壞手足，弟子也顧不得了！」乃發手還一戟來。師徒二人戰未及四五合，殷郊祭番天印打來。廣成子著慌，借縱地金光法逃回西岐至相府。正是：

番天印傳殷殿下，豈知今日打師尊。

話說廣成子回相府，子牙迎著，見廣成子面色不似平日，忙問今日會殷郊詳細。廣成子曰：「彼被申公豹說反，吾再三苦勸，彼竟不從。是吾怒起，與他交戰，那孽障反祭番天印來打我；吾故此回來，再做商議。」子牙不知番天印的利害，正說之間，門官報：「燃燈老爺來至。」二人忙出府迎接。至殿前，燃燈對子牙曰：「連吾的瑠璃燈也來尋你一番，俱是天數。」子牙曰：「尚該如此，理當受之。」燃燈曰：「殷郊的事大，馬善的事小；待吾先收了馬善，再做道理。」乃謂子牙曰：「你須得如此如此，方可收服。」子牙俱依此計。次日，子牙單人獨騎出城，坐名「只要馬善來見我！」左右報馬報入中軍：「啟千歲爺：姜子牙獨騎出城，只要馬善出戰。」殷郊自思：「昨日吾師出城見我，未曾取勝；今日令子牙單騎出城要馬善，必有緣故。且令馬善出戰，看是何如？」馬善得令，撐鎗上馬，出轅門，也不答話，直取子牙。子牙手中劍赴面相迎。未及數合，子牙也不歸營，望東南上逃走。馬善不知他的本主等他，隨後趕來。未及數射之地，只見柳陰之下立著一個道人，讓過子牙，當中阻住，大喝曰：「馬善！

❶ 矯強：即矯情強言。

你可認得我？」馬善只作不知，就一鎗來刺。燃燈袖內取出瑠璃望空中祭起，那瑠璃望下掉來。馬善擡頭看見，及待躲時，燃燈忙令黃巾力士：「可將燈焰帶回靈鷲山去。」正是：

仙燈得道現人形，反本還元歸正位。

話說燃燈收了馬善，令力士帶上靈鷲山去了不題。

且說探馬來報入中軍：「啟千歲：馬善追趕姜尚，只見一陣光華，止有戰馬，不見了馬善。未敢擅專，請令定奪。」殷郊聞報，心下疑惑，隨傳令：「點砲出營，定與子牙立決雌雄。」只見燃燈收了馬善，方回來與廣成子共議：「殷郊被申公豹說反，如之奈何？」正說之間，探馬報入相府：「有殷殿下請丞相答話。」燃燈曰：「子牙公，你去得。你有杏黃旗，可以保身。」子牙忙傳令，同眾門人出城。砲聲響亮，西岐門開。子牙一騎當先，對殷郊言曰：「殷郊，你負師命，難免犁鋤之厄。及早投戈，免得自悔。」殷郊大怒，見了讎人，切齒咬牙，大罵：「匹夫把吾弟化為飛灰，我與你誓不兩立！」縱馬搖戟，直取子牙，子牙仗劍迎之。戟劍交加，大戰龍潭虎穴。且說溫良走馬來助，這壁廂哪吒登開風火輪接住交兵。兩下裡只殺得：

黑靄靄雲迷白日，鬧嚷嚷殺氣遮天。鎗刀劍戟冒征煙，闊斧猶如閃電。好勇的成功建業；恃強的努力當先。為明君不怕就死，報國恩欲把身捐。只殺得一團白骨見青天，那時節方纔收軍罷戰。

且說溫良祭起白玉環來打哪吒，哪吒也將乾坤圈祭起來；一聲響，將白玉環打得粉碎。溫良大叫一聲：「傷吾之寶，怎肯甘休！」奮力來戰，又被哪吒一金磚正中後心，打得往前一晃，未曾閃下馬來。

方欲逃回，不意被楊戩一彈子，穿了肩頭，跌下馬去，死于非命。殷郊見溫良死于馬下，忙祭番天印打子牙。子牙展開杏黃旗，便有萬道金光，祥雲籠罩；又現有千朵白蓮，謹護其身；把番天印懸在空中，只是不得下來。子牙隨祭打神鞭，正中殷郊後背，翻觔斗落下馬去。楊戩急上前欲斬他首級，有張山、李錦二騎搶出，不知殷郊已借土遁去了。子牙竟獲全勝進城，燃燈與廣成子共議曰：「番天印難治。且子牙拜將已近，恐誤吉辰，罪歸于你。」廣成子告曰：「老師為我設一謀，如何除得此惡？」燃燈曰：「無籌可治，奈何！奈何！」

且說殷郊著傷逃回進營，納悶鬱鬱不喜。且說轅門外來一道人，戴魚尾冠，面如重棗，海下赤髯，紅髮，三目，穿大紅八卦服，騎赤煙駒。道人下騎，叫：「報與殷殿下，吾要見他。」軍政官報入中軍：「啟千歲：外邊有一道者求見。」殷郊傳令：「請來。」少時，道人行至帳前。殷郊看見，忙降堦接見。道人通身赤色，其形相甚惡。彼此各打稽首。殷殿下忙欠身答曰：「老師可請上坐。」道人亦不謙讓，隨即坐下。殷郊曰：「老師高姓？大名？何處名山洞府？」道人答曰：「貧道乃火龍島焰中仙羅宣是也；因申公豹相邀，特來助你一臂之力。」殷郊大悅，治酒款待。道人曰：「吾乃是齋，不用葷。」殷郊命治素酒相待不題。

一連在軍中過了三四日，也不出去會子牙。殷郊問曰：「老師既為我而來，為何數日不會子牙一陣？」道人曰：「我有一道友，他不曾來；若要來時，我與你定然成功，不用殿下費心。」且說那日正坐，轅門官軍來報：「有一道者來訪。」羅宣與殷郊傳令：「請來。」少時，見一道者，黃臉虬鬚，身穿皂服，徐步而來。殷郊乃出帳迎接，至帳，行禮尊于上坐。道人坐下，羅宣問曰：「賢弟為何來遲？」道人曰：

「因攻戰之物未完，故此來遲。」殷郊對道人曰：「請問道長高姓？大名？」道人曰：「吾乃九龍島煉氣士劉環是也。」殷郊傳令治酒款待。次早，二位道者出營，來至城下，請子牙答話。探馬忙報入相府：「啟丞相：有二位道人請丞相爺答話。」子牙隨即同眾門人出城，排開隊伍。只見催陣鼓響，對陣中有一道者，生得甚是兇惡。怎見得：

魚尾冠，純然烈焰；大紅袍，片片雲生。絲絲懸赤色，麻履長紅雲。劍帶星星火，馬如赤爪龍。面如血潑紫，鋼牙暴出唇。三目光輝觀宇宙，火龍島內有聲名。

話說子牙對諸門人曰：「此人一身赤色，連馬也是紅的！」眾弟子曰：「截教門下，古怪者甚多。」話未畢，羅宣一騎馬當先，大呼曰：「來者可就是姜子牙？」子牙答曰：「道兄，不才便是。不知道友是何處名山？那裡洞府？」羅宣曰：「吾乃火龍島焰中仙羅宣是也。吾今來會你。只因你倚仗玉虛門下，把吾輩截教甚是恥辱，吾故到此與你見一個雌雄，方知二教自有高低，非在放口舌爭也。你那左右門人不必向前；料你等不過毫末道行，不足為能。只我與你比個高下。」道罷，把赤煙駒催開，使兩口飛煙劍來取子牙。子牙手中劍急架相迎。二獸盤旋，未及數合，哪吒登開風火輪，搖鎗來刺。羅宣旁有劉環躍步而出，抵住哪吒。大抵子牙的門人多，不由分說，楊戩舞三尖刀沖殺過來；黃天化使開雙鎚，也來助戰；雷震子展開二翅，飛起空中，將金棍刷來；土行孫使動邠鐵棍，往下三路也自殺來；韋護綽步，使降魔杵劈頭就打：四面八方，圍裹上來。羅宣見子牙眾門人不分好歹，一湧而上，抵擋不住，忙把三百六十骨節搖動，現出三首六臂，一手執照天印，一手執五龍輪，一手執萬鴉壺，一手執萬里起雲煙，雙手使飛煙劍，好利害！怎見得，有贊為證，贊曰：

赤寶丹天降異人，渾身上下烈煙燻，離宮煉就非凡品，南極熬成逈出群。火龍島內修真性，焰氣聲高氣似雲。純陽自是三昧火，烈石焚金惡煞神。

話說羅宣現了三首六臂，將五龍輪一輪，把黃天化打下玉麒麟。早有金、木二吒救回去了。楊戩正欲暗放哮天犬來傷羅宣，不意子牙早祭起打神鞭望空中打來，把羅宣打得幾乎翻下赤煙駒來。哪吒戰住了劉環，把乾坤圈打來，只打得劉環三昧火冒出，俱大敗回營。

張山在轅門觀看，見岐周多少門人，祭無窮法寶，一個勝如一個，心中自思：「久後滅紂者必是子牙一輩。」心中甚是不悅。只見羅宣失利回營，張山接住慰勞。羅宣曰：「今日不防姜尚打我一鞭，吾險些兒墜下騎來。」忙取葫蘆中藥餌，吞而治之。羅宣對劉環曰：「這也是西岐一群眾生該當如此，非我定用此狠毒也。」道人咬牙切齒。正是：

山紅土赤須臾了，殿閣樓臺化作灰。

話說羅宣在帳內與劉環議曰：「今夜把西岐打發他乾乾淨淨，免得費我清心。」劉環道：「他既無情，理當如此。」正是子牙災難至矣。子牙只知得勝回兵，那知有此一節。不意時至二更，羅宣同劉環借著火遁，乘著赤煙駒，把萬里起雲煙射進西岐城內。此萬里起雲煙乃是火箭，及至射進西岐城內，可憐東、西、南、北，各處火起，相府、皇城，到處生煙。子牙在府內只聽的百姓吶喊之聲，振動華岳。燃燈已知道了，與廣成子出靜室看火。怎見得，好火：

黑煙漠漠，紅焰騰騰。黑煙漠漠，長空不見半分毫；紅焰騰騰，大地有光千里赤。初起時，灼灼金蛇；次後來，千千火塊。羅宣切齒逞雄威，惱了劉環施法力。燥乾柴燒烈火性，說甚麼燧

人鑽木；熱油門上飄絲，勝似那老子開爐。正是那無情火發，怎禁這有意行兇。不去弭災，返行助虐。風隨火勢，焰飛有千丈餘高；火逞風威，灰迸上九霄雲外。乒乒乓乓，如同陣前砲響；轟轟烈烈，卻似鑼鼓齊鳴。只燒得男啼女哭叫皇天，抱女攜兒無處躲。姜子牙總有妙法不能施；周武王德政天齊難逃避。門人雖有，各自保守其軀；大將英雄，盡是獐跑鼠竄。正是災來難避無情火，慌壞青鸞斗闕仙。

話說武王聽得各處火起，連宮內生煙，武王跪在丹墀，告祈后土、皇天曰：「姬發不道，獲罪于天，降此大厄，何累于民？只願上天將姬發盡戶滅絕，不忍萬民遭此災厄。」俯伏在地，放聲大哭。且說羅宣將萬鴉壺開了，萬隻火鴉飛騰入城，口內噴火，翅上生煙；又用數條火龍，把五龍輪架在當中，只見赤煙駒四蹄生烈焰，飛煙寶劍長紅光，那有石墻、石壁燒不進去。又有劉環接火，頃刻畫閣雕梁，即時崩倒。正是：

武王有福逢此厄，自有高人滅火時。

話說羅宣正燒西岐，來了鳳凰山青鸞斗闕的龍吉公主，乃是昊天上帝親生，瑤池金母之女。只因有念思凡，貶在鳳凰山青鸞斗闕，今見子牙伐紂，也來助一臂之力。正值羅宣來燒西岐，娘娘就假此好見子牙，遂跨青鸞來至。遠遠的只見火內有千萬火鴉，忙叫：「碧雲童兒，將霧露乾坤網撒開，往西岐火內一罩。」此寶有相生相尅之妙，霧露者乃是真水；水能克火，故此隨即息滅，即時將萬隻火鴉盡行收去。羅宣正放火亂燒，忽不見火鴉。往前一看，見一道姑，戴魚尾冠，穿大紅絳綃衣。羅宣大呼：「乘鸞者乃是何人，敢滅吾之火？」公主笑曰：「吾乃龍吉公主是也。你有何能，敢動惡意，有逆天心，來

害明君，吾特來助陣。你可速回，毋取滅亡之禍。」羅宣大怒，將五龍輪劈面打來。公主笑曰：「我知道你只有這些伎倆，你可盡力發來！」乃忙取四海瓶拏在手中，對著五龍輪。只見一輪竟打在瓶裡去了。火龍進入于海內，焉能濟事！羅宣大叫一聲，把萬里起雲煙射來，公主又將四海瓶收住去了。劉環大怒，腳踏紅焰，仗劍來取。公主把臉一紅，將二龍劍望空中一丟。劉環那裡經得起，隨將劉環斬于火內。羅宣忙現三首六臂，祭照天印打龍吉公主。公主把劍一指，此印落于火內，又將劍丟起。羅宣情知難拒，撥赤煙駒就走。公主再把二龍劍丟起，正中赤煙駒後背。赤煙駒自倒，將羅宣撞下火來，借火遁而逃。公主忙施雨露，且救了西岐火焰，好見子牙。怎見得好雨，有贊為證：

瀟瀟灑灑，密密沉沉。瀟瀟灑灑，如天邊墜落明珠；密密沉沉，似海口倒懸滾浪。初起時，如拳大小；次後來，甕潑盆傾。溝壑水飛千丈玉，澗泉波浪萬條銀。西岐城內看看滿，低凹池塘漸漸平。真是武王有福高明助，倒瀉天河往下傾。

話說龍吉公主施雨救滅西岐火焰，滿城民人齊聲大叫曰：「武王洪福齊天，普施恩澤，吾等皆有命也！」合城大小，歡聲震地。一夜天翻地沸，百姓皆不得安生。武王在殿內祈禱，百官帶雨問安。子牙在相府，神魂俱不附體。只見燃燈曰：「子牙憂中得吉，就有異人至也。貧道非是不知，吾若是來治此火，異人必不能至。」話言未了，有楊戩報入府來：「啟師叔：有龍吉公主來至。」子牙忙降堦迎迓上殿。公主見燃燈、廣成子在殿上，公主打稽首，口稱：「道兄請了！」子牙忙問燃燈曰：「此位何人？」公主忙答曰：「貧道乃龍吉公主，有罪于天。方纔羅宣用火焚燒西岐，貧道今特來此間，用些須小法術，救滅此火，特佐子牙東征，會了諸侯，有功于社稷，可免罪愆，得再回瑤池耳，真不負貧道下山一場。」

子牙大喜，忙吩咐侍兒，打點焚香淨室，與公主居住。西岐城內這一場嚷鬧，大是利害，乃收拾宮闕府第不表。

且說羅宣敗走下山，喘息不定，倚松靠石，默然沉思：「今日把這些寶貝一旦失與龍吉公主，此恨怎消？」正愁恨時，只聽得腦後有人作歌而至。歌曰：

「曾做菜羹寒士，不去奔波朝市。宦情收起，打點林泉事。高山採紫芝，溪邊理釣絲。洞中戲耍，閒寫黃庭字。把酒醺然，長歌腹內詩。識時扶王立帝基，知機❷羅宣今日危。」

話說羅宣聽罷，回頭一看，見個大漢，戴扇雲盔，穿道服，持戟而至。羅宣問曰：「汝是何人，敢出大言？」其人答曰：「吾乃李靖是也。今日往西岐見姜子牙，東進五關，吾無有進見之功，今日拏你，權當一功。」羅宣大怒，躍身而起，將寶劍來取。二人交鋒，不知性命如何，且聽下回分解。

評

廣成子畢竟被殷郊數語壓倒，沒得回他。紂雖得罪於天下，於其子何辜？大抵廣成子俱局於數術，定要送他弟兄兩個性命。多惹此一番爭鬥，與申公豹何干？

又評

❷ 知機：知吉凶之先兆。

羅宣放火燒城，使滿城鼎沸，眾生無所措手足，幸得龍吉公主來救滅。燃燈此時反說現成話，真可謂道人會打誑語！

第六十五回　殷郊岐山受犁鋤

鞞鼓頻催日已西，殷郊此日受犁鋤。翻天有印皆淪落，離地無旗孰可棲？
空負肝腸空自費，浪留名節浪為題。可憐二子俱如誓，氣化清風魂伴泥。

話說李靖大戰羅宣，戟劍相交，猶如虎狼之狀。李靖祭起按三十三天黃金寶塔，乃大叫曰：「羅宣！今日你難逃此難矣！」羅宣欲待脫身，怎脫此厄？只見此塔落將下來，如何存立？可憐！正是：

封神臺上有坐位，道術通天難脫逃。

話說黃金塔落將下來，正打在羅宣頂上，只打得腦漿迸流，一靈已奔封神臺去了。李靖收了寶塔，借土遁往西岐，時刻而至。到了相府前，有木吒看見父親來至，忙報與子牙：「弟子父親李靖等令。」燃燈對子牙曰：「乃是吾門人，曾為紂之總兵。」子牙聞之大喜，忙令相見畢。且說廣成子見殷郊阻兵于此，子牙拜將又近，問燃燈曰：「老師，如今殷郊不得退，如之奈何？」燃燈曰：「番天印利害。除非取了玄都離地焰光旗，西方取了青蓮寶色旗。如今止有了玉虛杏黃旗，殷郊如何伏得他，必先去取了此旗方可。」廣成子曰：「弟子願往玄都，見師伯走一遭。」燃燈曰：「你速去！」廣成子借縱地金光法往玄都來，不一時來至八景宮玄都洞。真好景致！怎見得，有贊為證：

金碧輝煌，珠玉燦爛。青葱婆娑，蒼苔欲滴。仙鸞仙鶴成群，白鹿白猿作對。香煙縹緲沖霄漢，

彩色氤氳遶碧空。霧隱樓臺重疊疊，霞盤殿閣紫陰陰。祥光萬道臨福地，瑞氣千條照洞門。大羅宮內金鐘響，八景宮開玉磬鳴。開天闢地神仙府，纔是玄都第一重。

話說廣成子至玄都洞，不敢擅入，等候半晌，只見玄都大法師出來，廣成子上前稽首，口稱：「道兄，煩啟老師，弟子求見。」玄都大法師至蒲團前啟曰：「廣成子至此，求見老師。」老子曰：「廣成子不必著他進來，他來是要離地焰光旗；你將此旗付與他去罷。」玄都大法師隨將旗付與廣成子，曰：「老師吩咐，你去罷，不要進見了。」廣成子感謝不盡，將旗高捧，離了玄都，逕至西岐，進了相府。子牙接見，拜了焰光旗。廣成子又往西方極樂之鄉來。縱金光，一日到了西方勝境，比崑崙山大不相同。怎見得，有贊為證，贊曰：

寶焰金光映日明，異香奇彩更微精。七寶林中無窮景，八德池邊落瑞瓔。素品仙花人罕見，笙簧仙樂耳更清。西方勝界真堪羨，真乃蓮花瓣裡生。

話說廣成子站立多時，見一童子出來，廣成子曰：「那童子，煩你通報一聲，說廣成子相訪。」只見童子進去，不一時，童子出來，道：「有請。」廣成子見一道人，身高丈六，面皮黃色，頭挽抓髻，向前稽首，分賓主坐下。道人曰：「道兄乃玉虛門下，久仰清風，無緣會晤；今幸至此，實三生有緣。」廣成子謝曰：「弟子因犯殺戒，今被殷郊阻住子牙拜將日期，今特至此，求借青蓮寶色旗，以破殷郊，好佐周王東征。」接引道人曰：「貧道西方乃清淨無為，與貴道不同。以花開見我，我見其人，乃蓮花之像，非東南兩度之客。此旗恐惹紅塵，不敢從命。」廣成子曰：「道雖二門，其理合一。以人心合天道，豈得有兩？南北東西共一家，難分彼此。如今周王是奉玉虛符命，應運而興，東西南北，總在皇王

水土之內。道兄怎言西方不與東南之教同？古語云：『金丹舍利同仁義，三教元來是一家。』」接引道人曰：「道人言雖有理，只是青蓮寶色旗染不得紅塵。奈何！奈何！」

二人正論之間，後邊來了一位道人，乃是準提道人；打了稽首，同坐下。準提曰：「道兄此來，欲借青蓮寶色旗，西岐山破殷郊；若論起來，此寶借不得。如今不同，亦自有說。」乃對接引道人曰：「前番我曾對道兄言過：東南兩度，有三千丈紅氣沖空，與吾西方有緣；是我八德池中五百年花開之數。西方雖是極樂，其道何日得行於東南？不若借東南大教，兼行吾道，有何不可？況今廣成子道兄又來，當得奉命。」接引道人聽準提道人之言，隨將青蓮寶色旗付與廣成子。廣成子謝了二位道人，離西方望西岐而來。正是：

只為殷郊逢此厄，纔往西方走一遭。

話說廣成子離了西方，不一日來到西岐，進相府來見燃燈，將西方先不肯借旗，被準提道人說了方肯的話說了一遍。燃燈曰：「事好了！如今正南用離地焰光旗，東方用青蓮寶色旗，中央用杏黃戊己旗，西方用素色雲界旗，單讓北方與殷郊走，方可治之。」廣成子曰：「素色雲界旗那裡有？」眾門人都想，想不起來，廣成子不樂。眾門人俱退。土行孫來到內裡，對妻子鄧嬋玉說：「平空殷郊伐西岐，費了許多的事，如今還少素色雲界旗，不知那裡有？」只見龍吉公主在靜室中聽見，忙起身來問土行孫曰：「素色雲界旗是我母親那裡有。此旗一名雲界，一名聚仙，但赴瑤池會，將此旗拽起，群仙俱知道，即來赴瑤池勝會，故曰聚仙旗。此旗別人去不得，須得南極仙翁方能借得來。」土行孫聞說，忙來至殿前，見燃燈道人曰：「弟子回內室，與妻子商議，有龍吉公主聽見。彼言此旗乃西王母處有，名曰聚仙旗。」

燃燈方悟，隨命廣成子往崑崙山來。廣成子縱金光至玉虛宮，立于麒麟崖，等候多時，有南極仙翁出來。廣成子把殷郊的事說了一遍。南極仙翁曰：「我知道了，你且回去。」廣成子回西岐不表。且說南極仙翁即忙收拾，換了朝服，繫了玎璫玉珮，手執朝笏，離了玉虛宮，足踏祥雲，飄飄蕩蕩，鶴駕先行引導。怎見得，有詩為證：

祥雲托足上仙行，跨鶴乘鸞上玉京。福祿並稱為壽曜，東南常自駐行旌。

話說南極仙翁來到瑤池，落下雲頭，見朱門緊閉，玉珮無聲；只見瑤池那些光景，甚是稀奇。怎見得，有贊為證，贊曰：

頂摩霄漢，脈插須彌。巧峰排列，怪石參差。懸崖下瑤草琪花，曲徑旁紫芝香蕙。仙猿摘果入桃林，卻似火焰燒金；白鶴棲松立枝頭，渾如蒼煙捧玉。彩鳳雙雙，青鸞對對。彩鳳雙雙，向日一鳴天下瑞；青鸞對對，迎風躍舞世間稀。又見黃澄澄瑠璃瓦疊鴛鴦，明晃晃錦花磚鋪瑪瑙。東一行，西一行，盡是蕊宮珍闕；南一帶，北一帶，看不了寶閣瓊樓。雲光殿上長金霞，聚仙亭下生紫霧。正是：金闕堂中仙樂動，方知紫府是瑤池。

話說南極仙翁俯伏金堦，口稱：「小臣南極仙翁奏聞金母：應運聖主，鳴鳳岐山，仙臨殺戒，垂象上天；因三教並談，奉玉虛符命，按三百六十五度，封神八部，雷、火、瘟、斗，群星列宿。今有玉虛副仙廣成子門人殷郊，有負師命，逆天叛亂，殺害生靈，阻撓姜尚不能前往，恐誤拜將日期。殷郊發誓，應在西岐而受犁鋤之厄。今奉玉虛之命，特懇聖母，恩賜聚仙旗，下至西岐治殷郊以應願言。誠惶誠恐，稽首頓首。具疏小臣南極仙翁具奏。」俯伏少時，只聽得仙樂一派。怎見得：

玉殿金門兩扇開，樂聲齊奏下瑤臺。鳳銜丹詔離天府，玉敕金書降下來。

話說南極仙翁俯伏玉堦，候降敕旨。只聞樂聲隱隱，金門開處，有四對仙女高捧聚仙旗，付與南極仙翁，曰：「敕旨付南極仙翁：周武當有天下，紂王穢德彰聞，應當絕滅，正合天心。今特敕爾聚仙旗前去，以助周邦，事畢，速速送還，毋得延緩，有褻仙寶。速往。欽哉！望闕謝恩。」南極仙翁謝恩畢，離了瑤池。正是：

周主洪基年八百，聖人金闕借旗來。

話說南極仙翁離了瑤池，逕至西岐，有楊戩報入相府。廣成子焚香接敕，望闕謝恩畢。子牙迎接仙翁至殿中坐下，共言殷郊之事。仙翁曰：「子牙，吉辰將至，你等可速破了殷郊，我暫且告回。」眾仙送仙翁回宮。燃燈曰：「今有聚仙旗，可以擒殷郊。只是還少兩三位可助成功。」話猶未了，哪吒來報：「赤精子來至。」子牙迎至殿前。廣成子曰：「我與道兄一樣，遭此不肖弟子。」彼此嗟歎。又報：「文殊廣法天尊來至。」見了子牙，口稱：「恭喜！」子牙答曰：「何喜可賀？連年征伐無休，日不能安食，夜不得安寢；怎能得靜坐蒲團，了悟無生之妙也！」燃燈道：「今日煩文殊道友，可將青蓮寶色旗往西岐山震地駐紮，赤精子用離地焰光旗在岐山離地駐紮，中央戊己乃貧道鎮守，西方聚仙旗須得武王親自駐紮。」子牙曰：「這個不妨。」隨即請武王至相府，子牙不提起擒殷郊之事，只說是：「請大王往岐山退兵，老臣同往。」武王曰：「相父吩咐，孤自當親往。」話說子牙掌聚將鼓，令黃飛虎領令箭，沖張山大轅門，鄧九公沖左糧道門，南宮适沖右糧道門，哪吒、楊戩在左，韋護、雷震子在右，黃天化在後，金木二吒、李靖父子三人掠陣。正是：

計就月中擒玉兔，謀成日裡捉金烏。

子牙吩咐停當，先同武王往岐山，安定西方地位。

且說張山、李錦見營中殺氣籠罩，上帳見殷郊，言曰：「千歲，我等駐紮在此，不能取勝，不如且回兵朝歌，再圖後舉。千歲意下如何？」殷郊曰：「我不曾奉旨而來；待吾修本，先往朝歌，求援兵來至，料此一城有何難破？」張山曰：「姜尚用兵如神，兼有玉虛門下甚眾，亦不是小敵耳。」殷郊曰：「不妨。連吾師也懼吾番天印，何況他人！」三人共議至抵暮。有一更時分，只見黃飛虎帶領一枝人馬，點砲吶喊，殺進轅門。真是父子兵，一擁而進，不可抵擋。殷郊還不曾睡，只聽得殺聲大振，忙出帳，上馬撏戟，掌起燈籠火把。燈光內只見黃家父子殺進轅門。殷郊大呼曰：「黃飛虎，你敢來劫營，是自取死耳！」黃飛虎曰：「奉將令，不敢有違。」搖鎗直取。殷郊手中戟急架忙迎。黃天祿、黃天爵、黃天祥等一裹而上，將殷郊圍在核心。只見鄧九公帶領副將太鸞、鄧秀、趙昇、孫焰紅沖殺左營；南宮适領辛甲、辛免、太顛、閎夭直殺進右營，李錦接住廝殺；張山戰住鄧九公。哪吒、楊戩搶入中軍，來助黃家父子。哪吒的鎗只在殷郊前後心窩、兩脇內亂刺，楊戩的三尖刀只在殷郊頂上飛來。殷郊見哪吒登輪，先將落魂鐘對哪吒一晃，哪吒全然不理。祭番天印打楊戩，楊戩有八九玄功，迎風變化，打不下馬來。故此殷郊著忙。夤夜交兵，苦殺了成湯士卒。正是：

只因為主安天下，馬死人亡滿戰場。

話說哪吒祭起一塊金磚，正中殷郊的落魂鐘上，只打得霞光萬道；殷郊大驚。南宮适斬了李錦，也殺到中營來助戰。張山與鄧九公大戰，不防孫焰紅噴出一口烈火，張山面上被火燒傷，鄧九公趕上一刀，劈

於馬下。九公領眾將官也沖殺至中軍，重重疊疊把殷郊圍住，鎗刀密匝，劍戟森羅，如銅墻鐵壁。殷郊雖然是三首六臂，怎經得起這一群狼虎英雄，俱是封神榜上惡曜❶。又經得雷震子飛在空中，使開金棍刷將下來。殷郊見大營俱亂，張山、李錦皆亡，殷郊見勢頭不好，把落魂鐘對黃天化一晃，黃天化翻下玉麒麟來。殷郊乘此走出陣來，往岐山逃遁。眾將官鳴鑼擂鼓，追趕三十里方回。黃飛虎督兵進城，俱進相府，候子牙回兵。

且說殷郊殺到天明，止剩有幾個殘兵敗卒。殷郊歎曰：「誰知如此兵敗將亡！俺如今且進五關，往朝歌見父借兵，再報今日之恨不遲。」因策馬前行。忽見文殊廣法天尊站立前面而言曰：「殷郊，今日你要受犁鋤之厄！」殷郊欠身，口稱：「師叔，弟子今日回朝歌，老師為何阻吾去路？」文殊廣法天尊曰：「你入羅網之中，速速下馬，可赦你犁鋤之苦。」殷郊大怒，縱馬搖戟，直取天尊；天尊手中劍急架忙迎。殿下心慌，祭起番天印來。文殊廣法天尊忙將青蓮寶色旗招展。好寶貝：白氣懸空，金光萬道，現一粒舍利子。怎見得，有詩為證，詩曰：

萬道金光隱上下，三乘玄妙入西方。要知舍利無窮妙，治得番天印渺茫。

文殊廣法天尊展動此寶，只見番天印不能落將下來。殷郊收了印，往南方離地而來。忽見赤精子大呼曰：「殷郊，你有負師言，難免出口發誓之災！」殷郊情知不殺一場也不得完事，催馬搖戟來刺赤精子。赤精子曰：「孽障！你兄弟一般，俱該如此，乃是天數，俱不可逃。」忙用劍架戟。殷郊復祭番天印就打，赤精子展動離地焰光旗。此寶乃玄都寶物，按五行奇珍。怎見得，有詩為證，詩曰：

❶ 惡曜：即凶神惡煞。

鴻濛初判道精微，產在離宮造化機。今日岐山開展處，殷郊難免血沾衣。

赤精子展開此寶，番天印只在空中亂滾，不得下來。殷郊見如此光景，忙收了印，往中央而來。燃燈道人叫殷郊曰：「你師父有一百張犁鋤候你！」殷郊聽罷著慌，口稱：「老師，弟子不曾得罪與眾位師尊，為何各處逼迫？」燃燈曰：「孽障！你發願對天，出口怎免？」殷郊乃是一位惡神，怎肯干休？便氣沖牛斗，直取過來。燃燈口稱：「善哉！」將劍架戟。未及三合，殷郊發印就打。燃燈展開了杏黃旗，此寶乃玉虛宮奇珍。怎見得，有詩為證，詩曰：

執掌崑崙按五行，無窮玄法使人驚。展開萬道金光現，致使殷郊性命傾。

殷郊見燃燈展開杏黃旗，就有萬朵金蓮現出，番天印不得下來，恐被他人收去了，忙收印在手。忽然望正西上一看，見子牙在龍鳳旛下。殷郊大叱一聲：「仇人在前，豈可輕放！」縱馬搖戟，大呼：「姜尚！吾來也！」武王見一人三首六臂，搖戟而來。武王曰：「誰殺孤家！」子牙曰：「不妨，來者乃殷郊殿下。」武王曰：「既是當今儲君，孤當下馬拜見。」子牙曰：「今為敵國，豈可輕易相見？老臣自有道理。」武王看殷郊來得勢如山倒一般，滾至面前，也不答話，直一戟刺來有聲。子牙劍急架忙迎。只一合，殷郊就祭印打來，子牙急展聚仙旗。此乃瑤池之寶，只見氤氳遍地，一派異香，籠罩上面，番天印不得下來。怎見得，有詩為證，詩曰：

五彩祥雲天地迷，金光萬道吐虹霓。殷郊空用番天印，咫尺犁鋤頂上擠。

子牙見此旗有無窮大法，番天印不得下來，子牙把打神鞭祭起來打殷郊。殷郊著忙，抽身望北面走。燃燈遠見殷郊已走坎地，發一雷聲，四方吶喊，鑼鼓齊鳴，殺聲大振。殷郊催馬向北而走，四面追趕，

把殷郊趕得無路可投。往前行山徑越窄，殷郊下馬步行，又聞後面追兵甚急，對天祝曰：「若吾父王還有天下之福，我這一番天印把此山打一條路徑而出，成湯社稷還存；如打不開，吾今休矣。」言罷，把番天印打去。只見響一聲，將山打出一條路來。殷郊大喜曰：「成湯天下還不能絕。」便往山路就走。只聽得一聲砲響，兩山頭俱是周兵，捲下上頂來，後面又有燃燈道人趕來。殷郊見左右前後俱是子牙人馬，料不能脫得此難，忙借土遁，往上就走。殷郊的頭方冒出山尖，燃燈道人便用手一合，二山頭一擠，將殷郊的身子夾在山內，頭在山外。不知性命如何，且聽下回分解。

評

殷郊之死，固是天數，以報紂之極惡；廣成子未免有些孟浪。當日一旦將無數寶付托與他，後面治伏此寶，要去東挪西借，走了無限腳頭，費了許多氣力；後面又去啼哭，毫無神仙品，反是一般婆子心腸。

又評

我想神仙原是弄人耍子，必竟要做出這些模樣，方顯得這些神通，使人莫測其涯際；不然，只不放他下山，何等直捷！何等無事！

第六十六回　洪錦西岐城大戰

奇門遁術陣前開，斬將搴旗亦壯哉。黑焰引魂遮白日，青旛擲地晝塵埃。
三山關上多英俊，五氣崖前有異才。不是仙娃能幻化，只因月老作新媒。

話說燃燈合山，擠住殷郊，四路人馬齊上山來。武王至山頂上，看見殷郊這等模樣，滾鞍下馬，跪於塵埃，大呼：「千歲！小臣姬發，奉法克守臣節，併不敢欺君枉上。相父今日令殿下如此，使孤有萬年污名。」子牙挽扶武王而言曰：「殷郊違逆天命，大數如此，怎能脫逃？大王要盡人臣之道，行禮以盡主公之德可也。」武王曰：「相父今日把儲君夾在山中，大罪俱在我姬發了。望列位老師大開惻隱，憐念姬發，放了殿下罷！」燃燈道人笑曰：「賢王不知天數。殷郊違逆天命，怎能逃脫！大王盡過君臣之禮便罷了，大王又不可逆天行事。」武王兩次三番勸止。子牙正色言曰：「老臣不過順天應人，斷不敢逆天而誤主公也。」武王含淚，撮土焚香，跪拜在地，稱臣泣訴曰：「臣非不救殿下，奈眾老師要順守天命，實非臣之罪也。」拜罷，燃燈請武王下山，命廣成子推犁上山。廣成子一見殷郊這等如此，不覺落淚。正是：

只因出口犁鋤願，今日西岐怎脫逃？

只見武吉犁了殷郊。殷郊一道靈魂往封神臺來，清福神祇栢鑑用百靈旛來引殷郊。殷郊怨心不服，一陣

風逕往朝歌城來。紂王正與妲己在鹿臺飲酒。好風！怎見得，有贊為證：

刮地遮天暗，愁雲照地昏。鹿臺如潑墨，一派靛粧成。先刮時揚塵播土，次後來倒樹推林。只刮得嫦娥抱定娑羅樹，空中仙子怎騰雲。吹動崑崙頂上石，捲得江河水浪渾。

話說紂王在鹿臺上正飲酒，聽得有人來，紂王不覺昏沉，就席而臥。見一人三首六臂，立於御前，口稱：「父王，孩兒殷郊為國而受犁鋤之厄。父王可修仁政，不失成湯社稷，當任用賢相，速拜元戎，以任內外大事。不然，姜尚不久便欲東行，那時悔之晚矣！孩兒還要訴奏，恐封神臺不納，孩兒去也！」紂王驚醒，口稱：「怪哉！」妲己、胡喜妹、王貴人三人共席欠身，忙問曰：「陛下為何口稱怪哉？」紂王把夢中事說了一遍。妲己曰：「夢由心作，陛下勿疑。」紂王乃酒色昏君，見三妖嬌態，把盞傳杯，遂不在心。只見汜水關韓榮有本進朝歌告急。其本至文書房，微子看本，看見如此，心下十分不樂，將此本抱入內庭。紂王正在顯慶殿，當駕官啟奏：「微子候旨。」王曰：「宣。」微子至殿前，行禮畢，將汜水關韓榮報本呈上。

紂王展看，見張山奉敕征討失利，又帶著殷郊殿下絕於岐山。紂王看畢大怒，與眾臣曰：「不道姬發自立武王，竟成大逆。屢屢征伐，損將折兵，不見成功。為今之計，可用何卿為將？若不早除，恐為後患。」班內一臣乃中諫大夫李登，進禮稱臣曰：「今天下不靜，刀兵四起，十餘載未寧。雖東伯侯姜文煥、南伯侯鄂順、北伯侯崇黑虎，此三路不過癬疥之疾；獨西岐姜尚助姬發而為不道，肆行禍亂，其志不小。論朝歌城內，皆非姜尚之敵手。臣薦三山關總兵官洪錦，才術雙全，若得此臣征伐，庶幾大事可定。」紂王即傳旨，賫敕往三山關，命洪錦得專征伐。使命持詔，逕往三山關來，一路無詞。一日來

至三山關館驛中安下。次日，洪錦待佐貳官接旨，開讀畢，交代官乃是孔宣。不日俟孔宣交代明白，洪錦領十萬雄師，離了高關，往西岐進發。好人馬！怎見得，有贊為證：

一路上旌旗迷麗日，殺氣亂行雲。刀鎗寒颯颯，劍戟冷森森。弓彎秋月樣，箭插點寒星。金甲黃澄澄，銀盔似玉鐘。鑼響驚天地，鼓擂似雷鳴。人似貔貅猛，馬似蛟龍雄。今往西岐去，又送姜前程。

話說洪錦一路行來，兵過岐山，哨馬報入中軍：「人馬已至西岐了。」洪錦傳令安營，立下寨柵。先行官季康、柏顯忠上帳參見。洪錦曰：「今奉敕征討，爾等各宜盡心為國。姜尚足智多謀，非同小敵，須是謹慎小心，不得造次草率。」二將曰：「謹領臺命。」次日，季康領令出營，至西岐城下搦戰。探馬報入相府，子牙大喜：「三十六路征伐，今日已滿，可以打點東征。」忙問曰：「那一員將官去走一遭？」南宮适願往，子牙許之。南宮适領命出城，見季康猶如一塊烏雲而至。南宮适曰：「來者何人？」季康答曰：「吾乃洪總兵麾下正印官季康是也，今奉敕征伐。爾等叛逆之徒，理當授首轅門，尚敢領兵拒敵，真是無法無君！」南宮适笑曰：「似你這等不堪之類，西岐城也不知殺了幾百萬，何在你這一二人而已！快快回兵，免你一死。」季康大怒，縱馬舞刀直取。南宮适手中刀赴面相迎。

二將殺有三十回合，季康乃左道旁門，念動咒語，頂上現一塊黑雲，雲中現出一隻犬來，把南宮适夾膊子上一口，連袍帶甲，扯去半邊，幾乎被季康刀劈了。南宮适諕得魂不附體，敗進城，至相府回話，將咬傷一事訴說了一遍，子牙不樂。只見季康進營，見洪錦言得勝，傷南宮适敗進城去了。洪錦大喜：「頭陣勝，陣陣勝。」次日，柏顯忠上馬，至城下請戰，探馬報入相府。子牙問：「誰人出馬？」有鄧

九公應曰：「末將願往。」子牙許之。鄧九公開放西岐城，走馬至軍前，認得是柏顯忠，大呼曰：「柏顯忠！天下盡歸明主，你等今日不降，更待何時？」柏顯忠曰：「似你這匹夫，負國大恩，不顧仁義，乃天下不仁不智之狗彘耳！」鄧九公大怒，催開坐騎，使開合扇大刀，直取柏顯忠。顯忠挺鎗刺來。二將交鋒，如同猛虎搖頭，不亞獅子擺尾，只殺的天昏地暗。怎見得，有贊為證：

　　這一個頂上金盔飄烈焰，那一個黃金甲掛連環套。這一個猩猩血染大紅袍，那一個粉素征袍如白練。這一個大刀揮如閃電光，那一個長鎗恰似龍蛇現。這一個胭脂馬跑鬼神驚，那一個白龍駒走如銀霰。紅白二將似天神，虎鬥龍爭真不善。

二將大戰二三十回合，鄧九公乃是有名大將，展開刀如同閃電，勢不可當。柏顯忠那裡是九公敵手，被九公賣個破綻，手起一刀，把柏顯忠揮於馬下。鄧九公得勝進城，至相府回話：「斬了柏顯忠首級報功。」子牙令：「將首級號令城上。」且說洪錦見折了一將，在中軍大怒，咬牙切齒，恨不得平吞西岐。次日，領大隊人馬，坐名要子牙答話，哨馬報入相府。子牙聞報，即時排隊伍出城。砲聲響處，西岐門開，一枝人馬而出。洪錦看城內兵來，紀律嚴整，又見左右歸周豪傑，一個個勝似虎狼，那三山五嶽門人，飄飄然俱有仙風道骨，兩旁鴈翅排開。寶纛旗下乃開國武成王黃飛虎。子牙坐四不相，穿一身道服，體貌自別。怎見得，有詩為證：

　　金冠如魚尾，道服按東方。絲縧懸水火，麻鞋繫玉璫。
　　手執三環劍，胸藏百煉鋼。帝王師相品，萬載把名揚。

話說洪錦走馬至軍前，大呼曰：「來者是姜尚麼？」子牙答曰：「將軍何名？」洪錦曰：「吾乃奉天征

討大元戎洪錦是也。爾等不守臣節，違天作亂，往往拒敵王師，法難輕貸❶。今奉旨特來征討爾等，拏解朝歌，以正國法。若知吾利害，早早下騎就擒，可救一郡生靈塗炭。」子牙笑曰：「洪錦，你即是大將，理當知機。天下盡歸周主，賢士盡叛獨夫；料你不過一泓之水，能濟甚事？今諸侯八百齊伐無道，吾不久會兵孟津，弔民伐罪，以救生民塗炭，削平禍亂。汝等急急早降，乃歸有道，自不失封侯之位耳。尚敢逆天以助不道，是自取罪戾也。」洪錦大罵：「好老匹夫！焉敢如此肆志亂言！」遂縱馬舞刀，沖過陣來。

旁有姬叔明大呼曰：「不得猖獗！」催開馬，搖鎗直取洪錦，二將殺在一堆。姬叔明乃文王第七十二子，這殿下心性最急，使開鎗勢如狼虎，約戰有三四十合。洪錦乃左道術士出身，他把馬一夾，跳在圈子外面，將一皂旗往下一戳，把刀望上一晃，那旗化作一門，洪錦連人帶馬逕進旗門而去。殿下不知，也把馬趕進旗門來。此時洪錦看得見姬叔明，姬叔明看不見洪錦，馬頭方進旗門，洪錦在旗門裡一刀把姬叔明揮於馬下。子牙大驚。洪錦收了旗門，依舊現身，大呼曰：「誰來與吾見陣？」旁有鄧嬋玉走馬至軍前，大呼：「匹夫！少待恃強！吾來也！」洪錦看見一員女將奔來，金盔金甲，飛臨馬前。怎見得，有詩為證：

女將生來正幼齡，英風凜凜貌娉婷。五光寶石飛來妙，輔國安民定太平。

鄧嬋玉一馬沖至陣前，洪錦也不答話，舞刀直取，佳人手中雙刀急架忙迎。洪錦暗思：「女將不可戀戰，速斬為上策。」洪錦依然去把皂旛如前用度，也把馬走入旗門裡去了，只等鄧嬋玉趕他。不知嬋玉有智，

❶ 法難輕貸：依法難以寬恕。

也不來趕，忙取五光石往旗門裡一石打來，聽得洪錦在旗門內哎喲一聲，面已俱傷，收了旗旛，敗回營去了。子牙回兵進府，又見傷了一位殿下，鬱鬱不爽，納悶在府。

且言洪錦被五光石打得面上眼腫鼻青，激得只是咬牙，忙用丹藥敷貼，一夜痊癒。次日，上馬親至城下，坐名只要女將。哨馬報入相府，言：「洪錦只要鄧嬋玉。」子牙無計，只得著人到後面來說。土行孫見人來報，忙對鄧嬋玉曰：「今日洪錦坐名要你，你切不可進他旗門。」嬋玉曰：「我在三山關大戰數年，難道左道也不知？我豈有進他旗門去的理？」二人正議論間，時有龍吉公主聽見，忙出靜室，問曰：「你二人說甚麼？」土行孫曰：「有一大將洪錦，善用幻術，將皂旛一面，化一旗門，殿下姬叔明趕進去，被他一刀送了性命。昨與嬋玉交戰，他又用皂旛；嬋玉不趕，只一石往裡面打去，打傷此賊。他今日定要嬋玉出馬，故此弟子吩咐他今日切不可趕他。如若不去，使他說吾西岐無人物。」龍吉公主笑曰：「此乃小術，叫做旗門遁。皂旛為內旗門，白旛為外旗門。既然如此，待吾收之。」土行孫上銀安殿，將子牙把龍吉公主的事說了一遍。子牙大喜，忙請公主上殿。

公主見子牙，打稽首曰：「乞借一坐騎，待吾去收此將。」子牙令取五點桃花駒。龍吉公主獨自出馬，開了城門，一騎當先。洪錦見女將來至，不是鄧嬋玉。洪錦問曰：「來者乃是何人？」龍吉公主曰：「你也不必問我；我要說出來，你也不知。你只是下馬受死，是你本色。」洪錦大怒，罵曰：「好大膽賤人，焉敢如此！」縱馬舞刀來取，公主手中鸞飛劍急架忙迎。二騎交鋒，只三四合，洪錦又把內旗門遁使將出來。公主看見，也取出一首白旛，往下一戳，將劍一分，白旛化作一門，公主走馬而入，不知所往。洪錦及至看時，不見了女將，大驚。不知外旗門有相生相克之理。龍吉公主從後面趕將出來，公

主雖是仙子，終是女流，力氣甚少，及舉劍望洪錦背上砍來，正中肩胛，洪錦哎喲一聲，不顧旗門皂旛，往正北上逃走。

龍吉公主隨後趕來，大叫：「洪錦速速下馬受死！吾乃瑤池金母之女，來助武王伐紂。莫說你有道術，便趕你上天入地，也要帶了你的首級來！」望前緊趕。洪錦只得捨生奔走。往前又趕，看看趕上，公主又曰：「洪錦莫想今日饒你！吾在姜丞相面前說過，定要斬你方回。」洪錦聽罷，心下著忙，身上又痛，自思：「不若下馬借土遁逃回，再作區處。」龍吉公主見洪錦借土遁逃走，笑曰：「洪錦這五行之術，隨意變化，有何難哉！吾來也！」下馬借木遁趕來。取木能克土之意。看看趕至北海，洪錦自思曰：「幸吾有此寶在身，不然怎了？」忙取一物，往海裡一丟。那東西見水重生，攪海翻波而來。此物名曰鯨龍。洪錦腳跨鯨龍，奔入海內而去。龍吉公主趕至北海，只見洪錦跨鯨而去。怎見得，有贊為證：

煙波蕩蕩，巨浪悠悠。煙波蕩蕩接天河，巨浪悠悠連地脈。潮來洶湧，水浸灣環。潮來洶湧，猶如霹靂吼三春；水浸灣環，卻似狂風吹九夏。乘龍福老，往來必定皺眉行；跨鶴仙童，反覆果然憂慮過。近岸無村舍，傍水少漁舟。浪捲千層雪，風生六月秋。野禽憑出沒，沙鳥任浮沉。眼前無釣客，耳畔只聞鷗。海底魚游樂，天邊鳥過愁。

話言龍吉公主趕至北海，見洪錦跨鯨而逃。公主笑曰：「幸吾離瑤池帶得此寶而來。」忙向錦囊中取出一物，也往海裡一丟。那寶貝見水，復現原身，滑喇喇分開水勢，如泰山一般。此寶名為神鯨，原身浮於海面。公主站立於上，仗劍趕來。此神鯨善降鯨龍，起頭鯨龍入海，攪得波浪滔天；次後來神鯨入海，鯨龍無勢。龍吉公主看看趕上，祭起綑龍索，命黃巾力士：「將洪錦速拿往西岐去！」黃巾力士領娘娘

法旨，憑空把洪錦摶去，拿往西岐，至相府往堦下一摔。子牙正與眾將官共議軍情，只見空中摔下洪錦，子牙大喜。不知洪錦性命如何，且聽下回分解。

評

殷郊之死，也是天數，只是廣成子不該著他下山來，明明是送他上路。廣成子不得辭其責。

第六十七回　姜子牙金臺拜將

金臺拜將若飛仙，斗大黃金肘後懸。夢入熊羆方實地，年登耄耋始朝天。
延綿周室承先業，樹列齊封啟後賢。福壽兩端人罕及，帝王師相古今傳。

話說子牙見捉了洪錦，料知龍吉公主成功。將洪錦放下丹墀。少時，龍吉公主進相府，子牙欠身謝曰：「今日公主成莫大之功，皆是社稷生民之福。」公主曰：「自下高山，未與丞相成尺寸之功；今日捉了洪錦，但憑丞相發落。」龍吉公主道罷，自回靜室去了。子牙令左右將洪錦推至殿前，問曰：「似你這等逆天行事之輩，何嘗得片甲回去？」命：「推將出去，斬首號令！」有南宮适為監斬，候行刑令下，方欲開刀，只見一道人忙奔而來，喘息不定，只叫：「刀下留人！」南宮适看見，不敢動手，急進相府來稟曰：「啟丞相得知：末將斬洪錦，方欲開刀，有一道人只叫刀下留人。末敢擅便，請令定奪。」子牙傳：「請。」少時，那道人來至殿前，與子牙打了稽首。子牙曰：「道兄從何處來？」道人曰：「貧道乃月合老人也。因符元仙翁曾言龍吉公主與洪錦有俗世姻緣，曾綰紅絲之約，故貧道特來通報；二則可以保子牙兵度五關，助得一臂之力。子牙公不可違了這件大事。」子牙暗想：「她乃蕊宮仙子，吾怎好將凡間姻緣之事與她講？」乃令鄧嬋玉先去見龍吉公主，就將月合仙翁之言先稟過，方可再議。

鄧嬋玉逕進內庭，請公主出淨室議事。公主忙出來，見鄧嬋玉，問曰：「有何事見我？」鄧嬋玉曰：

「今有月合仙翁言公主與洪錦有俗世姻緣，曾綰紅絲之約，該有一世夫妻。現在殿前與丞相共議此事，故丞相先著妾身啟過娘娘，然後可以面議。」公主曰：「吾因在瑤池犯了清規，特貶我下凡，不得復歸瑤池與吾母重逢。今下山來，豈得又多此一番俗孽耶。」鄧嬋玉不敢作聲。少時，月合仙翁同子牙至後廳，龍吉公主見仙翁稽首。仙翁曰：「今日公主已歸正道，今貶下凡間者，正要了此一段俗緣，自然反本歸元耳。況今子牙拜將在邇，那時兵度五關，公主該與洪錦建不世之勳，垂名竹帛❶。候功成之日，瑤池自有旌旛來迎接公主回宮。此是天數，公主雖欲強為，不可得矣。所以貧道受符元仙翁之命，故不辭勞頓，親自至此，特為公主作伐❷。不然，洪錦剛赴法行刑，貧道至此，不遲不早，恰逢其時，其冥數可知。公主當依貧道之言，不可誤卻佳期，罪愆更甚，那時悔之晚矣。公主請自三思！」龍吉公主聽了月合仙翁一篇話，不覺長吁一聲：「誰知有此孽冤所繫！既是仙翁掌人間婚姻之牘，我也不能強辭，但憑二位主持。」子牙、仙翁大喜，遂放了洪錦，用藥敷好劍傷。洪錦自出營招回季康人馬，擇吉日與龍吉公主成了姻眷。正是：

天緣月合非容易，自有紅絲牽繫來。

話說洪錦與龍吉公主成了姻親，乃紂王三十五年三月初三日。西岐城眾將打點東征，一應錢糧，俱各停當，只等子牙上出師表。翌日，武王設聚早朝，王曰：「有奏章出班，無事朝散。」言未畢，有姜丞相捧出師表上殿，武王命接上來。奉御官將表文開于御案上。武王從頭觀看：

---

❶ 垂名竹帛：即名垂青史。

❷ 作伐：即作媒。

進表丞相臣姜尚：臣聞惟天地萬物父母，惟人萬物之靈。天佑下民，作之君，作之師。惟其克相上帝，寵綏四方，作民父母。今商王受弗敬上天，降災下民，流毒邦國，剝喪元良，賊虐諫輔，狎侮五常，荒怠不敬，沉湎酒色，罪人以族，官人以世；惟宮室、臺榭、陂池、侈服以殘害于萬姓，遺厥先宗廟弗祀，播棄黎老❸，昵比罪人，惟婦言是用。焚炙忠良，刳剔孕婦，崇信姦回❹，放黜師保；屏棄典刑，囚奴正士；殺妻戮子，惟淫酗是圖。作奇技淫巧，以悅婦人；郊社不修，宗廟不享。商罪貫盈，天人共怒。今天下諸侯大會于孟津，興弔民伐罪之師，救生民于水火，乞大王體上天好生之心，孚四海諸侯之念，思天下黎庶之苦，大奮鷹揚，擇日出師，恭行天罰，則社稷幸甚，臣民幸甚！乞賜詳示施行。謹具表以聞。

武王覽畢，沉吟半晌。王曰：「相父此表，雖說紂王無道，為天下共棄，理當征伐；但昔日先王曾有遺言：『切不可以臣伐君。』今日之事，天下後世以孤為口實。況孤有辜先王之言，謂之不孝。縱紂王無道，君也。孤若伐之，謂之不忠。孤與相父共守臣節，以俟紂王改過遷善，不亦善乎？」子牙曰：「老臣怎敢有負先王！但天下諸侯布告中外，訴紂王罪狀，不足以君天下；糾合諸侯，大會孟津，昭暢天威，興弔民伐罪之師，觀政于商。前有東伯侯姜文煥、南伯侯鄂順、北伯侯崇黑虎具文書知會，如那一路諸侯不至者，先問其違抗之罪，次伐無道。老臣恐誤國家之事，因此上表，請王定奪，願大王裁之。」武王曰：「既是他三路欲伐成湯，聽他等自為。孤與相父坐守本土，以盡臣節；上不失為臣之禮，下可以

---

❸ 播棄黎老：放棄不親近老成之臣。

❹ 崇信姦回：尊重信任姦邪之臣。

守先王之命，不亦美乎？」子牙曰：「惟天為萬物父母，惟人萬物之靈，亶聰明，作元后，元后作民父母。今商王受荼毒生民，如坐水火，罪惡貫盈，皇天震怒，命我先王，大勳未集耳。今大王行弔民伐罪之師，正代天以彰天討，救民于水火。如不順上天，厥罪惟均。」

只見上大夫散宜生上前奏曰：「丞相之言乃為國忠謀，大王不可不聽。今天下諸侯大會孟津，大王若不以兵相應，則不足取信于眾人，則眾人不服，必罪我國以助紂為虐。倘移兵加之，那時反不自遺伊戚？況紂王信讒，屢征西土，黎庶遭驚慌之苦，文武有汗馬之勞，今方安寧，又動天下之兵，是禍無已時。以臣愚見，不若依相父之言，統兵大會孟津，與天下諸侯陳兵商郊，觀政于商，俟其自改，則天下生民皆蒙其福，又不失信于諸侯，遺災于西土；上可以盡忠于君，下可以盡孝于先王，可稱萬全策。乞大王思之。」武王聽得散宜生一番言語，不覺忻悅，乃曰：「大夫之言是也。不知用多少人馬？」宜生奏曰：「大王兵進五關，須當拜丞相為大將軍，付以黃鉞、白旄，總理大權，得專閫外之政，方可便宜行事。」武王曰：「但憑大夫主張；即拜相父為大將軍，得專征伐。」宜生曰：「昔黃帝拜風后，須當築臺，拜告皇天、后土、山川、河瀆之神，捧轂、推輪❺，方成拜將之禮。」武王曰：「凡一應事宜，俱是大夫為之。」武王朝散。宜生又至相府恭賀，百官俱各各欣悅，眾門人個個喜歡。宜生次日至相府對子牙說，令南宮适、辛甲往岐山監造將臺。當時二人至岐山，揀選木植磚石之物，克日興工。也非一日，將臺已完，二將回報子牙。宜生入內庭回武王旨，曰：「臣奉旨監造將臺已完，謹擇良辰，于三月

❺ 捧轂推輪：即推轂。漢書馮唐傳：「上古王者遣將也，跪而推轂曰：閫以內寡人制之，閫以外將軍制之。」後用為天子拜將之禮。

十五日，請大王至金臺，親拜相父為帥。」武王准旨，俟至日行禮。

且說子牙三月十三日立辛甲為軍政司，先將斬法紀律牌掛在帥府，使眾將各宜知悉。辛甲領令，掛出帥府，上書：

大元帥姜條約示諭大小眾將一體知悉。各款開列于後：

聞鼓不進，聞金不退，舉旗不起，按旗不伏：此為慢軍，犯者斬。

呼名不應，點視不到，違期不至，動乖紀律：此為欺軍，犯者斬。

夜傳刁斗，怠而不報，更籌違度，聲號不明：此為懈軍，犯者斬。

多出怨言，毀謗主將，不聽約束，梗教難治：此為橫軍，犯者斬。

揚聲笑語，蔑視禁約，曉詈軍門：此為輕軍，犯者斬。

所用兵器，尅削錢糧，致使弓弩絕弦，箭無羽鏃，劍戟不利，旗幟凋敝：此為貪軍，犯者斬。

謠言詭語，造捏鬼神，假托夢寐，大肆邪說，鼓惑將士：此為妖軍，犯者斬。

奸舌利齒，妄為是非，調撥士卒，互相爭鬥，致亂行伍：此為刁軍，犯者斬。

所到之地，淩侮百姓，逼淫婦女：此為姦軍，犯者斬。

竊人財物，以為己利，奪人首級，以為己功：此為盜軍，犯者斬。

軍中聚眾議事，近帳私探信音：此為探軍，犯者斬。

或聞所謀，及聞號令，漏泄于外，使敵人知之：此為背軍，犯者斬。

調用之際，結舌不應，低眉俛首，面有難色：此為怯軍，犯者斬。

出越隊伍，攙前亂後，言語喧嘩，不遵禁約：此為亂軍，犯者斬。

託傷詐病，以避征進，捏故假死，因而逃脫：此為奸軍，犯者斬。

主掌錢糧，給賞之時，阿私所親，使士卒結怨：此為弊軍，犯者斬。

觀寇不審，探賊不詳，到不言到，多則言少，少則言多：此為誤軍，犯者斬。

話說子牙將斬法牌掛于帥府，眾將觀之，無不敬謹。

且說宜生至十四日，入內庭見武王，曰：「請大王明日清晨至相府，請丞相登壇。」武王曰：「拜將之道，如何行禮？」宜生曰：「大王如黃帝拜風后，方成拜將之禮。」武王曰：「卿言正合孤意。」次日乃三月十五日吉辰，武王帶領合朝文武齊至相府前。只聽裡面樂聲響過三番，軍政司令門官放砲開門。只見三聲砲響，相府開。宜生引道，武王隨後，至銀安殿。軍政司忙稟請元帥陞殿：「有千歲親來拜請元帥登輦。」子牙忙從後面道服而出。武王乃欠身言曰：「請元帥登輦。」子牙慌忙謝過，同武王分左右並行至大門。武王欠身打一躬，兩邊扶子牙上輦。宜生請武王親扶鳳尾，連推三步。後人有詩讚子牙末年叨此榮寵，詩曰：

周主今朝列將臺，風雲龍虎四門開。香生滿道衣冠引，紫氣當天御仗來。
統領貔貅添瑞彩，安排士馬盡崔嵬。磻溪今日人龍出，八百開基說異才。

話說子牙排儀仗出城，只見前面七十里俱是大紅旗，直擺到西岐山。西岐百姓，扶老攜幼，俱來觀看。子牙至岐山，將近將臺邊，有一座牌坊，上有一副對聯：

三千社稷歸周主，一派華夷屬武王。

話說眾將分道而行。武王至將臺邊一看，只見將臺高聳，甚是巍峨軒昂。怎見得，但見：

臺高三丈，象按三才。闊二十四丈，按二十四氣。臺有三層：第一層臺中立二十五人，各穿黃衣，手持黃旗，按中央戊己土；東邊立二十五人，各穿青衣，手持青旗，按東方甲乙木；西邊立二十五人，各穿白衣，手持白旗，按西方庚辛金；南邊立二十五人，各穿紅衣，手持紅旗，按南方丙丁火；北方立二十五人，各穿皂衣，手持皂旗，按北方壬癸水。第二層是三百六十五人，手各執大紅旗三百六十五面，按周天三百六十五度。第三層立七十二員牙將，各執劍、戟、抓、鎚，按七十二候。三層之中，各有祭器、祝文。自一層之下，兩邊儀仗，雁翅排列。真是衣冠整肅，劍戟森嚴，從古無兩。

只見散宜生至鸞輿前，請武王出輿。武王忙下輿。宜生曰：「大王可至元帥前，請元帥下輦。」武王行至輦前，欠身曰：「請元帥下輦。」子牙忙下輦來，宜生引導子牙至臺邊。散宜生贊禮曰：「請元帥面南背北。」散宜生開讀祝文：

「維大周十有三年，孟春丁卯朔丙子，西周武王姬發遣上大夫散宜生敢昭告于五岳，四瀆，名山大川之神曰：嗚呼！惟天惠民，惟辟奉天，撫綏眾庶，克底于道。今商王受弗敬上天，降災下民，惟婦言是用，昏棄厥祀弗答❻，昏棄厥遺王父、母、弟不迪，乃惟四方之多罪逋逃，是崇是長❼，是信是使，是以為大夫卿士，俾暴虐于百姓，以姦宄❽于商邑。今發夙夜祇懼，若不順天，厥罪惟

❻ 昏棄厥祀弗答：紂顛倒昏亂，廢棄宗廟祭祀之禮而不報。
❼ 惟四方多罪逋逃二句：惟尊崇四方多罪逃亡之人。

均。謹擇今日，特拜姜尚為大將軍，恭行天罰，伐罪弔民，永清四海。所賴神祇，相我眾士，以克厥勳。伏惟尚饗！」

話說散宜生讀罷祝文，有周公旦引子牙上第二層臺。周公旦贊禮曰：「請元帥面東背西。」周公旦開讀祝文：

「維大周十有三年，孟春丁卯朔丙子，西周武王姬發遣周公旦敢昭告日月星辰，風伯雨師，歷代聖帝明王之神曰：嗚呼！天有顯道，厥類惟彰。今商王受乃夷居弗事上帝神祇，遺厥先宗廟弗祀，沉湎酒色，淫酗肆虐，惟宮室臺榭是崇。焚炙忠良，刳剔孕婦，以殘害于下民；犧牲粢盛，既于凶盜，乃曰吾有民有命，罔懲其侮。皇天震怒，命發誅之。發曷敢有越厥志。自思：欲濟斯民，匪才不克。今特拜姜尚為大將軍，取彼凶殘，殺伐用張。仰賴神祇翊衛啟迪，吐納風雲，噓咈變化，拯救下民，恭行天罰，克定厥勳，于湯有光。伏惟尚饗！」

周公旦讀罷祝文，有召公奭引子牙上第三層臺。毛公遂捧武王所賜黃鉞白旄，祝曰：「自今以後，奉天征討，罰此獨夫，為生民除害，為天下造福，元戎往勗之哉！」子牙跪受黃鉞白旄，乃令左右執捧，禮官贊禮曰：「請元戎面北，拜受龍章鳳篆。」子牙跪拜。左右歌中和之曲，奏八音之章，樂聲嘹喨，動徹上下。召公奭開讀祝文：

「維大周十有三年，孟春丁卯朔丙子，西岐武王姬發敢昭告昊天上帝，后土神祇曰：嗚呼！天矜于民，民之所欲，天必從之。今商王受狎侮五常⑨，荒怠弗敬，自絕于天，結怨于民。斮朝涉之

⑧ 姦宄：犯法作亂。

脛，剖賢人之心，作威殺戮，毒痡四海，崇信姦回，放黜師保，屏棄典刑，囚奴正士。郊社不修，宗廟不享，作奇技淫巧，以悅婦人。無辜籲天，上帝弗順，祝降時喪。臣發曷敢有越厥志，祇承上帝，以遏亂略，華夏蠻貊，罔不率俾。惟我先王，為國求賢，聘請姜尚以助發。今特拜為大將軍，大會孟津，以彰天討，取彼獨夫，永清四海。所賴有神，尚克相予，以濟兆民，無作神羞；克成厥勳，誕膺天命，以撫方夏。懇祈照臨，永光西土。神其鑒茲。伏惟尚饗！」

召公奭讀罷祝文，子牙居中而立。軍政司上臺，啟元帥發鼓豎旗。兩邊鼓響，拽起寶纛旗來。軍政司請元帥戴護頂之寶。軍政官用紅漆端盤，捧上一頂金盔來。怎見得：

黃澄澄，耀日鏡；玲瓏花，巧樣稱。豎三叉，攢四鳳。六瓣六楞紫金盔，纓絡翻，硃砂迸。珊瑚碧玉週圍遶，瑪瑙珍珠前面釘。

軍政司將盔捧與子牙戴上。又傳令：「取袍甲上臺。」軍政官高捧袍鎧，獻在臺上。怎見得：

龍吞口，獸吞肩。紅似火，赤似煙。老君爐，曾燒煉，千鎚打，萬鎚顛。綠絨扣，紫絨穿。迸銅鎚，扛鐵鞭。鎖子文，甲上懸。披一領，按南方丙丁火，茜草染，胭脂抹。五彩裝，花千朵。遍金織就大紅袍，繫一條四指闊，羊脂玉，瑪瑙鑲，琥珀砌，紫金雀舌，八寶攢就白玉帶。

話說姜元帥金裝甲冑立于臺上。軍政司傳：「取印劍上臺。」軍政官捧劍、印上臺，又捧一架，架上有三般令天子、協諸侯之物；內有令天子旗，令天子印，令天子劍。只見印、劍上臺來，有詩為證：

黃金斗大掌貔貅，殺伐從來神鬼愁。呂望今朝登臺後，乾坤一統屬西周。

---

⑨ 狎侮五常：紂對於君臣、父子、兄弟、夫婦等常道，褻狎侮慢。

話說軍政司將印、劍捧至子牙面前。子牙將印、劍接在手中，高捧過眉。散宜生請武王拜將。武王在臺下大拜八拜。武王拜罷，子牙令辛甲把令天子旗將武王請上臺來。少時，辛甲執旗大呼曰：「奉元帥將令，請武王上臺！」武王隨令旗上臺。子牙傳令：「請開印、劍。」請武王面南端坐。子牙拜謝畢，跪而奏曰：「老臣聞國不可從外而治，軍不可從中而御，二心不可以事君，疑志不可以應敵。臣既受命，尊節鉞之威，豈敢不效駑駘，以報知遇之恩也？」武王曰：「相父今為大將東征，但願早至孟津，會兵速返，孤之幸矣。」子牙謝恩。武王下臺，眾將聽候指揮。子牙傳令：「軍政官與眾得知，俱于三日後在教軍場聽點。今日有三山五岳眾道兄與我餞別。」辛甲領命，傳與眾將知悉。武王同文武百官俱在金臺。

子牙離了將臺，往岐山正南而來。有哪吒領諸門人來迎接子牙。只見甲胄威儀，十分壯麗。來至蘆篷，只見玉虛門下十二弟子拍手大笑而來，對子牙曰：「將相威儀，自壯行色，子牙真人中之龍也！」子牙欠背打躬曰：「多蒙列位師兄擡舉，今日得握兵權，皆眾師兄之賜也，而姜尚何能哉！」眾仙曰：「只等掌教聖人來至，吾輩纔好奉酒。」話猶未了，只聽得空中一派笙簧，仙樂齊奏。怎見得，有詩為證：

紫氣空中遶帝都，笙簧嘹亮白雲浮。青鸞丹鳳隨鑾駕，羽扇旛幢傍轆轤。
對對金童雲裡現，雙雙玉女珮聲殊。祥光瑞彩多靈異，周室當興應赤符。

話說元始天尊駕臨，諸弟子伏道迎接。子牙俯伏，口稱：「弟子願老爺萬壽無疆！」眾門人引道，酌水焚香，迎鸞接駕。元始天尊上了蘆篷坐下，子牙復拜。元始曰：「姜尚，你四十年積功累行，今為

帝王之師，以受人間福祿，不可小視了。你東征滅紂，立功建業，列土分茅，子孫綿遠，國祚延長。貧道今日特來餞你。」命白鶴童子取酒來。斟了半杯，子牙跪接，一飲而盡。元始曰：「此一杯願成功扶聖主。」又飲一盃，「治國定無虞。」又一盃，「速速會諸侯。」子牙吃了三盃，又跪下。元始曰：「又復跪者何說？」子牙曰：「蒙老爺天恩教育，使尚得拜將東征，弟子此行，不知吉凶如何，懇求指示！」

天尊曰：「你此去倂無他虞，你謹記一偈，自有驗也。偈曰：

界牌關遇誅仙陣，穿雲關下受瘟癀。謹防『達兆光先德』，過了萬仙身體康。」

子牙聞偈，拜謝曰：「弟子敬佩此偈。」元始曰：「我返駕回宮，你眾弟子再為餞別。」群仙送出篷來，只見仙風一陣，回了鸞駕。且說眾仙來與子牙奉酒，各飲三盃；南極仙翁也奉子牙餞別酒三盃，俱要起身作辭而去。眾門人見子牙問師尊前去吉凶，金吒忙向文殊廣法天尊問曰：「弟子前去，吉凶如何？」道人曰：「你：修身一性超仙體，何怕無謀進五關？」

哪吒也來問太乙真人曰：「弟子此行，吉凶如何？」真人曰：「你：汜水關前施道術，方顯蓮花是化身。」

木吒來問普賢真人曰：「弟子領法旨下山，不知歸著如何？」真人曰：「你：進關全仗吳鉤劍，不負仙傳在九宮。」

韋護也問道行天尊曰：「弟子佐姜師叔至孟津，可有妨礙？」道行天尊曰：「你比眾人不同，豈不知你：歷代多少修行客，獨你全真第一人！」

雷震子來問雲中子曰：「弟子此去，吉凶如何？」雲中子曰：「你：兩枚仙杏安天下，可保周家八百年。」

楊戩也問玉鼎真人曰：「弟子此去如何？」真人曰：「你也比別人不同：修成八九玄中妙，任爾縱橫在

世間。」

李靖來問燃燈道人曰：「弟子此行，凶吉如何？」道人曰：「你也比別人不同：肉身成聖超天境，久後靈山護法臺。」

黃天化問清虛道德真君曰：「弟子此行，凶吉何如？」道德真君一見黃天化命運不長，面帶絕氣，低首不言；然而心中不忍，真是可憐。真君復向黃天化言曰：「徒弟，你問前程之事，我有一偈，你可時時在心，謹記依偈而行，庶幾無事。」道人念偈。不知後事如何，且聽下回分解。

第六十八回　首陽山夷齊阻兵

首陽芳躅日爭光，欲樹千秋臣道防。凜凜數言垂世宇，寥寥片語立綱常。
求仁自是求仁得，義士還從義士揚。讀罷史文猶自淚，空留齒頰有餘香。

話說清虛道德真君見黃天化來問前程歸著，欲說出所以，恐他不服；欲不說明白，又恐他誤遭陷害。真君沒奈何，只得將前去機關作一偈，聽憑天命。真君作偈曰：

「逢高不可戰，遇能即速回。金雞頭上看，蜂擁便知機。
止得功為首，千載姓名題。若不知時務，防身有難危。」

道人作罷偈，黃天化年少英雄，那裡放在心上？只見土行孫也來問懼留孫。懼留孫也知土行孫不好，他還進得關，死于張奎之手；也只得作一偈與土行孫存驗，偈曰：

「地行道術既能通，莫為貪嗔錯用功。攛出一獐咬一口，崖前猛獸帶衣紅。」

懼留孫作罷偈，土行孫謝過師尊。

且說眾仙與子牙作別，各回山岳而去。子牙同武王、眾將進西岐城，武王回宮，子牙回帥府，大小眾將俟候三日後，下教場聽點。子牙次日作本謝恩，上殿來見武王。姜子牙金幞頭，大紅袍，玉帶，將本呈上。只見上大夫散宜生接本，展于御案上。子牙俯伏奏曰：「姜尚何幸，蒙先王顧聘，未效涓埃之

報，又蒙大王拜尚為將，知遇之隆，古今罕及。尚敢不效犬馬之力，以報深恩也！今特表請駕親征，以順天人之願。」武王曰：「相父此舉，正合天心。」忙覽表，略云：

大周十三年，孟春月，掃蕩成湯天寶大元帥姜尚言：伏以觀時應變，固天地之氣運；殺伐用張，亦神聖之功化。今商王受不敬上天，荒淫不德，殘虐無辜，肆行殺戮，逆天征伐，天愁民怨，致我西土十載不安；仰仗天威，自行殄滅。臣念此艱難之久，正值紂惡貫盈之時。天下諸侯，共會孟津。蒙准臣等之請，許以東征。萬姓歡騰，將士踴躍。臣不勝感激，日夜祗懼：才疏德薄，恐無補報于涓埃；佩服王言，實有慚于節鉞。特懇大王，大奮乾綱❶，恭行天討，親御行營，托天威于咫尺，措全勝于前籌，早進五關，速會諸侯，觀政于商。庶幾天厭其穢，獨夫授首，不獨泄天人之憤，實于湯為有光。臣不勝激切惓望之至！謹具表以聞。

武王覽完表，問曰：「相父此兵何日起程？」子牙曰：「老臣操演停當，謹擇吉日，再來請駕起程。」武王傳左右：「治宴與相父賀喜。」君臣共飲，子牙謝恩出朝。次日，子牙下教場看操，照名點將。子牙五更時分至教軍場，陞了將臺。軍政司辛甲啟元帥：「放砲豎旗，擂鼓點將。」子牙暗思：「今人馬有六十萬，須用四個先行方有協助。」子牙命軍政司：「令南宮适、武吉、哪吒、黃天化上臺來。」辛甲領令，令四將上臺打躬。子牙曰：「吾兵有六十萬，用你四將為先行，掛左、右、前、後印。你等各拈一鬮❷，自任其事，毋得錯亂。」四將聲喏。子牙將四鬮與四將各自拈認：黃天化拈著是頭隊先行，

❶ 大奮乾綱：乾為陽，喻天子。天子總理萬物，有如綱之大繩統領綱目。此子牙鼓勵武王振起天子之雄威以伐紂。

南宮适是左哨，武吉是右哨，哪吒是後哨。子牙大喜，令軍政官簪花掛紅，各領印信。四將飲過酒，謝了元帥。子牙又令楊戩、土行孫、鄭倫各拈一鬮❷，作三軍督糧官。楊戩是頭運，土行孫是二運，鄭倫是三運。子牙令軍政官取督糧印付與三將，俱簪花掛紅，各飲三杯喜酒，三將下臺。子牙令軍政官取點將簿。先點：

黃飛虎　黃飛彪　黃飛豹　黃明　周紀　龍環　吳謙　黃天祿　黃天爵　黃天祥　辛免　太顛
閎夭　祁恭　尹勣

周之四賢、八俊：

毛公遂　周公旦　召公奭　畢公高　伯達　伯适　仲突　仲忽　叔夜　叔夏　季隨　季騧　姬叔乾　姬叔坤　姬叔康　姬叔正　姬叔啟　姬叔伯　姬叔元　姬叔忠　姬叔廉　姬叔德　姬叔美
姬叔奇　姬叔順　姬叔平　姬叔廣　姬叔智　姬叔勇　姬叔敬　姬叔崇　姬叔安

文王有九十九子，雷震子乃燕山所得，共為百子。文王有四乳，二十四妃，生九十九子，有三十六殿下習武，因紂王屢征西岐，陣亡十八位。又有歸降將佐：

鄧九公　太鸞　鄧秀　趙昇　孫焰紅　晁田　晁雷　洪錦　季康　蘇護　蘇全忠　趙丙　孫子羽

女將二員：

龍吉公主　鄧嬋玉

❷ 拈一鬮：即抽簽。

話說子牙點將已畢，傳令：「令黃飛虎上臺。」子牙曰：「成湯雖是氣數已盡，五關之內必有精奇之士，不可不防備。當戰者戰，當攻者攻，其間軍士須要演習陣圖，方知進退之法，然後可破敵人。」隨令軍政官擡十陣牌放在臺上：

一字長蛇陣　二龍出水陣　三山月兒陣　四門斗底陣　五虎巴山陣　六甲迷魂陣
七縱七擒陣　八卦陰陽子母陣　九宮八卦陣　十代明王陣　天地三才陣　包羅萬象陣

子牙曰：「此陣俱按六韜之內，精演停當，軍士方知進退之方。黃將軍與鄧將軍、洪將軍，你三位走一字長蛇陣。聽砲響變以下諸陣，毋得錯亂。」三將領令下臺走此陣。正行之際，子牙傳令：「點砲，化六甲迷魂陣。」竟不能齊。子牙看見，把三將令上臺來，教之曰：「今日東征，非同小可，乃是大敵；若士卒教演不精，此是主將之羞，如何征伐！三位須是日夜操練，毋得怠玩，有乖軍政。」三將領令下臺，用心教習。子牙傳令散操，眾將打點，收拾東征。翌日，子牙朝賀武王畢，子牙奏曰：「人馬軍糧皆一應齊備，請大王東行。」武王問曰：「相父將內事托與何人？」子牙曰：「上大夫散宜生可任國事，似乎可托。」武王又曰：「外事托與何人？」子牙曰：「老將軍黃滾歷練老成，可任軍國重務。」武王大喜：「相父措處得宜，使孤歡悅。」武王退朝，入內宮見太姬，曰：「上啟母后知道：今相父姜尚會諸侯于孟津，孩兒一進五關，觀政于商，即便回來，不敢有乖父訓。」太姬曰：「姜丞相此行，決無差失，孩兒可一應俱依相父指揮。」吩咐宮中治酒，與武王餞行。

翌日，子牙把六十萬雄師竟出西岐。武王親乘甲馬，率御林軍來至十里亭。只見眾御弟排下九龍席，與武王、姜元帥餞行。眾弟進酒武王與子牙用罷，乘吉日良辰起兵。此正是紂王三十年三月二十四日。

起兵點起號砲，兵威甚是雄壯。怎見得，有詩為證，詩曰：

征雲蔽日隱旌旗，戰士橫戈縱鐵騎。飛劍有光來紫電，流星斜落掛金蘼。

將軍猛烈堪圖畫，天子威儀異所施。漫道弔民來伐罪，方知天地果無私。

話說大隊雄兵離了西岐，前往燕山一路上而來，三軍懽悅，百倍精神。行過了燕山，正往首陽山來。大隊人馬正行，只見伯夷、叔齊二人，寬衫博袖，麻履絲縧，站立中途，阻住大兵，大呼曰：「你是那裡去的人馬？我欲見你主將答話。」有哨探馬報入中軍：「啟元帥：有二位道者欲見千歲並元帥答話。」子牙聽說，忙請武王並轡上前。只見伯夷、叔齊向前稽首曰：「千歲與子牙公，見禮了。」武王與子牙欠身曰：「甲胄在身，不能下騎。二位阻路，有何事見諭？」夷、齊曰：「今日主公與元帥起兵往何處去？」子牙曰：「紂王無道，逆命于天，殘虐萬姓，囚奴正士，焚炙忠良，荒淫不道，無辜籲天，穢德彰聞。惟我先王，若日月之照臨，光于四方，顯于西土，命我先王肅將天威，大勳未集。惟我西周誕及多方，肆予小子，恭行天之罰。今天下諸侯一德一心，大會于孟津，我武維揚，侵于之疆，取彼凶殘，殺伐用張，于湯有光。此予小子不得已之心也。」夷、齊曰：「臣聞『子不言父過，臣不彰君惡。』故父有諍子，君有諍臣。只聞以德而感君，未聞以下而伐上者。今紂王，君也，雖有不德，何不傾城盡諫，以盡臣節，亦不失為忠耳。況先王以服事殷，未聞不足于湯也。臣又聞『至德無不感通，至仁無不賓服。』苟至德至仁在我，何凶殘不化為淳良乎！以臣愚見，當退守臣節，禮先王服事之誠，守千古君臣之分，不亦善乎。」武王聽罷，停驂不語。

子牙曰：「二位之言雖善，予非不知，此是一得之見耳。今天下溺矣，百姓如坐水火，三綱已絕，

四維已折，天怒于上，民怨于下，天翻地覆之時，四海鼎沸之際。惟天矜民，民之所欲，天必從之。況夫天已肅命乎我周，若不順天，厥罪惟均。且天視自我民視，天聽自我民聽。百姓有過，在予一人。今予必往。如逆天不順，非予先王有罪，惟予小子無良。」子牙左右將士欲行，見伯夷、叔齊二人言之不已，心上甚是不快。夷、齊見左右俱有不豫之色，又見眾人挾武王、子牙欲行，二人知其必往，乃至于馬前，攬其轡，諫曰：「臣受先王養老之恩，終守臣節之義，不得不盡心耳。今大王雖以仁義服天下，豈有父死不葬，援及干戈，可謂孝乎？以臣伐君，可謂忠乎？臣恐天下後世必有為之口實者。」左右眾將見夷、齊叩馬而諫，軍士不得前進，心中大怒，欲舉兵殺之。子牙忙止之曰：「不可，此天下之義士也。」忙令左右扶之而去，眾兵方得前進。後伯夷、叔齊恥食周粟，入首陽山，採薇作歌，歌曰：

「登彼西山兮，采其薇矣！以暴易暴兮，不知其非矣！神農虞夏忽焉沒兮，我安適歸矣！吁嗟徂兮，命之衰矣！」

遂餓死於首陽山，此是後事不表。

且說子牙大隊雄師離了首陽山，往前進發。正是：

騰騰殺氣沖霄漢，簇簇征雲蓋地來。

子牙人馬行至金雞嶺。嶺上有一枝人馬，打兩杆大紅旗，駐紮嶺上，阻住大兵。哨馬報至軍前：「啟元帥：金雞嶺有一枝人馬阻住，大軍不能前進，請令定奪。」子牙傳令安下行營。陞帳坐下，著探事軍打探，是那裡人馬在此處阻軍？話猶未了，只見左右來報：「有一將請戰。」子牙不知是那裡人馬，忙傳令問：「誰人見陣走一遭？」有左哨先行南宮适上帳應聲曰：「末將願往。」子牙曰：「首次出軍，當

宜小心。」南宮适領令上馬，砲聲大振，一馬走出營前。見一將幞頭鐵甲，烏馬長鎗。怎見得，有贊為證，贊曰：

將軍如猛虎，戰騎可騰雲。鐵甲生光艷，皂服襯龍文。赤膽扶真主，忠肝保聖君。西岐來報效，趕駕立功勳。子牙逢此將，門徒是魏賁。

南宮适問曰：「你是那裡無名之兵，敢阻西岐大軍？」魏賁曰：「你是何人？往那裡去？」南宮适答曰：「俺元帥奉天征討而伐成湯，你敢大膽粗心，阻吾大隊人馬！」大喝一聲，舞刀直取。此將手中鎗赴面交還。兩馬相交，刀鎗併舉，戰有三十回合。南宮适被魏賁直殺得汗流脊背，心下暗思：「纔出兵至此，今日遇這員大將，若敗回大營，元帥必定見責。」南宮适心上出神，不提防被魏賁大喝一聲，抓住南宮适的袍帶，生擒過馬去。魏賁曰：「吾不傷你性命，快請姜元帥出來相見。」又把南宮适放回營來。軍政官報入中軍：「南宮适聽令。」子牙傳令：「命來。」南宮适上帳，將被擒放回，請元帥定奪，說了一遍。子牙聽得大怒曰：「六十萬人馬，你乃左哨首領官，今一旦先挫吾鋒，你還來見我？」喝左右：「綁出轅門，斬訖報來！」左右隨將南宮适推出轅門來。魏賁在馬上，見要斬南宮适，在馬上大叫曰：「刀下留人！只請姜元帥相見，吾自有機密相商！」軍政官報入帳中：「啟老爺：那人在轅門外，叫『刀下留人，請元帥答話，自有機密相商。』」子牙大罵：「匹夫擒吾將而不殺，反放回來，如今又在轅門討饒！速傳令擺隊伍出行營！」砲聲響處，大紅寶纛旗搖，只見轅門下一對對都是紅袍金甲，英雄威猛，先行官騎的是玉麒麟，赳赳殺氣；哪吒登風火輪，昂昂眉宇；雷震子藍面紅髮，手執黃金棍；韋護手捧降魔杵，俱是片片雲光。正是：

盔山甲海真威武，一派天神滾出來。

話說子牙在四不相上問曰：「你是誰人，請吾相見？」魏賁見子牙威儀整飭，兵甲鮮明，知其興隆之兆，乃滾鞍下馬，拜伏道旁，言曰：「末將聞元帥天兵伐紂，特來麾下，欲效犬馬微勞，附功名于竹帛耳。因未見元帥真實，末將不敢擅入。今見元帥士馬之精，威令之嚴，儀節之盛，知不專在軍威而在于仁德也。末將敢不隨鞭墜鐙，共伐此獨夫，以泄人神之憤耶。」子牙隨令進營。魏賁上帳，復拜在地曰：「末將幼習鎗馬，未得其主，今逢明君與元帥，乃魏賁不負數載功夫耳。」子牙大喜。魏賁復跪而言曰：「啟元帥：雖然南將軍一時失利，望元帥憐而赦之。」子牙曰：「南宮适雖則失利，然既得魏將軍，反是吉兆。」傳令：「放來。」左右將南宮适放上帳來，南宮适謝過子牙。子牙曰：「你乃周室元勳，身為首領，初陣失機，理當該斬；奈魏賁歸周，乃先凶而後吉。雖然如此，你可將左哨先行印與魏賁，你自隨營聽用。」即時將魏賁補掛了左哨。彼時南宮适交代印綬畢，子牙傳令起兵不表。

且說只因張山陣亡，飛報至汜水關，韓榮已知子牙三月十五日金臺拜將，具本上朝歌。那日微子看本，知張山陣亡，洪錦歸周，忙抱本入內庭見紂王，具奏張山為國捐軀。紂王大駭：「不意姬發猖獗至此！」忙傳旨意，鳴鐘鼓臨殿，百官朝賀。紂王曰：「今有姬發大肆猖獗，卿等有何良謀可除西土大患？」言未畢，班中閃出中大夫飛廉，俯伏奏曰：「姜尚乃崑崙左術之士，非堂堂之兵可以擒勦，陛下發詔，須用孔宣為將；他善能五行道術，庶幾反叛可擒，西土可勦。」紂王准奏，遣使命持詔往三山關來，一路無詞。正是：

使命馬到傳飛檄，九重丹詔鳳銜來。

話說使命官至三山關傳旨意，孔宣接至殿上。欽差官開讀詔旨，孔宣跪聽宣讀：

詔曰：天子有征伐之權，將帥有閫外之寄。今西岐姬發大肆猖獗，屢挫王師，罪在不赦。茲爾孔宣，謀術兩全，古今無兩，允堪大將；特遣使齎爾斧鉞旌旗，得專征伐，務擒首惡，勦滅妖人，永清西土。爾之功在社稷，朕亦與有榮焉。朕決不惜茅土之封，以賚有功。爾其欽哉！故茲爾詔。

孔宣拜罷旨意，打發天使回朝歌，連夜下營，整點人馬，共是十萬。即日拜寶纛旗，離了三山關，一路上曉行夜住，饑餐渴飲。在路行程，也非一日。那日探馬報入中軍：「有汜水關韓榮接元帥。」孔宣傳令請來。韓榮至中軍打躬：「元帥此來遲了。」孔宣曰：「為何遲了？」韓榮曰：「姜子牙三月十五日金臺拜將，人馬已出西岐了。」孔宣曰：「料姜尚有何能！我此行定拏姬發君臣解進朝歌。」吩咐可速開關，把人馬催動前往西岐大道而來。不一日，至金雞嶺。哨探馬來報：「金雞嶺下周兵已至，請令定奪。」孔宣傳令：「將大營駐紮嶺上阻住周兵。」不知勝負如何，且聽下回分解。

第六十九回　孔宣兵阻金雞嶺

伐罪弔民誅獨夫，西周原應玉虛符。自無血戰成功易，豈有紛爭立業殊？
孔雀逆天皆孟浪，金雞阻路盡支吾。休言伎倆參玄妙，總有西方接引徒。

話說孔宣人馬出關，至金雞嶺，探馬報入中軍：「前有周兵在嶺下，請令定奪。」孔宣令在嶺上安下營寨，阻住咽喉之路，使周兵不能前進不題。只見子牙人馬正行，報馬報入中軍：「稟上元帥：前有成湯大隊人馬住在嶺上。」子牙傳令安營。陞帳坐下自思：「三十六路人馬俱完，怎麼又有這枝兵來？」子牙沉思，掐指算來：「連張山是三十五路，連此一路方是三十六路。此事必又費手。」

且說孔宣在嶺上止住了三日，子牙大兵已到。忙傳令問：「誰人去周營見頭陣走一遭？」有先行官陳庚出位應曰：「末將願先見頭陣。」孔宣許之。陳庚上馬下嶺，至周營搦戰，探馬報入中軍。子牙問左右：「誰去見此頭陣？」有先行官黃天化應曰：「願往。」子牙吩咐曰：「務要小心。」黃天化答曰：「不必囑咐。」忙上了玉麒麟出營。看見來將手提方天戟大呼曰：「反賊何人？」黃天化答曰：「吾非反賊，乃奉天征討掃蕩成湯天寶大元帥麾下，正印先行官黃天化是也。你乃何人？也通個名來，錄功簿上好記你的首級。」陳庚大怒：「量你雞犬小輩，敢與天朝大將相拒哉？」縱馬搖戟，直取黃天化。天化手中雙鎚赴面交還。麟馬往來，鎚戟併舉。有贊為證，贊曰：

二將陣前勢無比，顛開戰馬定生死。盤旋鐵騎眼中花，展動旗旛龍擺尾。銀鎚發手沒遮攔，戟刺咽喉蛇信起。自來也見將軍戰，不似今番無底止。

麟馬交還，大戰有三十回合，黃天化掩一鎗便走。陳庚不知好歹，隨後趕來。黃天化聞得腦後鸞鈴響，掛下雙鎚，取火龍標掌在手中，回手一標。正是：

金標發出神光現，斷送無常死不知。

話說黃天化回手一鏢，將陳庚打下馬來，兜回馬取了首級，掌鼓進營，來見子牙。子牙問：「出陣如何？」黃天化答曰：「末將托元帥洪福，標取了陳庚首級。」子牙大喜，上黃天化首功。子牙方纔舉筆向硯臺上醮墨，不覺筆頭吊將下來。子牙半晌不言，從新再取筆，上了黃天化頭一功。此是黃天化只得首功一次，故有此警報。

且說報馬報入孔宣營中：「稟元帥：陳庚失機，被黃天化斬了首級，號令轅門。」孔宣笑曰：「陳庚自己無能，死不足惜。」全不在意。次日，又是孫合出馬，至周營搦戰。子牙傳令：「誰去走一遭？」有武吉應曰：「弟子願往。」子牙許之。武吉出營，見一員將官，金甲紅袍，黃馬大刀，飛臨陣前，大呼曰：「來者何人？」武吉曰：「吾乃姜元帥門下右哨先行官武吉是也。」孫合笑曰：「姜尚乃是一漁翁，你乃是一個樵子。你師徒二人正是一軸畫圖——漁樵問答。」武吉大怒曰：「匹夫無理！焉敢以言戲吾！」切齒咬牙，舉鎗分心就刺。孫合手中刀急架忙迎。兩馬交鋒，一場惡殺。大戰有三十回合，未分勝負，武吉掩一鎗便走，詐敗而逃。孫合見武吉敗走，知是樵子出身，料有何能，隨後趕來。不知子牙在磻溪傳武吉這條鎗，有神出鬼沒之妙。武吉已知孫合趕來，把馬一兜，那馬停了一步；孫合馬來得

太速，正撞個滿懷，早被武吉回馬鎗挑下來，取了首級，掌鼓進營，見子牙報功。子牙大喜，上了武吉的功。就把哪吒激得抓耳撓腮，恨不得要出營廝殺。

且說報馬報入成湯營裡：「啟元帥：孫合失機，被武吉回馬鎗挑了，梟去首級，號令轅門，請令定奪。」孔宣聽報，謂左右曰：「吾今奉詔征討，爾等隨軍立功，不期連折二陣，使吾心中不悅。今日誰去見陣走一遭，為國立功？」旁有五軍救應使高繼能曰：「末將願往。」孔宣吩咐曰：「務要小心。」高繼能上馬提鎗，至營前討戰，哨馬報入中軍。旁有哪吒忙應聲曰：「弟子願往。」子牙許之。哪吒登風火輪，前有一對紅旗，如風捲火雲，飛奔前來。高繼能大呼曰：「哪吒慢來！」哪吒大喜曰：「既知吾名，何不早早下馬受死？」高繼能對哪吒大笑曰：「聞你道術過人，一般今日也會得你著。」哪吒曰：「你且通名來，功勞簿上好記你的首級。」高繼能大怒，使開鎗分心刺來。哪吒火尖鎗急速忙迎。輪馬盤旋，雙鎗齊舉，這場戰非是等閑，怎見得，有贊為證，贊曰：

二將交鋒在戰場，四肢臂膊望空忙。這一個丹心要保真明主，那一個赤膽還扶殷紂王。哪吒要成千載業，繼能為主立家邦。古來有福催無福，有道該興無道亡。

高繼能大戰哪吒，恐哪吒先下手，高繼能掩一鎗便走。哪吒自思：「吾此來定要成功！」那裡肯捨？隨手取乾坤圈望空中祭起。高繼能的蜈蜂袋未及放開來，不意哪吒的圈來得快，一圈正打中肩窩，伏鞍而逃。哪吒為不得全功，心下懊惱，回營見子牙曰：「弟子未得全功，請令定奪。」子牙上了哪吒的功。

且說高繼能被哪吒打傷，敗進營來見孔宣，具言前事。孔宣不語，取些丹藥與繼能敷貼，立時痊癒。

孔宣次日命中軍點砲，自領大隊人馬，親臨陣前，對旗門官將曰：「請你主將答話。」探馬報入中

軍：「孔宣請元帥答話。」子牙傳令：「擺八健將出營。」大紅寶纛旗展處，子牙左右有四個先行官與眾門徒，雁翅排開。子牙乘四不相至陣前，看孔宣來歷大不相同。怎見得，有贊為證，贊曰：

身似黃金映火，一籠盔甲鮮明。大刀紅馬勢崢嶸，五道光華色映。曾見開天闢地，又見出日月星辰。一靈道德最根深，他與西方有分。

子牙看孔宣背後有五道光華，按青、黃、赤、白、黑，子牙心下疑惑。孔宣見子牙自來，將馬一拍，來至軍前，問曰：「來者莫非姜子牙麼？」子牙曰：「然也。」孔宣問曰：「你原是殷臣，為何造反，妄自稱王，會合諸侯，逆天欺心，不守本土？吾今奉詔征討，汝好好退兵，敬守臣節，可保家國；若半字遲延，吾定削平西土，那時悔之晚矣。」子牙曰：「天命無常，惟有德者居之。昔帝堯有子丹朱不肖，讓位與舜。舜帝有子商均亦不肖，讓位與禹。禹有子啟賢，能繼父志，禹尊禪讓，復讓與益。天下之朝覲訟獄，不之益而之啟。再後傳之桀。桀王無道，成湯伐夏而有天下。今傳之紂。紂王今淫酗肆虐，穢德彰聞，天怒民怨，四海鼎沸。德在我周，恭行天之罰。將軍何不順天以歸我周，共罰獨夫也？」孔宣曰：「你以下伐上，反不為逆天，乃架此一段污穢之言，惑亂民心，借此造反，拒逆天兵，情殊可恨！」縱馬舞刀來取。子牙後有洪錦走馬奔來，大呼：「孔宣不得無禮！吾來也！」孔宣見洪錦走馬而至，孔宣大罵：「逆賊！你還敢來見我！」洪錦曰：「天下八百諸侯俱已歸周，料你一個忠臣，也不能濟得甚事。」孔宣大怒，搖刀直取。二馬交兵，未及數合，洪錦將旗門遁往下一戳，把刀往下一分，那旗化為一門。洪錦方欲進門，孔宣大笑曰：「米粒之珠，有何光彩？」孔宣兜回馬，把左邊黃光往下一刷，將洪錦刷去，毫無影響，就如沙灰投入大海之中，止見一匹空馬。子牙左右小將官俱目瞪口呆。

孔宣復縱馬來取子牙。子牙手中劍急架相迎，旁有鄧九公走馬來助陣。子牙大戰十五六合。子牙祭打神鞭打孔宣，那鞭已落在孔宣紅光中去了，似石投水。子牙大驚，忙傳令鳴金，兩邊各歸營寨。

且說子牙陞帳，坐下沉吟，想：「此人後有五道光華，按有五行之狀；今將洪錦攝去，不知吉凶，如之奈何？」子牙自思：「不若乘孔宣得勝，今夜去劫他的營，且勝他一陣，再作區處。」子牙令哪吒：「你今夜去劫孔宣的大轅門；黃天化，你去劫他左營；雷震子，你可去劫他右營；先挫動他軍威，然後用計破他，必然成功。」三人領命去訖。且說孔宣得勝進營，將後面五色光華一抖，只見洪錦昏迷睡於地下。孔宣吩咐左右，將洪錦監在後營，收了打神鞭，正欲退後營，只見一陣大風，將帥旗連捲三四捲。孔宣大驚，掐指一算，早已知其就裡，忙喚高繼能吩咐：「你在左營門埋伏；周信，你在右營門埋伏，今夜姜子牙要來劫吾營寨。我正要你來，只可惜姜尚不曾親來！」

且說姜子牙營中三路兵暗暗上嶺。將近二更，一聲砲響，三路兵吶喊一聲，殺進轅門。哪吒登輪搖鎗，沖開營門，殺至中營而來。孔宣獨坐帳中，不慌不忙，上了馬迎來，大笑曰：「哪吒，你今番劫營，定然遭擒，再休想前番取勝也！」哪吒也不知孔宣的利害，大怒，罵曰：「今日定拏你成功！」舉鎗來戰，殺在中軍，難解難分。雷震子飛在空中，沖開右營；周信大戰雷震子。雷震子展動風雷二翅，飛在空中，是上三路，又是黑夜間，觀看不甚明白，周信被雷震子一棍刷將下來，正中頂門，打得腦漿迸出，死于非命。雷震子飛至中營，見哪吒大戰孔宣，雷震子大喝一聲，如霹靂交加，孔宣將黃光望上一撒，先拏了雷震子，哪吒見如此利害，方欲抽身，又被孔宣把白光一刷，連哪吒撒去，不知去向。

且說黃天化只聽得殺聲大作，不察虛實，催開玉麒麟，沖進左營，忽聽砲響，高繼能一馬當先，黑

夜交兵，更不答話，麟馬相交，鎗鎚併舉。好黃天化！兩柄鎚只打的鎗尖生烈焰，殺氣透心寒。二將乃是夜戰，況黃天化兩柄鎚似流星不落地，來往不沾塵。高繼能見如此了得，掩一鎗，撥馬就走。黃天化催開玉麒麟趕來。高繼能展開蜈蜂袋，也是黃天化命該如此，那蜈蜂捲將來，成堆成團而至，一似飛蝗。黃天化用兩柄鎚遮擋，不防蜈蜂把玉麒麟的眼叮了一下，那麒麟叫了一聲，後蹄站立，前蹄直豎，黃天化坐不住鞍轎，撞下地來，早被高繼能一鎗正中脇下，死于非命。一魂往封神臺去了。可憐下山大破四天王，不曾取成湯寸土。正是：

功名未遂身先死，早至臺中等候封。

且說孔宣收兵，殺了一夜，嶺頭上屍橫遍野，血染草梢。孔宣陞帳，將五色神光一抖，只見哪吒、雷震子跌下地來。孔宣命左右拿於後營監禁，然後坐下。高繼能獻功，報斬了黃天化首級。孔宣吩咐號令轅門不表。

且言子牙一夜不曾睡，只聽得嶺上天翻地覆一般。及至天明，報馬進營：「啟老爺：三將劫營，黃天化首級已號令轅門，二將不知所往。」子牙大驚。黃飛虎聽罷，放聲大哭曰：「天化苦死！不能取成湯尺寸之土，要你奇才無用！」三兄弟、二叔叔、眾將無不下淚，武成王如酒醉一般，子牙納悶無言。南宮适曰：「黃將軍不必如此。令郎為國捐軀，萬年垂于青史。方今高繼能有左道蜈蜂之術，將軍何不請崇城黑虎來？他有神鷹能制此術。」黃飛虎聽得此言，上帳來見子牙，曰：「末將往崇城去請崇黑虎來破此賊，以泄吾兒之恨。」子牙見黃飛虎這等悲切，即許之。黃飛虎離了行宮，逕往崇城大道而來。一路上，曉行夜住，飢餐渴飲。一日來到一座山，山下有一石碣，上書飛鳳山。飛虎看罷，策馬過山，

耳邊只聞得鑼鼓齊鳴，武成王自思：「是那裡戰鼓響？」把坐下五色神牛一撺，走上山來。只見山凹裡三將廝殺：一員將使五股托天叉，一員將使八楞熟銅鎚，一員將使五爪爛銀抓；三將大戰，殺得難解難分。只見那使叉的同著使抓的殺那使鎚的。戰了一會，只見使鎚的又同著使叉的殺那使抓的。三將殺得呵呵大笑。

黃飛虎在坐騎上，自忖曰：「這三人為何以殺為戲？待吾向前問他端的。」黃飛虎走騎至面前。只見使叉的見飛虎丹鳳眼，臥蠶眉，穿王服，坐五色神牛，使叉的大呼曰：「二位賢弟，少停兵器！」二人忙停了手。那將馬上欠身問曰：「來者好似武成王麼？」黃飛虎答曰：「不才便是。不識三位將軍何以知我？」三將聽得，滾鞍下馬，拜伏在地。黃飛虎慌忙下騎，頂禮相還。三將拜罷，口稱：「大王，適纔見大王儀表，與昔日所聞，故此知之。今何幸至此！」邀請上山，進得中軍帳，分賓主坐下。黃飛虎曰：「方纔三位兄廝殺，卻是何故？」三人欠身曰：「俺弟兄三人在此吃了飯，沒事幹，假此消遣耍子，不期誤犯行旌，有失迴避。」黃飛虎亦遜謝畢，問曰：「請問三位高姓大名？」三人欠身曰：「末將姓文，名聘；此位姓崔，名英；此位姓蔣，名雄。」這一回正該是五岳相會：文聘乃是西岳，崔英乃是中岳，蔣雄乃是北岳，黃飛虎乃是東岳，崇黑虎乃是南岳，表過不題。

文聘治酒管待黃飛虎，酒席之間，問曰：「大王何往？」黃飛虎把子牙拜將伐湯，遇孔宣殺了黃天化的事說了一遍，「如今末將往崇城請崇君侯往金雞嶺，共破高繼能，為吾子報仇。」文聘曰：「只怕崇君侯不得來。」飛虎曰：「將軍何以知之？」文聘曰：「崇君侯操演人馬，要進陳塘關，至孟津會天下諸侯，恐誤了事，決不得來。」黃飛虎曰：「幸是遇著三位，不是枉走一遭。」崔英曰：「不然。文兄

之言，雖是如此說，但崇君侯欲進陳塘關，也要等武王的兵到。大王且權在小寨草榻一宵，明日俺弟兄三人同大王一往，料崇君侯定來協助，決無推辭之理。」黃飛虎感謝不盡，就在山寨中歇了一宿。次日，四將用罷飯，一同起行。在路無詞。一日來至崇城，文聘至帥府。門官來見黑虎，報曰：「啟千歲：有飛鳳山三位求見。」崇黑虎道：「請進來。」三將至殿前行禮畢，崔英曰：「武成王尚在外面等候。」崇黑虎聞言，降階迎接，口稱：「大王，不才不知大王駕臨，有失遠迎，望大王恕罪。」黃飛虎曰：「輕造帥府，得睹尊面，實末將三生之幸。」敘禮畢，分賓主依次而坐。彼此溫慰畢，文聘將黃飛虎的事說了一遍，崇黑虎咨歎不語。崔英曰：「仁兄莫非為先要進陳塘關麼？今姜元帥阻隔在金雞嶺，仁兄縱先進陳塘關，至孟津，也少不得等武王到，方可會合諸侯。這不是還可遲得？依弟愚見，不若先破了高繼能，讓子牙進兵，兄再分兵進陳塘關不遲，總是一事。」崇黑虎曰：「既然如此，明日就行。著世子崇應鸞操練三軍，待吾等破了孔宣，再來起兵未晚。」黃飛虎謝罷。崇黑虎乃治酒管待飛虎等四人。次日四鼓時分起馬，五岳離了崇城，往金雞嶺大道行來。非止一日，五岳至子牙轅門聽令。探馬報入中軍：「啟元帥：黃飛虎轅門等令。」子牙令至帳前，問曰：「請崇黑虎的事如何？」黃飛虎啟曰：「還添有三位，俱在轅門外聽令。」子牙傳令用請旗請來。崇黑虎等俱遵閫外之令，上帳打躬曰：「元帥在上：吾等甲冑在身，不能全禮！」子牙忙迎下接住曰：「君侯等皆係外客，如何這等罪不才也！」俱彼此遜讓，以賓主之禮序過。子牙命設坐，崇黑虎等俱客席，子牙與飛虎主席相陪。

子牙曰：「今孔宣猖獗，阻逆大兵，有勞賢侯，途次奔馳，深多罪戾！」崇黑虎謝過，起身對子牙曰：「煩元帥引進，參謁周王。」子牙前行引路，黑虎隨後，進後帳與武王見禮。相敘畢，崇黑虎曰：

「今大王體上天好生之仁，救民于水火，共伐獨夫，孔宣自不度德，敢阻天兵，是自取死耳，隨即撲滅。」武王曰：「孤力窮德薄，謬蒙眾位大王推許，共舉義兵，今初出岐周，便有這些阻隔，定是天心未順耳。孤意欲回兵，自修己德，以俟有道，何如？」崇黑虎曰：「大王差矣！今紂惡貫盈，人神共怒，豈得以孔宣疥癬之輩，以阻天下諸侯之心？時哉不可失！大王切不可灰了將士之心。」武王感謝，命左右治酒，與黑虎共飲數盃。黑虎謝酒而出。子牙與崇侯出來，在中軍重新治酒，管待四位。正是：

五岳共飲金雞嶺，這場大戰實驚人。

話說崇黑虎次日上火眼金睛獸，左右有文聘、崔英、蔣雄，上嶺來，坐名只要高繼能出來答話。孔宣聞報，隨命高繼能速退西兵。高繼能出營，來見崇黑虎，大喝曰：「你乃是北路反叛，為何也來助西岐為惡？這正是你等會聚在一處，便于擒捉，省得費我等心機。」崇黑虎曰：「匹夫！死活不知！四面八方皆非紂有，尚敢支吾而不知天命也？前日斬黃公子是你？」高繼能笑曰：「哪吒、雷震子不過如此，你有何能，敢來問吾？」縱馬搖鎗直取，崇黑虎手中斧赴面相迎。獸馬相交，鎗斧併舉。未及數合，文聘青驄馬跑，五股叉搖；崔英催開黃彪馬，蔣雄磕開烏騅馬，四將把高繼能圍在當中。好個高繼能，一條鎗抵住了四件兵器。三軍吶喊，數對旗搖。且說黃飛虎在中軍帳，子牙聽的鼓聲大振，對黃飛虎曰：「黃將軍，崇君侯此來為你，你可出營助陣方是。」黃飛虎曰：「末將思子，一時昏瞶，幾乎忘卻了。」隨上五色神牛，搖鎗殺出營來，大呼：「崇君侯，吾來拿殺子仇人也！」把坐下牛一縱，殺入圈子裡來。正應著：

五岳特來除黑煞，金雞嶺上立奇功。

且說五岳將高繼能圍住在核心。好高繼能，一條鎗遮架攔擋。此正是五岳除黑煞，不知性命如何，且聽下回分解。

第七十回　準提道人收孔宣

話說高繼能與五岳大戰，一條鎗如銀蟒翻身，風馳雨驟，甚是驚人。怎見得一場大戰，有贊為證，贊曰：

金弓銀戟非防患，寶杵魚腸另有方。漫道孔宣能變化，婆娑樹下號明王。

準提菩薩產西方，道德根深妙莫量。荷葉有風生色相，蓮花無雨立津梁。

刮地寒風如虎吼，旗旛招展紅閃灼。飛虎忙施提蘆鎗，繼能搖鎗真猛惡。文聘使發托天叉，崔英銀鎚流星落。黑虎板斧似車輪，蔣雄神抓金紐索。三軍喝彩把旗搖，正是黑煞逢五岳。

且說高繼能久戰多時，一條鎗擋不住五般兵器，又不能跳出圈子，正在慌忙之時，只見蔣雄使的抓把金紐索一軟，高繼能乘空把馬一攛，跳出圈子就走。崇黑虎等五人隨後趕來。高繼能把蜈蚣袋一抖，好蜈蜂！遮天映日，若驟雨飛蝗。文聘撥回馬就要逃走，崇黑虎曰：「不妨。不可著驚，有吾在此。」忙把背後一紅葫蘆頂揭開了，裡邊一陣黑煙冒出，煙裡隱有千隻鐵嘴神鷹。怎見得，有贊為證，贊曰：

葫蘆黑煙生，煙開神鬼驚。秘傳玄妙法，千隻號神鷹。乘煙飛騰起，蜈蜂當作羹。鐵翅如銅剪，尖嘴似金針。翅打蜈蜂成粉爛，嘴啄蜈蜂化水晶。今朝五岳來相會，黑煞逢之命亦傾。

且說高繼能蜈蜂盡被崇黑虎鐵嘴神鷹翅打嘴吞，一時吃了個乾乾淨淨。高繼能大怒：「焉敢破吾之術！」

復回來又戰。五人又把高繼能圍住，黃飛虎一條鎗裹住了高繼能。只見孔宣在營中問掠陣官曰：「高將軍與何人對敵？」軍政司稟曰：「與五員大將殺在核心。」孔宣前往，出營門掠陣。見高繼能鎗法漸亂，纔待走馬出營，高繼能早被黃飛虎一鎗刺中脇下，翻鞍墜馬，梟了首級。纔要掌鼓回營，忽聽得後邊大呼曰：「匹夫少待回兵！吾來也！」五將見孔宣來至，黃飛虎罵曰：「孔宣！你不知天時，真乃匹夫也！」孔宣笑曰：「我也不對你這等草木之輩閑話，你且不要走，放馬來！」把刀一晃，直取文聘。崇黑虎忙舉雙斧砍來，一似車輪。六騎交鋒，直殺得：

空中飛鳥藏林內，山裡猿蟲隱穴中。

孔宣見這五員大將，兵器來得甚是兇猛，若不下手，反為他所算。把背後五道光華往下一晃，五員戰將一去毫無蹤影，只剩得五騎歸營。子牙正坐，只見探事官來報：「五將被孔宣華光撒去，請令定奪。」子牙大驚曰：「雖然殺了高繼能，倒又折了五將！且按兵不動。」話說孔宣進營，把神光一抖，只見五將跌下，照前昏迷。吩咐左右監在後營。孔宣見左右并無一將，只得自己一個，也不來請戰，只阻住咽喉總路，周兵如何過去得？

話說子牙頭運糧草官楊戩至轅門下馬，大驚曰：「這時候還在此處？」軍政官報與子牙：「督運官楊戩聽令。」子牙傳令：「令來。」楊戩上帳參謁畢，稟曰：「催糧三千五百，不誤限期，請令定奪。」子牙曰：「督糧有功，乃是為國。」楊戩曰：「是何人領兵阻在此處？」子牙把死了黃天化，並擒拿了許多將官的事說了一遍。楊戩聽得黃天化已死，正是：

道心推在汪洋海，卻把無名火上來。

楊戩曰：「明日元帥親臨陣前，待弟子看他是甚麼東西作怪，好以法治之。」子牙曰：「這也有理。」楊戩下帳，只見南宮适、武吉對楊戩曰：「孔宣連拿黃飛虎、洪錦、哪吒、雷震子，莫知去向。」楊戩曰：「吾有照妖鑑在此，不曾送上終南山去。明日元帥會兵，便知端的。」次日，子牙帶眾門人出營，來會孔宣。巡營軍卒報入中軍。孔宣聞報出來，復會子牙，曰：「你等無故造反，誣謗妖言，惑亂天下諸侯，妄起兵端，欲至孟津會合天下叛賊；我也不與你廝殺，我只阻住你不得過去，看你如何會得成！待你等糧草盡絕，我再拿你未遲。」只見楊戩在旗門下把照妖鑑照著孔宣，看鏡裡面似一塊五彩裝成的瑪瑙，滾前滾後。楊戩暗思：「這是個甚麼東西？」孔宣看見楊戩照他，孔宣笑曰：「楊戩，你將照妖鑑上前來照，那遠遠照，恐不明白。大丈夫當明白做事，不可暗地裡行藏。我讓你照！」楊戩被孔宣說明，便走馬至軍前，舉鑑照孔宣，也是如前一般，楊戩遲疑。

孔宣見楊戩不言不語，只管照，心中大怒，縱馬搖刀直取。楊戩三尖刀急架相還。刀來刀架，兩馬盤旋，戰有三十回合，未分勝負。楊戩見起先照不見他的本像，及至廝殺，又不見取勝，心下十分焦躁，忙祭起哮天犬在空中。那哮天犬方欲下來奔孔宣，不覺自己身輕飄飄落在神光裡面去了。韋護來助楊戩，忙將降魔杵打將下來，孔宣把神光一撒。楊戩見勢頭不好，知他身後的神光利害，駕金光走了。只見韋護的降魔杵早落在紅光之中去了。孔宣大呼曰：「楊戩，我知道你有八九玄機，善能變化，如何也逃走了？敢再出來會我？」韋護見失了寶杵，將身隱在旗下，面面相覷。孔宣大呼：「姜尚！今日與你定個雌雄！」孔宣走馬來戰子牙。後有李靖大怒，罵曰：「你是何等匹夫！焉敢如此猖獗！」搖戟直沖向前，抵住孔宣的刀。二將又戰在虎穴龍潭之中。李靖祭起按三十三天玲瓏金塔往下打來。孔宣把黃光一絞，

金塔落去無蹤無影。孔宣叫：「李靖不要走！來擒你也！」正是：

紅光一展無窮妙，方知玄內有真玄。

話說金木二吒見父親被擒，兄弟二人四口寶劍飛來，大罵：「孔宣逆賊！敢傷吾父！」兄弟二人舉劍就砍，孔宣手中刀急架相迎。只三合，金吒祭遁龍樁，木吒祭吳鉤劍，俱祭在空中，總來孔宣把這些寶貝不為稀罕，只見俱落在紅光裡面去了。金木二吒見勢不好，欲待要走，被孔宣把神光復一撒，早已拿去。子牙見此一陣折了許多門人，不覺怒從心上起，惡向膽邊生：「吾在崑崙山也不知會過多少高明之士，豈懼你孔宣一匹夫哉！」催開四不相來戰孔宣。未及三四回合，孔宣將青光往下一撒。子牙見神光來得利害，忙把杏黃旗招展，那旗現有千朵金蓮，護住身體，青光不能下來。此正是玉虛之寶，自比別樣寶貝不同。孔宣大怒，驟馬趕來。子牙後隊惱了鄧嬋玉，用手把馬撐回，抓一塊五光石打來。正是：

發手紅光出五指，流星一點落將來。

孔宣被鄧嬋玉一石打傷面門，勒轉馬望本營逃回，不防龍吉公主祭起鸞飛寶劍，從孔宣背後砍來。孔宣不知，左臂上中了一劍，大叫一聲，幾乎墮馬，負痛敗進營來。坐在帳中，忙取丹藥敷之，立時痊癒。方把神光一抖，收了諸般法寶，仍將李靖、金木二吒監禁，切齒深恨不表。

子牙鳴金收軍回營，只見楊戩已在中軍。子牙陞帳，問曰：「眾門人俱被拿去，你如何倒還來了？」楊戩曰：「弟子仗師尊妙法，師叔福力，見孔宣神光利害，弟子預先化金光走了。」子牙見楊戩未曾失利，心中還略覺安妥，然而心下甚是憂悶：「吾師偈中說：界牌關下遇誅仙。如何在此處有這枝人馬阻住許久？似此如之奈何！」正憂悶之間，武王差小校來請子牙後帳議事。子牙忙至後帳，行禮坐下。武

王曰：「聞元帥連日未能取勝，屢致損兵折將，元帥既為諸將之元首，六十萬生靈俱懸于元帥掌握。今一旦信任天下諸侯狂悖，陡起議論，糾合四方諸侯，大會孟津，觀政于商，致使天下鼎沸，萬姓洶洶，糜爛其民。今阻兵于此，眾將受羈縻之厄，三軍擔不測之憂，使六十萬軍士拋撇父母妻子，兩下憂心，不能安生；使孤遠離膝下，不能盡人子之禮，又有負先王之言。元帥聽孤，不若回兵，固守本土，以待天時，聽他人自為之，此為上策。元帥心下如何？」

子牙答曰：「大王之言雖是，老臣恐違天命。」武王曰：「天命有在，何必強為！豈有凡事阻逆之理？」子牙被武王一篇言語把心中惑動，這一會執不住主意，至前營傳令與先行官：「今夜減灶班師。」眾將官打點收拾起行，不敢諫阻。二更時，轅門外來了陸壓道人，忙忙急急大呼：「傳與姜元帥！」子牙方欲回兵，軍政官報入：「啟元帥：有陸壓道人在轅門外來見。」子牙忙出迎接。二人攜手至帳中坐下。子牙見陸壓喘息不定，子牙曰：「道兄為何這等慌張？」陸壓曰：「聞你退兵，貧道急急趕來，故爾如此。」乃對子牙曰：「切不可退兵！若退兵之時，使眾門人俱遭橫死。天數已定，決不差錯。」子牙聽陸壓一番言語，也無主張，故此子牙復傳令：「叫大小三軍，依舊紮住營寨。」武王聽見陸壓來至，忙出帳相見，問其詳細。陸壓曰：「大王不知天意。大抵天生大法之人，自有大法之人可治。今若退兵，使被擒之將俱無迴生之日。」武王聽說，不敢再言退兵。

且說次日孔宣至轅門搦戰，探馬報入中軍。陸壓上前曰：「貧道一往，會會孔宣，看是如何。」陸壓出了轅門，見孔宣全裝甲冑。陸壓問曰：「將軍乃是孔宣？」宣答曰：「然也。」陸壓曰：「足下既為大將，豈不知天時人事？今紂王無道，天下分崩，願共伐獨夫，足下以一人欲挽回天意耶？甲子之期

乃滅紂之日，你如何阻得住？倘有高明之士出來，足下一旦失手，那時悔之晚矣。」孔宣笑曰：「料你不過草莽惡夫，識得甚麼天時人事！」把刀一晃，來取陸壓，陸壓手中劍急架忙迎。步馬相交，未及五六合，陸壓取葫蘆欲放斬仙飛刀；只見孔宣將五色神光望陸壓撒來。陸壓知神光利害，化作長虹而走，進得營來，對子牙曰：「果是利害，不知是何神異，竟不可解。貧道只得化長虹走來，再作商議。」子牙聽見，越加煩悶。孔宣在轅門不肯回去。「只要姜尚出來見我，以決雌雄，不可難為三軍苦于此地！」左右報入中軍，子牙正沒奈何處治。孔宣在轅門大呼曰：「姜尚有元帥之名，無元帥之行，畏刀避劍，豈是丈夫所為！」正在轅門百般罵子牙，只見二運官土行孫剛至轅門，見孔宣口出大言，心下大怒：「這匹夫焉敢如此藐視元帥！」土行孫大罵：「逆賊是誰？敢如此無理！」孔宣擡頭，見一矮子，提條鐵棍，身高不過三四尺長，孔宣笑曰：「你是個甚麼東西，也來說話？」土行孫也不答話，滾到孔宣的馬足下來，舉棍就打。孔宣輪刀來架。土行孫身子伶俐，左右竄跳，三五合，孔宣甚是費力。土行孫見孔宣如此轉折，隨縱步跳出圈子，誘之曰：「孔宣，你在馬上不好交兵，你下馬來，與你見個彼此；吾定要拿你，方知吾的手段！」孔宣原不把土行孫放在眼裡，便以此為實。暗想：「這匹夫合該死！不要講刀砍他，只是一腳也踢做兩斷。」孔宣曰：「吾下馬來與你戰，看你如何！」這個正是：

欲要成功扶紂王，誰知反中巧中機。

孔宣下馬，執劍在手，往下砍來，土行孫手中棍望上來迎。二人惡戰在嶺下。且說報馬報入中軍：「啟元帥：二運官土行孫運糧至轅門，與孔宣大戰。」子牙著忙，恐運糧官被擄，糧道不通，令鄧嬋玉出轅門掠陣，嬋玉立在轅門不表。且說土行孫與孔宣步戰，大抵土行孫是步戰慣了的，孔宣原是馬上將

官，下來步戰，轉折甚是不及，反被土行孫打了幾下。孔宣知是失計，忙把五色神光往下撒來。土行孫見五色光華來得疾速神異，知道利害，忙把身子一扭，就不見了。孔宣見落了空，忙看地下。不防鄧嬋玉發手打來一石，喝曰：「逆賊看石！」孔宣聽得響，及至擡頭時，已是打中面門，哎呀一聲，雙手掩面，轉身就走。嬋玉乘機又是一石，正中後頸，著實帶了重傷，逃回行營。土行孫夫妻二人大喜，進營見子牙，將打傷孔宣，得勝回營的話說了一遍。子牙亦喜，對土行孫曰：「孔宣五色神光，不知何物，攝許多門人將佐。」土行孫曰：「果是利害，俟再為區處。」子牙與土行孫慶功不表。

孔宣坐在營中大惱，把臉被他打傷二次，頸上亦有傷痕，心中大怒，只得服了丹藥。次日痊癒上馬，只要發石的女將，以報三石之仇。報馬報入中軍，鄧嬋玉就欲出陣。子牙曰：「你不可出去。你發石打過他三次，他豈肯善與你甘休？你今出去，必不有利。」子牙止住嬋玉，吩咐：「且懸免戰牌出去。」孔宣見周營懸掛免戰牌，怒氣不息而回。且說次日燃燈道人來至轅門，軍政官報入中軍：「啟元帥：有燃燈道人至轅門。」子牙忙出轅門迎接，入帳行禮畢，尊于上坐。子牙口稱老師，將孔宣之事一一陳訴過一遍。燃燈曰：「吾盡知之，今日特來會他。」子牙傳令去了免戰牌。左右報于孔宣。孔宣知去了免戰牌，忙上馬提刀，至轅門請戰，燃燈飄然而出。孔宣知是燃燈道人，笑曰：「燃燈道人，你是清靜閒人，吾知你道行甚深，何苦也來惹此紅塵之禍？」燃燈曰：「你既知我道行深高，你便當倒戈投順，同周王進五關，以伐獨夫；如何執迷不悟，尚敢支吾也？」孔宣大笑曰：「我不遇知音，不發言語。你說你道行深高，你也不知我的根腳，聽我道來：

混沌初開吾出世，兩儀太極任搜求。如今了卻生生理，不向三乘妙裡遊。」

孔宣道罷，燃燈一時也尋思不來：「不知此人是何物得道？」燃燈曰：「你既知興亡，深通玄理，如何天命不知，尚兀自逆天耶？」孔宣曰：「此是你等惑眾之言，豈有天位已定，而反以叛逆為正之理？」燃燈曰：「你這孽障！你自恃強梁，口出大言，毫無思忖，必有噬臍之悔！」孔宣大怒，將刀一擺，就來戰燃燈。燃燈口稱：「善哉！」把寶劍架刀，纔戰二三回合，燃燈忙祭起二十四粒定海珠來打孔宣。孔宣忙把神光一撮，只見那寶珠落在神光之中去了。燃燈大驚，又祭紫金缽盂，只見也落在神光中去了。燃燈大呼：「門人何在？」只聽半空中一陣大風飛來，內現一隻大鵬鵰來了。孔宣見大鵬鵰飛至，忙把頂上盔挺了一挺，有一道紅光直沖牛斗，橫在空中。燃燈道人仔細定睛，以慧眼觀之，不見明白，只聽見空中有天崩地塌之聲。有兩個時辰，只聽得一聲響亮，把大鵬鵰打下塵埃。孔宣忙催開馬，把神光來撒燃燈。燃燈借著一道祥光，自回本營，見子牙陳說利害，不知他是何物。只見大鵬鵰也隨至帳前。燃燈問大鵬曰：「孔宣是甚麼東西得道？」大鵬曰：「弟子在空中，只見五色祥雲護住他的身子，也像有兩翅之形，但不知是何鳥。」正議之間，軍政官來報：「有一道人至轅門求見。」子牙同燃燈至轅門迎接。見此人挽雙抓髻，面黃身瘦，髻上戴兩枝花，手中拿一株樹枝，見燃燈來至，大喜曰：「道友請了！」燃燈忙打稽首曰：「道兄從何處來？」道人曰：「吾從西方來，欲會東南兩度有緣者。今知孔宣阻逆大兵，特來渡彼。」燃燈已知西方教下道人，忙請入帳中。那道人見紅塵滾滾，殺氣騰騰，滿目俱是殺運，口裡只道：「善哉！善哉！」來至帳前，施禮坐下。燃燈問曰：「貧道聞西方乃極樂之鄉，今到東土，濟渡眾生，正是慈悲方便。請問道兄尊姓大名？」道人曰：「貧道乃西方教下準提道人是也。前日廣成子道友在俺西方，借青蓮寶色旗，也會過貧道。今日孔宣與吾西方有緣，特來請他同赴極樂之鄉。」燃

燈聞言大喜曰：「道兄今日收伏孔宣，可以無誤武王東進之期矣。」準提曰：「孔宣得道，根行深重，與西方有緣，故特來收之。」準提道罷，即出營來會孔宣。不知勝負如何，且聽下回分解。

第七十一回　姜子牙三路分兵

丞相興兵列戰車，虎賁將士實堪誇。諸侯鼓舞皆忘我，黎庶謳歌盡棄家。
劍戟森羅飛瑞彩，旌旗掩映舞朝霞。須知天意歸仁聖，縱有征誅若浪沙。

話說準提道人上嶺，大呼曰：「請孔宣答話！」少時，孔宣出營，見一道人來得蹊蹺。怎見得，有偈為證，偈曰：

身披道服，手執樹枝。八德池邊常演道，七寶林下說三乘。頂上常懸舍利子，掌中能寫沒文經。飄然真道客，秀麗實奇哉。煉就西方居勝境，修成永壽脫塵埃。蓮花成體無窮妙，西方首領大仙來。

話說孔宣見準提道人，問曰：「那道者通個名來！」道人曰：「貧道與你有緣，特來同你享西方極樂世界，演講三乘大法，無罣無礙，成就正果，完此金剛不壞之體，豈不美哉！何苦於此殺劫中尋生活耶？」孔宣大笑曰：「一派亂言，又來惑吾！」道人曰：「你聽我道來，我見你有歌為證，歌曰：

功滿行完宜沐浴，煉成本性合天真。天開於子方成道，九戒三皈始自新。
脫卻羽毛歸極樂，超出樊籠養百神。洗塵滌垢全無染，返本還元不壞身。」

孔宣聽罷大怒，把刀望道人頂上劈來。準提道人把七寶妙樹一刷，把孔宣的大杆刀刷在一邊。孔宣忙取

金鞭在手，復望準提道人打來。道人又把七寶妙樹刷來，把孔宣的鞭又刷在一邊去了。孔宣止存兩隻空手，心上著急，忙將當中紅光一撒，把準提道人撒去。燃燈看紅光撒去了準提道人，不覺大驚。只見孔宣撒去了準提道人，只是睜著眼，張著嘴，須臾間，頂上盔，身上袍甲，紛紛粉碎，連馬壓在地下，只聽得孔宣五色光裡一聲雷響，現出一尊聖像來，十八隻手，二十四首，執定瓔珞、傘蓋、花貫、魚腸、加持神杵、寶銼、金鈴、金弓、銀戟、旛旗等件。準提道人作偈曰：

「寶焰金光映日明，西方妙法最微精。千千瓔珞無窮妙，萬萬祥光逐次生。

加持神杵人罕見，七寶林中豈易行。今番同赴蓮臺會，此日方知大道成。」

且說準提道人將孔宣用絲絛扣著他頸下，把加持寶杵放在他身上，口稱：「道友，請現原形！」霎時間，現出一隻目細冠紅孔雀來。準提道人坐在孔雀身上，一步步走下嶺，進了子牙大營。準提道人曰：「貧道不下來了。」欲別子牙。子牙曰：「老師大法無邊。孔宣將吾許多門人諸將不知放于何地？」準提問孔宣曰：「道友今日已歸正果，當還子牙眾將門人。」孔雀應曰：「俱監在行營裡。」準提道人對子牙說過，別了燃燈，把孔雀一拍，只見孔雀二翅飛騰，有五色祥雲紫霧盤旋，逕往西方去了。

且說子牙同韋護、陸壓，領眾將至孔宣行營，招降兵卒。眾兵見無頭領，俱願投降，子牙許之。忙至後營放眾門人。諸將等出來，至本營拜謝子牙、燃燈畢。次日，崇黑虎等回崇城，燃燈、陸壓俱各歸山，楊戩仍催糧去訖。子牙傳令催動人馬，大軍過了金雞嶺，一路無詞。兵至汜水關，探軍報入，子牙傳令安營，在關下紮住大寨。怎見得：

營安勝地，寨背孤虛。南分朱雀北玄武，東按青龍西白虎。打更小校搖金鈴，傳箭兒郎鳴戰鼓。

依山傍水結行營，暗伏強弓百步弩。

子牙陞帳坐下，將正印僉哪吒為先行，把南宮适補後哨，住兵三日。

且說汜水關韓榮聞孔宣失機，周兵又至關下，與眾將上城，看子牙人馬著實整齊。但見得：

一團殺氣，擺一川鐵馬兵戈；五彩紛紛，列千桿紅旗赤幟。畫戟森羅，輕飄豹尾描金五彩旛；兵戈凜冽，樹立斬虎屠龍純雪刃。密密鋼鋒，如列百萬大小水晶盤；對對長鎗，似排數千粗細冰淋尾。幽幽畫角，猶如東海老龍吟；唧唧提鈴，酷似簷前鐵馬響。長弓初吐月，短弩似飛星。錦帳圍營如密布，旗旛繡帶似層雲。道服儒巾，盡是玉虛門客；紅袍玉帶，都係走馬先行。正是：子牙東進兵戈日，我武惟揚在此行。

韓榮看子牙大營，盡是大紅旗，心上疑惑。韓榮下城，在銀安殿與眾將官修本，差官往朝歌告急；一邊點將上城，設守城之法。且說子牙在中軍正坐，有先行官哪吒進前言曰：「兵至關下，宜當速戰。師叔住兵不戰，何也？」子牙曰：「不可。吾如今三路分兵：一路取佳夢關，一路取青龍關，吾自取汜水關，方免吾軍左右受敵也。但督兵分取二關，非才德兼全、英雄蓋世者不足以當此任。吾知非黃將軍、洪將軍不可。」二將齊聲願往。子牙曰：「二位可拈一鬮，分為左右。」二將應喏。子牙把二鬮放在桌上，只見黃飛虎拈的是青龍關，洪錦拈的是佳夢關。二將各掛紅簪花，每一路分兵十萬。黃飛虎的先行是鄧九公、黃明、周紀、龍環、吳謙、黃飛豹、黃飛彪、黃天祿、黃天爵、黃天祥、太鸞、鄧秀、趙昇、孫焰紅，擇吉日祭旗，往青龍關去了。洪錦的先行是季康、南宮适、蘇護、蘇全忠、辛免、太顛、閎夭、祁恭、尹籍，分兵十萬，往佳夢關去了。卻說洪錦離了汜水關，一路上浩浩軍威，人喊馬嘶，三軍踴躍；

過了些重山重水，縣府州衙，哨馬報入中軍：「前至佳夢關了。」洪錦傳令安營，立了大寨。三軍吶喊，洪錦陞帳，眾將參謁。

洪錦曰：「兵行百里，不戰自疲。俟次日誰先取關走一遭？」季康應聲：「願往。」洪錦許之。季康次日，上馬提刀，至關下搦戰。佳夢關主將胡升、胡雷、徐坤、胡雲鵬正議退兵，只見報馬入帥府：「啟總兵：周將請戰。」胡升問：「誰人退周將走一遭？」旁有徐坤領令，全裝甲冑出關。季康認得是徐坤，大呼曰：「徐坤，今日天下盡屬周主，汝何為尚逆天命而強戰也？」徐坤大罵：「反賊！諒爾不過一走使耳，你有何能，敢出大言！」縱馬搖鎗直取，季康手中刀赴面交還。兩馬相交，大戰五十餘合。季康口中念念有詞，只見頂上一道黑氣，黑氣中現一狗頭；正酣戰之間，徐坤被狗夾臉一口。徐坤未曾防備，怎經得一口？不覺手中鎗法大亂，早被季康手起一刀，揮于馬下，梟了首級，掌鼓進營報功不題。且說報馬報與胡升，說徐坤陣亡，胡升心下甚是不樂。次日，左右又報：「有周將討戰。」胡升令胡雲鵬走一遭。雲鵬領令上馬，提斧出得關來，看來將乃是蘇全忠。胡雲鵬大罵：「反賊！天下反完了，你也不可反。你姐姐是朝陽寵后，這等忘本！你好生坐在馬上，待吾來擒你！」二馬撥開，鎗斧併舉，大戰龍潭虎穴。戰有三四十合，胡雲鵬不覺汗流。正是：

征雲慘淡遮紅日，海沸江翻神鬼愁。

胡雲鵬那裡是蘇全忠對手，只殺得馬仰人翻，措手不及，被蘇全忠大呼一聲，把胡雲鵬刺于馬下，梟了首級，回營見洪錦報功。哨馬又報入關中，報與主將曰：「胡雲鵬失機陣亡。」胡升與胡雷曰：「賢弟，今兩陣連失二將，天命可知。況今天下歸周，非止一處，俺弟兄商議，不若歸周，以順天時，亦不失豪

傑之所為。」胡雷曰：「長兄之言差矣！我等世受國恩，享天下高爵厚祿，今當國家多事之秋，不思報本，以分主憂，而反說此貪生之語。常言道：『主憂臣辱。』以死報國，理之當然。長兄切不可提此傷風敗俗之言！待吾明日定要成功。」胡升默然無言可對，各歸營中歇息。

次日，胡雷奮勇出關，向周營討戰。報馬報入中軍，有南宮适出馬。胡雷大呼：「南宮适慢來！」胡雷手中刀望南宮适頂門上砍來，南宮适手中刀劈面相迎。兩馬相交，雙刀併舉，一場大戰。怎見得，有贊為證，贊曰：

二將兇猛俱難併，棋逢對手如梟獍。來來去去手無停，下下高高心不定。一個扶王保駕棄殘生，
一個展土開疆拚性命。生前結下殺人冤，兩虎一傷方得勝。

南宮适與胡雷戰有三四十合，被南宮适賣個破綻，胡雷用力一刀砍入南宮适懷裡來，馬頭相交，南宮适讓過刀，伸開手把胡雷生擒活捉拿至軍前，轅門下馬，逕進中軍報功。洪錦傳令：「推來。」及至眾士卒將胡雷推至帳前，立而不跪。洪錦曰：「既被擒來，何得抗拒？」胡雷大罵曰：「反國逆賊！你不思報國大恩，反助惡成害，真狗彘也！吾恨不能食汝之肉！」洪錦大怒，命：「推出去，斬訖報來！」立時將胡雷推出轅門，須與斬首號令。洪錦方與南宮适賀功，纔飲酒，旗門來報：「胡雷又來討戰。」洪錦大怒，傳令：「把報事官斬了！為何報事不明？」左右一聲，把報事官綁出去。報事官大呼冤枉！洪錦令推回來，問其故：「你報事不明，理當該斬，為何口稱冤枉？」報事官曰：「老爺，小人怎敢報事不明？外面果然是胡雷。」

南宮适曰：「待末將出營，便知端的。」洪錦沉吟驚異。只見南宮适復上馬出營來見，果是胡雷。

南宮适大罵曰：「妖人焉敢以邪術惑吾！不要走！」縱馬舞刀，二將復戰。其如胡雷本事實不如南宮适，未及三十合，依舊擒胡雷下馬，掌鼓進營，來見洪錦。洪錦大喜，將胡雷推至軍前。洪錦不知何術，兩邊大小眾將紛紛亂議，驚動後營。龍吉公主上中軍帳來問其緣故，洪錦將胡雷的事說了一遍。龍吉公主叫把胡雷推至帳前一看，公主笑曰：「此乃小術，有何難哉！」叫把胡雷頂上頭髮分開，公主取三寸五分乾坤針放在胡雷泥丸宮釘將下去，立時斬了。公主曰：「此乃替身法，何足為奇！」正是：

因斬胡雷招大禍，子牙難免這場非。

話說洪錦斬了胡雷，號令在轅門。有報馬報入關中：「啟總兵爺：二爺陣亡，號令轅門。」胡升大驚：「吾弟不聽吾言，故有喪身之厄。今天下大半歸周，不如投降為上。」令中軍官修納降文書，速獻關寨，以救生民塗炭。只見左右將納降文表修理停當，只等差人納款。

且說洪錦正與眾將飲酒賀功，忽報：「佳夢關差將納款。」洪錦傳：「令來。」將差官令至軍前，呈上降表。洪錦展開觀看：

鎮守佳夢關總兵胡升洎❶佐貳眾將等，謹具降表與奉天討逆元帥麾下：升等仕商有年，豈意紂王肆行不道，荒淫無度，見棄于天；仇溺士庶，皇天不保。特命大周興兵以張天討，兵至佳夢關。升等不自度德，反行拒敵，致勞元戎奮威，斬將殄兵，莫敢抵當。今已悔過改行，特修降表，遣使納款，懇鑒愚悃，俯容改過之恩，以啟更新之路。正元帥不失代天宣化之心，弔民伐罪之舉，則升等不勝感激待命之至。謹表。

---

❶ 洎：音ㄐㄧˋ，及。

洪錦看罷，重賞差官：「我也不及回書，明日早進關安民便了。」來使回關見胡升，稟曰：「洪總兵准其納款，不及回書，明早進關。」胡升令左右將佳夢關上豎起周家旗號，打點戶口冊籍，庫藏錢糧，俟明早交割事宜。正打點間，忽報：「府外來有一穿紅的道姑，要見老爺。」胡升不知就裡，傳令：「請來。」少時，道姑從中道而進，甚是兇惡，腰束水火絛，至殿前打稽首。胡升欠身還禮，問曰：「師父至此，有何見諭？」道姑曰：「吾乃丘鳴山火靈聖母是也。汝弟胡雷是吾徒弟，因死于洪錦之手，吾特下山來為他復仇。汝係他同胞弟兄，不念手足之情，君臣之義，乃心向外人，而反與仇敵共立哉！」胡升聽得此語，忙下拜，口稱：「老師，弟子實是不知，有失迎迓，望乞恕罪。弟子非是事仇，自思兵微將寡，才淺學疏，不足以當此任；況天下紛紛，俱思歸周，縱然守住，終是要屬他人，徒令軍民日夜辛苦。弟子不得已納降，不過救此一郡生靈耳，豈是貪生畏死之故？」火靈聖母曰：「這也罷了。只我下山，定復此仇。你可將城上還立起成湯旗號，我自有處。」胡升沒奈何，又拽起成湯旗來。

洪錦正打點明日進關，只見報馬來報：「佳夢關依舊又拽起成湯旗號。」洪錦大怒：「這匹夫敢如此反覆戲侮我！等待明日拿匹夫碎尸萬段，以泄此恨！」且說火靈聖母問胡升曰：「關中有多少人馬？」胡升曰：「馬步軍卒有二萬。」聖母曰：「你挑選三千名出來，我自下教軍場教演，方有用處。」胡升即選三千熊彪大漢。聖母命三千人俱穿大紅，赤足，披髮，背上帖一紅紙葫蘆，腳心裡俱書寫風火符印，一隻手執刀，一隻手執旛，下教場操演不題。且說次日，洪錦命蘇全忠關下討戰。胡升掛免戰牌。全忠只得回營，見洪錦曰：「胡升掛免戰二字，末將只得暫回。」洪錦怒氣不息。只見火靈聖母操演人馬，至一七方纔精熟。那日，火靈聖母命關上去了免戰牌，一聲砲響，關中軍馬齊出。火靈聖母騎金眼駝，

將煉成火龍兵，隱在後面，先令胡升在前討戰。

胡升得令，一馬當先，來至軍前，要洪錦出來答話。探馬報入關中：「關上有胡升討戰。」洪錦聞報，上馬提刀，帶左右將官出營。一見胡升，大罵：「逆賊！反覆無常，真乃狗彘匹夫！敢來戲侮于我！」縱馬舞刀直取。胡升未及還手，只見火靈聖母催開金眼駝，用兩口太阿劍，大呼：「洪錦不要走！吾來也！」洪錦仔細定睛，見道姑連人帶獸，似一塊火光滾來。洪錦問曰：「來者何人？」聖母答曰：「吾乃丘鳴山火靈聖母是也。你敢將吾門下胡雷殺了！吾今特來報仇。你可速速下馬受死，莫待吾怒起，連累此十萬生靈，死無噍類❷也。」道罷，將太阿劍飛來直取，洪錦手中大桿刀火速忙迎。未及數合，洪錦方欲用旗門遁以誅火靈聖母，但不知聖母頭上戴一頂金霞冠，冠上有一淡黃色包袱蓋住，火靈聖母將包袱挑開，現出十五六丈金光，把火靈聖母籠罩當中。他看得見洪錦，洪錦看不見他，早被聖母把洪錦照前甲上一劍砍來。洪錦躲不及，已劈開鎖子連環甲。洪錦哎呀一聲，帶傷而逃。火靈聖母招動三千火龍兵沖殺進大營來。好利害！怎見得好火，有賦為證，賦曰：

炎炎烈焰迎空燎，赫赫威風遍地紅。卻似火輪飛上下，猶如火鳥舞西東。這火不是燧人鑽木，又不是老君煉丹；非天火，非野火，乃是火靈聖母煉成一塊三昧火。三千火龍兵勇猛，風火符印合五行，五行生化火煎成。肝木能生心火旺，心火致令脾土平。脾土生金金化水，水能生木徹通靈。生生化化皆因火，火燎長空萬物榮。燒倒旗門無攔擋，抛鑼棄鼓各逃生。焦頭爛額尸堆積，為國亡身一旦空。正是：洪錦災來難躲避，龍吉公主也遭凶。

❷ 噍類：謂生存之人口。

話說洪錦身著劍傷，逃進大營。不意火靈聖母領三千火龍兵沖殺進營，勢不可當。三軍叫苦，自相踐踏，死者不計其數。龍吉公主在後營，聽得一聲三軍吶喊，急上馬撐劍，走出中軍，見洪錦伏鞍而逃，洪錦不及對龍吉公主說金光的事，龍吉公主只見火勢沖天，烈煙捲起，正欲念咒救火，又見一塊金光奔至面前。公主不知所以，忙欲看時，被火靈聖母舉劍照龍吉公主劈來。不知性命如何，且聽下回分解。

第七十二回　廣成子三謁碧遊宮

三叩玄關禮大仙，貝宮珠闕自天然。翔鸞對舞瑤堦下，馴鹿呦鳴碧檻前。
無限干戈從此肇，若多誅戮自今先。周家旺氣承新命，又有西方正覺緣。

話說龍吉公主被火靈聖母一劍砍傷胸膛，大叫一聲，撥轉馬望西北逃走，火靈聖母追趕有六七十里方回。這一陣洪錦折兵一萬有餘。胡升大喜，迎接火靈聖母進陣。只見龍吉公主乃蕊宮仙子，今墮凡塵，也不免遭此一劍之厄。夫妻帶傷而逃，至六七十里，方纔收集敗殘人馬，立住營寨。忙取丹藥敷搽，一時即癒。忙作文書申姜元帥求援兵。且說差官非一日至子牙大營，子牙正坐，忽報：「洪錦遣官，轅門等令。」子牙命：「令來。」差官進營叩頭，呈上文書。子牙展開，書曰：

奉命東征佳夢關副將洪錦頓首百拜，奉書謹啟大元戎麾下：末將以樗櫟之才❶，謬叨重任，日夜祇懼，恐有不克負荷，有傷元帥之明。自分兵抵關之日，屢獲全勝，因獲逆命守關裨將胡雷，擅用妖術，被末將妻用法斬之。豈意彼師火靈聖母欲圖報仇，自恃道術，末將初會戰時，不知深淺，誤中

❶ 樗櫟之才：自謙之辭。莊子逍遙遊：「吾有大樹，人謂之樗，其大本擁腫而不中繩墨，其小枝卷曲而不中規矩，立之塗，匠者不顧。」又人間世：「匠石至齊，至於曲轅，見櫟社樹，其大蔽千牛，絜之百圍，匠石不顧曰：『散木也，是不材之木也，無所可用，故能若是之壽。』」因用樗櫟之才為無用之喻。

他火龍兵沖來，勢不可解，大折一陣。乞元帥速發援兵，以解倒懸❷。非比尋常可以緩視之也。謹此上書，不勝翹望之至！

話說子牙看罷大驚：「這事非我自去不可！」隨吩咐李靖：「暫署大營事務，候我親去走一遭。爾等不可違吾節制，亦不可與汜水關會兵；緊守營寨，毋得妄動，以挫軍威，違者定按軍法！等我回來，再取此關。」李靖領命。

子牙隨帶韋護、哪吒，調三千人馬，離了汜水關，一路上滾滾征塵，重重殺氣，非止一日，來到佳夢關安營，不見洪錦的行營。子牙陞帳坐下，半晌，洪錦打聽子牙兵來，夫妻方移營至轅門聽令。子牙把洪錦令入中軍，夫妻上帳請罪，備言失機折軍之事。子牙曰：「身為大將，受命遠征，須當見機而作，如何造次進兵，致有此一場大敗！」洪錦啟曰：「起先俱得全功，不意一道姑名曰火靈聖母，有一塊金霞，方圓有十餘丈罩住他；末將看不見他，他反看得見我。又有三千火龍兵，似一座火焰山一擁而來，勢不可當；軍士見者先走，故此失機。」子牙聽罷，心下甚是疑惑：「此又是左道之術。」正思量破敵之計。

且說火靈聖母在關內連日打探，洪錦不見抵關。只見這一日報馬報入城來，報姜子牙親提兵至此。火靈聖母曰：「今日姜尚自來，也不負我下山一場。我必親會他，方纔甘心。」別了胡升，忙上金眼駝，暗帶火龍兵出關，至大營前，坐名要子牙答話。報馬報入中軍：「稟元帥：火靈聖母坐名請元帥答話。」子牙即便帶了眾將佐，點砲出營。火靈聖母大呼曰：「來者可是姜子牙麼？」子牙答曰：「道友，不才

❷ 以解倒懸：即以解倒懸之急。孟子公孫丑：「民之悅之，猶解倒懸也。」倒懸喻困苦。

便是。道友，你既在道門，便知天命。今紂惡貫盈，天人共怒，天下諸侯，大會孟津，觀政于商，你何得助紂為虐，逆天行事，獨不思得罪于天耶？況吾非一己之私，奉玉虛符命，以恭行天之罰，道友又何必逆天強為之哉？不若聽吾之言，倒戈納降，吾亦體上天好生之仁，決不肯糜爛其民也。」火靈聖母笑曰：「你不過仗那一番惑世誣民之談，愚昧下民。料你不過一釣叟，貪功網利，鼓弄愚民，以為己功，怎敢言應天順人之舉？且你有多大道行，自恃其能哉！」催開金眼駝，仗劍來取。子牙手中劍火速忙迎。左有哪吒，登開風火輪，使開火尖鎗，劈胸就刺；韋護持降魔杵，掉步飛騰；三人戰住聖母。正是：

大蟒逞威噴紫霧，蛟龍奮勇吐光輝。

火靈聖母那裡經得起三人惡戰，鎗杵環攻，抽身回走，用劍挑開淡黃袱，金霞冠放出金光，約有十餘丈遠近。子牙看不見火靈聖母，聖母提劍把子牙前胸一劍，子牙又無鎧甲抵擋，竟砍開皮肉，血濺衣襟，撥轉四不相望西逃走。火靈聖母大呼曰：「姜子牙！今番難逃此厄也！」三千火龍兵一齊在火光中吶喊。只見大轅門金蛇亂攪，圍子內個個遭殃，火焰沖于霄漢，赤光燒盡旌旗，一會家副將不能顧主將。正是：刀砍尸體滿地，火燒人臭難聞。且言火靈聖母趕子牙，又趕至無躲無閃之處，前走的一似猛弩離弦；後趕的好似飛雲掣電。子牙一來年紀高大，劍傷又疼，被火靈聖母把金眼駝趕到至緊至急之處，不得相離。子牙正在危迫之間，又被火靈聖母取出一個混元鎚望子牙背上打來，正中子牙後心，翻觔斗跌下四不相去了。火靈聖母下了金眼駝，來取子牙首級。只聽得一人作歌而來：

「一徑松竹籬扉，兩葉煙霞窗戶。三卷黃庭經，四季花開處。新詩信手書，丹爐自己扶。垂綸菱浦，散步溪山處。坐回蒲團，調動離龍坎虎。功夫披塵遠世途，狂呼嘯傲兔和烏。」

話說火靈聖母方去取子牙首級，只見廣成子作歌而至。火靈聖母認得是廣成子，大呼曰：「廣成子！你不該來！」廣成子曰：「吾奉玉虛符命，在此等你多時矣！」火靈聖母大怒，仗劍砍來。這一個輕移道步，那一個急轉麻鞋；劍來劍架，劍鋒斜刺一團花；劍去劍迎，腦後千團寒霧滾。火靈聖母把金霞冠現出金光來，他不知廣成子內穿著掃霞衣，將金霞冠的金光一掃全無。火靈聖母大怒曰：「敢破吾法寶，怎肯干休！」氣噓噓的仗劍來砍，惡狠狠的火焰飛騰，復來戰廣成子。廣成子是犯戒之仙，他如今還存甚麼念頭？忙取番天印祭在空中。正是：

聖母若逢番天印，道行千年付水流。

話說廣成子將番天印祭起在空中，落將下來，火靈聖母那裡躲得及，正中頂門，可憐打的腦漿迸出，一靈也往封神臺去了。廣成子收了番天印，將火靈聖母的金霞冠也收了，忙下山頭，澗中取了水，葫蘆中取了丹藥，扶起子牙，把頭放在膝上，把丹藥灌入子牙口中，下了十二重樓。有一個時辰，子牙睜開二目，見廣成子，子牙曰：「若非道兄相救，姜尚必無再生之理。」廣成子曰：「吾奉師命，在此等候多時。你該有此厄。」把子牙扶上四不相，廣成子曰：「子牙前途保重！」子牙深謝廣成子：「難為道兄救吾殘喘，銘刻難忘！」廣成子曰：「我如今去碧遊宮繳金霞冠去。」

子牙別了廣成子，回佳夢關來。正行之際，忽然一陣風來，甚是利害，只見摧林拔樹，攪海翻江。子牙曰：「此風如同虎至一般！」話未了時，果然見申公豹跨虎而來。子牙曰：「狹路相逢這惡人，如何是好？也罷，我躲了他罷。」子牙把四不相一兜，欲隱于茂林之中。不意申公豹先看見了子牙，申公豹大呼曰：「姜子牙！你不必躲，我已看見你了！」子牙只得強打精神，上前稽首。子牙曰：「賢弟那

裡來？」申公豹笑曰：「特來會你。姜子牙，你今日也還同南極仙翁在一處不好，如今一般也有單自一個撞著我！料你今日不能脫吾之手！」子牙曰：「兄弟，我與你無仇，你何事這等惱我？」申公豹曰：「你不記得在崑崙，你倚南極仙翁之勢，全無好眼相看。先叫你，你只是不睬；後又同南極仙翁辱我，又叫白鶴童兒銜我的頭去，指望害我。這是殺人冤仇，還說沒有！你今日金臺拜將，要伐罪弔民，只怕你不能兵進五關，先當死于此地也！」把寶劍照子牙砍來。子牙手中劍架住，曰：「兄弟，你真乃薄惡❸之人。我與你同一師尊門下，抵足四十年，何無一點情意！及至我上崑崙，你將幻術愚我，那時南極仙翁叫白鶴童兒難你，是我再三解釋，你倒不思量報本，反以為仇，你真是無情無義之人也。」申公豹大怒：「你二人商議害我，今又巧語花言，希圖饒你。」說未了，又是一劍。子牙大怒：「申公豹！吾讓你，非是怕你，恐後人言我姜子牙不存仁義，也與你一般。你如何欺我太甚！」將手中劍來戰申公豹。大抵子牙傷痕纔癒，如何敵得過申公豹。只見子牙前心牽扯，後心疼痛，撥轉四不相，望東就走。申公豹虎踏風雲，趕來甚緊。正是子牙：

方纔脫卻天羅難，又撞冤家地網來。

話說申公豹趕上子牙，打開一天珠來，正中子牙後心。子牙坐不住四不相，滾下鞍轎。申公豹方下虎來欲害子牙，不防山坡下坐著夾龍山飛龍洞懼留孫道人，他也是奉玉虛之命在此等候申公豹的。乃大呼曰：「申公豹少得無禮！我在此！我在此！」連叫兩聲。申公豹回頭看見懼留孫，吃了一驚。他知道懼留孫利害，自思不好，便欲抽身上虎而走。懼留孫笑曰：「不要走。」手中急祭綑仙繩，將申公豹綑了。懼

❸薄惡：人情澆薄。

留孫吩咐黃巾力士曰：「與我拿至麒麟崖去，等吾來發落。」黃巾力士領法旨去訖。且說懼留孫下山，挽扶子牙，靠石倚松，少坐片時；又取粒丹藥服之，方纔復舊。子牙曰：「多感道兄救我！傷痕未好，又打了一珠，也是吾七死三災之厄耳。」子牙辭了懼留孫，上了四不相，回佳夢關不表。且說懼留孫縱金光法往玉虛宮來，行至麒麟崖，見黃巾力士等候。懼留孫行至宮門前，少時，見一對提旛，一對提爐，兩行羽扇分開。怎見得元始天尊出玉虛宮光景，有詩為證：

鴻濛初判有聲名，煉得先天聚五行。頂上三花朝北闕，胸中五氣透南溟。

群仙隊裡稱元始，玄妙門庭話未生。漫道香花隨輦轂，滄桑萬劫壽同庚。

話說懼留孫見掌教師尊出玉虛宮來，俯伏道旁，口稱：「老師萬壽！」元始天尊曰：「好了！你們也撥開雲霧，不久返本還元。」懼留孫曰：「奉老師法旨，將申公豹拿至麒麟崖，聽候發落。」元始聽說，來至麒麟崖，見申公豹捉在那裡。元始曰：「業障！姜尚與你何仇，你邀三山五岳人去伐西岐？今日天數皆完，你還在中途害他，若不是我預為之計，幾乎被你害了。如今封神一切事體要他與我代理，應合佐周；你如何只要害他，使武王不能前進？」命黃巾力士：「揭起麒麟崖，將這業障壓在此間，待姜尚封過神再放他！」看官，元始天尊豈不知道要此人收聚封神榜上三百六十五位正神，故假此難他，恐他又起波瀾耳。黃巾力士來拿申公豹要壓在崖下。申公豹口稱冤枉！元始曰：「你明明的要害姜尚，何言冤枉？也罷，我如今把你壓了，你說我偏向姜尚；你如再阻姜尚，你發一個誓來。」申公豹發一個誓願，只當口頭言語，不知出口有願。公豹曰：「弟子如再要使仙家阻擋姜尚，弟子將身子塞了北海眼！」元始曰：「是了，放他去罷。」申公豹脫了此厄而去，懼留孫也拜辭去了。

且說廣成子打死火靈聖母，逕往碧遊宮來，這個原是截教教主所居之地。廣成子來至宮前，好所在！怎見得，有賦為證：

煙霞凝瑞靄，日月吐祥光。老柏青青，與山嵐似秋水長天一色；野卉緋緋，同朝霞如碧桃丹杏齊芳。彩色盤旋，盡是道德光華飛紫霧；香煙縹緲，皆從先天無極吐清芬。仙桃仙果，顆顆恍若金丹；綠楊綠柳，條條渾如玉線。時聞黃鶴鳴皋，每見青鸞翔舞。紅塵絕跡，無非是仙子仙童來往，玉戶常關，不許那凡夫俗女閑窺。正是：無上至尊行樂地，其中妙境少人知。

話說廣成子來至碧遊宮外，站立多時。裡邊開講道德玉文。少時，有一童子出來，廣成子曰：「那童子，煩你通報一聲，宮外有廣成子求見老爺。」童兒進宮，至九龍沉香輦下稟曰：「啟老爺：外有廣成子至宮外，不敢擅入，請法旨定奪。」通天教主曰：「著他進來。」廣成子進至裡邊，倒身下拜：「弟子願師叔萬壽無疆！」通天教主曰：「廣成子，你今日至此，有何事見我？」廣成子將金霞冠奉上：「弟子啟師叔：今有姜尚東征，兵至佳夢關，此是武王應天順人，弔民伐罪；紂惡貫盈，理當勦滅。不意師叔教下門人火靈聖母仗此金霞冠，前來阻逆大兵，擅行殺害生靈，糜爛士卒。頭一陣劍傷洪錦併龍吉公主；第二陣又傷姜尚，幾乎喪命。弟子奉師尊之命，下山再三勸慰。彼仍恃寶行兇，欲傷弟子。弟子不得已，用了番天印，不意打中頂門，以絕生命。弟子特將金霞冠繳上碧遊宮，請師叔法旨。」通天教主曰：「吾三教共議封神，其中有忠臣義士上榜者，有不成仙道而成神道者，各有深淺厚薄，彼此緣分；故神有尊卑，死有先後。吾教下也有許多，此是天數，非同小可，況有彌封，只至死後方知端的。廣成子，你與姜尚說，他有打神鞭，如有我教下門人阻他者，任憑他打。前日我有諭帖在宮外，諸弟子各宜緊守；他

若不聽教訓的，是自取咎，與姜尚無干。廣成子去罷！」

廣成子出了碧遊宮，正行，只見諸大弟子在旁，聽見掌教師尊吩咐，凡吾教下弟子不遵訓誨，任憑他打；眾弟子心下甚是不服，俱在宮外等他。旁邊有最不忿的是金靈聖母、無當聖母，對眾言曰：「火靈聖母是多寶道人門下，廣成子打死了他，就是打我等一樣。他還來繳金霞冠，明明是欺藐吾教！我等師尊又不察其事，反吩咐任他打，是明明欺吾等無人物也！」此時惱了龜靈聖母，大呼曰：「豈有此理！他打死火靈聖母，還來繳金霞冠！待吾去拿了廣成子，以洩吾等之恨！」龜靈聖母仗劍砍來，大呼：「廣成子不要走！我來了！」廣成子站住，見他來的勢局不同，廣成子陪笑迎來，問曰：「道兄有何吩咐？」龜靈聖母曰：「你把吾教門人打死，還到此處來賣弄精神，分明是欺藐吾教，顯你等豪強，情殊可恨！不要走！我與火靈聖母報仇！」仗劍砍來。廣成子將手中劍架住，言曰：「道友差矣！你的師尊共立封神榜，豈是我等欺他？是他自取，也是天數該然，與我何咎？道友言替他報仇，真是不諳事體！」龜靈聖母大怒曰：「還敢以言語支吾！」不由分說，又是一劍。廣成子正色言曰：「我以禮諭你，你還是如此，終不然我怕你不成？縱是我師長，也只好讓你兩劍。」龜靈聖母又是一劍。

廣成子大怒，面皮通紅，仗寶劍相還。兩家未及數合，廣成子祭番天印打來。龜靈聖母見此印打下來，招架不住，忙現原身，乃是個大烏龜。昔蒼頡造字而有龜文羽翼之形，就是那時節得道的；修成人形，原是一個母烏龜，故此稱為聖母。彼時金靈聖母、多寶道人見龜靈聖母現了原身，各人面上俱覺慚愧之極，甚是追悔。只見虬首仙、烏雲仙、金光仙、金牙仙大呼：「廣成子，你欺吾教不是這等！」數人發怒，一齊仗劍趕來。廣成子自思：「吾在他家裡，身入重地；自古道『單絲不成線』，反為不美。」

廣成子又見他們重重圍來，「不若還奔碧遊宮，見他師尊，自然解釋。」乃不等通報，逕自投臺下來。通天教主曰：「廣成子，你又來有甚話說？」廣成子跪而啟曰：「師叔吩咐，弟子領命下山。不知師叔門人龜靈聖母同許多門人來為火靈聖母復仇。弟子無門可入，特來見師叔金容，求為開釋！」通天教主命水火童兒：「把龜靈聖母叫來！」少時，龜靈聖母至法臺下行禮，口稱：「弟子在。」通天教主曰：「你為何去趕廣成子？」龜靈聖母曰：「廣成子將吾教下門人打死，反上宮來獻金霞冠，分明是欺皾吾教！」通天教主曰：「吾為掌教之主，反不如你等？此是你不守我諭言，自取其禍。大抵俱是天數，我豈不知？廣成子把金霞冠繳來，正是尊吾法旨，不敢擅用吾寶。爾等仍是狼心野性，不守我清規，大是可惡！將龜靈聖母革出宮外，不許入宮聽講！」遂將龜靈聖母革出。兩旁惱了許多弟子，私相怨曰：「今為廣成子，反把自家弟子輕辱，師尊如何這樣偏心？」大家俱不忿，盡出門來。只見通天教主吩咐廣成子：「你快去罷！」廣成子拜謝了教主，方纔出了碧遊宮，只見後面一起截教門人趕來，只叫：「拿住廣成子以洩吾眾人之恨！」廣成子聽得著慌：「這一番來得不善！欲逕往前行不好；欲與他抵敵，寡不敵眾；不若還進碧遊宮，纔免得此厄。」看官，廣成子你原不該來！這正應了三謁碧遊宮。正是：

　　沿潭撒下鉤和線，從今釣出是非來。

話說廣成子這一番慌慌張張跑至碧遊宮臺下，來見通天教主，不知吉凶如何，且聽下回分解。

評

火靈聖母自恃金霞冠無敵，致有殺身之禍。假若他當日無此寶，則無所恃。他自不下山來，安得有這場是非？這還是通天教主作成送他個死。

第七十三回　青龍關飛虎折兵

流水滔滔日夜磨，不知烏兔若奔梭。纔看苦海成平陸，又見蒼桑化碧波❶。
熊虎將軍餐白刃，英雄俊傑飲干戈。遲蚤只因天數定，空教血淚滴婆娑。

話說廣成子三進碧遊宮，又來見通天教主，雙膝跪下。教主問曰：「廣成子，你為何又進我宮來？全無規矩，任你胡行！」廣成子曰：「蒙師叔吩咐，弟子去了；其如眾門人不放弟子去，只要與弟子拚力。弟子之來，無非敬上之道，若是如此，弟子是求榮反辱。望老師慈悲發付弟子，也不壞師叔昔日三教共立封神榜的體面。」通天教主聽說，怒曰：「水火童子快把這些無知畜生喚進宮來！」只見水火童子領法旨出宮來，見眾門人，曰：「列位師兄，老爺發怒，喚你等進去。」眾門人聽師尊呼喚，大家沒意思，只得進宮來見。通天教主喝曰：「你這些不守規矩的畜生！如何師命不遵，恃強生事？這是何說！廣成子是奉我三教法旨，扶助周武，這是應運而興。他等逆天行事，理當如此。你等如何還是這等胡為？情實可恨！」直罵得眾人們面面相覷，低頭不語。通天教主吩咐廣成子曰：「你只奉命而行，不要與這些人計較。你好生去罷！」廣成子謝過恩，出了宮，逕回九仙山去了。後有詩歎曰：

廣成奉旨涉先天，只為金霞冠欲還。不是天心原有意，界牌關下有誅仙。

❶ 蒼桑化碧波：即青綠的桑田變作滄海。

話說通天教主曰：「姜尚乃是奉吾三教法旨，扶佐應運帝王。這三教中都有在封神榜上的。廣成子也是犯教之仙。他就打死火靈聖母，非是他來尋事做；這是你去尋他，總是天意。爾等何苦與他做對？連我的訓諭不依，成何體面！」眾門人未及開言，只見多寶道人跪下稟曰：「老師聖諭，怎敢不依？只是廣成子太欺吾教，妄自尊大他的玉虛教法，辱詈我等不堪，老師那裡知道？倒把他一面虛詞當做真話，被他欺誑過去。」通天教主曰：「『紅花白藕青荷葉，三教原來總一般。』他豈不知，怎敢亂說欺弄。你等切不可自分彼此，致生事端。」多寶道人曰：「老師在上：弟子原不敢說，只今老師不知詳細，事已至此，不得不以直告。他罵吾教是左道傍門，不分披毛帶角之人，濕生卵化之輩，皆可同群共處。他視我為無物，獨稱他玉虛道法為無上至尊，所以弟子等不服也。」通天教主曰：「我看廣成子亦是真實君子，斷無是言。你們不要聽錯了。」多寶道人曰：「弟子怎敢欺誑老師！」眾門人齊曰：「實有此語，這可以面質。」通天教主笑曰：「我與羽毛相並，他師父卻是何人？我成羽毛，他師父也是羽毛之類。這畜生這等輕薄！」吩咐金靈聖母：「往後邊取那四口寶劍來。」少時，金靈聖母取一包袱，內有四口寶劍，放在案上。教主曰：「多寶道人過來，聽我吩咐：他既是笑我教不如，你可將此四口寶劍去界牌關擺一誅仙陣，看闡教門下那一個門人敢進吾陣！如有事時，我自來與他講。」多寶道人請問老師：「此劍有何妙用？」通天教主曰：「此劍有四名：一曰誅仙劍，二曰戮仙劍，三曰陷仙劍，四曰絕仙劍。此劍倒懸門上，發雷振動，劍光一晃，任從他是萬劫神仙，也難逃得此難。」昔曾有贊，贊此寶劍：

非銅非鐵又非鋼，曾在須彌山下藏。不用陰陽顛倒煉，豈無水火淬鋒芒？誅仙利，戮仙亡，陷仙到處起紅光；絕仙變化無窮妙，大羅神仙血染裳。

話說通天教主將此劍付與多寶道人，又與一誅仙陣圖，言曰：「你往界牌關去，阻住周兵，看他怎樣對你。」多寶道人離了高山，逕往界牌關去不表。

且說子牙自從遇申公豹得脫回佳夢關來，周營內差人四下裡打探子牙消息。只見哪吒登風火輪，四下找尋。子牙正策四不相前行，恰好遇著韋護。韋護大喜，上前安慰子牙曰：「自火龍兵沖散人馬，急切難以收聚，不意火靈聖母趕師叔去。那些兵原是左道邪術，見沒有主將作法驅逐，一時火光滅了，並無有一些手段。被我等收回兵，復一陣殺的他乾淨，只是不見師叔。如今哪吒等四路去打探，不期弟子在此得遇尊顏，我等不勝幸甚！」有探事官飛奔中軍，來報于洪錦，洪錦遠迎。子牙進轅門，眾將懽喜。收點人馬，計算又折了四五千軍卒。子牙把火靈聖母、申公豹的事對眾軍將細說一遍，眾人賀喜。子牙吩咐整頓人馬，離佳夢關五十里，住了三日，子牙方整點士卒，一聲砲響，復至關下安營。

且說胡升在關內不知火靈聖母吉凶，又聽得報馬來報，子牙兵復至關下，胡升大驚：「姜尚兵又復至，火靈聖母休矣！」急與佐貳官商議：「前日已是降周，平空而來火靈聖母攪擾這場，使吾更變一番，雖然勝了姜子牙二陣，成得甚事！如今怎好相見？」旁有佐貳官王信曰：「如今元帥把罪名做在火靈聖母身上，彼自不罪元帥也。這也無妨。」胡升曰：「此言也有理。」就差王信具納降文書，前往周營來見子牙。有軍政官報入中軍：「啟元帥：關內差官下文書，請令定奪。」子牙傳令：「令來。」王信來至中軍，呈上文書。子牙展于案上觀看，書曰：

納降守關主將胡升暨大小將佐等，頓首上書于西周大元帥麾下：不職升謬承司閫，鎮守邊關，謹慎小心，希圖少盡臣節以報主知；孰意皇天不眷，降災于殷，天愁人叛，致動天下諸侯觀政于商。日

者元帥率兵抵關，升弟胡雷與火靈聖母不知天命，致逆王師，自罹于禍，悔亦無及。升罪固宜罔赦，但元帥汪洋之度，好生之人，無不覆載。今特遣裨將王信薰沐上書，乞元帥下鑒愚悃，容其納降，以救此一方人民，真時雨之師❷，萬姓頂祝❸矣。胡升再頓首謹啟。

子牙看書畢，問王信曰：「你主將既已納款，吾亦不究往事。明日即行獻關，毋得再有推阻。」洪錦在旁言曰：「胡升反覆不定，元帥不可輕信，恐其中有詐。」子牙曰：「前日乃是他兄弟違傲，與火靈聖母自恃左道之術故耳。以我觀，胡升乃是真心納降也。公無多言。」隨令王信回覆主將，明日進關。王信領令，進關來見胡升，將子牙言語盡說一遍。胡升大喜，隨命關上軍士立起周家旗號。次日，胡升同大小將領率百姓出關，手執降旗，焚香結彩，迎子牙大勢人馬進關。來至帥府堂上坐下，眾將官侍立兩旁。只見胡升來至堂前行禮畢，稟曰：「末將胡升一向有意歸周，奈吾弟不識天時，以遭誅戮。末將先曾具納降文表與洪將軍，不期火靈聖母要阻天兵，末將再三阻擋不住，致有得罪于元帥麾下，望元帥恕末將之罪。」

子牙曰：「聽你之言，真是反覆不定：頭一次納降，非你本心。你見關內無將，故爾偷生。及見火靈聖母來至，汝便欺心，又思故主。總是暮四朝三之小人，豈是一言以定之君子？此事雖是火靈聖母主意，也要你自己肯為，我也難以准信。留你久後必定為禍。」命左右：「推出斬之！」胡升無言抵塞，追悔無及。左右將胡升綁出帥府，少時，見左右將首級來獻。子牙命拿出關前號令。子牙平定了佳夢關，

❷ 時雨之師：喻有如及時雨一般能紓解民困的軍隊。孟子滕文公：「如時雨降，民大悅。」
❸ 頂祝：頂禮祝賀。頂禮是佛家最尊敬之禮節，用頭頂禮佛足。

令祁恭鎮守。子牙把戶口查明，即日回兵至汜水關。李靖領眾將轅門迎接。子牙至後營見武王，將取佳夢關一事奏知武王。武王置酒在中軍與子牙賀功不表。

且說黃飛虎領十萬雄師往青龍關來，一路浩浩軍威，紛紛殺氣。一日哨馬報入中軍：「啟總兵：人馬已至青龍關，請令安營。」黃總兵傳令安下行營，放砲吶喊。話說這青龍關鎮守大將乃是丘引，副將是馬方、高貴、余成、孫寶等。聞周兵來至，丘引忙陞廳坐下，與眾將議曰：「今日周兵無故犯界，甚是狂悖，吾等正當效力之時，各宜盡心報國。」眾將官齊曰：「願效死力。」人人俱摩拳擦掌，個個勇往直前。

且說黃總兵陞帳曰：「今日已抵關隘，誰去見頭一陣立功？」鄧九公曰：「願往。」飛虎曰：「將軍一往，必建奇功。」鄧九公上馬出營，至關下搦戰。哨探馬報入帥府，丘引急令馬方：「去見頭陣，便知端的。」馬方上馬提刀，開放關門，兩杆旗開，見鄧九公紅袍金甲，一騎馬飛臨陣前。馬方大呼曰：「反賊慢來！」九公曰：「馬方，你好不知天時！方今兵連禍結，眼見成湯亡于旦夕，爾尚敢來出關會戰也！」馬方大罵：「逆天潑賊，欺心匹夫，敢出妄言，惑吾清聽！」縱馬搖鎗飛來直取。鄧九公手中刀急架忙迎。二馬盤旋，大戰有三十回合。鄧九公乃久經戰場上將，馬方那裡是他的對手，正戰間，被九公賣個破綻，大喝一聲，將馬方劈于馬下。鄧九公梟了首級，掌得勝鼓回營，來見黃飛虎，將馬方首級獻上。黃總兵大喜，上九公首功，具酒相慶。

且說敗兵報進關來：「稟元帥：馬方失機，被鄧九公梟了首級，號令周營。」丘引聽報，只氣得三尸神暴跳，七竅內生煙。次日，親自提兵出關。黃飛虎正議取關一事，見哨馬報入中軍：「青龍關大隊

擺開，請總兵答話。」黃飛虎傳令：「也把大隊人馬擺出。」砲聲響處，大紅旗展，好雄威人馬出來！正是：

人是獾彪擡闊澗，馬如大海老龍騰。

話言丘引見黃飛虎，左右分開大小將官，一馬當先，大叫：「黃飛虎負國忘恩，無父無君之賊！你反了五關，殺害朝廷命官，劫紂王府庫，助姬發為惡，今日反來侵擾天子關隘，你真是惡貫滿盈，必受天誅！」黃飛虎笑曰：「今天下會兵，紂王亡在旦夕，你等皆無死所！馬前一卒，有多大本領，敢逆天兵耶！」飛虎回顧左右：「那一員戰將與吾拏了丘引？」後有黃天祥應曰：「待吾來擒此賊！」天祥年方十七歲，正所謂初生之犢不懼虎，催開戰馬，搖手中鎗沖殺過來。這壁廂有高貴搖斧接住。兩馬相交，鎗斧並舉。黃天祥也是封神榜上之人，力大無窮。來來往往，未及十五回合，一鎗刺中高貴心窩，翻鞍下馬。丘引大呼一聲：「氣殺吾也！不要走，吾來也！」丘引銀盔素鎧，白馬長鎗，飛來直取天祥。黃天祥見丘引自至，心下暗喜：「此功該吾成也！」搖手中鎗劈面相還。好殺！怎見得，正是：

棋逢敵手難藏興，將遇良才好奏功。

黃天祥使發了這條鎗，如風馳雨驟，勢不可當。丘引自覺不能勝。天祥今會頭陣，如此英勇，鎗法更神。有贊為證，贊曰：

乾坤真個少，蓋世果然稀。老君爐裡煉，曾敲十萬八千鎚；磨塌太行山頂石，湛乾黃河九曲溪。

上陣不沾塵世界，回來一陣血腥飛。

話說黃天祥使開鎗，把丘引殺得只有招架之功，更無還兵之力。旁有丘引副將孫寶、余成兩騎馬，兩口

刀，殺奔前來助戰。鄧九公見二將前來協助，鄧九公奮勇走馬，刀劈了余成，翻鞍落馬。孫寶大怒，罵曰：「好匹夫！焉敢傷吾大將！」轉回來力敵九公。話說丘引被黃天祥戰住，不得閑空，縱有左道之術，不能使出來；又見鄧九公走馬刀劈了余成，心下急躁。黃天祥賣了個破綻，一鎗正中丘引左腿。丘引大叫一聲，撥轉馬就走。黃天祥掛下鎗，取弓箭在手，拽滿弓弦，往後心射來，正中丘引肩窩。孫寶見主將敗走，心下著慌，又被鄧九公一刀把孫寶揮于馬下，梟了首級。黃飛虎掌鼓進營。正是：

只知得勝回營去，那曉男兒大難來。

話說丘引敗進高關，不覺大怒：「四員副將盡被兩陣殺絕，自己又被這黃天祥鎗刺左腿，箭射肩窩，候明日出陣，拿住此賊，碎尸萬段，以泄此恨！」看官：丘引乃曲鱔❹得道，修成人體，也善左道之術。此人自用丹藥敷搽，即時痊癒。到三日後，上馬提鎗，至周營前，只叫：「黃天祥來見我！」哨馬報入中軍，黃天祥又出來會戰。丘引見了仇人，不答話，搖鎗直取天祥。黃天祥手中鎗急架忙迎。二馬交鋒，來往戰有三十回合。黃天祥看丘引頂上銀盔露出髮來，暗想：「此賊定有法術，恐遭毒害。」天祥心生一計，把鎗丟了一空❺。丘引要報前日之仇，乘空一鎗刺來，刺了個空，跌在黃天祥懷裡來。黃天祥掣出銀裝鐧來。好鐧！怎見得，有贊為證，贊曰：

寶攢玉靶，金葉鑲成，綠絨繩穿就護手，熟銅抹就光輝。打大將翻鞍落馬，沖行營鬼哭神悲。
鬥斷三環劍，磕折丈八鎗。寒凜凜有甚三冬雪，冷溲溲賽過九秋霜。

---

❹ 曲鱔：即蚯蚓。

❺ 把鎗丟了一空：即賣一個破綻，引誘對手中計。

話說丘引被黃天祥一鐗，正中前面護心鏡上，打得丘引口噴鮮血，幾乎落下鞍轎，敗進關內，閉門不出。黃天祥得勝回營，來見父親，說丘引閉門不出。黃飛虎與鄧九公共議取關之策不表。且說丘引被這一鐗打得吐血不止，忙服丹藥，一時不能痊癒；切齒深恨黃天祥于骨髓，在關內保養傷痕。次日，周兵攻打青龍關，丘引鐗傷未癒，上城來親自巡視，千方百計防設守關之法。大抵此關乃朝歌保障之地，西北藩屏，最是緊要，城高濠深，急切難以攻打。周兵一連攻打三日，不能得下。黃飛虎見此關急切難下，傳令鳴金收回人馬，再作良謀。丘引見周兵退兵，也下城來，至帥府坐下，心中納悶。忽報：「督糧官陳奇聽令。」丘引令至殿前。陳奇打躬曰：「催糧應濟軍需，不曾違限，請令定奪。」丘引曰：「催糧有功，總為朝廷出力。」陳奇問：「周兵至此，元帥連日勝負如何？」丘引答曰：「姜尚分兵取關，惟恐吾斷他糧道，連日與他會戰，不意他將佐驍勇，鄧九公殺吾佐貳官，黃天祥鎗馬強勝，吾被他鎗中，箭射，鐗打。若是拿住這逆賊，必分化其尸，方泄吾恨！」陳奇曰：「元帥只管放心，等末將拿來，報元帥之恨。」

次日，陳奇領本部飛虎兵，坐火眼金睛獸，提手中蕩魔杵，至周營搦戰。哨馬報入中軍：「啟元帥：關上有將搦戰。」黃飛虎問曰：「誰將出馬？」鄧九公曰：「末將願領人馬。」九公綽兵刃在手，逕出營來；見對陣鼓響，一將當先，手提蕩魔杵，坐金睛獸而來。鄧九公問曰：「來者何人？」陳奇曰：「吾乃督糧官陳奇是也。你是何人？」鄧九公答曰：「吾乃西周東征副將鄧九公是也。日前丘引失機，閉門不出，你想是先來替死，然而也做不得他的名下！」陳奇大笑曰：「看你這匹夫如嬰兒草莽，你有何能！」便催開金睛獸，使開蕩魔杵，劈胸就打，鄧九公大杆刀赴面交還。獸馬交鋒，刀杵併舉，兩家大戰三十

回合。鄧九公的刀法如神，陳奇用的是短兵器，如何抵擋得住？陳奇把蕩魔杵一舉，他有三千飛虎兵，手執撓鉤套索，如長蛇陣一般，飛奔前來，有拿人之狀。鄧九公不知緣故。陳奇原是左道，有異人秘傳，養成腹內一道黃氣，噴出口來，凡是精血成胎者，必定有三魂七魄，見此黃氣，則魂魄自散。九公見此黃氣，坐不住鞍轎，翻身落馬。鄧九公被飛虎兵一擁上前，生擒活捉，拿進高關，三軍吶喊。

丘引正坐，左右報入府來：「稟元帥：陳奇捉了鄧九公聽令。」丘引大悅，令左右：「推來！」鄧九公及至醒來，身上已是繩索綁縛，莫能轉挫；左右推至丘引面前，九公大罵曰：「匹夫以左道之術擒吾，我就死也不服！今既失機，有死而已。吾生不能啖汝血肉，死後必為厲鬼以殺叛賊！」丘引大怒，令推出斬之！可憐鄧九公歸周，不能會諸侯於孟津，今日全忠於周主。正是：

功名未遂扶王志，今日逢危已盡忠。

話說丘引發出行刑牌出府，將鄧九公首級號令于關上。有哨探馬報入中軍：「啟老爺：鄧九公被陳奇口吐黃氣，拏了進關，將首級號令城上。」黃飛虎大驚曰：「鄧九公乃大將之才，不幸而喪于左道之術。」心中甚是傷感。

話說丘引治酒與陳奇賀功。次日，陳奇又領兵至周營搦戰，報馬報入中軍。旁有九公佐貳官太鸞大怒曰：「末將不才，願與主將報仇。」黃飛虎許之。太鸞上馬出營，與陳奇相對，也不答話，大戰二十回合。陳奇把杵一舉，後面飛虎兵擁來。陳奇把嘴一張，太鸞依舊落馬，被眾人擒拿進關見丘引。丘引曰：「此乃從賊，且不必斬他，暫送下囹圄，俟拿了主將，一齊上囚車解往朝歌，以盡國法，又不負汝之功耳。」陳奇大喜。且說黃總兵見又折了太鸞，心下甚是不樂。只見次日來報：「陳奇搦戰。」黃將

軍問左右：「誰去走一遭？」話未了，只見旁邊走過三子黃天祿、黃天爵、黃天祥應曰：「不肖三人願往。」黃飛虎吩咐須要仔細。三人應聲曰：「知道。」弟兄三人上馬，逕出營來。陳奇問曰：「來者何人？」黃天祿答曰：「吾乃開國武成王三位殿下：黃天祿、天爵、天祥是也。」陳奇暗喜：「正要拿這業畜，他恰自來送死！」催開金睛獸，也不答話，使開蕩魔杵，飛來直取天祿兄弟。三人三條鎗，急架忙迎，四馬交鋒。怎見得一場好殺：

四將陣前發怒，催開獸馬相持。長鎗晃晃閃虹霓，蕩魔杵發來峻利。這一個拼命捨死定輸贏；那三個為國忘家分軒輊。險些兒失手命難存，留取清名傳萬世。

三匹馬裹住了陳奇一匹金睛獸，大戰在龍潭虎穴。不知凶吉如何，且聽下回分解。

評

胡升反覆不常，留之久必為禍；況當糧道要衝，安得以疑似之人守之殺之？但太公伐紂，乃順天應人，豈有他虞？而必欲以平常之疑待之。子牙此舉，有愧時雨之師。

又評

鄧九公有將才，而遭逢不辰，故為左道所害，此數也。然一段慷慨不屈，亦足取也。

第七十四回　哼哈二將顯神通

二將相逢各有名，青龍關遇定輸贏。五行道術皆堪並，萬劫輪回共此生。

黃氣無聲能覆將，白光有影更擒兵。須知妙法無先後，大難來時命自傾。

話說黃天祿兄弟三人裹住陳奇，忽一鎗正中陳奇右腿，陳奇將坐騎跳出圈子外邊，黃天祿隨後趕來。陳奇雖然腿上有傷，他的道術自在；他把蕩魔杵一舉，只見飛虎兵蜂擁而來，將腹內煉成黃氣噴出，黃天祿滾下鞍轎，早被飛虎兵撓鉤搭住，生擒活捉了進關來見丘引。丘引吩咐，也把黃天祿監禁了。話說黃天爵、黃天祥回營見父，言兄被擒。黃總兵十分不樂，遣官打聽可曾號令。探事官回報：「啟老爺：不曾號令。」話說陳奇腿上有傷，自用丹藥敷搽。只見次日丘引傷痕痊癒，要來報仇，乃不戴頭盔，頂上戴一金箍，似頭陀樣，貫甲披袍，上馬撏鎗，來奔至周營，坐名要黃天祥決戰。報馬報入營中，天祥便欲出戰，飛虎阻擋不住。天祥上馬提鎗，出營來見是丘引，大叫曰：「丘引，今日定要擒你見功！」催開馬，搖手中鎗，直刺丘引。丘引鎗赴面交還。二馬盤旋，雙鎗並舉，大戰在關下。黃天祥這根鎗如風狂雨驟，勢不可當。丘引招架不住，掩一鎗，勒回馬往關前就走。黃天祥不知好歹，隨後趕來。只見丘引頂上長一道白光，光中分開，裡面現出碗大一顆紅珠，在空中滴溜溜只是轉。丘引大叫：「黃天祥，你看吾此寶！」黃天祥不知所以，擡頭看時，不覺神魂飄蕩，一會兒不知南北西東，昏昏慘慘，被步下

軍卒生擒下馬，繩縛二臂。及至醒時，已被捉住。丘引大喜，掌鼓進關。正是：

可惜年少英雄客，化作南柯夢裡人！

且說丘引拏住黃天祥進關，陞堂坐下，傳令兩邊把黃天祥推來。眾人將黃天祥推至面前。黃天祥氣沖牛斗，厲聲大呼曰：「丘引，你這逆賊，敢以妖術成功，非大丈夫也！我死不足惜，當報國恩。若姜元帥兵臨，你這匹夫有粉骨碎身之禍！既被你擒，快與我一死！吾定為厲鬼以殺賊！」丘引大怒曰：「你這叛賊，反出語傷人！你箭射、鐗打、鎗刺，你心下便自爽然。今日被擒，不自求生，又以惡語狂言辱吾！」天祥睜目大罵：「逆賊！我恨不得鎗穿你肺腑，鐗打碎你天靈，箭射透你心窩，方稱我報國忠心！今不幸被擒，自分一死，何必多言，做出那等的模樣！」丘引大怒，命左右：「先梟了首級，仍風化其尸，掛在城樓上！」少時，哨馬報入周營：「啟老爺：四公子被丘引拏去，梟了首級，把尸骸掛城樓上，風化其尸，請軍令定奪。」黃飛虎聽報，大叫一聲，跌倒在地，眾將扶起。黃總兵放聲大哭曰：「吾生四子，不能為武王至孟津大會諸侯以立功，今方頭一座關隘，先喪吾三子！」黃飛虎思子，作詩一首以志感，詩曰：

「為國捐軀赴戰場，丹心可並日爭光。幾番未滅強梁寇，左術擒兒年少亡。」

話說黃總兵見事機如此，忙修告急申文，連夜差使臣往汜水關老營中，見子牙求救。

使臣在路，也非一日，來至行營。旗門官報入中軍：「啟元帥：黃總兵遣官至轅門等令。」子牙傳令：「令來。」使臣至帳前行禮，將申文呈上。子牙拆開看畢，大驚曰：「可惜鄧九公、黃天祥俱死于非命！」著實傷悼。只見鄧嬋玉哭上帳來：「稟上元帥：末將願去為父報仇。」子牙許之；又點先行官

哪吒同往。哪吒大喜，領了將令，星夜往青龍關來。哪吒風火輪來的快，便先行；嬋玉隨營行走。只見哪吒霎時就到青龍關了。正是：

頃刻行千里，須臾至九州。

話說哪吒至營前，報入中軍，「有先行官哪吒轅門聽令。」黃總兵忙叫：「請來。」哪吒進中軍行禮畢，黃總兵曰：「吾奉令分兵至此，不幸子亡兵敗，鄧九公竟被左術喪身，吾在此待罪請援。今先行官至此，吾輩不勝幸甚！」哪吒曰：「小將軍丹心忠義，為國捐軀，青史簡篇，永垂不朽，亦不辜負將軍教養之功。」次日，哪吒上風火輪，提火尖鎗，往關下搦戰。猛見黃天祥之尸，大怒曰：「吾拿住丘引，定以此為例！」大叫：「城上報事官！快傳與丘引，早來洗頸受戮！」報馬報入帥府：「有將請戰。」丘引聽報，自恃己能，依舊是頭陀打扮，竟出關門。看見一人登風火輪而來，大呼曰：「來者莫非是哪吒麼？」哪吒大罵曰：「你這匹夫！黃天祥與你不過敵國之仇，彼此為國，不過梟首；又有何罪，你竟欲風化其尸？我今拏住你，定碎醢汝尸，為天祥泄恨！」把火尖鎗擺動，直取丘引。丘引以鎗急架相還。二馬相交，雙鎗併舉，來往戰殺二三十合。丘引就走，哪吒趕來，丘引依舊把頭上白氣昇出，現那一顆紅珠出來在空中旋轉。丘引把哪吒當做凡胎肉體，不知他是蓮花化身，便大叫曰：「哪吒！你看吾之寶！」哪吒擡頭看見，大笑曰：「無知匹夫！此不過是個紅珠兒，你叫我看他怎的！」丘引大驚：「吾得道修成此珠，捉將擒軍，無不效驗，今日哪吒看見，如何不昏於輪下？」心中已是著忙，只得勒回馬來又戰；被哪吒用乾坤圈打來，正中丘引肩窩，打的筋斷骨折，伏鞍而逃，敗回關去。哪吒得勝回營，來見黃飛虎不表。

且說土行孫催糧至子牙大營，見元帥回令畢，土行孫下殿，不見鄧嬋玉，問其故，武吉曰：「黃飛虎求救兵，申文言你岳翁陣亡，你夫人去了。」土行孫聽得鄧九公已死，著實傷悼，忙忙領子牙催糧箭，督二運逕往青龍關來。不一日至轅門，探馬報入中軍，黃飛虎令：「請來。」土行孫來至帳前行禮畢，黃飛虎曰：「鄧九公為左術陣亡，吾子二人被擒，天祥被丘引逆賊風化其尸。今日先行哪吒打丘引一乾坤圈，逆賊未曾授首。」土行孫曰：「待末將今晚且將天祥尸首盜出，用棺木收殮，明日好擒丘引以報此仇。」土行孫下帳來，與鄧嬋玉等相見。只至到晚，土行孫借地行術，逕進關來。先在裡邊走了一番。及行到囹圄之中，看見太鸞、黃天祿。時至二更，四下裡人聲寂靜，土行孫鑽上來，悄悄的叫：「黃天祿，我來了。你放心，不久就取關了。」黃天祿聽的是土行孫聲音，大喜曰：「速些纔妙！」土行孫曰：「不必吩咐。」土行孫說了信，逕至城樓上，把繩子割斷，天祥的尸首掉在關下，周紀收去尸首。

黃飛虎看見子尸，放聲大哭曰：「年少為國，致捐其軀，真為可惜！」急用棺木收尸。黃飛虎自思想：「吾生四子，今喪三人，今日不若命黃天爵送天祥尸首回西岐去，早晚亦可侍奉吾父，一則不失黃門之後，二則使我忠孝兩全。」黃飛虎打發第三子黃天爵押送車回西岐去了。且說丘引被哪吒打傷，次日陞廳納悶。只見巡城軍士來報：「黃天祥尸首，夜來不知被何人割斷繩子，將尸首盜去。」丘引聽報，愈加愁悶。陳奇大怒：「不才出關，拏來為主將報仇！」說罷，領本部飛虎兵至營前搦戰。哨馬報入中軍。黃總兵問：「誰人見陣？」土行孫願往；鄧嬋玉欲為父親報仇，願隨掠陣。夫妻二人出營，見陳奇坐金睛獸，提蕩魔杵，滾至陣前。土行孫大罵陳奇曰：「匹夫用左道邪術，殺吾岳丈，不共戴天！今日特來擒你報仇！」

陳奇大笑：「諒你這等人，真如朽腐之物，做得出甚麼事來！殺你恐污吾手！」催開坐騎，指杵就打，土行孫手中棍急架忙迎，杵棍併舉。未及數合，陳奇見土行孫往來小巧便宜，急切不能取勝；陳奇忙把杵一擺，飛虎兵齊奔前來，陳奇對著土行孫把嘴一張，噴出一道黃氣。土行孫站不住，一交跌倒在地，飛虎兵把土行孫拏去。陳奇不防鄧嬋玉在對面，見拏了他丈夫，發出一塊五光石來，正中陳奇嘴上，打得唇綻齒落，哎呀一聲，掩面而走。嬋玉又發一石，夾後心一下，把後心鏡打得粉碎。陳奇只得伏鞍而逃。只見土行孫睜開眼，渾身上了繩子，笑曰：「到有趣！」陳奇被鄧嬋玉打傷，逃回關內來見丘引。丘引看見陳奇鼻青嘴綻，袍帶皆鬆，忙問其故。陳奇曰：「只因拏一不堪匹夫，不防對過有一賤人，用石打傷面門，復一石又打傷脊背，致失機而回。」丘引聽說，忙令左右：「將周將拏來！」左右隨將土行孫推至階前。看見土行孫身不滿三四尺，便問陳奇曰：「這樣東西，拏他何用？」命左右：「推出去斬了號令！」土行孫也不慌不忙，來至關上。左右方欲動手，只見土行孫把身子一扭，杳無蹤跡。正是：

地行道術原無跡，盜寶偷關蓋世雄。

話說左右見土行孫不見了，只諕得目瞪口呆，慌忙報與丘引。丘引聽報，大驚曰：「周營中有此異人，所以屢伐西岐俱皆失利。今日不見黃天祥尸首，就是此人盜去，也未可知。速傳令，早晚各要防備關隘。」

且說土行孫回見黃總兵，共議取關。忽哨探馬報入中軍：「有三運督糧官鄭倫來轅門等令。」黃總兵傳令：「令來。」鄭倫至帳前行禮畢，言曰：「奉姜元帥將令，催糧應付，軍前聽用。」黃飛虎曰：「多蒙將軍催糧有功，俟上功勞簿。」鄭倫曰：「俱是為國效用。」鄭倫偶見土行孫也在此，忙問土行

孫曰：「足下係二運官，今到此何幹？」土行孫曰：「青龍關中有一人名喚陳奇，也與你一樣拏人，吾岳丈被他拏去，壞了性命，特奉元帥將令，來此救援。只他比你不同，他把嘴一張，口內噴出一道黃氣來，其人自倒；比你那鼻中哼出白氣來大不相同，覺他的便宜。昨日我被他拏去，走了一遭來。」鄭倫曰：「豈有此理！當時吾師傳我，曾言吾之法蓋世無雙，難道此關又有此異人？我必定會他一會，看其真實。」

且說陳奇恨鄧嬋玉打傷他頭面，自服了丹藥，一夜痊癒。次日出關，坐名只要鄧嬋玉出來定個雌雄。哨馬報入中軍：「啟老爺：陳奇搦戰。」鄭倫出而言曰：「末將願往。」黃飛虎曰：「你督糧亦是要緊的事，原非先行破敵之役，恐姜丞相見罪。」鄭倫曰：「俱是朝廷功績，何害于理？」黃飛虎只得應允。鄭倫上了金睛獸，提降魔杵，領本部三千烏鴉兵出營來。見陳奇也是金睛獸，提蕩魔杵，也有一隊人馬，俱穿黃號衣，也拏著撓鉤套索。鄭倫心下疑惑，乃至軍前大呼曰：「來者何人？」陳奇曰：「吾乃督糧上將軍陳奇是也。你乃何人？」鄭倫曰：「吾乃三運總督官鄭倫是也。」鄭倫問曰：「聞你有異術，今日特來會你。」鄭倫催開金睛獸，搖手中降魔杵，劈頭就打，陳奇手中蕩魔杵赴面交還。二獸交加，一場大戰。怎見得：

二將陣前尋鬥賭，兩下交鋒誰敢阻。這一個似搖頭獅子下山崗；那一個不亞擺尾狻猊尋猛虎。

這一個忠心定要正乾坤；那一個赤膽要把江山輔。天生一對惡星辰，今朝相遇爭旗鼓。

話說二將大戰虎穴龍潭：這一個惡狠狠圓睜二目；那一個咯支支咬碎鋇牙。只見土行孫同哪吒出轅門來看二將交兵，連黃飛虎同眾將也在旗門下，都來看廝殺。鄭倫正戰之間，自忖：「此人當真有些術法。

打人不過先下手為妙。」把杵在空一擺，鄭倫部下烏鴉兵行如長蛇陣一般而來。陳奇看鄭倫擺杵，士卒把撓鉤套索似有拏人之狀，陳奇搖杵，他那裡飛虎兵也有套索鉤撓，飛奔前來。正是：

能人自有能人伏，今日哼哈相會時。

鄭倫鼻子裡兩道白光，出來有聲；陳奇口中黃光也自迸出。陳奇跌了個金冠倒躅；鄭倫跌了個鎧甲離鞍。兩邊兵卒不敢拏人，只顧各人搶各人主將回營。鄭倫被烏鴉兵搶回；陳奇被飛虎兵搶回，各自上了金睛獸回營。土行孫同眾將笑得腰軟骨折。鄭倫自歎曰：「世間又有此異人，明日定要與他定個雌雄，方肯罷休。」不表。只說陳奇進關來見丘引，盡言前事。丘引又聞佳夢關失了，心下不安。次日，鄭倫關下搦戰，陳奇上騎出關，言曰：「鄭倫，大丈夫一言已定，從今不必用術，各賭手上工夫，你我也難得會。」催開坐下騎，又殺一日，未見輸贏。來見黃飛虎，眾將俱在帳上，共議取關之策。哪吒曰：「如今土行孫也在此，不若今夜我先進關，斬關落鎖，夜裡乘其無備，取了關為上策。」黃飛虎曰：「全仗先行。」正是：

哪吒定計施威武，今夜青龍屬武王。

話說丘引在關內，修表進朝歌，請遣將來此協同守關，共阻周兵。不覺是一更時分，土行孫先進關裡來，暗暗在囹圄中打點放黃天祿、太鸞。二更時分，哪吒登風火輪，飛進關來，在城樓上祭起金磚，把守門軍將打散，隨撞開拴鎖。周兵吶一聲喊，殺進城中來，金鼓大作，天翻地覆，城中大亂，百姓只顧逃生。土行孫在囹圄中，聽得吶喊，隨放了黃天祿、太鸞，殺出本府來。丘引還不曾睡，急忙上馬，撐鎗出府，只見燈光影裡，火把叢中，見金甲紅袍，乃武成王黃飛虎。哪吒登風火輪使鎗殺來。鄧秀、

趙升、孫焰紅把丘引裹在當中。鄭倫殺進城來，正遇陳奇，二將夜兵大戰。黃天祿從後面殺進府來，土行孫倒拖邠鐵棍，往丘引馬下打來。丘引不及提防，被土行孫一棍正打著馬七寸；那馬打了個前失，把丘引跌下馬來。黃飛虎看見，忙撚鎗刺來。丘引已借土遁去了。正是：生死有定，不該絕于此關。且言眾將裹住陳奇，被哪吒祭起乾坤圈打中，陳奇傷了臂膊，往左一閃，被黃飛虎一鎗刺中脇下，死于非命。殺到天明，黃飛虎收兵查點，只走了丘引。飛虎陞廳，出榜安民，查明戶口冊籍，留將守青龍關。黃總兵回師，先有哪吒報捷。土行孫仍催糧去了。

且說子牙在中軍與眾將正講六韜三略，報事官報：「元帥：哪吒等令。」子牙命：「傳進來。」哪吒至中軍，備言取了青龍關事，說了一遍：「弟子先來報捷。」子牙大悅，謂眾將曰：「吾之先取此二關者，欲通吾之糧道；若不得此，倘紂兵斷吾糧道，前不能進，後不能退，我先首尾受敵，此非全勝之道也，故為將先要察此。今幸俱得，可以無憂。」眾將曰：「元帥妙算，真無遺策！」正談論間，左右報：「黃飛虎等令。」子牙曰：「令來。」飛虎至中軍，打躬行禮。子牙賀過功，因不見鄧九公、黃天祥在前，心中甚是悽楚，歎曰：「可惜忠勇之士，不得享武王之祿耳！」營中治酒懽飲。次日，子牙差辛甲先下一封戰書。

話說汜水關韓榮見子牙按兵不動，分兵取佳夢、青龍二關，速速差人打探。回報二關已失。韓榮對眾將曰：「今西周已得此二關，軍威正盛，我等正當中路，必須協力共守，毋得專恃力戰也。」眾將各有不忿之色，願決一死戰。正議間，報：「姜元帥遣官下戰書。」韓榮命：「令來。」辛甲至殿前，將書呈上。韓榮接書，展開觀看，書曰：

西周奉天征討天寶大元帥姜尚，致書于汜水關主將麾下：嘗聞天命無常，惟有德者永獲天眷。今商王受淫酗肆虐，暴殄下民。天愁于上，民怨于下。海宇分崩，諸侯叛亂，生民塗炭。惟我周武王特恭行天之罰，所在民心效順，強梁授首；所有佳夢、青龍二關逆命，俱已斬將搴旗，萬民歸順。今大兵到此，特以尺一之書咸使聞知。或戰或降，早賜明決，毋得自誤。不宣。

韓榮觀看畢，即將原書批回：「來日會戰。」辛甲領書回營，見子牙曰：「奉令下書，原書批回，明日會兵。」子牙整頓士卒，一夜無詞。次日，子牙行營砲響，大隊擺開出轅門，在關下搦戰。有報馬報入關來：「今有姜元帥關下請戰。」韓榮忙整點人馬，放砲吶喊出關，左右大小將官分開。韓榮在馬上見子牙號令森嚴，一對對英雄威武。怎見得，有鷓鴣天一詞為證，詞曰：

殺氣騰騰萬里長，旌旗戈戟透寒光。雄師手仗三環劍，虎將鞍橫丈八鎗。　軍浩浩，士忙忙，鑼鳴鼓響猛如狼。東征大戰三十陣，汜水交兵第一場。

話說韓榮在馬上見子牙，口稱：「姜元帥請了！『率土之濱，莫非王臣』，元帥何故動無名之師，以下凌上，甘心作商家叛臣？吾為元帥不取也！」子牙笑曰：「將軍之言差矣。君正則居其位，君不正，則求為匹夫不可得。是天命豈有常哉？惟有德者能君之。昔夏桀暴虐，成湯伐之，代夏而有天下。今紂王罪過于桀，天下諸侯叛之。我周特奉天之罰，以討有罪，安敢有逆天命，厥罪惟鈞哉。」韓榮大怒曰：「姜子牙，我以你為高明之士，你原來是妖言惑眾之人！你有多大本領，敢出大言！那員將與吾拏了？」旁有先行王虎，走馬搖鎗，飛奔前來，直取子牙。只見哪吒已登風火輪，舉鎗忙迎。輪馬相交，刀鎗併舉。兩下裡喊聲不息，鼓角齊鳴。戰未數合，哪吒奮勇一鎗，把王虎挑于馬下。魏賁見哪吒得勝，把馬一磕，

搖鎗前來，飛取韓榮；韓榮手中戟赴面交還。魏賁的鎗勢如猛虎，韓榮見先折了王虎，心中已自慌忙，無心戀戰。只見子牙揮動兵將沖殺過來，韓榮抵敵不住，敗進關中去了。子牙得勝回營不表。

且說韓榮兵敗進關，一面具表往朝歌告急，一面設計守關。正在緊急之時，忽報：「七首將軍余化等令。」韓榮聽得余化來至，大喜，忙傳令：「令來。」余化至殿上行禮，韓榮曰：「自從將軍戰敗去後，此關反被黃飛虎走出去了，不覺數載；豈意他養成氣力，今反夥同那姜尚，三路分兵，取了佳夢關、青龍關，盡為周有。昨日會兵，不能取勝，如之奈何？」余化曰：「末將被哪吒打傷，敗回蓬萊山，見我師尊，燒煉一件寶物，可以復我前仇。縱周家有千萬軍將，只叫他片甲無存。」韓榮大喜，治酒管待。話說次日，余化至周營討戰。子牙問：「誰去出馬？」哪吒應聲而出：「弟子願往。」哪吒道罷，登輪提鎗，出得營來，一見余化，哪吒認得他，大叫曰：「余化慢來！」余化見了仇人，把臉紅了半邊，也不答話，催開金睛獸，搖戟直取哪吒；哪吒的鎗赴面交還。輪獸相交，戟鎗雙舉，來往沖殺有二三十合。哪吒的鎗乃太乙真人傳授，有許多機變，余化不是哪吒對手。余化把一口刀，名曰化血神刀祭起，如一道電光，中了刀痕，時刻即死。怎見得，有詩為證，詩曰：

丹爐曾煅煉，火裡用功夫。靈氣後先妙，陰陽表裡扶。

透甲元神喪，沾身性命無。哪吒逢此刀，眼下血為膚。

余化將化血刀祭起，那刀來得甚快，哪吒躲不及，中了一刀。大抵哪吒乃蓮花化身，渾身俱是蓮花瓣兒，縱傷了他，不比凡夫血肉之軀，登時即死，該有凶中得吉。哪吒著刀傷了，大叫一聲，敗回營中，走進轅門，跌下風火輪來。哪吒著了刀傷，只是顫，不能做聲。旗門官報與子牙，子牙令扛擡至中軍。子牙

叫哪吒，哪吒不答話。子牙心下鬱鬱不樂。不知哪吒性命如何，且聽下回分解。

評

陳奇與鄭倫方是對手，正所謂不相上下，又添了哪吒土行孫等，則陳奇授首宜矣！

又評

土行孫地行之術，為偷營劫寨，固是奇妙；若遇著楊戩之流，止落得一番空行。青龍關內止一二庸品，安能抵得土行孫之偷劫哉？

第七十五回　土行孫盜騎陷身

余化恃強自喪身，師尊何苦費精神。因燒土行反招禍，為惹懼留致起嗔。
北海初沉方脫難，細仙再縛豈能狗！從來數定應難解，已是封神榜內人。

話說余化得勝回營，至次日，又來周營搦戰。探馬報入中軍，子牙問：「誰人出馬？」有雷震子應曰：「願往。」提棍出營，見余化黃面赤鬚，甚是兇惡，問曰：「來者可是余化？」余化大罵：「反國逆賊！你不認得我麼！」雷震子大怒，把二翅飛騰于空中，將黃金棍劈頭打來；余化手中戟赴面交還。一個在空中用力，一個在獸上施威。雷震子金棍刷來，如泰山一般。余化望上招架費力，略戰數合，忙舉起化血刀來，把雷震子風雷翅傷了一刀。幸而原是兩枚仙杏化成風雷二翅，今中此刀，尚不至傷命，跌在塵埃，敗進行營，來見子牙。子牙又見傷了雷震子，心中甚是不樂。次日，有報馬報入中軍：「有余化搦戰。」子牙曰：「連傷二人，若痴呆一般，又不做聲，只是寒顫；且懸免戰牌出去。」軍政官將免戰牌掛起。余化見周營掛免戰牌，掌鼓回營。只見次日，有督糧官楊戩至轅門，見掛免戰二字，楊戩曰：「從三月十五日拜將之後，將近十月，如今還在這裡，尚不曾取成湯寸土，連忙掛免戰牌。」心中甚是疑惑，「且見了元帥，再做道理。」探馬報入中軍：「啟元帥：有督糧官楊戩候令。」子牙曰：「令來。」楊戩上帳，參謁畢，稟曰：「弟子催糧，應付軍需，不曾違限，請令定奪。」子牙曰：「兵糧足

矣，其如戰不足何！」楊戩曰：「師叔且將免戰牌收了，弟子明日出兵，看其端的，自有處治。」子牙在中軍與眾人正議此事，左右報：「有一道童來見。」子牙曰：「請來。」少時至帳前，那童子倒身下拜曰：「弟子是乾元山金光洞太乙真人門下。師兄哪吒有厄，命弟子背上山去調理。」子牙即將哪吒交與金霞童子，背往乾元山去了。不表。且說楊戩見雷震子不做聲，只是顫，看刀刃中血水如墨。楊戩觀看良久，「此乃是毒物所傷。」楊戩啟子牙：「去了免戰牌。」子牙傳令去了免戰牌。次日，汜水關哨馬報入關中：「周營已去免戰牌。」余化聽得，隨上了金睛獸出關，來至營前搦戰。哨馬報入中軍：「關內有將討戰。」正是：

常勝不知終有敗，周營自有妙人來。

話說余化至營搦戰，楊戩稟過子牙，忙提三尖刀出營。見余化光景，是左道邪說之人，楊戩大叫曰：「來者莫非余化麼？」余化曰：「然也。爾通名來。」楊戩曰：「吾乃姜元帥師姪楊戩是也。」縱馬搖三尖刀飛來直取。余化手中戟赴面交還。兩馬相交，一場大戰。未及二十餘合，余化祭起化血神刀，如閃雷飛來。楊戩運動八九元功，將元神遁出，以左肩迎來，傷了一刀，也大叫一聲，敗回行營，看是甚麼毒物，來見子牙。子牙問曰：「你會余化如何？」楊戩曰：「弟子見他神刀利害，仗吾師道術，將元神遁出，以左臂迎他一刀，畢竟看不出他的果是何毒。弟子且往玉泉山金霞洞去一遭。」子牙許之。楊戩借土遁往玉泉山來，到了金霞洞，進洞見師父，拜罷，玉鼎真人問曰：「楊戩，你此來有甚麼話說？」楊戩對曰：「弟子同師叔進兵汜水關，與守關將余化對敵。彼有一刀，不知何毒，起先雷震子被他傷了一刀，只是寒顫，不能做聲；弟子也被他傷了一刀，幸賴師父玄功，不曾重傷，然不知果是何毒物。」玉

鼎真人忙令楊戩將刀痕來看，真人見此刀刃，便曰：「此乃是化血刀所傷。但此刀傷了，見血即死。幸雷震子傷的兩枚仙杏，你又有玄功，故爾如此；不然，皆不可活。」楊戩聽得，不覺大驚，忙問曰：「似此將何術解救？」真人曰：「此毒連我也不能解。此刀乃是蓬萊島一氣仙余元之物。當時修煉時，此刀在爐中，有三粒神丹同煉的。要解此毒，非此丹藥，不能得濟。」真人沉思良久，乃曰：「此事非你不可。」附耳如此如此方可。楊戩大喜，領了師父之言，離了玉泉山往蓬萊島而來。正是：

真人道術非凡品，咫尺蓬萊見大功。

話說楊戩借土遁往蓬萊島來，前至東海。好個海島，異景奇花，觀之不盡。怎見得海水平波，山崖錦砌，正所謂蓬萊景致與天闕無差。怎見得好山，有贊為證：

勢鎮東南，源流四海。汪洋潮湧作波濤，滂渤山根成碧闕。蜃樓結彩，化為人世奇觀；蛟孽興風，又是滄溟幻化。丹山碧樹非凡，玉宇瓊宮天外。麟鳳優遊，自然仙境靈胎；鸞鶴翱翔，豈是人間俗骨。琪花四季吐精英，瑤草千年呈瑞氣。且慢說青松翠柏常春，又道是仙桃仙果時有。修竹拂雲留夜月，藤蘿映日舞清風。一溪瀑布時飛雪，四面丹崖若列星。正是：百川澮注擎天柱，萬劫無移大地根。

話說楊戩來至蓬萊山，看罷蓬萊景致，仗八九元功，將身變成七首將軍余化，逕進蓬萊島來。見了一氣仙余元，倒身下拜。余元見余化到此，乃問曰：「你來做甚麼？」余化曰：「弟子奉師父之命，去汜水關協同韓總兵把守關隘，不意姜尚兵來，弟子見頭一陣，刀傷了哪吒，第二陣傷了雷震子，第三陣恰來了姜子牙師姪楊戩，弟子用刀去傷他，被他一指，反把刀指回來，將弟子傷了肩臂，望老師慈悲救拔。」

一氣仙余元曰：「有這等事？他有何能，敢指回我的寶刀？但當時煉此寶，在爐中分龍虎，定陰陽，同煉了三粒丹藥，我如今將此丹留在此間也無用，你不若將此丹藥取了去，以備不虞。」余元隨將丹遞與余化。余化叩頭：「謝老師天恩。」忙出洞來，回周營不表。有詩單贊楊戩玄功變化之妙：

悟到功成道始精，玄中玄妙有無生。蓬萊枉秘通靈藥，汜水徒勞化血兵。
計就騰挪稱幻聖，裝成奇巧盜英明。多因福助周文武，一任奇謀若浪萍。

話說楊戩得了丹藥，逕回周營。且說一氣仙余元把藥一時俱與了余化，靜坐思忖：「楊戩有多大本領，能指回我的化血刀？若余化被刀傷了，他如何還到得這裡？其中定有緣故。」余元掐指一算，大叫曰：「好楊戩匹夫！敢以變化玄功盜吾丹藥，欺吾太甚！」余元大怒，上了金眼駝，來趕楊戩。楊戩正往前行，只聽得後面有風聲趕至，楊戩已知余元來趕，忙把丹藥放在囊中，暗祭哮天犬存在空中。余元只顧趕楊戩，不知暗算難防，余元被哮天犬夾頸子一口。此犬正是：

牙如鋼劍傷皮肉，紅袍拉下半邊來。

余元不曾提防暗算，被犬一口，把大紅白鶴衣扯了半邊。余元又吃了大虧，不能前進：「吾且回去，再整頓前來，以復此仇。」話說子牙正在營中納悶，只見左右來報：「有楊戩等令。」子牙傳令：「令來。」楊戩至帳前見子牙，備言前事，盜丹而回。子牙大喜，忙取丹藥救雷震子，又遣木吒往乾元山，送此藥與哪吒調理。次日，楊戩往關下搦戰。探事官報入帥府：「周營中有將討戰。」韓榮忙令余化出戰。余化上了金睛獸，撑戟出關。楊戩大呼曰：「余化，前日你用化血刀傷我，幸吾煉有丹藥，若無丹藥，幾中汝之奸計也。」余化暗思：「此丹乃一爐所出，焉能周營中也有此丹？若此處有這丹，此刀無用。」

催開金睛獸，大戰楊戩。二馬相交，刀戟併舉，二將酣戰三十餘合。正殺之間，雷震子得了此丹，即時全好了，心中大怒，竟飛出周營，大喝曰：「好余化！將惡刀傷吾。若非丹藥，幾至不保。不要走，吃我一棍，以泄此恨！」擗起黃金棍，劈頭刷來，余化將手中戟架棍。楊戩三尖刀來得又勇，余化被雷震子一棍打來，將身一閃，那棍正中金睛獸，把余化掀翻下地，被楊戩復一刀，結果了性命。正是：

一腔左術全無用，枉做成湯梁棟材。

楊戩斬了余化，掌鼓回營，見子牙報功不表。

且說韓榮聞余化陣亡，大驚：「此事怎好！前日遣官往朝歌去，救兵未到；今無人協同守此關隘，如何是好！」正議間，余元乘了金睛五雲駝，至關內下騎，至帥府前，令門官通報。眾軍官見余元好兇惡，忙報韓榮。韓榮傳令：「請來。」道人進帥府，韓榮迎接余元。只見他生得面如藍靛，赤髮獠牙，身高一丈七八，凜凜威風，二目兇光冒出。韓榮降階而迎，口稱老師，請上銀安殿。韓榮下拜，問曰：「老師是那座名山？何處洞府？」一氣仙余元曰：「楊戩欺吾太甚，盜丹殺我弟子余化。貧道是蓬萊島一氣仙余元是也；今特下山，以報此仇。」韓榮聞說大喜，治酒管待。次日，余元上了五雲駝，出關至周營，坐名要子牙答話。報馬報入中軍：「汜水關有一道人請元帥答話。」子牙傳令：「擺隊伍出營。」左右分五岳門人，一騎當先。只見一位道人，生的十分兇惡。怎見得：

魚尾冠，金嵌成；大紅服，雲暗生。面如藍靛獠牙冒，赤髮紅鬚古怪形。絲絲飄火焰，麻鞋若水晶。蓬萊島內修仙體，自在逍遙得至清。位在監齋成神道，一氣仙名舊有聲。

話說子牙至軍前問曰：「道者請了。」余元道：「姜子牙，你叫出楊戩來見我。」子牙曰：「楊戩催糧

去了，不在行營。道者，你既在蓬萊島，難道不知天意？今成湯傳位六百餘年，至紂王無道，暴殄天命❶，肆行兇惡，罪惡貫盈，天怒人怨，天下叛之。我周應天順人，克修天道，天下歸周。今奉天之罰，以觀政于商，爾何得阻逆天吏，自取滅亡哉？道者，你不觀余化諸人皆是此例，他縱有道術，豈能扭轉天命耶？」余元大怒曰：「總是你這一番妖言惑眾！若不殺你，不足以絕禍根！」催開五雲駝，仗寶劍直取子牙。子牙手中劍赴面交還。左有李靖，右有韋護，各舉兵器，前來助戰。四人只為無名火起，眼前要定雌雄。余元的寶劍光華灼灼，子牙劍彩色輝輝，李靖刀寒光燦燦，韋護杵殺氣騰騰。余元坐在五雲駝上，把一尺三寸金光銼祭在空中，來打子牙。子牙忙展杏黃旗，現出有千朵金蓮，擁護其身。余元忙收了金光銼，復祭起來打李靖。不防子牙祭起打神鞭來，一鞭正中余元後背，只打的三昧真火噴出丈餘遠近。李靖又把余元腿上一鎗。余元著傷，把五雲駝頂上一拍，只見那金眼駝四足起金光而去。子牙見余元著傷而走，收兵回營不表。

且說土行孫催糧來至，見子牙會兵，他暗暗的瞧見余元的五雲駝四足起金光而去，土行孫大喜：「我若得此戰騎，催糧真是便益。」當時子牙回營陞帳，忽報：「土行孫等令。」子牙傳令：「令來。」土行孫至帳前，交納糧數，不誤限期。子牙曰：「催糧有功，暫且下帳少憩。」土行孫下帳，來見鄧嬋玉，夫妻共語，說：「余化把刀傷了哪吒，哪吒往乾元山養傷痕去了。」土行孫至晚，對鄧嬋玉曰：「我方纔見余元坐騎，四足旋起金光，如雲霓縹緲而去，妙甚，妙甚！我今夜走去盜了他的來，騎著催糧，有

---

❶ 暴殄天命：言不珍惜天命，書武成：「今商王受無道，暴殄天物。」孔傳：「言逆天也。」後用作耗費物品，無所愛惜之意。

何不可？」鄧嬋玉曰：「雖然如此，你若要去，須稟知元帥，方可行事，不得造次。」土行孫曰：「與他說沒用，總是走去便來，何必又多一番唇舌？」當時夫妻計較停當。將至二更，土行孫把身子一扭，逕進汜水關，來到帥府裡。土行孫見余元默運元神，土行孫在地下，往上看他，道人目似垂簾，不敢上去，只得等候。卻言余元默運元神，忽然心血來潮，余元暗暗掐指一算，已知土行孫來盜他的坐騎。余元把陽神出竅，少刻，鼻息之聲如雷。土行孫在地下聽見鼻息之聲，大喜曰：「今夜定然成功。」將身子鑽了上來，拖著鐵棍，又見廊下拴著五雲駝。土行孫解了轡繩，牽到丹墀下，挨著馬臺扒上去，試驗試驗，然後又扒將下來。將這邠鐵棍執在手裡，來打余元；照余元耳門上一下，只打得七竅中三昧火冒出來，只是不動；復打一棍，打得余元只不作聲。土行孫曰：「這潑道，真是頑皮！吾且回去，明日再做道理。」土行孫上了五雲駝，把它頂上拍了一下，那獸四足就起金雲，飛在空中。土行孫心下十分懽喜。正是：

懽喜未來災又至，只因盜物惹非殃。

且說土行孫騎著五雲駝，只在關裡串，不得出關去。土行孫曰：「寶貝，你還出關去！」話猶未了，那五雲駝便落將下地來。土行孫方欲下駝，早被余元一把抓住頭髮，擩著他，不令他挨地，大叫曰：「拿住偷駝的賊了！」驚動一府大小將官，掌起火把燈毬。韓榮陞了寶殿，只見余元高高的把土行孫擩著。韓榮燈光下見一矮子：「老師擩著他做甚麼？放下他來罷了。」余元曰：「你不知他會地行之術，但沾了地，他就去了。」韓榮曰：「將他如何處治？」余元曰：「你把俺蒲團下一個袋兒取來，裝著這業障，用火燒死他，方絕禍患。」韓榮取了袋兒裝起來。余元叫：「搬柴來。」少時間，架起柴來，把如意乾

細細金蛇遍地明，黑煙滾滾即時生。燧人出世居離位，炎帝騰光號火精。
山石逢時皆赤土，江湖偶遇盡枯平。誰知天意歸周主，自有真仙渡此驚。

坤袋燒著。土行孫在火裡大叫曰：「燒死我也！」好火！怎見得，有詩為證：

話說余元燒土行孫，命在須臾。也是天數，不該如此，只見懼留孫正坐蒲團默養元神，見白鶴童子來至曰：「奉師尊玉旨，命師兄去救土行孫。」懼留孫聞命，與白鶴童子分別，借著縱地金光法來至汜水關裡。見余元正燒乾坤袋，懼留孫來一陣旋窩風，往下一坐，伸下手來，連如意乾坤袋提將去了。余元看見一陣風來，又見火勢有景，余元掐指一算：「好懼留孫！你救你的門人，把我如意乾坤袋也拿了去！我明日自有處治。」且說懼留孫將土行孫救出火焰之中，土行孫在袋內覺得不熱，不知何故。懼留孫來至周營。那夜是南宮适巡外營，時至三更盡，南宮适問曰：「是甚麼人？」懼留孫曰：「是我。快通報子牙，我來也。」南宮适向前看，知是懼留孫，忙傳雲板。子牙三鼓時分起來，外邊傳入帳中：「有懼留孫在轅門。」子牙忙出迎接，見懼留孫擰著一個袋子，至軍前打稽首坐下。

子牙曰：「道兄夤夜至此，有何見諭？」懼留孫曰：「土行孫有火難，特來救之。」子牙大驚：「土行孫昨日催糧方回，其災如何得至？」懼留孫把如意袋兒打開，放出土行孫來，問其詳細。土行孫把盜五雲駝的事說了一遍。子牙大怒曰：「你要做此事，也該報我知道，如何違背主帥，暗行辱國之事？今若不正軍法，諸將效尤，將來營規必亂。傳刀斧手，將土行孫斬首號令！」懼留孫曰：「土行孫不遵軍令，暗行進關，有辱國體，理宜斬首；只是用人之際，暫且戴罪立功。」子牙曰：「若不是道兄求免，定當斬首。」令左右：「且與我放了。」土行孫謝了師父，又謝過子牙。一夜周營中未曾安靜。次日，

只見一氣仙余元出關來至周營，坐名只要懼留孫。懼留孫曰：「他來只為如意乾坤袋。我不去會他，你只須如此，自可擒此潑道也。」懼留孫與子牙計較停當，子牙點砲出營。余元一見子牙，大呼曰：「只叫懼留孫來會我！」子牙曰：「道友，你好不知天命！據道友要燒死那土行孫，自無逃躲；豈知有他師父來救他，正所謂有福之人，縱千方百計而不能加害；無福之人遇溝壑而喪其軀。此豈人力所能哉！」余元大怒曰：「巧言匹夫尚敢為他支吾！」催開五雲駝，使寶劍來取。子牙坐下四不相，手中劍赴面相迎。二獸相交，雙劍併舉，兩家一場大戰。怎見得，有詞為證：

凜凜征雲萬丈高，軍兵擂鼓把旗搖。一個是封神都領袖，一個是監齋名姓標。這個是正道奉天滅紂王，那個是無福成仙自逞高；這個是六韜之內稱始祖，那個是惡性兇心怎肯饒。自來有福催無福，天意循環怎脫逃？

話說子牙大戰余元，未及十數合，被懼留孫祭綑仙繩在空中，命黃巾力士半空將余元拿去，止有五雲駝跳進關中。子牙與懼留孫將余元拿至中軍。余元曰：「姜尚，你雖然擒我，看你將何法治我？」子牙令李靖：「斬訖報來！」李靖領令，推出轅門，將寶劍斬之；一聲響，把寶劍砍缺有二指。李靖回報子牙，備言殺不得之事，說了一遍。子牙親自至轅門，命韋護祭降魔杵打，只打得騰騰煙出，烈烈火飛。余元作歌曰：

「君不見天皇得道將身煉，修仙養道碧遊宮。坎虎離龍方出現，五行隨我任心遊。四海三江都走遍，頂金頂玉秘修成。曾在爐中仙火煅，你今斬我要分明。自古一劍還一劍，漫道余言說不靈。」

余元作歌罷，子牙心下十分不樂，與懼留孫共議：「如今放不得余元，且將他囚于後營，等取了關再做

區處。」懼留孫曰：「子牙，你可命匠人造一鐵櫃，將余元沉于北海，以除後患。」子牙命鐵匠急造，鐵櫃已成，將余元放在櫃內。懼留孫命黃巾力士擡定了，往北海中一丟，沉于海底。黃巾力士回復懼留孫法旨不表。

且說余元入于北海之中，鐵櫃亦是五金之物，況又丟在水中，此乃金水相生，反助了他一臂之力。余元借水遁走了，逕往碧遊宮紫芝崖下來。余元被綑仙繩綑住，不得見截教門人傳與掌教師尊。忽聽得一個道童唱道情而來，詞曰：

「山遙水遙，隔斷紅塵道。粗袍敝袍，袖裡乾坤倒。日月肩挑，乾坤懷抱。常自把煙霞嘯傲，天地逍遙。龍降虎伏道自高，紫霧護新巢，白雲做故交。長生不老，只在壺中一覺。」

話說余元大呼曰：「那一位師兄，來救我之殘喘！」水火童兒見紫芝崖下一道者，青面紅髮，巨口獠牙，綑在那裡，童兒問曰：「你是何人，今受此厄？」余元曰：「我乃是金靈聖母門下，蓬萊島一氣仙余元是也；今被姜子牙將我沉于北海，幸天不絕我，得借水遁，方能到得此間。望師兄與我通報一聲。」水火童兒逕來見金靈聖母備言余元一事。金靈聖母聞言大怒，急至崖前，不見還可，越見越怒。金靈聖母逕進宮內，見通天教主行禮畢，言曰：「弟子一事啟老師：人言崑崙門下欺滅吾教，俱是耳聽，今將一氣仙余元，他得何罪，竟用鐵櫃沉于北海；幸不絕生，借水遁逃至于紫芝崖。望老師大發慈悲，救弟子等體面。」通天教主曰：「如今在那裡？」金靈聖母曰：「在紫芝崖。」通天教主吩咐：「擡將來。」少時，將余元擡至宮前。碧遊宮多少截教門人，看見余元，無不動氣。只見金鐘聲響，玉磬齊鳴，掌教師尊來至。到了宮前，一見諸大弟子，齊言：「闡教門人欺吾教太甚！」教主看見余元這等光景，教主

也覺得難堪；先將一道符印貼余元身上，教主用手一彈，只見綑仙繩掉下來。古語云：「聖人怒發不上臉。」隨命余元：「跟吾進宮。」教主取一物與余元，曰：「你去把懼留孫拿來見我，不許你傷他。」余元曰：「弟子知道。」正是：

聖人賜與穿心鎖，只恐皇天不肯從。

話說余元得了此寶，離了碧遊宮，借土遁而來。行得好快，不須臾，已到汜水關。有報事馬報入關中：「有余道長到了。」韓榮降階迎接到殿，欠身言曰：「聞老師失利，被姜尚所擒，使末將身心不安。今得睹天顏，韓榮不勝幸甚！」余元曰：「姜尚用鐵櫃把我沉于北海，幸吾借小術到吾師尊那所在，借得一件東西，可以成功。可將吾五雲駝收拾，打點出關，以報此恨。」余元隨上騎，至周營轅門，坐名只要懼留孫。報馬報入中軍：「啟元帥：余元搦戰，只要懼留孫。」幸而懼留孫不曾回山。子牙大驚，忙請懼留孫商議。懼留孫曰：「余元沉海，畢竟借水遁潛逃至碧遊宮，想通天教主必定借有奇寶，方敢下山。子牙，你還與他答話，待吾再擒他進來，且救一時燃眉之急。若是他先祭其寶，則吾不能支耳。」子牙曰：「道兄言之有理。」子牙傳令點砲。帥旗展動，子牙至軍前。余元大呼曰：「姜子牙，我與你今日定見雌雄！」催開五雲駝，惡狠狠飛來直取，姜子牙手中劍赴面交還。只一合，懼留孫祭起綑仙繩，命黃巾力士：「將余元拿下！」只聽得一聲響，又將余元平空拿去了。正是：

秋風未動蟬先覺，暗送無常死不知。

余元不提防暗中下手。子牙見拿了余元，其心方安；進營，將余元放在帳前。子牙與懼留孫共議：「若殺余元，不過五行之術，想他俱是會中人，如何殺得他？倘若再走了，如之奈何！」正所謂「生死有定，

大數難逃。」余元正應封神榜上有名之人，如何逃得？子牙在中軍正無法可施，無籌可展，忽然報：「陸壓道人來至。」子牙同懼留孫出營相接。至中軍，余元一見陸壓，只諕得仙魂縹緲，面似淡金，余元悔之不及。余元曰：「陸道兄，你既來，還求你慈悲我，可憐我千年道行，苦盡功夫。從今知過必改，再不敢干犯西兵。」陸壓曰：「你逆天行事，天理難容；況你是封神榜上之人，我不過代天行罰。」正是：

不依正理歸邪理，仗你腦中道術高。誰知天意扶真主，吾今到此命難逃。

陸壓曰：「取香案。」陸壓焚香爐中，望崑崙山下拜，花籃中取出一個葫蘆，放在案上，揭開葫蘆蓋，裡邊一道白光如線，起在空中，現出七寸五分橫在白光頂上，有眼有翅。陸壓口裡道：「寶貝請轉身！」那東西在白光之上連轉三四轉，可憐余元斗大顆首級落將下來。有詩單道斬將封神飛刀，其詩曰：

先煉真元後運功，此中玄妙配雌雄。惟存一點先天訣，斬怪誅妖自不同。

話說陸壓用飛刀斬了余元，他一靈已進封神臺去了。子牙欲要號令，陸壓曰：「不可。余元原有仙體，若是暴露，則非禮矣。用土掩埋。」陸壓與懼留孫辭別歸山。

且說韓榮打聽余元已死，在銀安殿與眾將共議曰：「如今余道長已亡，再無可敵周將者。況兵臨城下，左右關隘俱失與周家；子牙麾下俱是道德術能之士，終不得取勝。欲要歸降，不忍負成湯之爵位；如不歸降，料此關難守，終被周人所擄。為今之計，奈何，奈何！」旁有偏將徐忠曰：「主將既不忍有負成湯，決無獻關之理。吾等不如將印綬掛在殿庭，文冊留於府庫，望朝歌拜謝皇恩，棄官而去，不失盡人臣之道。」韓榮聽說，俱從其言，隨傳令眾軍士：「將府內資重之物，打點上車。」欲隱跡山林，埋名丘壑。此時眾將官各自去打點起行。韓榮又命家將搬運金珠寶玩，扛擡細軟衣帛。紛紜喧譁，忽然

驚動韓榮二子，在後園中設造奇兵，欲拒子牙。弟兄二人聽得家中紛紛然鬨亂，走出庭來，只見家將扛擡箱籠，問其緣故，家將把棄關的話說了一遍。二人聽罷，「你們且住了，我自有道理。」二人齊來見父親，不知凶吉如何，且聽下回分解。

第七十六回　鄭倫捉將取汜水

萬刃車兇勢莫當，風狂火驟助強梁。旗旛著焰皆逢劫，將士遭殃盡帶傷。
白晝已難遮半壁，黃昏安可護三鄉。誰知督運能催命，二子逢之刻下亡。

話說韓榮坐在後廳，吩咐將士，亂紛紛的搬運物件，早驚動長子韓昇、次子韓變。二人見父親如此舉動，忙問左右曰：「這是何說？」左右將韓榮前事說了一遍。二人忙至後堂，來見韓榮曰：「父親何故欲搬運家私？棄此關隘，意欲何為？」韓榮曰：「你二人年幼，不知世務，快收拾離此關隘，以避兵燹，不得有誤。」韓昇聽得此語，不覺失聲笑曰：「父親之言差矣！此言切不可聞于外人，空把父親一世英名污了。父親受國家高爵厚祿，衣紫腰金，封妻蔭子，無一事不是恩德。今主上以此關托重于父親，父親不思報國酬恩，捐軀盡節，反效兒女子之計，貪生畏死，遺譏後世，此豈大丈夫舉止？有負朝廷倚任大臣之意。古云：『在社稷者死社稷，在封疆者死封疆。』父親豈可輕議棄去。孩兒弟兄二人，曾蒙家訓，幼習弓馬，遇異人，頗習有異術，未曾演熟；連日正自操演，今日方完，意欲進兵，不意父親有棄關之舉。孩兒願效一死盡忠于國也。」

韓榮聽罷，點頭歎曰：「『忠義』二字，我豈不知？但主上昏瞶，荒淫不道，天命有歸；苦守此關，又恐累生民塗炭，不若棄職歸山，救此一方民耳。況姜子牙門下又多異士，余化、余元俱罹不測，又何

況其下者乎！此雖是你弟兄二人忠肝義膽，我豈不喜？只恐畫虎不成，終無補于實用，徒死無益耳。」韓昇曰：「說那裡的話來！食人之祿，當分人之憂。若都是自為之計，則朝廷養士何用？不肖孩兒願捐軀報國，萬死不辭。父親請坐，俟我兄弟取一物來與父親過目。」韓榮聽罷，心中也自暗喜：「吾門也出此忠義之後。」韓昇到書房中取出一物，乃是紙做的風車兒，當中有一轉盤，一隻手執定中間一竿，週圍推轉，如飛轉盤；上有四首旛，旛上有符有印，又有地、水、火、風四字，名為萬刃車。韓榮看罷，問曰：「此是孩兒家頑耍之物，有何用處？」韓昇曰：「父親不知其中妙用。父親如不信，且下教場中，把這紙車兒試驗試驗與老爺看。」韓榮見二子之言甚是鑿鑿有理，隨命下教場來。

韓昇兄弟二人上馬，各披髮仗劍，口中念念有詞，只見雲霧陡生，陰風颯颯，火焰沖天，半空中有百萬刀刃飛來，把韓榮唬得魂不附體。韓昇收了此車。韓榮曰：「我兒，你是何人傳你的？」韓昇曰：「那年父親朝覲之時，俺弟兄閑居無事，在府前頑耍。來了一個頭陀，叫做法戒，在我府前化齋。俺弟兄就與了他一齋，他就叫我們拜他為師。我們那時見他體貌異常，就拜他為師。他說道：『異日姜尚必有兵來，我秘授你此法寶，可破周兵，可保此關。』今日正應我師之言，定然一陣成功，姜尚可擒也。」韓榮大喜，隨令韓昇收了此寶，仍問曰：「我兒還可用人馬，你此車約有多少？」韓昇曰：「此車有三千輛，那怕姜尚雄師六十萬耶！一陣管教他片甲不存！」韓榮忙點三千精銳之兵與韓昇兄弟二人，在教場操演三千萬刃車。正是：

余元相阻方纔了，又是三軍屠戮災。

話說韓昇用三千人馬，俱穿皂服，披髮赤腳，左手執車，右手仗刀，任意誅軍殺卒。操練有二七日期，

軍士精熟。那日，韓榮父子統精兵出關搦戰。

話說子牙因破了余元，打點設計取關，只聽得關內砲響。少時探馬報入中軍，稟曰：「汜水關總兵韓榮領兵出關，請元帥答話。」子牙忙傳令與眾門人、將士：「統大隊出營。」子牙會過韓榮一次，那裡知道有這場虧累，去提防他。子牙問曰：「韓將軍，你時勢不知，天命不順，何以為將？速速倒戈❶，免致後悔。」韓榮笑曰：「姜子牙，倚著你兵強將勇，不知你等死在咫尺之間，尚敢耀武揚威，數白道黑也！」子牙大怒：「誰與我把韓榮拿下？」旁有魏賁，縱馬搖鎗，沖殺過來。韓榮腦後有兩員小將，乃韓昇、韓變，二人搶出陣來，截住了魏賁。魏賁大呼曰：「來者二將何人？」韓昇曰：「吾乃韓總兵長子韓昇，吾弟韓變是也。你等恃強，欺君罔上，罪惡滔天，今日乃爾等絕命之地矣！」魏賁大怒，縱馬搖鎗，飛來直取；韓昇、韓變兩騎赴面交還。未及數合，韓昇撥轉馬往後就走。魏賁不知是計，往下趕來。韓昇回頭見魏賁趕來，把頂上冠除了，把鎗一擺，三千萬刃車殺將出來，勢如風火，如何抵當。只見萬刃車捲來，風火齊至。怎見得好萬刃車，有贊為證：

雲迷世界，霧罩乾坤。颯颯陰風沙石滾，騰騰煙焰蟒龍奔。風乘火勢，黑氣平吞。風乘火勢，戈矛萬道怯人魂；黑氣平吞，目下難觀前後士。魏賁中刃，幾乎墜下馬鞍轎；武吉著刀，險些打了三寸氣。滑喇喇風聲捲起無情石，黑暗暗刀痕剁壞將和兵。人撞人，哀聲慘慘；馬踹馬，鬼哭神驚。諸將士慌忙亂走；眾門人借遁而行。忙壞了先行元帥；攪亂了武王行營。那裡是青天白日，恍如是黑夜黃昏。子牙今日兵遭厄，地覆天翻怎太平？

❶ 倒戈：謂臨陣倒轉干戈，自相攻殺。書武成：「前徒倒戈，攻于後以北。」

話說子牙被萬刃車一陣只殺的屍山血海，沖過大陣來，勢不可當。韓榮低頭一想，計上心來，忙傳令：「鳴金收軍！」韓昇、韓變聽得金聲，收回萬刃車。子牙方得收住人馬，計傷士卒七八千有餘。子牙陞帳，眾將官俱在帳內，彼此俱言：「此一陣利害，風火齊至，勢不可當。」子牙曰：「不知此刃是何名目？」眾將曰：「一派利刃，漫空塞地而來，風火助威，勢不可敵；非若軍士可以力敵也。」子牙心下十分不樂，納悶軍中不表。且說韓榮父子進關，韓昇曰：「今日正宜破周，擒拿姜尚，父親為何鳴金收軍？」韓榮曰：「今日是青天白日，雖有雲霧風火，姜尚門人俱是道術之士，自有準備，保護自身，如何得一般盡絕？我有一絕後計，使他不得整備，黑夜裡仗此道術，使他片甲不存，豈不更妙！」二子欠身曰：「父親之計，神鬼莫測！」正是：

安心要劫周營寨，只恐高人中道來。

話說韓榮打點夜劫周營，收拾停當，只等黑夜出關不表。只見子牙在營納悶，想：「利刃風火，果是何物，來得甚惡，勢如山倒，莫可遮攔？此畢竟是截教中之惡物！」當日已晚，子牙因今日不曾打點，致令眾將著傷，心下憂煩，不曾防備今夜劫寨。也是合該如此。眾將因早間失利，俱去安歇。且說韓榮父子將至初更，暗暗出關，將三千萬刃車雄兵殺至轅門。周營中雖有鹿角，其如這萬刃車，有風火助威，刃如驟雨。砲聲響亮，齊沖至轅門，誰敢抵當，真是勢如破竹。怎見得，正是：

四下裡火砲亂響，萬刃車刀劍如梭。三軍踴躍縱征鼉，馬踹人身逕過。風起處遮天迷地，火來時煙飛焰裏。軍吶喊，天翻地覆；將用法，虎下崖坡。著刀軍連聲叫苦；傷鎗將鎧甲難馱。打著的焦頭爛額；絕了命身臥沙窩。姜子牙有法難使；金木二吒也自難摹。李靖難使金塔；雷震

子止保皇哥。南宮适抱頭而走；武成王不顧兵戈。四賢八俊俱無用，馬死人亡遍地拖。正是：

遍地草梢含碧血，滿田低陷疊行屍。

且說韓昇、韓變兄弟二人，夜劫子牙行營，喊聲連天，沖進轅門。子牙在中軍忽聽得劫營，急自上騎，左右門人俱來中軍護衛。只見黑雲密布，風火交加，刀刃齊下，如山崩地裂之勢，燈燭難支。三千火車兵沖進轅門，如潮奔浪滾，如何抵當？況且黑夜，彼此不能相顧，只殺得血流成渠，屍骸遍野，那分別人自己？武王上了逍遙馬，毛公遂、周公旦保駕前行。韓榮在陣後擂鼓，催動三軍，只殺得周兵七零八落，君不能顧臣，父不能顧子。只見韓昇、韓變趁勢趕子牙，幸得子牙執著杏黃旗，遮護了前面一段；軍士將領一擁奔走。韓昇、韓變二人催著萬刃車往前緊趕，把子牙趕得上天無路，直殺到天明。韓昇、韓變大叫曰：「今日不捉姜尚，誓不回兵！」望前越趕，吩咐三千兵卒曰：「不入虎穴，安得虎子！」子牙見韓昇趕至無休，看看至金雞嶺了，只見前面兩杆大紅旗展，子牙見是催糧官鄭倫來至，其心少安。且說鄭倫坐騎出山口，正迎子牙，忙問曰：「元帥為何失利？」子牙曰：「後有追兵，用的是萬刃車，又有風火助威，勢不可當。此是左道異術，你仔細且避其銳。」鄭倫把坐下金睛獸一磕，往前迎來。只見韓昇弟兄在前緊趕，三千兵隨後，少離半射之地。鄭倫與韓昇、韓變撞個滿懷。鄭倫大喝曰：「好匹夫！怎敢追我元帥！」韓昇曰：「你來也替不得他！」把鎗搖動來刺，鄭倫手中杵赴面交還。鄭倫知他萬刃車利害，只見後面一片風火兵刃擁來，鄭倫知其所以，只一合，忙運動鼻子內兩道白光，一聲響，對著韓昇兄弟二人哼了一聲，韓昇、韓變兄弟二人坐不住鞍轎，翻下馬來，被烏鴉兵生擒活捉，上了繩索。兄弟兩個方睜開眼時，見已被擒捉，呀的一聲歎曰：「天亡我也！」後面三千兵架車前進，見主將

被擒，其法已解，風火兵刃，化為烏有。眾兵撤回身，就跑奔回來，正遇韓榮任意趕殺周兵，看見三千兵奔回，風火兵刃全無，不見二子回來，忙問曰：「二位小將軍安在？」眾兵曰：「二位將軍趕姜子牙至一山邊，只見有一將出來，與二位將軍交戰，未及一合，不知怎麼跌下馬來，被他捉去。我等在後，不一時，風火兵刃全無，止有此車而已，只得敗回。幸遇老將軍，望乞定奪。」韓榮聽得二子被擒，心中惶惶，不敢戀戰，只得收兵進關不表。

且說鄭倫擒了二將，來見子牙，子牙大喜，押在糧車上。子牙回軍，於路遇著武王、毛公遂等，眾門人諸將齊集。大抵是夤夜交兵，便是有道術的也只顧得自己，故此大折一陣。子牙問安，武王曰：「孤幾乎誅殺！幸得毛公遂保孤，方得免難。」子牙曰：「皆是尚之罪也。」彼此安慰，治酒壓驚。一宿不表。次日，整頓雄師，復至汜水關下扎營，放砲吶喊，聲振天地。韓榮聽得砲聲響，著人打探。來報曰：「啟總兵：周兵復至關下安營。」韓榮大驚：「周兵復至，吾子休矣！」親自上城，差官打聽。且說子牙陞帳坐下，眾將參謁畢，子牙傳令：「擺五方隊伍，吾親自取關。」眾將官切齒深恨韓昇、韓變。子牙至關下叫曰：「請韓總兵答話！」韓榮在城樓上現身，大叫曰：「姜子牙，你是敗軍之將，焉敢又來至此？」子牙大笑曰：「吾雖誤中你的奸計，此關我畢竟要取你的。你知那得勝將軍今已被我擒下。」命兩邊左右：「押過韓昇、韓變來！」左右將二將押過來，在馬頭前。韓榮見二子蓬頭跣足❷，繩縛二臂，押在軍前，不覺心痛，忙大叫曰：「姜元帥，二子無知，冒犯虎威，罪在不赦，望元帥大開惻隱，憐而赦之，吾願獻汜水關以報之耳。」韓昇大呼曰：「父親不可獻關！你乃紂王之股肱，食君之重祿，

❷ 跣足：赤足。

豈可惜子之命，而失臣節也！只宜緊守關隘，俟天子救兵到日，協力同心，共擒姜尚匹夫，那時碎屍萬段，為子報仇，未為晚也。我二人萬死無恨！」子牙聽得大怒，令左右斬之。只見南宮适奉令，手起刀落，連斬二將於關下。韓榮見子受誅，心如刀割，大叫一聲，往城下自墜而死。可憐父子三人，捐軀盡節，千古罕及。後人有詩贊曰：

汜水滔滔日夜流，韓榮志與國同休。父存臣節孤猿泣，子盡忠貞老鶴愁。
一死依稀酬社稷，三魂縹緲傲王侯。如今屈指應無愧，笑殺當年兒女儔。

話說韓榮墜城而死，城中百姓開關，迎接子牙人馬進汜水關。父老焚香迎接武王進帥府，眾將官懽喜，查點府庫錢糧停妥，出榜安民。武王命厚葬韓榮父子。子牙傳令，治酒款待有功人員，在關上住了三四日。

且說乾元山金光洞太乙真人在碧遊床靜坐，忽金霞童兒來報：「有白鶴童子至此。」太乙真人出洞，見白鶴童子手執玉劄降臨，言曰：「請師叔下山，同會誅仙陣。」太乙真人望崑崙謝恩畢，白鶴童子回玉虛不表。且說太乙真人吩咐：「叫哪吒來。」哪吒慌忙來至，見師父行禮畢，真人曰：「你如今養的傷痕痊癒，你可先下山，我隨後就來，共破誅仙陣也。」哪吒領師命，方欲下山，真人曰：「你且站住。當日玉虛宮掌教天尊贈子牙三盃酒；你今下山，我也贈你三盃如何？」哪吒感謝。真人命金霞童兒斟酒過來，贈哪吒頭一盃酒；哪吒謝過，一飲而盡。真人袖內取了一枚棗兒遞與哪吒過酒。哪吒連飲三盃，吃了三枚火棗。真人送哪吒出洞府，看哪吒上了風火輪，真人方進洞去。哪吒提火尖鎗，方欲駕土遁前行，只見左邊一聲響，長出一隻臂膊來。哪吒大驚曰：「怎的了？」還不曾說得完，右邊也長出一隻臂

膊來。哪吒諕得目瞪口呆。只聽得左右齊響，長出六隻手來，共得八條臂膊；又長出三個頭來。哪吒著慌，無可奈何，自思：「且回去，問我師父來。」只得登回風火輪。方至洞門，只見太乙真人也至門首，拍掌大笑曰：「奇哉！奇哉！」有詩為證：

瓊漿三盞透三關，火棗頻添壯士顏。八臂已成神妙術，三頭莫作等閒看。

須臾變化超凡聖，頃刻風雷任往還。不是西岐多異士，只因天意惡奸讒。

話說哪吒回來見太乙真人，曰：「弟子長出這些手，丫丫叉叉，怎好用兵？」真人曰：「子牙行營有許多異士：有雙翼者，有變化者，有地行者，有奇珍者，有異寶者，今著你現三頭六臂，不負我金光洞裡所傳。此去進五關，也見周朝人物稀奇，個個俊傑。這法隱隱現現，但憑你自己心意。」哪吒感謝師尊恩德。太乙真人傳哪吒隱現之法，哪吒大喜，一手執乾坤圈，一手執混天綾，一手執金磚，兩隻手擎兩根火尖鎗，還空三手。真人又將九龍神火罩，又取陰陽劍，共成八件兵器。哪吒拜辭了師父下山，逕往汜水關來。正是：

余化刀傷歸洞府，今朝變化更神通。

且說姜元帥在汜水關計點軍將，收拾取界牌關，忽然想起師尊偈來：「『界牌關下遇誅仙』，此事不知有何吉凶，且不可妄動。」又想：「若不進兵，恐誤了日期。」正在殿上憂慮，忽報：「黃龍真人來至。」子牙迎接至中堂，打稽首，分賓主坐下。黃龍真人曰：「前面就是誅仙陣，非可草率前進。子牙可吩咐門人，搭起蘆篷席殿，迎接各處真人異士，伺候掌教師尊，方可前進。」子牙聽畢，忙令南宮适、武吉起蓋蘆篷去了。且說哪吒現了三首八臂，登風火輪，面如藍靛，髮似硃砂，丫丫叉叉，七八隻手，

走進關來。軍校不知是哪吒現此化身，著忙飛報子牙：「稟元帥：外面有一個三頭八臂的將官，要進關來，請令定奪。」子牙命李靖：「去探來。」李靖出府，果見三頭八臂的人，甚是兇惡，李靖問曰：「來者何人？」哪吒見是李靖，忙叫：「父親，孩兒是三太子哪吒。」

李靖大驚，問曰：「你如何得此大術？」哪吒把火棗之事說了一遍。李靖進殿回子牙，備言前事。子牙大喜，傳令：「令來。」哪吒進殿，拜見元帥。眾將觀之，無有不悅，俱來稱賀。不表。只見次日南宮适來回報曰：「稟元帥：蘆篷俱已完備。」黃龍真人曰：「如今只有洞府門人去得，以下將官一概都去不得。」子牙傳下令來：「諸位官將保武王緊守關隘，不得擅離。我同黃龍真人與諸門弟子前去蘆篷，伺候掌教師尊與列位仙長，會誅仙陣。如有妄動者，定按軍法。」眾將領命去訖。子牙進後殿來見武王，曰：「臣先去取關，大王且同眾將住於此處。俟取了界牌關，差官來接聖駕。」武王曰：「相父前途保重。」子牙感謝畢，復至前殿，與黃龍真人同眾門弟子離了汜水關，行有四十里，來至蘆篷。只見懸花結綵，疊錦鋪氈，黃龍真人同子牙上了蘆篷坐下。少時間只見廣成子來至，赤精子隨至。

次日，懼留孫、文殊廣法天尊、普賢真人、慈航道人、玉鼎真人來至，隨後有雲中子、太乙真人、清虛道德真君、道行天尊、靈寶大法師俱陸續來至。子牙一一上下迎接，俱至蘆篷坐下。少時，又是陸壓道人來至，稽首坐下。陸壓曰：「如今誅仙陣一會，只有萬仙陣再會一次。吾等劫運已滿，自此歸山，再圖精進，以正道果。」眾道人曰：「師兄之言正是如此。」眾皆默坐，專候掌教師尊。不一時，只聽得空中有環珮之聲，眾仙知是燃燈道人來了，眾道人起身，降階迎上篷來，行禮坐下。燃燈道人曰：「誅仙陣只在前面，諸友可曾見麼？」眾道人曰：「前面不見甚麼光景。」燃燈曰：「那一派紅氣罩住的便

是。」眾道友俱起身，定睛觀看不表。

且說多寶道人已知闡教門人來了，用手發一聲掌心雷，把紅氣展開，現出陣來。蘆篷上眾仙正看，只見紅氣閃開，陣圖已現。好利害，殺氣騰騰，陰雲慘慘，怪霧盤旋，冷風習習，或隱或現，或昇或降，上下反覆不定。內中有黃龍真人曰：「吾等今犯殺戒，該惹紅塵，既遇此陣，也當得一會。」燃燈曰：「自古聖人云：只觀善地千千次，莫看人間殺伐臨。」內中有十二代弟子倒有八九位要去。燃燈道人阻不住，齊起身下了蘆篷，諸門人也隨著來看此陣。行至陣前，果然是驚心駭目，怪氣淩人。眾仙俱不肯就回，只管貪看。不知後事如何，且聽下回分解。

評

自古忠臣義士，同此血肉之軀，少不得與之俱盡；只這一段俠烈肝腸，忠貞氣節，常亙古今而不朽。若韓昇韓變折父親於庭幃之中，對軍前勸父親以守關之語，視死就如歸，何等慷慨！何等直捷！真不愧與龍逢比干同游。何物韓榮，有此佳兒，不怕阿翁不墜城而死，阿郎反替乃父成就了個好人，他昆玉是難兄弟。

又評

或曰韓昇韓變終是少年仗倚法術，濟得甚事？終歸無濟。遠不若韓榮棄職全家屬，老臣庶幾兩全。

余曰：不然，是非爾所知也。據他對父親之私語，軍前之明決，片語隻字，無不令人凜凜，無不令人感激，此是何等力量！何等擔當！何等果決！何等明白！無牽纏，無掛礙，真是聖人之徒。天地正氣，又何得而議論之？只他以此術復仇者，不過如人子之事親。當有病之時，雖至甚不可為，必百般周旋，以求萬一，豈得坐視其死哉？是非爾所知也。或人歛衽謝曰：命之矣！

第七十七回　老子一氣化三清

一氣三清勢更奇，壺中妙法貫須彌。移來一木還生我，運去分身莫浪疑。
誅戮散仙根行淺，完全正果道無私。須知順逆皆天定，截教門人枉自癡。

話說眾門人來看誅仙陣，只見正東上掛一口誅仙劍，正南上掛一口戮仙劍，正西上掛一口陷仙劍，正北上掛一口絕仙劍，前後有門有戶，殺氣森森，陰風颯颯。眾人貪看，只聽得裡面作歌曰：

兵戈劍戟，怎脫誅仙禍；情魔意魔，反起無明火。今日難過，死生在我，玉虛宮招災惹禍。穿心寶鎖，回頭纔知往事訛。咫尺起風波，這番怎逃躲？自倚才能，早晚遭折挫！

話說多寶道人在陣內作歌，燃燈曰：「眾道友，你們聽聽作的歌聲，豈是善良之輩！我等且各自回蘆篷，等掌教師尊來，自有處治。」話猶未了，方欲回身，只見陣內多寶道人仗劍一躍而出，大呼曰：「廣成子不要走，吾來也！」廣成子大怒曰：「多寶道人，如今又是在你碧遊宮，倚你人多，再三欺我；況你掌教師尊吩咐過，你等全不遵依，又擺此誅仙陣。我等既犯了殺戒，畢竟你等俱入劫數之內，故造此業障耳。正所謂『閻羅註定三更死，怎肯留人到五更！』」廣成子仗劍來取多寶道人，道人手中劍赴面交還。怎見得：

仙風陣陣滾塵沙，四劍忙迎影亂斜。一個是玉虛宮內真人輩，一個是截教門中根行差。一個是

廣成不老神仙體；一個是多寶西方拜釋迦。二教只因逢殺運，誅仙陣上亂如麻。

話說廣成子祭起番天印，多寶道人躲不及，一印正中後心，撲的打了一跌，多寶道人逃回陣中去了。燃燈曰：「且各自回去，再作商議。」眾仙俱上蘆篷坐下。只聽得半空中仙樂齊鳴，異香縹緲，從空而降。眾仙下篷來，迎掌教師尊。只見元始天尊坐九龍沉香輦，馥馥香煙，氤氳遍地。正是：

提爐對對煙生霧，羽扇分開白鶴朝。

話說燃燈眾人焚香引道，接上蘆篷。元始坐下，諸弟子拜畢，元始曰：「今日誅仙陣上，纔分別得彼此。」元始上坐，弟子侍立兩邊。至子時正，元始頂上現出慶雲，垂珠瓔珞，金花萬朵，絡繹不斷，遠近照耀。多寶道人正在陣中打點，看見慶雲昇起，知是元始降臨，自思：「此陣必須我師尊來至，方可有為；不然，如何抵得過他？」

次日，果見碧遊宮通天教主來了。半空中仙音響亮，異香襲襲，隨侍有大小眾仙，來的是截教門中師尊。怎見他的好處，有詩為證：

鴻鈞❶生化見天開，地丑人寅上法臺。煉就金身無量劫，碧遊宮內育多才。

話說多寶道人見半空仙樂響亮，知是他師尊來至，忙出陣拜迎進了陣，上了八卦臺坐下。眾門人侍立臺下，有上四代弟子，乃多寶道人、金靈聖母、無當聖母、龜靈聖母；又有金光仙、烏雲仙、毘蘆仙、靈牙仙、虬首仙、金箍仙、長耳定光仙相從在此。通天教主乃是掌截教之鼻祖，修成五氣朝元，三花聚頂，也是萬劫不壞之身。至子時，五氣沖空。燃燈已知截教師尊來至。次日天明，燃燈來啟曰：「老師，今

❶ 鴻鈞：天。

日可會誅仙陣麼？」元始曰：「此地豈吾久居之所？」吩咐弟子排班。赤精子對廣成子，太乙真人對靈寶大法師，清虛道德真君對懼留孫，文殊廣法天尊對普賢真人，雲中子對慈航道人，玉鼎真人對道行天尊，黃龍真人對陸壓，燃燈同子牙在後，金、木二吒執提爐；韋護與雷震子並列，李靖在後，哪吒先行。只見誅仙陣內金鐘響處，一對旗開，只見奎牛坐的是通天教主，左右立諸代門人。

通天教主見元始天尊，打稽首曰：「道兄請了！」元始曰：「賢弟為何設此惡陣？這是何說？當時你在碧遊宮共議封神榜，當面彌封，立有三等：根行深者，成其仙道；根行稍次，成其神道；根行淺薄，成其人道，仍隨輪迴之劫。此乃天地之生化也。成湯無道，氣數當終，周室仁明，應運當興，難道不知？反來阻逆姜尚，有背上天垂象。且當日封神榜內應有三百六十五度，分有八部列宿群星，當有這三山五岳之人在數，賢弟為何出乎反乎❷，自取失信之愆？況此惡陣，立名便自可惡。只誅仙二字，可是你我道家所為的事？且此劍立有誅、戮、陷、絕之名，亦非是你我道家所用之物。這是何說，你作此過端？」通天教主曰：「道兄不必問我，你只問廣成子，便知我的本心。」

元始問廣成子曰：「這事如何說？」廣成子把三謁碧遊宮的事說了一遍。通天教主曰：「廣成子，你曾罵我的教下不論是非，不分好歹，縱羽毛禽獸亦不擇而教，一體同觀。想吾師一教傳三友，吾與羽毛禽獸相並；道兄難道與我不是一本相傳？」元始曰：「賢弟，你也莫怪廣成子。其實，你門下胡為亂做，不知順逆，一味恃強，人言獸行。況賢弟也不擇是何根行，一意收留，致有彼此搬弄是非，令生靈塗炭。你心忍乎！」通天教主曰：「據道兄所說，只是你的門人有理，連罵我也是該的？不念一門手足

❷ 出乎反乎：即出爾反爾。

罷了。我已是擺了此陣，道兄就破吾此陣，便見高下。」元始曰：「你要我破此陣，這也不難，待吾自來見你此陣。」通天教主兕回奎牛，進了戮仙門；眾門人隨著進去，且看元始進來破此陣。正是：

截闡道德皆正果，方知兩教不虛傳。

話說元始在九龍沉香輦上，扶住飛來椅，徐徐行至正東震地，乃誅仙門。門上掛一口寶劍，名曰誅仙劍。元始把輦一拍，命四謁諦神撮起輦來，四腳生有四枝金蓮花，花瓣上生光，光上又生花。一時有萬朵金蓮照在空中。元始坐在當中，逕進誅仙陣來。通天教主發一聲掌心雷，震動那一口寶劍一晃，好生利害！雖是元始，頂上還飄飄落下一朵蓮花。元始進了誅仙門，裡邊又是一層，名為誅仙闕。元始從正南上往裡走，至正西，又在正北坎地上看了一遍。元始作一歌以笑之，歌曰：

「好笑通天有厚顏，空將四劍掛中間。枉勞用盡心機術，獨我縱橫任往還。」

話說元始依舊還出東門而去。眾門人迎接，上了蘆篷，燃燈請問曰：「老師，此陣中有何光景？」元始曰：「看不得。」南極仙翁曰：「老師既入陣中，今日如何不破了他的，讓姜師弟好東行？」元始曰：「古云：『先師次長。』雖然吾掌此教，況有師長在前，豈可獨自專擅？候大師兄來，自有道理。」說話未了，只聽得半空中一派仙樂之聲，異香縹緲，板角青牛上坐一聖人，有玄都大法師牽住此牛，飄飄落下來。元始天尊率領眾門人前來迎接。怎見得，有詩為證：

不二門中法更玄，汞鉛相見結胎仙。未離母腹頭先白，纔到神霄氣已全。
室內煉丹攙戊己，爐中有藥奪先天。生成八景宮中客，不記人間幾萬年。

話說元始見太上老君駕臨，同眾門人下篷迎接，二人攜手上篷坐下，眾門人下拜，侍立兩旁。老子曰：

「通天賢弟擺此誅仙陣，反阻周兵，使姜尚不得東行，此是何意？吾因此來問他，看他有甚麼言語對我。」元始曰：「今日貧道自專，先進他陣中走了一遭，未曾與他較量。」老子曰：「你就破了他的罷了。他肯相從就罷；他若不肯相從，便將他拿上紫霄宮去見老師，看他如何講。」二位教主坐在篷上，俱有慶雲彩氣上通于天，把界牌關照耀通紅。至次日天明，通天教主傳下法旨，令眾門人排班出去：「大師兄也來了，看他今日如何講！」多寶道人同眾門人擊動了金鐘玉磬，逕出誅仙陣來，請老子答話。哪吒報上篷來。少時，蘆篷裡香煙靄靄，瑞彩翩翩，你看老子騎著青牛而來。怎見得，有詩為證：

騎牛遠遠過前村，短笛仙音隔隴聞。闢地開天為教主，爐中煉出錦乾坤。

話說老子至陣前，通天教主打稽首曰：「道兄請了。」老子曰：「賢弟，我與你三人共立封神榜，乃是體上天應運劫數。你如何反阻周兵，使姜尚有違天命？」通天教主曰：「道兄，你休要執一偏向。廣成子三進碧遊宮，面辱吾教，惡語詈罵，犯上不守規矩。昨日二兄堅意只向自己門徒，反滅我等手足，是何道理？今兄長不責自己弟子，反來怪我，此是何意？如若要我釋怨，可將廣成子送至我碧遊宮，等我發落，我便甘休；若是半字不肯，任憑長兄施為，各存二教本領，以決雌雄！」老子曰：「似你這等說話，反是不偏向的？你偏聽門人背後之言，大動無明之火，擺此惡陣，殘害生靈。莫說廣成子未必有此言語，便有，也罪不至此。你就動此念頭，悔卻初心，有逆天道，不守清規，有犯嗔痴之戒。你趁早聽我之言，速速將此陣解釋，回守碧遊宮，改過前愆，尚可容你還掌截教；若不聽吾言，拿你去紫霄宮，見了師尊，將你貶入輪迴，永不能再至碧遊宮，那時悔之晚矣！」通天教主聽罷，須彌山紅了半邊，修行眼雙睛煙起，大怒叫曰：「李耳！我和你一體同人，總掌二教，你如何這等欺滅我？偏心護短，一意

遮飾，將我搶白，難道我不如你？吾已擺下此陣，斷不與你甘休！你敢來破我此陣？」老子笑曰：「有何難哉！你不可後悔！」正是：

元始大道今舒展，方顯玄都不二門。

老子復又曰：「既然要我破陣，我先讓你進此陣，運用停當，我再進來，毋令得你手慌腳亂。」通天道人大怒曰：「任你進吾陣來，吾自有擒你之處！」道罷，通天道人隨兜奎牛進陷仙門去，在陷仙闕下，等候老子。老子將青牛一拍，往西方兌地來；至陷仙門下，將青牛催動，只見四足祥光白霧，紫氣紅雲，騰騰而起。老子又將太極圖抖開，化一座金橋，昂然入陷仙門來。老子作歌，歌曰：

「玄黃世兮拜明師，混沌時兮任我為。五行兮在吾掌握，大道兮度進群迷。清靜兮修成金塔，閑遊兮曾出關西。兩手包羅天地外，腹安五嶽共須彌。」

話說老子歌罷，逕入陣中。且說通天教主見老子昂然直入，卻把手中雷放出。一聲響亮，雷動了陷仙門上的寶劍。這寶劍一動，任你人仙首落。老子大笑曰：「通天賢弟，少得無禮，看吾扁拐！」劈面打來。通天教主見老子進陣，如入無人之境，不覺滿面通紅，遍身火發，將手中劍火速忙迎。正在戰間，老子笑曰：「你不明至道，何以管立教宗？」又一扁拐照臉打來。通天教主大怒曰：「你有何道術，敢肆誅我的門徒？此恨怎消！」將劍擋拐，二聖人戰在誅仙陣內，不分上下，敵鬥數番。正是：

邪正逞胸中妙訣，水清處方顯魚龍。

話說二位聖人戰在陷仙門裡，人人各自施威。方至半個時辰，只見陷仙門裡八卦臺下，有許多截教門人，一個個睜睛豎目。那陣內四面八方雷鳴風吼，電光閃灼，霧氣昏迷。怎見得，有贊為證：

風氣呼號，乾坤蕩漾；雷聲激烈，震動山川。電掣紅綃，鑽雲飛火；霧迷日月，大地遮漫。風刮得沙塵掩面，雷驚得虎豹藏形，電閃得飛禽亂舞，霧迷得樹木無蹤。那風只攪得通天河波翻浪滾，那雷只震得界牌關地裂山崩，那電只閃得誅仙陣眾仙迷眼，那霧只迷得蘆篷下失了門人。這風真是推山轉石松篁倒，這雷真是威風凜冽震人驚，這電真是流天照野金蛇走，這霧真是瀰瀰漫漫蔽九重。

話說老子在陷仙門大戰，自己頂上現出玲瓏寶塔在空中，那怕他雷鳴風吼。老子自思：「他只知仗他道術，不知守己修身，我也顯一顯玄都紫府手段與他的門人看看！」把青牛一指，跳出圈子來；把魚尾冠一推，只見頂上三道氣出，化為三清。老子復與通天教主來戰。只聽得正東上一聲鐘響，來了一位道人，戴九雲冠，穿大紅白鶴絳綃衣，騎白獏而來；手仗一口寶劍，大呼曰：「李道兄！吾來助你一臂之力！」通天教主認不得，隨聲問曰：「那道者是何人？」道者答曰：「吾有詩為證：

混元初判道為先，常有常無得自然。紫氣東來三萬里，函關初度五千年。」

道人作罷詩曰：「吾乃上清道人是也。」仗手中劍來取。通天教主不知上清道人出于何處，慌忙招架。只聽得正南上又有鐘響，來了一位道者，戴如意冠，穿淡黃八卦衣，騎天馬而來；一手執靈芝如意，大呼曰：「李道兄！吾來佐你共伏通天道人！」把天馬一兜，仗如意打來。通天教主問曰：「來者何人？」道人曰：「我也認不得，還稱你做截教之主？聽吾道來。詩曰：

函關初出至崑崙，一統華夷屬道門。我體本同天地老，須彌山倒性還存。

吾乃玉清道人是也。」通天教主不知其故，「自古至今，鴻鈞一道傳三友；上清、玉清不知從何教而來？」

手中雖是招架，心中甚是疑惑。正尋思未已，正北上又是一聲玉磬響，來了一位道人，戴九霄冠，穿八寶萬壽紫霞衣；一手執龍鬚扇，一手執三寶玉如意，騎地吼而來，大呼：「李道兄！貧道來輔你共破陷仙陣也！」通天教主又見來了這一位蒼顏鶴髮道人，心上不安，忙問曰：「來者何人？」道人曰：「你聽我道來。」詩曰：

混沌從來不計年，鴻濛剖處我居先。參同天地玄黃理，任你傍門望眼穿。

吾乃太清道人是也。」四位天尊圍住了通天教主，或上或下，或左或右，通天教主止有招架之功。且說截教門人見三位來的道人身上霞光萬道，瑞彩千條，光輝燦爛，映目射眼，內有長耳定光仙暗思：「好一個闡教，來得畢竟正氣！」深自羨慕。不知後事如何，且聽下回分解。

評

余常笑世人耳朵軟，專信婆子搬唆，無有丈夫氣。今見通天教主為神仙領袖，猶自聽徒弟戳舌，便動無明之火，連自己做的事，都反悔了；不但不可做神仙，連丈夫也做不過。世人所以怕老婆，故不敢不聽其指使。難道神仙怕徒弟不成？果徒弟乎？老婆乎？余不解此意。問有徒弟者。

又評

常聞人說道：人心最狠。余尚未深信斯言。今見通天教主有戮仙，陷仙，誅仙，絕仙，四劍利害

不可當；雖老子元始二天尊，猶自凜然，其餘散仙，則不敢攖其鋒矣。似如此毒惡之劍，豈是慈悲者所蓄之物？噫！鼻祖如此，其流派更甚，有以哉！

第七十八回　三教會破誅仙陣

誅仙惡陣四門排，黃霧狂風雷火偕。遇劫黃冠遭劫運，墮塵羽士盡塵埋。
劍光徒有呑神骨，符印空勞吐黑霾。縱有通天無上法，時逢聖主自多乖。

話說老子一氣化的三清，不過是元氣而已，雖然有形有色，裹住了通天教主，也不能傷他。此是老子氣化分身之妙，迷惑通天教主，竟不能識。老子見一氣將消，在青牛上作詩一首，詩曰：

「先天而老後天生，借李成形得姓名。曾拜鴻鈞修道德，方知一氣化三清。」

話說老子作罷詩，一聲鐘響，就不見了三位道人。通天教主心下愈加疑惑，不覺出神，被老子打了二三扁拐。多寶道人見師父受了虧，在八卦臺作歌而來。歌曰：

「碧遊宮內談玄妙，豈忍吾師扁拐傷，只今舒展胸中術，且與師伯做一場！」

歌罷，大呼：「師伯！我來了！」好多寶道人！仗劍飛來直取。老子笑曰：「米粒之珠，也放光華！」把扁拐架劍，隨取風火蒲團祭起空中，命黃巾力士：「將此道人拿去，放在桃園，俟吾發落！」黃巾力士將風火蒲團把多寶道人捲將去了。正是：

從今棄邪歸正道，他與西方卻有緣。

且說老子用風火蒲團把多寶道人拿往玄都去了，老子竟不戀戰，出了陷仙門，來至蘆篷。眾門人與

元始迎接坐下。元始問曰：「今日入陣，道兄見裡面光景如何？」老子笑曰：「他雖擺此惡陣，急切也難破他的；被吾打了二三扁拐。多寶道人被吾用風火蒲團拿往玄都去了。」元始曰：「此陣有四門，得四位有力量的方能破得。」老子曰：「我與你只顧得兩處，還有兩處，非眾門人所敢破之陣。此劍你我不怕，別人怎麼經得起？」正議論間，忽見廣成子來稟曰：「二位老師，外面有西方教下準提道人來至。」老子、元始二人忙下篷迎接，請上篷來，敘禮畢，坐下。老子笑曰：「道兄此來，無非為破誅仙陣，來收西方有緣；只是貧道正欲借重，不意道兄先來，正合天數，妙不可言！」準提道人曰：「不瞞道兄說，我那西方，花開見人人見我。因此貧道來東南兩土，未遇有緣；又幾番見東南二處有數百道紅氣沖空，知是有緣。貧道借此而來，渡得此緣，以興西法，故不辭跋涉，會一會截教門下諸友也。」老子曰：「今日道兄此來，正應上天垂象之兆。」準提道人問曰：「這陣內有四口寶劍，俱是先天妙物，不知當初如何落在截教門下？」老子曰：「當時有一分寶巖，吾師分寶鎮壓各方，後來此四口劍就是我通天賢弟得去，已知他今日用此作難。雖然眾仙有厄，原是數當如此。如今道兄來的恰好；只是再得一位，方可破此陣耳。」準提道人曰：「既然如此，總來為渡有緣，待我去請我教主來。正應三教會誅仙，分辨玉石。」老子大喜。準提道人辭了老子，往西方來請西方教主接引道人，共遇有緣。正是：

佛光出在周王世，興在明章❶釋教開。

且說準提來至西方，見了接引道人，打稽首坐下。接引道人曰：「道友往東土去，為何回來太速？」準提道人曰：「吾見紅光數百道俱出闡、截二教之門。今通天教主擺一誅仙陣，陣有四門，非四人不能

❶ 明章：東漢明帝、章帝。

破。如今有了三位，還少一位。貧道特來請道兄去走一遭，以完善果。」西方教主曰：「但我自未曾離清淨之鄉，恐不諳紅塵之事，有誤所委，反為不美。」準提曰：「道兄，我與你俱是自在無為，豈不能破那有象之陣？道兄不必推辭，須當同往。」接引道人如準提道人之言，同往東土而來。只見足踏祥雲，霎時而至蘆篷。廣成子來稟老子與元始曰：「西方二位尊師至矣。」老子與元始率領眾門人下篷來迎接。見一道人丈六金身。但見：

大仙赤腳棗梨香，足踏祥雲更異常。十二蓮臺演法寶，八德池邊現白光。
壽同天地言非謬，福比洪波語豈狂。修成舍利名胎息，清閑極樂是西方。

話說老子與元始迎接接引、準提上了蘆篷，打稽首坐下。老子曰：「今日敢煩，就是三教會盟，共完劫運，非吾等故作此孽障耳。」接引道人曰：「貧道來此，會有緣之客，也是欲了冥數。」元始曰：「今日四友俱全，當早破此陣，何故在此紅塵中擾攘也！」老子曰：「你且吩咐眾弟子，明日破陣。」元始命玉鼎真人、道行天尊、廣成子、赤精子：「你四人伸手過來。」元始各書了一道符印在手心裡：「明日你等見陣內雷響，有火光沖起，齊把他四口劍摘去，我自有妙用。」四人領命，站過去了。又命燃燈：「你站在空中，若通天教主往上走，你可把定海珠往下打，他自然著傷；一來也知我闡教道法無邊。」元始吩咐畢，各自安息不言。只等次日黎明，眾門人排班，擊動金鐘、玉磬。四位教主齊至誅仙陣前，傳令命左右：「報與通天教主，我等來破陣也。」左右飛報進陣。只見通天教主領眾道人齊出戮仙門來，迎著四位教主。通天教主對接引、準提道人曰：「你二位乃是西方教下清淨之鄉，至此地意欲何為？」準提道人曰：「俺弟兄二人雖是西方教主，特往此處來遇有緣。道友，你聽我道來：

身出蓮花清淨臺，三乘妙典法門開。玲瓏舍利超凡俗，瓔珞明珠絕世埃。

八德池中生紫焰，七珍妙樹長金苔。只因東土多英俊，來遇前緣結聖胎。」

話說接引道人說罷，通天教主曰：「你有你西方，我有我東土，如水火不同居，你為何也來惹此煩惱？你說你蓮花化身，清淨無為，其如五行變化，立竿見影。你聽我道來：

混元正體合先天，萬劫千番只自然。渺渺無為傳大法，如如不動號初玄。

爐中久煉全非汞，物外長生盡屬乾。變化無窮還變化，西方佛事屬逃禪。」

話說準提道人曰：「通天道友，不必誇能鬥舌。道如淵海，豈在口言？只今我四位至此，勸化你好好收了此陣，何如？」通天教主曰：「既是四位至此，畢竟也見個高下。」通天教主說罷，竟進陣去了。元始對西方教主曰：「道兄，如今我四人各進一方，以便一齊攻戰。」接引道人曰：「吾進離宮。」老子曰：「吾進兌宮。」準提曰：「吾進坎地。」元始曰：「吾進震方。」四位教主各分方位而進。且說元始先進震方，坐四不相逕進誅仙門。八卦臺上通天教主手發雷聲，震動誅仙寶劍。那劍晃動，元始頂上慶雲迎住，有千朵金花，瓔珞垂珠，絡繹不絕，那劍如何下得來。元始進了誅仙門，立于誅仙闕，只見西方教主進離宮，乃是戮仙門。通天教主也發雷聲震那寶劍。接引道人頂上現出三顆舍利子，射住了戮仙劍。那劍如釘釘一般，如何下來得。西方教主進了戮仙門，至戮仙闕立住。老子進西方陷仙門，通天教主又發雷震那陷仙劍。只見老子頂上現出玲瓏寶塔，萬道光華，射住陷仙劍。老子進了陷仙門，也在陷仙闕立住。準提道人進絕仙門，只見通天教主發一聲雷，震動絕仙劍。準提道人手執七寶妙樹，上邊放出千朵青蓮，射住了絕仙劍，也進了絕仙門來，到了絕仙闕。四位教主，齊進闕前。老子曰：「通天

教主，吾等齊進了你誅仙陣，你意欲何為？」老子隨手發雷，震動四野，誅仙陣內一股黃霧騰起，迷住了誅仙陣。怎見得：

騰騰黃霧，豔豔金光。騰騰黃霧，誅仙陣內似噴雲；豔豔金光，八卦臺前如氣罩。劍戟戈矛，渾如鐵桶；東南西北，恰似銅牆。此正是截教神仙施法力，通天教主顯神通。晃眼迷天遮日月，搖風噴火撼江山。四位聖人齊會此，劫數相遭豈易逢？

且說四位教主齊進四闕之中，通天教主仗劍來取接引道人。接引道人手無寸鐵，只有一拂塵架來。拂塵上有五色蓮花，朵朵托劍。老子舉扁拐紛紛的打來。元始將三寶玉如意架劍亂打。只見準提道人把身子搖動，大呼曰：「道友快來！」半空中又來了孔雀明王。準提現出法身，有二十四首，十八隻手，執定了瓔珞、傘蓋、花貫、魚腸、金弓、銀戟、加持神杵、寶銼、金瓶，把通天教主裹在當中。老子扁拐夾後心就一扁拐，打的通天教主三昧真火冒出。元始祭三寶玉如意來打通天教主。通天教主方纔招架玉如意，不防被準提一加持杵打中，通天教主翻鞍滾下奎牛，教主就借土遁而走。不知燃燈在空中等候，纔待上時，被燃燈一定海珠又打下來。陣內雷聲且急，外面四仙家各有符印在身，奔入陣中，廣成子摘去誅仙劍，赤精子摘去戮仙劍，玉鼎真人摘去陷仙劍，道行天尊摘去絕仙劍。四劍既摘去，其陣已破。通天道人獨自逃歸，眾門人各散去了。且說四位教主破了誅仙陣，元始作詩以笑之，詩曰：

「堪笑通天教不明，千年掌教陷群生。仗伊黨惡污仙教，番聚邪宗枉橫行。

寶劍空懸成逃事，元神虛耗竟無名。不知順逆先遭辱，猶欲鴻鈞說反盈。」

話說四位教主上了蘆篷坐下。元始稱謝西方教主曰：「為我等門人犯戒，動勞道兄扶持，得完此劫數，

尚容稱謝！」老子曰：「通天教主逆天行事，自然有敗而無勝。你我順天行事，天道福善禍淫，毫無差錯，如燈取影耳。今此陣破了，你等劫數將完，各有好處。姜尚，你去取關；吾等且回山去。」眾門人俱別過姜子牙，隨四位教主各回山去了。

子牙送別師尊，自回汜水關來會武王。王曰：「相父遠破惡陣，諒有眾仙，孤不敢差人來問候。」子牙謝恩畢，對曰：「荷蒙聖恩，仰仗天威，三教聖人親至，共破了誅仙陣，前至界牌關了，請大王明日前行。」武王傳旨治酒賀功不表。

又說通天教主被老子打了一扁拐，又被準提道人打了一加持寶杵，吃了一場大虧，又失了四口寶劍，有何面目見諸大弟子！自思：不若往紫芝崖立一壇，拜一惡旛，名曰「六魂旛」。此旛有六尾，尾上書接引道人、準提道人、老子、元始、武王、姜尚六人姓名，早晚用符印，俟拜完之日，將此旛搖動，要壞六位的性命。正是：

左道兇心今不息，枉勞空拜六魂旛。

不表通天道人拜旛，後在萬仙陣中用。且說界牌關徐蓋陞了銀安殿，與眾將商議曰：「方今周兵取了汜水關，駐兵不發。前日來的那多寶道人擺甚誅仙陣，也不知勝敗。如今且修本，差官往朝歌去取救兵來，共守此關。」只見差官領了本章往朝歌來，一路無詞。渡了黃河，進了朝歌城，至午門下馬，到文書房。那日是箕子看本，見徐蓋的本大驚：「姜尚兵進汜水關，取左右青龍關、佳夢關，兵至界牌關，事有燃眉之急！」箕子忙抱本來見紂王，往鹿臺來。當駕官奏知：「箕子候旨。」紂王曰：「宣來。」箕子上臺，拜罷，將徐蓋本進上。紂王覽本，驚問箕子曰：「不道姜尚作反，侵奪孤之關隘，必須點將

協守，方可阻其大惡。」箕子奏曰：「如今四方不寧，姜尚自立武王，其志不小；今率兵六十萬來寇五關，此心腹大患，不得草草而已。願皇上且停飲樂，以國事為本，社稷為重，願皇上察焉！」紂王曰：「皇伯之言是也。朕與眾卿共議，點官協守。」箕子下臺。紂王悶悶不悅，無心懽暢。忽妲己、胡喜妹出殿見駕，行禮坐下。妲己曰：「今日聖上雙鎖眉頭，鬱鬱不樂，卻是為何？」王曰：「御妻不知，今日姜尚興師，侵犯關隘，已占奪三關，實是心腹之大患；況四方刀兵蜂起，使孤不安，為宗廟社稷之慮，故此憂心。」妲己笑而奏曰：「陛下不知下情，此俱是邊庭武將，鑽刺網利❷；架❸言周兵六十萬來犯關庭，用金賄賂大臣，誣奏陛下，陛下必發錢糧支應。故此守關將官冒破支消❹，空費朝廷錢糧，實為有私，何常有兵侵關？正為裡外欺君，情實可恨！」紂王聞奏，深信其言有理。因問妲己曰：「倘守關官復有本章，何以批發？」妲己曰：「不必批發，只將齎本官斬了一員，以警將來。」紂王大喜，遂傳旨：「將齎本官梟首，號令于朝歌。」正是：

妖言數句江山失，一統華夷盡屬周。

話說紂王信妲己之言，忙傳旨意：「將界牌關走本官即時斬首號令！」箕子知之，忙至內庭來見紂王：「皇上為何而殺使命？」王曰：「皇伯不知，邊庭鑽刺，詐言周兵六十萬，無非為冒支府庫錢糧之計；此乃是內外欺君，理當斬首，以戒將來。」箕子曰：「姜尚興兵六十萬，自三月十五日金臺拜將，

---

❷ 鑽刺網利：鑽刺即鑽營、活動。網利即取利。

❸ 架：捏造。

❹ 冒破支消：謂假借名目要朝廷支付錢糧。

天下盡知，非是今日之奏。皇上殺界牌關走使，豈不失邊庭將士之心。」王曰：「料姜尚不過一術士耳，有何大志？況且還有四關之險，黃河之隔，孟津之阻，豈一旦而被小事所惑也。皇伯放心，不必憂慮。」箕子長吁一聲而出，看著朝歌宮殿，不覺潸然淚下，嗟歎社稷坵墟。箕子在九間殿作詩以歎之，詩曰：

「憶昔成湯放桀時，諸侯八百盡歸斯。誰知六百餘年後，更甚南巢幾倍奇！」

話言箕子作罷詩回府不表。

且說姜元帥在汜水關點人馬進征，來辭武王。子牙見武王曰：「老臣先去取關，差官請駕。」武王曰：「但願相父早會諸侯，孤之幸矣。」子牙別了武王，一聲砲響，人馬往界牌關進發。——只離八十里，來之甚快。正行間，只見探馬報入中軍：「已至界牌關下。」子牙傳令安營，點砲吶喊。話說徐蓋已知關外周兵安營，隨同眾將上城來看，周兵一派盡是紅旗，鹿角森嚴，兵威甚肅。徐蓋曰：「子牙乃崑崙羽士，用兵自有調度，只營寨大不相同。」旁有先行官王豹、彭遵答曰：「主將休誇他人本領，看末將等成功，定拿姜尚，解上朝歌，以正國法。」言罷，各自下城，準備廝殺。只見次日，子牙問帳下：「那員將官關下見頭功？」帳下應聲而出，乃魏賁曰：「末將願往。」姜子牙許之。魏賁上馬，提鎗出營，至關下搦戰。有報馬報入關上曰：「啟主帥：關下有周兵討戰。」徐蓋曰：「眾將官在此，我等先議後行。紂王聽信讒言，殺了差官，是自取滅亡，非為臣不忠之罪。今天下已歸周武，眼見此關難守，眾將不可不知。」彭遵曰：「主將之言差矣！況吾等俱是紂臣，理當盡忠報國，豈可一旦忘君徇私？古云：『食君祿而獻其地，是不忠也。』末將寧死不為！願效犬馬，以報君恩。」言罷，隨上馬出關。見魏賁連人帶馬，渾如一塊烏雲。怎見得：

幞頭純墨染，抹額襯纓紅。皂袍如黑漆，鐵甲似蒼松。鋼鞭懸塔影，寶劍插冰峰。人如下山虎，
馬似出海龍。子牙門下客，驍將魏賁雄。

話說彭遵見魏賁，大呼曰：「周將通名來！」魏賁曰：「吾乃掃蕩成湯天寶大元帥姜尚麾下左哨先鋒魏賁是也，你乃何人？若是知機，早獻關隘，共扶周室；如不倒戈，城破之日，玉石俱焚，悔之晚矣！」彭遵大怒，罵曰：「魏賁，你不過馬前一匹夫，敢出大言！」搖鎗催馬直取，魏賁手中鎗赴面相迎。兩馬相交，雙鎗併舉，一場大戰。好魏賁！鎗力勇猛，戰有三十回合，彭遵戰不過魏賁，掩一鎗往南敗走。魏賁見彭遵敗走，縱馬趕來。彭遵回顧，見魏賁趕下陣來，忙掛下鎗，囊中取出一物，往地下撒來。此物名曰菡萏陣，按三才八卦方位，布成一陣。彭遵先進去了。魏賁不知，將馬趕進陣來。彭遵在馬上發手一個雷聲，把菡萏陣震動，只見一陣黑煙迸出，一聲響，魏賁連人帶馬震得粉碎，彭遵掌得勝鼓進關。報馬報入中軍：「啟元帥：魏賁連人帶馬震為齏粉。」子牙聽罷，歎曰：「魏賁忠勇之士，可憐死于非命，情實可憫！」子牙著實傷悼。彭遵進關來見徐蓋，將壞了魏賁得勝事說了一遍。徐蓋權為上了功績。

次日，徐蓋對眾將曰：「關中糧草不足，朝廷又不點將協守，昨日雖則勝了他一陣，恐此關終難守耳。」正議之間，報：「有周將搦戰。」王豹曰：「末將願往。」上馬提戟，開關見一員周將，連人帶馬純是一片青色。王豹曰：「周將何名？」蘇護曰：「吾乃冀州侯蘇護是也。」王豹曰：「蘇護，你乃天下至無情無義之夫！你女受椒房之寵，身為國戚，滿門俱受皇家富貴，不思報本，反助武王逆叛，侵故主之關隘，你有何面目立于天地之間！」催開馬，搖戟來取蘇護。蘇護手中鎗赴面來迎。二馬相交，鎗戟併舉。蘇護正戰王豹，有蘇全忠、趙丙、孫子羽三將一齊上來，把王豹圍在核心。王豹如何敵得住？

自料寡不敵眾，把馬跳出圈子就走。趙丙隨後趕來。正趕之間，被王豹回手一個劈面雷，打在臉上，可憐隨駕東征，未曾受武王封爵之賞，趙丙翻下鞍轎。孫子羽急來救時，王豹又是一個雷放出，此劈面雷甚是利害，有雷就有火，孫子羽被雷火傷了面門，跌下馬來，早被王豹一戟一個，皆被刺死。蘇家父子不敢向前。王豹也知機，掌鼓進關，回見徐蓋，連誅二將，得勝回兵慶喜不表。

且說蘇護父子進營來見子牙，備言損了二將。子牙曰：「你父子久臨戰場，如何不知進退，致損二將？」蘇全忠曰：「元帥在上：若是馬上征戰，自然好招架；今王豹以幻術發手，有雷有火，打在臉上，就要燒壞面門，怎經得起，故此二將失利。」子牙曰：「誤喪忠良，實為可恨！」次日，子牙曰：「眾門人誰去關下走一遭？」言未畢，有雷震子曰：「弟子願往。」子牙許之。雷震子出營，至關下搦戰；報馬報入關中。徐蓋問曰：「誰去見陣走一遭？」彭遵領令出關，見雷震子十分兇惡，面如藍靛，巨口赤髮，獠牙上下橫生，遵彭大呼曰：「來者何人？」雷震子曰：「吾乃武王之弟雷震子是也。」彭遵不知雷震子脇有雙翅，搖手中鎗催開馬，來取雷震子。雷震子把風雷翅飛起，使開黃金棍，劈頭來打。彭遵那裡招架得住，撥馬就走。雷震子見他詐敗，忙將翅飛起，趕來甚急，劈頭一棍，彭遵馬遲，急架時，正中肩窩上，打翻馬下，梟了首級，進營來見子牙。子牙上了雷震子功績簿。且說探馬報入關中：「彭遵陣亡，將首級號令轅門。」徐蓋曰：「此關終是難守，我知順逆，你們只欲強持。」王豹聽說：「主將不必性急，待我明日戰不過時，任憑主將處治。」徐蓋默然無語，王豹竟回私宅去了。不知後事如何，且聽下回分解。

評

破誅仙陣一段，大有許多慧解，分明指點世人。你看他四位教主，進此四門，只有自家本身寶貝，可以當得住；若是眾門人，便先問師父討註腳。不知師父原替不得他，所以令人只向別人身上尋思，忘卻自家至寶，所以不能自做主張。

又評

彭遵王豹雖未曾做得事業，然而其志可嘉，其情可矜，不得以成敗論英雄。

第七十九回　穿雲關四將被擒

一關已過一關逢，法寶多端勢更兇。法戒引魂成往事，龍安酥骨又來訌。
幾多險處仍須吉，若許能時總是空。堪笑徐芳徒逆命，枉勞心思竟何從！

話說徐蓋當晚默默退歸後堂不題。只見次日王豹也不來見主將，竟領兵出關，往周營搦戰。報馬報入中軍。子牙問：「誰人見陣走一遭？」哪吒應曰：「我願往。」子牙許之。哪吒登風火輪，提火尖鎗，奔出營來。王豹見一將登風火輪而來，忙問曰：「來者莫非哪吒麼？」哪吒答曰：「然也。」搖鎗就刺，王豹的畫戟急架忙迎。王豹知哪吒是闡教門下，自思：「打人不過先下手。」正戰間，發一劈面雷來打哪吒。不知這雷只好傷別人，哪吒乃是蓮花化身之客，他見雷聲至，火焰來，把風火輪一登，輪起空中，雷發無功。哪吒祭起乾坤圈去，正中王豹頂門，打昏落馬；哪吒復一鎗刺死，梟了首級號令，回營來見子牙，備言前事。子牙大喜。

且說徐蓋聞報王豹陣亡，暗思：「二將不知時務，自討殺身之禍。不若差官納降，以免生民塗炭。」正憂疑之際，忽報：「有一頭陀來見。」徐蓋命：「請來。」道人進府，至殿前打稽首曰：「徐將軍，貧道稽首。」徐蓋曰：「請了！道者至此，有何見諭？」道人曰：「將軍不知，吾有一門徒，名喚彭遵，喪于雷震子之手，特至此為他報仇。」徐蓋曰：「道者高姓大名？」道人曰：「貧道姓法，名戒。」徐

蓋見道人有些仙風道骨，忙請上坐。法戒不謙，欣然上坐。徐蓋曰：「姜子牙乃崑崙道德之士，他帳下有三山五岳門人，恐不能勝他。」法戒曰：「徐將軍放心，我連姜尚俱與你拿了，以作將軍之功。」徐蓋曰：「若如此，乃是老師莫大之恩。」忙問：「老師是素，是葷？」法戒曰：「持齋，我不用甚東西。」一夕無詞。次日法戒提劍在手，逕至周營，坐名要請姜子牙答話。探馬報入中軍：「有一頭陀請元帥答話。」子牙傳令，帶眾門人出營，來會這頭陀。只見對面並無士卒，獨自一人。怎見得：

赤金箍，光生燦爛；皂蓋服，白鶴朝雲。絲縧懸水火，頂上焰光生。五遁三除無比賽，胸藏萬象包成。自幼根深成大道，一時應墮紅塵。封神榜上沒他名，要與子牙賭勝。

子牙把四不相催至軍前見法戒，曰：「道者請了！」法戒道：「姜子牙，久聞你大名，今日特來會你。」子牙曰：「道者姓甚？名誰？」法戒曰：「我乃蓬萊島煉氣士姓法，名戒。彭遵是吾門下，死于雷震子之手。你只叫他來見我，免得你我分顏❶！」雷震子在旁，聽得舌尖上丟了一個雷字，大怒罵曰：「討死的潑道！我來也！」把風雷二翅飛在空中，將黃金棍劈面打來，法戒手中劍急架忙迎，兩下裡大戰有四五回合。法戒跳出圈子去，取出一旛，對著雷震子一晃，雷震子跌在塵埃。徐蓋左右軍士將雷震子拿了。雖然綑將起來，只是閉目不知人事。法戒大呼曰：「今番定要擒姜尚！」旁有哪吒大怒，罵曰：「妖道用何邪術，敢傷吾道兄也！」登開風火輪，搖開火尖鎗，來戰法戒。法戒未及三四回合，忙把那旛取出來也晃哪吒。哪吒乃蓮花化身，卻無魂魄，如何晃得動他。法戒見哪吒在風火輪上安然不能跌將下來，已自著忙。哪吒見法戒拿一首旛在手內晃，知是左道之術，不能傷己，忙祭乾坤圈打來。法戒躲不及，

❶ 分顏：翻臉。

打了一交。哪吒方欲用鎗來刺，法戒已借土遁去了。子牙收兵回營，見折了雷震子，心下甚惱，納悶在中軍。

且說法戒被哪吒打了一圈，逃回關內。徐蓋見法戒著傷而回，便問：「老師，今日初陣如何失機？」法戒曰：「不妨，是我誤用此寶。他原來是靈珠子化身，原無魂魄，焉能擒他。」忙取丹藥，吃了一粒，即時痊癒；吩咐左右把雷震子擡來！法戒對雷震子將膽右轉兩轉。雷震子睜開眼一觀，已被擒捉。法戒大怒，罵曰：「為你這廝，又被哪吒打了我一圈！」命左右：「拿去殺了！」徐蓋在旁解曰：「老師既來為我末將，且不可斬他，暫監在囹圄之中，候解往朝歌，俟天子發落，表老師莫大之功，亦知末將請老師之微功耳。」看官：此是徐蓋有意歸周，故假此言遮飾。法戒聽說，笑曰：「將軍之言甚是有理。」正是：

徐蓋有意歸周主，不怕頭陀道術高。

話說法戒次日出關，又至周營搦戰，軍政官報與子牙。子牙隨即出營會戰，大呼曰：「法戒！今日與你定個雌雄！」催開四不相，仗劍直取，法戒手中劍赴面迎來。戰未及數合，旁有李靖縱馬搖畫杆戟來助子牙。子牙祭起打神鞭來打法戒。不知此寶只打得神，法戒非封神榜上之人，正是：

封神榜上無名字，不怕崑崙鞭一條。

話說子牙祭鞭來打法戒，不意被法戒將鞭接去；子牙著忙。忽然土行孫催糧到營前，見法戒將打神鞭接去，土行孫大怒，走向前大呼曰：「吾來也！」法戒見個矮子用條鐵棍打來，法戒仗劍迎戰。三人正殺在一處，不意楊戩也催糧來至，見土行孫大戰頭陀，走馬舞三尖刀亦來助戰。子牙見楊戩來至，心

中大喜，兩員運糧官雙戰法戒。正是天數不由人，不意鄭倫催糧也到。鄭倫見土行孫、楊戩雙戰道人，鄭倫自思曰：「今日四人戰這頭陀不下，畢竟是左道之人。我也是督糧官，他成得功，我也成得功！」將金睛獸催開，沖殺過來，就把子牙喜不自勝。子牙兜回四不相，傳令軍士：「擂鼓助戰！」法戒被三運督糧官裹在核心，不得落空，縱有法寶，如何使用？只見土行孫邠鐵棍在下三路上打了幾棍，法戒意欲逃走；鄭倫見土行孫成功，恐法戒逃遁，忙將鼻竅中兩道白光哼出來。法戒聽得，不知是甚麼東西響，忙擡頭一看，看見兩道白光。正是：

眼見白光出鼻竅，三魂七魄去無蹤。

話說法戒跌倒在地，被烏鴉兵生擒活捉綁了。子牙用符印鎮住了法戒的泥丸宮，掌得勝鼓回營。法戒方睜開眼，見渾身上了繩索，歎曰：「豈知今日在此地誤遭毒手！」追悔無及。只見子牙陞帳坐下，三運官來見子牙。子牙曰：「三運得功不小！」獎諭三運官曰：

「運督軍需，智擒法戒。玄機妙算，奇功莫大！」

子牙獎諭畢，三員官稱謝子牙。子牙傳令：「推法戒來。」眾軍卒將法戒推至中軍。法戒大呼曰：「姜尚，你不必開言。今日天數合該如此，正所謂『大海風波見無限，誰知小術反擒吾。』可知是天命耳。速將軍令施行！」子牙曰：「既知天命，為何不早降？」命左右：「推出去斬了！」眾軍士把法戒擁至轅門，方欲行刑，只見一道人作歌而來，歌曰：

「善惡一時忘念，榮枯都不關心。晦明隱現任浮沉，隨分饑餐渴飲。靜坐蒲團存想，昏瞶便有魔侵。故將惡念阻明君，何苦紅塵受刃。」

歌罷，大呼曰：「刀下留人，不可動手！你與我報知元帥，說準提道人來見。」楊戩忙報與子牙曰：「有西方準提道人來至。」子牙同眾門人迎接至轅門外，請準提道人進中軍。準提曰：「不必進營。貧道有一言奉告：法戒雖然違天阻逆元帥，理宜正法，但封神榜上無名，與吾西方有緣。貧道特為此而來，望子牙公慈悲。」子牙曰：「老師吩咐，尚豈敢違。」傳令放了。準提上前，扶起法戒曰：「法戒道友，我那西方絕好景致，請道兄皈依：

西方極樂真幽境，風清月朗天籟定。白雲透出引祥光，流水潺潺如谷應。猿嘯鳥啼花木奇，菩提路上芝蘭勝。松搖巖壁散煙霞，竹拂雲霄招彩鳳。七寶林內更逍遙，八德池邊多寂靜。遠列巔峰似插屏，盤旋溪壑如幽磬，曇花開放滿座香，舍利玲瓏超上乘。崑崙地脈發來龍，更比崑崙無命令。」

話說準提道人道罷西方景致，法戒只得皈依，同準提辭了眾人，回西方去了。——後來法戒在舍衛國化祁它太子，得成正果，歸於佛教；至漢明、章二帝時，興教中國，大闡沙門。此是後事不表。

且說界牌關主將見法戒被擒，忙命左右，將囹圄中雷震子放了，開關同雷震子至營門納降。探馬報入中軍：「啟元帥：雷震子轅門等令。」子牙大喜，忙命：「令來。」雷震子至帳前對子牙曰：「徐蓋久欲歸周，屢被眾將阻撓，今特同弟子獻關納降，不敢擅入，在轅門外聽令。」子牙傳令：「令來。」徐蓋縞素進營，拜倒在地，啟曰：「末將有意歸周，無奈左右官將不從，致羈行旌，屢獲罪戾，納款已遲，死罪，死罪！望元帥海宥。」子牙曰：「徐將軍既知天命歸周，亦不為遲，何罪之有？」忙令請起。徐蓋謝過，請子牙進關安撫軍民。子牙傳令：「催人馬進關。」子牙陞銀安殿，一面迎請武王，一面清查戶口、庫藏。

次日，武王駕進界牌關，眾將迎接武王上銀安殿，參謁畢。王曰：「相父勞心遠征，使孤不得與相父共享昇平，孤心不安。」子牙曰：「老臣以天下諸侯為重，民坐水火之中，故不敢逆天以圖安樂。」子牙領徐蓋拜見武王，武王曰：「徐將軍獻關有功，命設宴犒賞三軍。」一宵已過。次日，子牙傳令：「起兵前取穿雲關。」放砲起程，三軍吶喊，不過八十里一關，前哨探馬報入中軍：「前軍已抵穿雲關下。」子牙傳令：「放炮安營。」正是：

戰將東征如猛虎，營前小校似貔狼。

話說穿雲關主將徐芳乃是徐蓋兄弟。徐芳聞知兄長歸周，只急得三屍神暴跳，口鼻內生煙，大罵：「匹夫不顧父母妻子，失身反叛，苟圖爵位，遺臭萬年！」忙點聚將鼓，眾將俱上殿參謁。徐芳曰：「不幸吾兄忘親背君，苟圖富貴，獻了關隘，已降叛臣。但我一門難免戮身之罪。為今之計，必盡擒賊臣，以贖前罪方可。」

只見先行官龍安吉曰：「主將放心，待末將先拿他幾員賊將解往朝歌請罪，然後俟擒渠魁，以贖前愆，以顯忠藎；則主將滿門良眷自然無事矣。」徐芳曰：「此言正合吾意。只願先行與諸將協力同心，以勦叛逆，上報主恩，是吾之願也，其他亦非所顧忌。」眾將商議不表。

且說次日，子牙陞帳，問曰：「誰取穿雲關去走一遭？」徐蓋應聲曰：「啟元帥：穿雲關主將乃是末將之弟，不用張弓隻箭，末將說舍弟歸周，以為進身之資。」子牙大喜曰：「將軍若肯如此，真為不世之奇功，豈止進身而已！」徐蓋上馬至關下，大呼曰：「左右，開關！」守關軍卒不敢擅自開關，忙報入帥府：「啟主帥：有大老爺在關下叫關。」徐芳大喜：「快令開關，請來！」把關軍士去了。徐芳

吩咐左右：「埋伏刀斧手，兩旁伺候。」不一時，左右開關。徐蓋不知親弟有心拿他，徐蓋進關，來至府前下馬，逕至殿前。

徐芳也不動身，問曰：「來者何人？」徐蓋大笑曰：「賢弟為何見我至此，而猶然若不知也？」徐芳大喝一聲，命左右：「拿了！」兩邊跑出刀斧手，將徐蓋拿下綁了。徐芳曰：「辱沒祖宗匹夫！你降反賊，也不顧家眷遭殃。今日你自來至此，正是祖宗有靈，不令徐門受屠戮也！」徐蓋大罵曰：「你這不知天時的匹夫！天下盡已歸周，紂王亡在旦夕，何況你這彈丸之地，敢抗拒弔民伐罪之師！你要做忠臣，你比蘇護、黃飛虎何如？洪錦、鄧九公何如？我今被你所擒，死固無足惜；但不知何人擒你，以泄吾忿也！」

徐芳傳令：「把這逆命的匹夫且監候，俟拿了周武、姜尚，一齊解往朝歌正罪。」左右將徐蓋監了。徐芳問：「誰為國討頭陣走一遭？」一將應聲而出，乃正印先行官神煙將軍馬忠願往，徐芳許之。馬忠領令開關，砲聲響處，殺至周營。報馬報入中軍：「啟元帥：穿雲關有將搦戰。」子牙曰：「徐蓋休矣！」忙令哪吒去取關，就探徐蓋消息。哪吒領令，上了風火輪，出得營來，見馬忠金甲紅袍，威風凜凜。哪吒走至軍前，馬忠曰：「來者莫非哪吒否？」哪吒曰：「然也。你既知我，為何不倒戈納降？」馬忠大怒曰：「無知匹夫！你等妄自稱王，逆天反叛，不守臣節，侵王疆土，罪在不赦。不日拿住你等，粉骨碎身；尚自不知，猶且巧言饒舌！」哪吒笑曰：「吾看你等好一似土蛙、腐鼠，頃刻便為虀粉，何足與言！」馬忠怒起，搖手中鎗，飛來直取。哪吒的鎗閃灼光明，輪馬相交，雙鎗併舉，殺至穿雲關下。正是：

馬忠神煙無敵手，只恐哪吒道德高。

馬忠知哪吒是道德之士，手段高強，自思：「我若不先下手，恐他先弄手腳，卻是不美。」馬忠把口一張，只見一道黑煙噴出，連人帶馬都不見了。哪吒見馬忠黑煙噴出口，迷住一塊，忙將風火輪登起，把身子一搖，現出八臂三頭，藍臉獠牙，起在空中。馬忠在煙裡看不見哪吒，急收神煙，正欲回馬，只聽得哪吒大叫：「馬忠休走！吾來了！」馬忠擡頭，見哪吒三頭八臂，藍面獠牙，在空中趕來，馬忠諕得魂不附體，撥馬就走。哪吒忙將九龍神火罩拋來，罩住馬忠，復把手一拍，罩裡現出九條火龍圍繞，霎時間，馬忠化為灰燼。怎見得，有詩為證：

乾元玄妙授來真，秘有靈符法更神。火棗瓊漿原自異，馬忠應得化微塵。

話說哪吒燒死馬忠，收了神火罩，得勝回營，來見子牙，備言燒死馬忠一事，子牙大喜慶功不表。只見報馬報入關中：「啟主帥：馬忠被哪吒燒死。」徐芳大怒。旁邊轉過龍安吉曰：「馬忠不知淺深，自恃一口神煙，故有此敗。待末將明日成功，拿幾員反將，解往朝歌請罪。」次日，龍安吉上馬出關，前來搦戰。哨馬報入中軍。子牙問：「誰人出馬？」只見武成王黃飛虎上帳曰：「末將願往。」子牙許之。黃飛虎上了五色神牛，提鎗出營。龍安吉見一員周將，怎見得，有詩為證：

慣戰能爭氣更揚，英雄猛烈性堅強。忠心不改歸周主，鐵面無回棄紂王。

青史名標真義士，丹臺像列是純良。至今伐紂稱遺跡，留得聲名萬古香。

龍安吉大呼曰：「來者何人？」飛虎曰：「吾乃武成王是也。」龍安吉曰：「你就是黃飛虎？反叛成湯，釀禍之根，今日正要擒你！」催開馬搖手中斧來取，黃飛虎手中鎗急架忙迎。二將相交，鎗斧併舉，大

戰五十餘合。二將真是「棋逢敵手，將遇作家」。龍安吉見黃飛虎的鎗法毫無滲漏，心下暗思：「莫與他賣弄精神。」把鎗一挑，錦囊中取出一物，望空中一丟，只聽得有叮噹之聲，龍安吉曰：「黃飛虎，看吾寶貝來也！」黃飛虎不知何物，擡頭一看，早已跌下鞍轎。關內人馬吶一聲喊，將黃飛虎生擒活捉，繩纏索綁，拿進穿雲關去了。報馬報入中軍：「黃飛虎被擒。」子牙大驚曰：「是怎麼樣拿了去的？」掠陣官回曰：「正戰之間，只見龍安吉丟起一圈在空中，有叮噹之聲，黃將軍便跌下坐騎，因此被擒。」子牙聽說不悅：「此又是左道之術！」且說龍安吉將黃飛虎拿進穿雲關來見徐芳，黃飛虎站立言曰：「吾被邪術拿來，願以一死報國恩也。」徐芳罵曰：「真是匹夫！捨故主而投反叛，今反說欲報國恩，何其顛倒耶！且監在監中。」

徐蓋見黃飛虎來至，忙慰曰：「不才惡弟，不識天時，恃倚邪術，不意將軍亦遭此羅網之厄。」黃飛虎點頭無語，惟有咨嗟而已。話說徐芳治酒，與龍安吉賀功。次日又至周營搦戰。子牙問：「誰敢出馬？」只見洪錦出馬，來至陣前，看見是龍安吉——龍安吉曾在洪錦帳下為偏將——洪錦曰：「龍安吉，你今見故主，為何不下馬納降，尚敢支吾耶？」龍安吉笑曰：「反將洪錦，何得多言！我正欲拿你等，解進朝歌，以正國法。爾何不知進退，尚敢巧言也。」發馬就殺，刀斧併舉。龍安吉祭起一圈，起在空中。不知此圈兩個，左右翻覆，如太極一般，扣就陰陽連環雙鎖，此圈名曰四肢酥。此寶有叮噹之聲，耳聽眼見，渾身四肢，骨解筋酥，手足齊軟。當時洪錦聽見空中響，擡頭一看，便坐不住鞍轎，跌下馬來，又被龍安吉拿了進關。洪錦自思：「此賊昔在吾帳下，我就不知他有這件東西，誤陷匹夫之手！」左右將洪錦推至殿前，來見徐芳。徐芳大喜曰：「洪錦，你奉命征討，如何反降逆賊？今日將何面目又

見商君也！」

洪錦曰：「天意如此，何必多言！吾雖被擒，其志不屈，有死而已！」徐芳傳令：「且送下監去。」黃飛虎見洪錦也至監中，各各嗟歎而已。子牙又聽見探馬報進營來，言洪錦被擒，子牙心下十分不樂。次日，報：「龍安吉又來搦戰。」子牙問：「誰去見陣？」只見南宮适出馬，與龍安吉戰有數合，被龍安吉仍用四肢酥拿進關來見徐芳。徐芳吩咐：「也送下監中。」只見報馬報與子牙，子牙大驚。旁有正印先行哪吒言曰：「這龍安吉是何等妖術，連擒數將，待末將見陣，便知端的。」不知龍安吉性命如何，且聽下回分解。

評

法戒馬忠龍安吉皆有一技之能，俱恃為取勝之術，一遇勁敵，便至敗亡，理也。獨法戒竟為西方有緣化去，幸免一死；然則緣也，是不可不結的。獨恨近日之和尚，於婦女燒香拜佛之時，持盤化錢，動曰結緣法；然則此緣可結乎？更有一種賊禿淫僧，假言講經宣卷，男女叢聚，不分老少，輒以此一字反復開說，誘惑良家婦女，墜其術中，釀成奸淫之藪，不勝枚舉。悲夫！有閨門之責者，可不預為之防乎！

又評

法戒與龍安吉二件寶物：一曰引魂旛，一曰四肢酥。立此二名字，俱是婆心說法。引魂旛一動，則人之魂魄皆飛，七尺委地；四肢酥一響，則人之骨解筋酥，四肢莫救，可畏也。令人自思，誰家不有此二物？豈可任其酥骨引魂，令人七尺委地，四肢莫救可乎？真是勸世最上一乘！

第八十回　楊任大破瘟癀陣

瘟癀傘蓋屬邪巫，疫癘閻浮盡若屠。列陣兇頑非易破，著人狂躁豈能蘇。
須臾遍染家家盡，頃刻傳尸戶戶殂。只為子牙災未滿，穿雲關下受崎嶇。

話說哪吒上了風火輪，前來關下搦陣，大呼曰：「左右的！傳與你主將，叫龍安吉出來見我！」徐芳聞報，命龍安吉出陣。龍安吉領命出得關來，見哪吒在風火輪上，心下暗思：「此人乃是道術之士，不如先祭此寶，易於成功。」龍安吉至軍前問曰：「來者可是哪吒麼？」道罷，哪吒未及答應，就是一鎗。哪吒的鎗赴面相迎。輪馬交還，只一合，龍安吉就祭四肢酥丟在空中，大叫：「哪吒，看吾寶貝！」哪吒擡頭看時，只見陰陽扣就如太極環一般，有叮噹之聲。龍安吉不知哪吒是蓮花化身，原無魂魄，焉能落下輪來。倏然此圈落在地下。哪吒見圈落下，不知其故。龍安吉大驚。正是：

鞍轎慌壞龍安吉，豈意哪吒法寶來。

話說哪吒又現出三頭八臂，祭起乾坤圈，大呼曰：「你的圈不如我的，也還你一圈！」龍安吉躲不及，正中頂門，打下馬來。哪吒復加上一鎗，結果了性命。哪吒梟了首級，進營來見子牙：「取了龍安吉首級。」子牙大喜。

且說報馬報知徐芳，徐芳大驚。只見左右無將，朝廷又不點官來協守，止得方義真一人而已，如之

奈何？忙修本遣官，齎赴朝歌不表。忽見左右來報：「府前有一道人要見老爺。」徐芳忙傳令：「請來。」少時，見一道人，三隻眼，面如藍靛，赤髮獠牙，逕進府來。徐芳降階迎接，請上殿，與道人打稽首，徐芳尊道人上坐。徐芳問曰：「老師是那座名山？何處洞府？」道人曰：「貧道乃九龍島煉氣士，姓呂名岳。吾與姜尚有不世之仇，今特來至此，借將軍之兵，以復昔日之仇。」徐芳大喜：「成湯洪福天齊，又有高人來助！」治酒相待，一宿晚景不題。卻說次日，呂岳出關至營前，請子牙答話。報馬報入中軍：「啟元帥：有一道人請元帥答話。」子牙不知是呂岳，吩咐：「點砲出營。」來至營前，看見對陣乃是呂岳，不覺可笑。豈意子牙兩邊眾門人一見呂岳，人人切齒，個個咬牙。子牙曰：「呂道友，你不知進退，尚不愧顏！當日既得逃生而去，今日又為何復投死地也。」呂岳曰：「我今日來時，也不知誰死誰活！」只見雷震子大吼一聲，罵曰：「不知死的匹夫！吾來了！」展開二翅，飛在空中。好黃金棍，夾頭打來。呂岳手中劍急架忙迎。金吒步行，用雙劍劈頭砍來。木吒厲聲大罵：「潑道！不要走！也吃吾一劍！」李靖、韋護、哪吒眾門人一齊擁上前來，將呂岳困在核心。怎見得，有詩為證，詩曰：

殺氣迷空透九重，一干神聖逞英雄。這場大戰驚天地，海沸江翻勢更兇。

話說眾門人圍住了呂岳，呂岳現出三首六臂，祭起列瘟印，把雷震子打將下來。眾門人齊動手救回。子牙把打神鞭祭起空中，正中呂岳後背，打得三昧真火迸出，敗回穿雲關來。呂岳進關，徐芳接住，安慰曰：「老師，今日會戰，其實利害。」呂岳曰：「今日出去早了，等吾一道友來再出去，便可成功。」話說子牙進營，見雷震子著傷，心下又有些不悅。且自不題。

只見呂岳在關上，一連住了幾日。不一日，來了一位道者，至府前對軍政官曰：「你與主將說，有

一道人求見。」軍政官報入，呂岳曰：「請來。」少時，一道人進府，與呂岳打了稽首，與徐芳行禮坐下。徐芳問呂岳曰：「此位老師高姓大名？」呂岳曰：「此是吾弟陳庚，今日特來助你，共破子牙，併擒武王。」徐芳稱謝不盡，忙治酒款待。呂岳問陳庚曰：「賢弟前日所煉的那件寶貝，可曾完否？」陳庚答曰：「為等此寶完了，方纔趕來，所以來遲；明日可以會姜尚耳。」正是：

煉就奇珍行大惡，誰知海內有高明。

一宿晚景無詞。只至次日，呂岳命徐芳選三千人馬，出關來會子牙，徐芳親自掠陣不表。且說子牙陞帳，與眾門人曰：「今日呂岳又來阻吾之兵，你們各要仔細。」正議間，左右來報：「楊戩轅門等令。」子牙傳令：「令來。」楊戩來至帳前行禮畢，言曰：「奉令催糧無誤。」子牙曰：「如今呂岳又來阻住穿雲關。」楊戩曰：「呂岳乃是失機之士，何敢又阻行旌？」話猶未了，只見軍政官來報：「呂岳會戰。」子牙忙傳令出營，率領眾將，與諸門人隨子牙來至營前。呂岳曰：「姜子牙，吾與你有勢不兩立之仇！若論兩教作為，莫非如此，且你係元始門下道德之士，吾有一陣，擺與你看，但你認得，吾便保周伐紂；若是認不得，我與你立見高低。」子牙曰：「道友，你何不自守清淨，往往要作此業障，甚非道者所為。你既擺陣，請擺來我看。」呂岳同陳庚進陣，有半個時辰，擺成一陣；復至軍前，大呼曰：「姜子牙請看吾陣！」子牙同哪吒、楊戩、韋護、李靖上前來。

楊戩曰：「呂道長，吾等看陣，不可發暗器傷人。」呂岳曰：「爾乃小輩之言。我自用堂堂之陣，正正之旗，豈有用暗器傷你之理！」子牙同眾人往前後看了一遍，渾然一陣，又無字跡，如何認得？子牙心中焦躁：「此必是不可攻伐之陣，又是左道之術。」子牙忽然想起元始四偈：「界牌關下遇誅仙，

穿雲關底受瘟癀。」「此莫非是瘟癀陣？」乃對楊戩曰：「此正應吾師元始之言，莫非是瘟癀陣麼？」楊戩曰：「待弟子對他說。」二人商議停當，回至軍前。呂岳曰：「子牙公識此陣否？」楊戩答曰：「呂道長，此乃小術耳，何足為奇！」呂岳曰：「此陣何名？」楊戩答曰：「此乃瘟癀陣。你還不曾擺全；俟擺全了，吾再來破你的。」呂岳聞楊戩之言，如石投大海，半晌無言。正是：

爐中玄妙全無用，一片雄心付水流。

話說楊戩言罷，同眾人回營。子牙陞帳坐下，眾門人齊讚楊戩利齒伶牙。子牙曰：「雖然一時回得他好看，終不知此陣中玄妙，如何可破？」哪吒曰：「且答應他一時，再作道理。況且十絕惡陣與誅仙這樣大陣，俱也破了，何況此小小陣圖，不足為慮。」子牙曰：「雖然如此，不可不慎。古人云：『人無遠慮，必有近憂。』豈可因其小而忽略？」眾門人齊曰：「元帥之言甚善。」正議間，左右來報：「終南山雲中子來見。」眾門人曰：「武王洪福齊天，自有高人來濟此陣之急也。」子牙忙迎出轅門，接住雲中子，二人攜手，行至帳中坐下。子牙曰：「道兄此來，必為姜尚遇此瘟癀陣也。」雲中子笑曰：「特為此陣而來。」子牙欠身謝曰：「姜尚屢遭大難，每勞列位道兄動履，尚何以消受。」因請教：「此陣中有何秘術？當用何人可破？」

雲中子曰：「此陣不用別人，乃是子牙公百日之災。只至災滿，自有一人來破。吾與你代掌帥印，調督軍事，其餘不足為慮。」子牙曰：「但是道兄如此，姜尚便一死又何足惜，況未必然乎！」子牙欣然，就將劍、印付與雲中子掌管。只見左右傳與武王。武王聞知雲中子說子牙有百日之災，忙至中軍。左右來報。雲中子與子牙迎接上帳，行禮坐下。武王曰：「聞相父破陣，孤心不安。往往爭持，致多苦

惱，孤想不若回軍，各安疆界，以樂民生，何必如此？」雲中子曰：「賢王不知，上天垂象，天運循環，氣數如此，豈是人為，縱欲逃之不能。賢王放心。」武王默然無語。

且不言雲中子與子牙商議破敵，且說呂岳進關，同陳庚將二十一把瘟𤸇傘安放在陣內，按九宮八卦方位，擺列停當，中立一土臺，安置用度符印，打點擒拿周將。正與陳庚在陣內調度，見左右來報：「有一道人要見呂老爺。」呂岳曰：「是誰？與我請來。」少時，那道人飄然而至。呂岳一見李平來至，忙迎住，喜曰：「道兄此來，必是來助我一臂之力，以滅周武、姜尚也。」李平曰：「不然，我特來勸你。吾在中途，聞你擺瘟𤸇陣以阻周兵，我故此特地前來，相勸道兄。今紂王無道，罪惡貫盈，天下共叛，此天之所以滅商湯也。武王乃當世有德之君，上配堯舜，下合人心，是應運而興之君，非草澤乘奸之輩❶。況鳳鳴岐山，王氣已鍾久矣，道兄安得以一人扭轉天命哉。子牙奉天征討，伐罪弔民，會諸侯于孟津，正應滅紂于甲子。難道我李平反為武王，不為截教，來逆道兄之意？道兄若依我勸，可撤去此陣，但憑武王與子牙征伐取關。我們原係方外閒人，逍遙散淡，無束無拘，又何名繮利鎖之不能解脫耶。」呂岳笑曰：「李兄差矣！我來誅逆討叛，正是應天順人。你為何自己受惑，反說我所為非也！你看我擒姜尚、武王，令他片甲不回。」李平曰：「不然。姜尚有七死三災之厄，他也過了；遇過多少毒惡之人，十絕、誅仙惡陣，他也經過，也非容易至此。古云：『前車已覆，後車當鑒。』道兄何苦執迷如此？」李平五次三番勸不醒呂岳，此正是：

三部正神天數盡，李平到此也難逃。

❶ 草澤乘奸之輩：即草澤中依據奸邪之道橫行的人，即草澤奸雄。

話說呂岳不聽李平之勸，差官下書知會姜尚，來破此陣。使命齎戰書至子牙行營，來至轅門。左右報入中軍。子牙命：「令來。」使命至中軍，朝上見禮畢，呈上戰書。子牙接開展玩，書曰：

九龍島煉氣士呂岳致書于西岐元帥姜子牙麾下：竊聞物極必返，逆天必罰。爾西岐不守臣節，以臣伐君，以下凌上，有干綱常，得罪天地；況且以黨惡之象，屢抗敵于天兵，仗闡教之術，復屠城而殺將，惡已貫盈，人神共憤。故上天厭惡，特假手于吾，設此瘟瘟陣。今差使致書，早早批宣，以決勝負。如自揣不德，急早倒戈，尚待爾不死。戰書至日，速乞自裁。

且說子牙看罷書，將原書批回：「明日決破此陣。」來使領書，回見呂岳不表。次日，雲中子在中軍請子牙上帳，用三道符印：前心一道，後心一道，冠內一道；又將一粒丹藥與子牙揣在懷中。打點停當，只聽得關外砲響，報馬進營來：「有呂岳在營前搦戰。」子牙上了四不相，武王同眾將諸門下齊至軍前掠陣。真好瘟瘟陣！怎見得，有贊為證，贊曰：

殺氣漫空，悲風四起。殺氣漫空，黑暗暗俱是些鬼哭神嚎；悲風四起，昏鄧鄧盡是那雷轟電掣。透心寒，怎禁他冷氣侵入；解骨酥，難當他陰風撲面。遠觀似飛砂走石，近看如霧捲雲騰。瘟疫氣陣陣飛來，火水扇翩翩亂舉。瘟瘟陣內神仙怕，正應姜公百日災。

話說子牙至陣前曰：「呂岳，你今設此毒陣，與你定決雌雄。只怕你禍至難逃，悔之晚矣。」呂岳忙催開金眼駝，仗劍飛來直取；子牙手中劍急架忙迎。二人戰未及數合，呂岳掩一劍，逕入陣去了。子牙催開四不相，隨後趕進陣來。呂岳上了八卦臺，將一把瘟瘟傘往下一蓋，昏昏黑黑，如紅紗黑霧罩將下來，勢不可當。子牙一手執定杏黃旗架住此傘。可憐！正是：

七死三災扶帝業，萬年千載竟留芳。

話說呂岳將子牙困于陣中，復出陣前大呼曰：「姜尚已絕于吾陣，叫姬發早早受死！」武王在轅門聞呂岳之言，慌問雲中子曰：「老師，相父若果絕于陣中，真痛殺孤家也！」雲中子曰：「不妨，此是呂岳謬言。子牙該有百日之災。」只見後邊哪吒、楊戩、金木二吒、李靖、韋護、雷震子一齊大呼：「拿這妖道碎尸萬段，以泄我等之恨！」呂岳、陳庚二人向前迎敵，大戰在一處。只殺的陰風颯颯，冷霧迷空。怎見得：

這幾個赤膽忠良名譽大，他兩個要阻周兵心思壞。一低一好兩相持，數位正神同賭賽。降魔杵，來得快，正直無私真寶貝。這一邊哪吒、楊戩善騰挪；那一邊呂岳、陳庚多作怪。刀鎗劍戟往來施，俱是玄門仙器械。今日穿雲關外賭神通，各逞英雄真可愛。一個兇心不息阻周兵；一個要與武王安世界。苦爭惡戰豈尋常，地慘天昏無可奈！

話說眾人把呂岳、陳庚困在核心，哪吒現了三首八臂，把乾坤圈祭起，正中陳庚肩窩上；楊戩祭哮天犬，把呂岳頭上咬了一口，二人逕敗進瘟𤸃陣去了。眾門人也不趕他，同武王進營。武王不見子牙，心中甚是不樂，問雲中子曰：「相父受困于陣內，幾時方能出來？」雲中子曰：「不過百日之厄，災滿自然無事。」武王大驚曰：「百日無食，焉能再生？」雲中子曰：「大王可記得在紅沙陣內，也是百日，自然無事。古云：『有福之人，千方百計莫能害他；無福之人，遇溝壑也喪性命。』大王不必牽掛。」且不講武王納悶在帳內，度日如年，雙眉頻鎖。

且說呂岳自困住了子牙，甚是歡喜，每日入陣內三次，用傘上之功，將瘟𤸃來毒子牙。可憐子牙全

仗崑崙杏黃旗撐住瘟癀傘，陣內常放金花千百朵，或隱或現，保護其身。話說呂岳進關來，徐芳接住曰：「老師，今將姜尚困于陣內，不知他何日得死？周兵何日得勦？」呂岳曰：「吾自有法取之。」徐芳曰：「如今且把擒獲周將解往朝歌請罪，吾另外再作一本，稱讚老師功德，併請益兵防守。」呂岳曰：「不必言及吾等。你乃紂臣，理當如此。我是道門，又不受他爵祿，言之無用。只是不可把反臣留在關內，提防不測，這到是緊要事。併請兵協守，再作理會。」徐芳領命，忙忙把四將點名，上了囚車，差方義真押解往朝歌請罪。正是：

指望成功扶帝業，中途自有異人來。

話說方義真押解四將往潼關來，算只有八十里，不一日就到。且按下不表。

話說青峰山紫陽洞清虛道德真君閒暇無事，往桃園中來，見楊任在旁，真君曰：「今日正該你去穿雲關以解子牙瘟癀陣之厄，並釋四將之愆。」楊任曰：「老師，弟子乃是文臣出身，非是兵戈之客。」真君笑曰：「這有何難，學之自然得會；不學雖會也疏。」真君隨入後洞，取出一根鎗，名曰飛電鎗，在桃園裡傳與楊任。有歌為證，歌曰：

君不見，此鎗名號為飛電。穿心透骨不尋常，刺虎降龍真可羨。先天鉛汞配雌雄，煉就坎離相眷戀。也能飛，也能戰，變化無窮隨意見。今日與你破瘟癀，呂岳逢之鮮血濺。

話說楊任乃是封神榜上之神，自然聰慧，一見真君傳授，須與即會。真君曰：「我把雲霞獸與你騎，還有一把五火神焰扇，你帶了下山。若進陣中，須是如此如此，自然破他瘟癀陣，何愁呂岳不滅耳！還有黃飛虎四將，有難在中途，你先可救他，在關內以為接應；破陣後，裡外夾攻，定然成功。」楊任拜

辭師父下山，上了雲霞獸，把頂上角拍了一把，那騎四蹄自然生起雲彩，望空中飛來。正是：

莫道此獸無好處，曾赴蟠桃四五番。

且說楊任霎時已至潼關，離城有三十里遠，只見方義真解著犯官前進，旗旛上大書解岐周反將黃飛虎、南宮适等名字。楊任落下獸來，阻住去路，大呼曰：「來將那裡去？」軍士一見楊任生的古怪蹺蹊，眼眶裡長出兩隻手來，手心裡反有兩隻眼睛，騎著一匹神獸，五柳長髯，飄揚腦後，軍士見之，無不駭然。飛報與方義真：「啟上將軍，前邊來了個古怪異人阻住了路。」方義真仗自己胸襟，把馬一夾，走出車前，見楊任如此行狀，從來也不曾有這樣的相貌，心中也自著驚，大呼曰：「來者何人？」楊任終是文官出身，言語自然輕柔，乃應曰：「不須問我，吾乃上大夫楊任是也。將軍，天道已歸明主，你又何必逆天行事，自取滅亡也？」方義真曰：「吾奉主將命令，押解周將往朝歌請功，你為何阻住去路？」楊任曰：「吾奉師令下山，來破瘟𤸇陣，今逢將軍押解周將，理宜救護。我勸將軍不若和我歸了武王，正所謂應天順人，不失封侯之位，有何不可？」方義真見楊任低言悄語，不把楊任放在心上，把手中鎗一舉，大喝曰：「逆賊休走，吃吾一鎗！」楊任忙用手中鎗急架相還。兩家大戰，未及數合，楊任恐軍士傷了被擒官將，忙用五火神焰扇照著方義真一扇搧去。楊任不知此扇利害，一聲響，怎見得，可憐！有詩為證，詩曰：

烈焰騰空萬丈高，金蛇千道逞英豪。黑煙捲地紅三尺，煮海翻波咫尺消。

話說楊任把扇子一搧，方義真連人帶馬化一陣狂風去了。眾軍士見了，吶一聲喊，抱頭棄兵，奔走回關。且說黃飛虎等見楊任這等相貌，知是異人，忙在陷車中問曰：「來者是那一位尊神？」楊任認得

黃飛虎——俱是一殿之臣——忙下了雲霞獸，口稱：「黃將軍，我非別人，不才便是上大夫楊任。因紂王失政，起造鹿臺，我等直諫，昏君將吾剜去二目。多虧道德真君救吾上山，將兩粒仙丹納放目中，故此生出手中之眼耳。今特著我下山，來破瘟癀陣，先救將軍等，故效此微勞耳。」隨放了四將。四將謝過了楊任，只是咬牙深恨。楊任曰：「四位將軍且不必出關，且借住民家，待吾破了瘟癀陣，那時率眾取關，公等可作內應。只聽砲聲為號，不可有誤。」黃飛虎等感謝楊任，自投關內民家去了。

且說楊任上了雲霞獸，出穿雲關，來至周營，下了雲霞獸。軍政官見了大驚。楊任曰：「早報于武王，吾非反臣也。」報馬報入中軍：「有異人求見。」雲中子知是楊任來了，忙傳令：「請進中軍。」諸將見了，各自駭然。楊任見雲中子下拜，曰：「師叔在此，料呂岳何能為患。」雲中子安慰謝畢，請起與眾門人相見。楊任來見武王。武王大驚，問其緣故，楊任把紂王剜目之事又說了一遍。武王大喜，命治酒款待。楊任又將救了四將事表過，「吾師特命不才來破瘟癀陣耳。」雲中子曰：「你來的正好。還差三日，正是百日之厄完滿。」眾門人見又添楊任，各有歡喜之色，不覺過了三日。

次日清晨，周營砲響，大隊齊出，一干周將與眾門人併武王、雲中子齊至轅門，看楊任破瘟癀陣。楊任至陣前大呼曰：「呂岳何不早來見我！」只見陣內呂道人現了三首六臂，手擰寶劍而出，見楊任相貌異常，心下也自驚駭，忙問曰：「你是何人？通箇名來！」楊任曰：「吾乃道德真君門下楊任是也；今奉師命下山，特來破你瘟癀陣。」呂岳笑曰：「你不過一小童耳，敢出大言！」仗劍來取。楊任飛電鎗急架相迎。二獸相交，鎗劍並舉。戰未三合，呂岳掩一劍望陣中而走。楊任大呼：「吾來也！」楊任進陣，不知吉凶如何，且聽下回分解。

評

呂岳昔日在西岐逃去，幸而不死，自當改過遷善，如何又來這裡阻逆周兵？只討送去了性命方罷。何其癡愚若此！予見他對徐芳曰：我又不受爵祿。據此觀之，乃好事之人。

又評

李平特來為子牙解釋，極是好意；又知子牙有七死三災之厄，然而於自己則不知，反來湊數，此是好事之人，迷卻本性。倘當日只在山裡坐，那有殺身之禍？今日之招攬多事者，宜當鑑戒！

第八十一回　子牙潼關遇痘神

痘疹惡疾勝瘡瘍，不信人間有異方。疱紫毒生追命藥，漿清氣絕索魂湯。
時行戶戶應多難，傳染人人盡著傷。不是武王多福蔭，枉教軍士喪疆場。

話說呂岳走進陣去，楊任趕進陣來。呂岳上了八卦臺，將瘟癀傘撐起來，往上一罩。楊任把五火扇一搧，那傘化作灰燼，飄揚而去；又搧了數扇，只見那二十把傘盡成飛灰。有瘟部神祇李平進陣來，指望勸解呂岳，不要與周兵作難；也是天數該然，恰逢其會，被楊任一扇子搧來，李平怎能逃脫？可憐！正是：

一點誠心分邪正，反遭一扇喪微軀。

李平誤被楊任一扇子搧成灰燼。陳庚大怒，罵曰：「何處來的妖人，敢傷吾弟！」舉兵刃飛取楊任。楊任把扇子連搧數扇，莫說是陳庚一人，連地都搧紅了。呂岳在八卦臺上見勢頭凶險，捏著避火訣，指望逃走；不知楊任此扇乃五火真性攢簇而成，豈是五行之火可以趨避？呂岳見火勢愈熾，不能鎮壓，撤身往後便走，被楊任趕上前，連搧數扇，把八卦臺與呂岳俱成灰燼。三魂俱赴封神臺去了。有詩為證，詩曰：

九龍島內曾修煉，得道多年根未深。今日遭逢神火扇，可知天意滅真心。

話說楊任破了瘟㾮陣，只見子牙在四不相上伏定，手執著杏黃旗，左右金花發現，擁護其身。諸門人看見，齊來攙住。子牙也不言語，面如淡金，只見四不相一躍而起。武王在轅門見武吉背負子牙而來，武王垂淚言曰：「相父為國為民，受盡苦中之苦！」隨將子牙背至中軍，放在臥榻之上。雲中子用丹藥灌入于子牙口中，送下丹田。少時，子牙睜目，見眾將官立于左右，乃言曰：「有勞列位苦心。」武王大喜曰：「相父且自安心，仔細調理。」子牙在軍中安養了數日，只見雲中子曰：「子牙且自寬心，待後萬仙陣，我等再來助你，今日且奉別。」子牙不敢強留，雲中子回終南山去了。

子牙打點取關，只見楊任上前言曰：「前日不才已暗放了四將在內，元帥可作速調遣。」子牙見楊任說有四將在內，須得裡外夾攻，方可取關。子牙傳令，點眾將攻關。且說徐芳又見破了瘟㾮陣，左右來報：「方義真已死，四將不知所往。」心下十分著忙。只見門外殺聲振地，鑼鼓齊鳴，喊聲不止，如天崩地塌之狀。徐芳急上關來守禦，只見周兵大勢人馬，四面架起雲梯火砲，攻打甚急。有雷震子大怒，飛在空中，一棍刷在城敵樓上，把敵樓打塌了半邊。徐芳禁持不住，急下城來，雷震子已站于城上。哪吒登起風火輪，也上城來。守城軍士見雷震子這等兇惡，一齊走了。哪吒下城，斬落了鎖鑰，周兵一擁而入。徐芳見周營大勢人馬進關，只得縱馬搖鎗前來抵當，被周營大小眾將把徐芳圍困在當中，彼此混戰。

且說黃飛虎、南宮适、洪錦、徐蓋聽得關內喊殺，知是周兵成功，四將步行，趕至關前，見周兵已將徐芳圍住。黃飛虎大叫曰：「徐芳休走，吾來也！」徐芳正在著忙之際，又見黃飛虎等四人沖殺前來，不覺吃了一驚，措手不及，被黃飛虎一劍砍來。徐芳望後一閃，那劍竟砍落馬首，把徐芳撞下鞍轎，被

士卒生擒活捉，拿縛關下。眾將收了軍卒，迎姜元帥進關，陞廳坐下，出榜安民畢。有黃飛虎、南宮适等來見子牙。子牙曰：「將軍等身受陷穽之苦，幸皇天庇祐，轉禍為福，此皆將軍等為國忠心，感動天地耳。」眾將在穿雲關安置已定，子牙吩咐：「把徐芳推來。」左右將徐芳擁至堦前，徐芳立而不跪。子牙罵曰：「徐芳，你擒兄已絕手足之情，為臣有失邊疆之責，你有何顏尚敢抗禮？此乃人中之禽獸也！速推出斬首！」眾軍士把徐芳推出斬首，號令在穿雲關。武王設宴與眾將飲酒，犒賞三軍。翌日，子牙傳令起兵，行有八十里，兵至潼關，安營砲響，立下寨柵。子牙陞帳，眾將官參謁畢，商議取關。

且言潼關主將余化龍有子五人，乃是余達、余兆、余光、余先、余德，惟余德一人在海外出家，不在潼關，連余化龍只有父子五人守此關隘。忽聽關外砲響，探事報知：「周兵抵關下寨。」余化龍謂四子曰：「周兵此來，一路屢屢得勝，今日至此，亦是勁敵，須是要盡一番心力。」四子齊曰：「父親放心，料姜尚有多大本領，不過偶然得勝，諒他何能過得此關？」不言余化龍父子商議，再言子牙次日陞帳，問左右：「誰去取此關見陣一遭？」旁有太鸞應聲曰：「末將願往。」子牙許之。太鸞出營，至關下搦戰，哨馬報入關中。余化龍命長子余達出關，余達領令出關。太鸞見潼關內有一將，銀甲紅袍，真個齊整，滾出關來。怎見得，有讚為證，讚曰：

紫金冠，名束髮；飛鳳額，雉尾插。面如傅粉一般同，大紅袍罩連環甲。獅鸞寶帶現玲瓏，打將鋼鞭如鐵塔。銀合馬跑白雲飛，白銀鎗杵鞍上拉。大紅旗上書金字：潼關首將名余達。

話說太鸞大呼曰：「潼關來將何名？」余達曰：「吾乃余元帥長子余達是也。久聞姜尚大逆不道，興兵搆怨，不守臣節，干犯朝廷關隘，是自取滅亡耳。」太鸞曰：「吾元帥乃奉天征討，東進五關，弔民伐

罪，會合天下諸侯，觀政于商。五關進之有三，爾尚敢拒逆天兵哉？速宜倒戈，免汝一死；若候關破之日，玉石俱焚，追悔何及！」余達大怒，搖鎗直取；太鸞手中刀赴面來迎。二將大戰，二三十合，余達撥馬便走，太鸞隨後趕來。余達聞腦後馬至，掛下鎗，取出撞心杵，回手一杵，正中太鸞臉上。太鸞翻下鞍鞽。可憐為將官的，正是：

禍福隨身于頃刻，翻身落馬項無頭。

余達把太鸞一杵打下馬來，復一鎗結束了性命，梟了首級，掌鼓進關，見父請功，將首級號令于關上。敗兵回見子牙報知，子牙聞太鸞已死，心下不樂。次日，子牙陞帳，只見蘇護上帳，欲去取關，子牙許之。蘇護上馬，至關下討戰。哨馬報知，余化龍命次子余兆出關對敵。蘇護問曰：「來者何人？」余兆曰：「吾乃余元帥次男余兆是也。爾是何名？」蘇護曰：「吾非別人，乃冀州侯蘇護是也。」余兆曰：「老將軍，末將不知是老皇親。老將軍身為貴戚，世受國恩，宜當共守王土，以圖報效；何得忘椒房之寵，一旦造反，以助叛逆，竊為將軍不取！一旦武王失恃，那時被擒，身弒國亡，遺譏萬世，追悔何及。速宜倒戈，尚可轉禍為福耳。」蘇護大怒：「天下大勢，八九已非商土，豈在一潼關也！」縱馬搖鎗，直取余兆。余兆手中鎗急架忙迎。二馬來往，未及十合，余兆取一杏黃旛一展，咫尺似一道金光一晃，余兆連人帶馬就不見了。蘇護不知所往，急自左右看時，腦後馬至；慌忙轉馬，早被余兆一鎗刺中脇下，蘇護翻鞍落馬，一魂已往封神臺去了。余兆取了首級，進關來見父報功，將首級號令，慶喜不表。且說子牙又見折了蘇護，著實傷悼。蘇護長子蘇全忠聞報痛哭，上帳欲報父仇；子牙不得已，許之。蘇全忠領令，至關下搦戰，哨馬報進關來，余化龍令第三子余光出關對敵。蘇全忠見關中一少年將來，切齒咬

牙，大喝曰：「你可是余兆？快來領死！」余光曰：「非也。吾乃是余元帥三子余光是也。」蘇全忠大怒，縱馬搖戟，沖殺過來。二馬相交，戟鎗併舉，大戰有二十餘合，余光撥馬便走。蘇全忠因父親被害，怒發如雷，大罵曰：「不殺匹夫，誓不回兵！」趕下陣來。余光按下鎗，取梅花鏢，回首一鏢，有五根一齊出手。

全忠身中三鏢，幾乎墜于馬下，敗回周營。余光得勝，進關見父回令：「鏢打蘇全忠敗回。」余化龍曰：「明日待吾親會姜尚，設謀共破周兵，必取全勝。」次日，關中點砲吶喊，余總兵帶四子出關，至周營搦戰。哨馬報進營來，子牙與眾將出營拒敵，左右軍威甚齊。余化龍見子牙出兵，歎曰：「人言子牙善于用兵，果然話不虛傳。」余化龍看罷，一騎當先：「姜子牙請了！」子牙答禮曰：「余元帥，不才甲冑在身，不能全禮。不才奉天征討獨夫，以除不道，弔民伐罪，所以望風納降，俱得保全富貴；所有逆命者，隨則敗亡，國家盡失。元帥不得以昨日三次僥倖之功，認為必勝之策。倘執迷不悟，一時玉石俱焚，悔之何及？請自三思，毋貽伊戚。」余化龍笑曰：「似你出身淺薄，不知天高地厚之恩，只知妖言惑眾，造反叛主，以逞狂妄。今日逢吾，只教你片甲無存，死無葬身之地矣。」大叫：「左右！誰與我拿姜尚見頭一功？」只見左右四子沖殺過來。蘇全忠戰住余達，余兆敵住武吉，鄧秀抵住余光，余先戰住黃飛虎，余化龍壓住陣腳，四對兒交兵。這場大戰，怎見得好殺？有贊為證，贊曰：

兩陣上旗旛齊磨，四對將各逞英豪。長鎗闊斧並相交，短劍斜揮閃耀。蘇全忠英雄赳赳，余達似猛虎頭搖；武吉只教活拿余兆；鄧秀喊捉余光餐刀；黃飛虎恨不得鎗挑余先下馬；眾兒郎助陣似潮湧波濤。咫尺間天昏地暗，殺多時鬼哭神嚎。這一陣只殺得屍橫遍野血凝膏，尚不肯干

休罷了。

八員戰將，各要爭先，余達撥馬就走；蘇全忠隨後趕來，被余達回手一杵，正中護心鏡上，打得紛紛粉碎。蘇全忠翻身落馬，余達勒回馬，挺鎗來刺，早有雷震子展開雙翅，飛來且快，使開黃金棍，當頭刷來，余達只得架棍。周營內早有偏將祁恭將全忠救回。話說余化龍見雷震子敵住余達，自縱馬舞刀來取子牙；旁有哪吒登風火輪挺鎗來刺，來往沖突，兩軍殺在虎穴之中。正酣戰間，卻有楊戩催糧至營，見子牙捉對交兵。楊戩立馬橫刀，看十人對敵，不分勝負。楊戩自思曰：「待我暗助他等一陣。」遠遠將哮天犬祭起。余化龍那裡知道，被哮天犬一口咬了頸子，連盔都帶去了。哪吒見余化龍著傷，急祭起乾坤圈，一圈正中余先肩窩，大敗而走。周兵揮動人馬，沖殺一陣；只殺得屍橫遍野，血淋草梢。子牙掌鼓回營。正是：

眼前得勝懽回寨，只恐飛災又降臨。

話說余化龍被哮天犬所傷，余先又打傷肩臂，父子二人呻吟一夜，府中大小俱不能安。不一日，余德回家探父，家將報知：「五爺來了。」余化龍尚自呻吟不已，只見余德走近臥榻之前，見父親如此模樣，急忙請問，余化龍將前事備述一遍。余德曰：「不妨，這是哮天犬所傷。」忙取丹藥，用水敷之，即時痊癒。又用藥調治兄長余先。當日晚景休題。次日，余德出關至周營，只要姜子牙答話。哨馬報入中軍，子牙隨出大營，見一道童，頭挽抓髻，麻鞋道服，仗劍而來。子牙曰：「道者從那裡來？」余德曰：「吾乃余化龍第五子余德是也。楊戩用哮天犬咬傷吾父，哪吒用圈打傷吾兄，今日下山，特為父兄報仇。吾與汝等，共顯胸中道術，以決雌雄。」縱步仗劍，來取子牙，旁有楊戩舞刀忙迎。哪吒提鎗，

現出三首八臂；雷震子、韋護、金吒、木吒、李靖一齊上前迎敵，口稱：「拿此潑道，休得輕放！」眾門人一齊上前，把余德圍在核心，縱有奇術，不能使用。楊戩見余德渾身一團邪氣裹住，知是左道之術，把馬跳出圈子去，取彈弓在手，發出金丸，正中余德。余德大叫一聲，借土遁走了。子牙回營，楊戩見子牙曰：「余德乃左道之士，渾身一團邪氣籠罩，防他暗用妖術。」子牙曰：「吾師有言：『謹防達兆光先德。』莫非就是此余德也？」旁有黃飛虎曰：「前日四將輪戰四日，果然是余達、余兆、余光、余先、余德。」子牙大驚，憂容滿面，雙鎖眉梢，正尋思無計。

且說余德著傷敗回關上，進府來，用藥服了，不一時，身體痊癒。余德切齒深恨曰：「我若留你一個，也不是有道之士！」彼時至晚，余德與四兄曰：「你們今夜沐浴靜身，我用一術，使周兵七日內，叫他片甲無存。」四人依其言，各自沐浴更衣。至一更時分，余德取出五個帕來，按青、黃、赤、白、黑顏色，鋪在地下。余德又取出五個小斗兒來，一人拿著一個，「叫你抓著灑，你就灑；叫你把此斗往下潑，你就潑。不用張弓射箭，七日內死他乾乾淨淨。」兄弟五人，俱站在此帕上。余德步罡斗法，用先天一氣，忙將符印祭起。好風！有詩為證，詩曰：

蕭蕭颯颯竟無蹤，拔樹崩山勢更兇。莫道封姨無用處，藏妖影怪作先鋒。

話說余德祭起五方雲來至周營，站立空中，將此五斗毒痘四面八方潑灑，至四更方回。不表。且說周營眾人俱肉體凡胎，如何經得起，三軍人人發熱，眾將個個不寧。子牙在中軍也自發熱，武王在後殿，自覺身疼。六十萬人馬俱是如此。三日後，一概門人、眾將，渾身上下俱長出顆粒，莫能動履；營中煙火斷絕；止得哪吒乃蓮花化身，不逢此厄。楊戩知道余德是左道之人，故此夜間不在營中，各自運度，因

此上不曾侵染。只見過了五六日，子牙渾身上俱是黑的。此痘形按五方：青、黃、赤、白、黑。哪吒與楊戩曰：「今番又是那年呂岳之故事。」楊戩曰：「呂岳伐西岐，還有城郭可依；如今不過行營寨柵，如何抵擋？倘潼關余家父子沖殺出來，如何濟事？」二人心下甚是焦悶。且說余化龍父子六人在潼關城上來看，周營煙火全無，空立旗旛寨柵，余達曰：「乘周營諸將有難，吾等領兵下關，一齊殺出，只此一陣成功，豈不為美！」余德曰：「長兄，不必勞師動眾，他自然盡絕，也使旁人知我等妙法無邊。不動聲色，令周兵六十萬餘人自然滅絕。」父子五人齊曰：「妙哉！妙哉！」看官：此正是武王有福，不然，若依余達之言，則周營兵將死無噍類。正是：

洪福已扶仁聖主，徒令余達逞奇謀。

話說楊戩見子牙看看病勢危急，心下著慌，與哪吒共議曰：「師叔如此狼狽，呼吸俱難，如之奈何？」話猶未了，只見半空中黃龍真人跨鶴而來。楊戩、哪吒迎接黃龍真人至中軍坐下。真人曰：「楊戩，你師父可曾來？」楊戩答曰：「不曾來。」真人曰：「他原說先來，如今該會萬仙陣了。」話未絕時，又聽得玉鼎真人自空中來至，楊戩迎迓，拜罷。玉鼎真人起身，入內營來看子牙，見子牙如此模樣，真人點首歎曰：「雖是帝王之師，好容易！正是你：

七死三災今已滿，清名留在簡篇中。」

玉鼎真人歎息不已，隨命楊戩：「你再往火雲洞走一遭。」楊戩領命，借著土遁往火雲洞而來，如風雲一樣。看看來至山腳下，好山，真無限的景致，有奇花馥馥，異草依依。怎見得，有賦為證，賦曰：

勢連天界，名號火雲。青青翠翠的喬松，龍鱗重疊；猗猗挺挺的秀竹，鳳尾交加；蒙蒙茸茸的

碧草，龍鬚柔軟；古古怪怪的古樹，鹿角丫叉。亂石堆山，似大大小小的伏虎；老藤掛樹，似彎彎曲曲的騰蛇。丹壁上更有些分分明明的金碧影，低澗中只見那香香馥馥的瑞蓮華。洞府中鎖著那氤氤氳氳的霧靄，青巒上籠著那爛爛縵縵的煙霞。對對彩鸞鳴，渾似那咿咿啞啞的律呂；雙雙丹鳳嘯，恍疑是嘹嘹亮亮的笙笳。碧水跳珠，點點滴滴從玉女盤中泄出；虹霓流彩，閃閃灼灼自蒼龍嶺上飛斜。真個是：福地無如仙景好，火雲仙府勝玄都。

話說楊戩看罷景致，不敢擅入；少時，見一水火童子出來，楊戩上前稽首曰：「敢煩師兄借傳一語，楊戩求見。」童子認得楊戩，忙回禮曰：「師兄少待。」童子回言畢，進洞府來：「啟老爺：外面有楊戩求見。」伏羲聖人曰：「著他進來。」童子復至外面：「楊戩進見。」楊戩至蒲團前，倒身下拜：「弟子楊戩願老爺聖壽無疆！」拜罷，將書呈上。伏羲展玩，書曰：

弟子黃龍真人、玉鼎真人薰沐頓首，謹書上啟闢天開地太昊皇上帝寶座下：弟子仰仗三教，演習靈文，自宜守蒲團，豈敢冒言瀆奏。但弟子等運逢劫數，殺戒已臨，襄應運之天子，伐無道之獨夫。路至潼關，突遭余德以左道之幻術，暗毒害于生靈。茲有元戎姜尚暨門徒將士兵卒六十餘萬，驟染顆粒之瘡，莫辨為癰為毒，懨懨待盡，至呼吸以難通，旦夕垂亡，雖水漿而莫用。自思無奈，仰叩仁慈，懇祈大開惻隱，憐繼天立極之聖君，拯無辜之性命，早施雨露，以解倒懸。臨啟不勝待命之至！

伏羲看罷書，謂神農曰：「今武王有事于天下，乃是應運之君，數當有此厄難，吾等理宜助一臂之力。」神農曰：「皇兄之言是也。」遂取三粒丹藥付與楊戩。楊戩得了丹藥，跪而啟曰：「此丹將何用度？」

伏羲曰：「此丹：一粒可救武王，一粒可救子牙；一粒用水化開，只在軍前四處灑過，此毒氣自然消滅。」楊戩又問曰：「不知此疾何名？」伏羲曰：「此疾名為痘疹，乃是傳染之病；若少救遲，俱是死症。」楊戩又答曰：「倘此疾後日傳染人間，將何藥能治？乞賜指示。」神農曰：「你隨我出洞至紫雲崖來。」楊戩隨了神農來至崖前，尋了一遍；神農拔一草遞與楊戩：「你往人間，傳與後世，此藥能救痘疹之患也。」楊戩又跪懇曰：「此草何名？」神農曰：「你聽我道來：此草有詩為證，詩曰：

紫梗黃根八瓣花，痘瘡發表是升麻。常桑曾說玄中妙，傳與人間莫浪誇。」

話說楊戩求了丹藥，又傳下升麻，以濟後人；離了火雲洞，逕至周營，來見玉鼎真人，備言求得丹藥，併升麻之草，可救痘疹之厄。黃龍真人忙將丹藥化開，先救武王；玉鼎真人來治子牙；楊戩與哪吒用水化開此丹，用楊枝灑起四處來。霎時間，痘疹之毒一時全消。正是：

痘疹毒害從今起，後人遇著有生亡。

周營內被楊戩、哪吒在四面灑遍。只三山五岳門人，與凡夫不同，俱是腹內有三昧真火的，又會五行之術，不覺俱先好了；人人切齒，個個咬牙。次日，子牙見眾門人臉上俱有疤痕，子牙大怒，與眾人共議取潼關泄恨。眾人齊厲聲大叫曰：「今日不取潼關，勢不回軍！」不知余化龍父子性命如何，且聽下回分解。

評

痘疹毒惡，大抵是九死一生之症；乃知此孽始於是時，其流波不可止。只恨當日子牙惹此禍端，何不連根斬斷？

又評

痘疹與近日相似，人人難免，觀之當年神仙，也自遭厄。如此言之，在當年不出痘的，也做不得神仙；在近日不出痘的，也做不得人。人與仙兩不可做得，還請自做主張。

第八十二回　三教大會萬仙陣

萬仙惡陣列山隈，颯颯寒風劈面催。片片祥光籠斗柄，紛紛殺氣透靈臺。
魚龍此際分真偽，玉石從今盡脫胎。多少修持遭此劫，三屍斬去五雲開。

話說余化龍與余達等俱聽了余德言語，不以周兵為意，逐日飲酒，只等周營兵將自己病死。那一日不覺就是第八日，余化龍對諸子言曰：「今日已是八日，不見探事官來報，我們可上城一看。」五子齊曰：「上城看看纔是。」那時離了帥府，上得城來，只見周營比起初三四日光景不同：起先營中毫無煙火；今日周營中反覺騰騰殺氣，烈烈威風，人人勇敢，個個精神，旌旗嚴整，金鼓分明，重重戈戟，疊疊鎗刀。余化龍忙問余德曰：「這幾日周營中已有復舊光景，此事如何？」余達從旁埋怨曰：「兄弟，你不從吾言，致有今日。豈有人是自家會死得盡的？」余德默默不言，暗思：「吾師傳我此術，響應隨時，豈有不準之理？其中必有原故。」乃對父兄言曰：「事已至此，遲疑無益。此必有人在暗中解了。諒他一時身弱，也不能爭戰。不若乘其不備，一戰可以成功；遲則有變。」余化龍聽說，只得領五子殺出關來，逕奔周營。欺周將身弱，余德穿道服仗劍在前，如風馳雨驟而來，喊聲大振。

姜子牙與眾門人諸將正要出營，恰逢其時，楊戩曰：「此匹夫恃強欺敵，是自取死也。」子牙坐四不相，哪吒引道，眾門人左右擁護，一齊殺出營來，大呼曰：「余化龍！今日是汝父子死期至矣！」金

木二吒氣沖牛斗，楊任腹內生煙，雷震子聲如霹靂，韋護咬碎鋼牙，李靖欲平吞他父子；龍鬚虎足踏水雲，奪勇爭先。余家父子迎上前來，周營中眾門人裹住了余家父子。未及數合，哪吒現了三首八臂，登起風火輪，先在潼關城上。軍士見哪吒三首八臂，一聲喊，散了個乾淨。余化龍父子見哪吒上關，身子被眾人裹住，不得跳出圈子，因此上出了神，被雷震子一棍，正中余光頂上，翻下馬來。余達大呼曰：「匹夫！傷吾之弟，勢不兩立！」來戰雷震子；又被韋護祭起降魔杵把余達打死，倒在塵埃。楊任將扇子一搧，余先、余兆二人化作飛灰而散。余德見弟兄已死四人，心中大怒，直奔子牙殺來。子牙身體方纔好，諒戰不過，急祭打神鞭于空中，正中余德，打翻在地，早被李靖一戟刺死。雷震子見哪吒上城，也飛進城來。余化龍見五子陣亡，潼關已歸西土，在馬上大呼曰：「紂王！臣不能盡忠扶帝業，為主報深仇，臣今拚一死而報君恩也！」余化龍仗劍自刎而亡。後人單道余化龍父子一門死節，後人有詩弔之，詩曰：

　　鐵騎馳騎血刃紅，潼關力戰未成功。一門盡節忠商主，萬死丹心泣曉風。
　　苟祿真能慚素位，捐生今始識英雄。清風耿耿流千載，豈在漁樵談笑中？

話說余化龍自殺，子牙驅人馬進關，出榜安民，清查庫藏。子牙憐余化龍父子一門忠烈，命左右收屍厚葬。凡軍士未得平復的，俱放在潼關調理。子牙方分剖已定，只見黃龍真人、玉鼎真人與子牙議曰：「前面就是萬仙陣了，可請武王也暫歇在此關，我等領人馬往前面，要路上先命人造起蘆篷席殿，迎迓三教師尊。我等只此一舉，以完劫數，了此紅塵之殺運也。」子牙不覺大喜，忙命楊戩、李靖去造蘆篷；二人領令去訖。周營眾將自從遭痘疹之厄，人人身弱，個個狼狽，俱在關上將息。又過了數日，只見李靖

回令：「蘆篷俱已完備。」黃龍真人曰：「蘆篷既完，只是眾門人去得，餘者俱離四十里遠，紮下團營，俟破陣後，方許起程。」眾將得令，就此駐劄不表。

且說子牙同二位真人，與諸門人弟子，前至蘆篷上。但見懸花結彩，香氣氤氳，迎接玉虛門下之客。今日萬仙陣總會一面，滿其紅塵殺戒，再去返本還元。不一時這三山五岳眾道人齊齊拍手大笑而來：廣成子、赤精子、文殊廣法天尊、普賢真人、慈航道人、清虛道德真君、太乙真人、靈寶大法師、道行天尊、懼留孫、雲中子、燃燈道人。眾道人見子牙稽首，曰：「今日之會，正完其一千五百年之劫數。」正是：

緣滿皈依從正道，靜心定性誦黃庭。

子牙迎接上篷坐下，先論破陣原故。燃燈曰：「只等師長來，自有道理。」眾皆默然端坐。且說金靈聖母在萬仙陣中，見燃燈道人頂上現了三花，沖上空中，已知玉虛門下眾道者來了；隨發一個雷聲，振開萬仙陣，一塊煙霧散開，現出萬仙陣來。蘆篷上眾仙一見，睜目細看數番，見截教中高高下下，攢攢簇簇，俱是五岳三山四海之中雲遊道客，奇奇怪怪之人。燃燈點頭對眾道人歎曰：「今日方知截教有這許多人品，吾教不過屈指可數之人。」正是：

玄都大法傳吾輩，方顯清虛不二門。

內中有黃龍真人曰：「眾位道友，自元始以來，為道獨尊，但不知截教門中一意濫傳，遍及匪類，真是可惜工夫，苦勞心力，徒費精神。不知性命雙修，枉了一生作用，不能免生死輪迴之苦，良可悲也！」道行天尊曰：「此一會，正是我等一千五百年之劫，難逢難遇。今我等先下篷看看，如何？」燃燈曰：

「吾等不必去看，只等師尊來至，自有會期。」廣成子曰：「我等又不與他爭論，又不破他的陣，遠觀何妨？」眾道人曰：「廣成子言之甚當。」燃燈阻不住眾人，只得下篷，一齊來看萬仙陣。只見門戶重疊，殺氣森然。眾仙搖首曰：「好利害！人人異樣，個個兇形，全無辦道修行意，反有爭持殺伐心。」燃燈對眾人曰：「列位道兄，你看他們可是神仙了道之品！」眾仙看罷，方欲回篷，只聽萬仙陣中一聲鐘響，來了一位道人作歌而出，歌曰：

「人笑馬遂是痴仙，痴仙腹內有真玄。真玄有路無人走，惟我蟠桃赴幾千。」

馬遂歌罷，大呼曰：「玉虛門下，既來偷看吾陣，敢與我見個高低？」燃燈曰：「你們只貪看惡陣，致多生此一段是非。」黃龍真人上前曰：「馬遂，你休要這等自恃。如今吾不與你論高低，且等掌教聖人來至，自有破陣之時。你何必倚仗強橫，行兇滅教也？」馬遂躍步，仗劍來取。黃龍真人手中劍急忙來迎。只一合，馬遂祭起金箍，把黃龍真人的頭箍住了。真人頭疼不可忍，眾仙急救真人，大家回蘆篷上來。真人急忙除金箍，除又除不掉，只箍得三昧真火從眼中冒出；大家鬧在一處不表。且說元始天尊來會萬仙陣，先著南極仙翁持玉符先行。南極仙翁跨鶴而來，雲光縹緲。馬遂擡頭，見是南極仙翁，急架雲光在半空中來，阻住去路。仙翁笑曰：「馬遂，你休要猖獗，掌教師尊來了。」馬遂正欲爭持，只見後面仙樂一派，遍地異香，馬遂知不可爭持，按落雲頭，回歸本陣。南極仙翁先至蘆篷，率眾仙迎鸞接駕，上篷坐下。眾門人拜畢，侍立兩旁。

元始曰：「黃龍真人有金箍之厄。」忙叫：「過來。」黃龍真人走至面前，元始用手一指，金箍隨脫。真人謝畢，元始曰：「今日你等俱該圓滿此厄，各回洞府，守性修心，斬卻三尸，再不惹紅塵之難。」

眾門人曰：「願老師聖壽無疆！」正靜坐間，忽聽得空中有一陣異香仙樂，飄飄而來。元始已知老子來至，隨同眾門人迎候。老子下了板角青牛，攜手上篷。眾門人禮拜畢，老子拍掌曰：「周家不過八百年基業，貧道也到紅塵中來三番四轉，可見運數難逃，何怕神仙佛祖。」元始曰：「塵世劫運，便是物外神仙都不能免，況我等門人，又是身犯之者？我等不過來了此一番劫數耳。」二位師尊言過，端然默坐。至二更時分，只見各聖賢頂上現有瓔珞慶雲，祥光繚繞，滿空中有無限瑞靄，直沖霄漢。且言二位掌教師尊與眾門人默坐蘆篷不表。

且說金靈聖母在萬仙陣內，見瑞靄祥雲，知二位師伯已至，自思曰：「今日掌教師伯已來，吾師也要早至方可。」及至天明，只聽的半空中仙樂盈空，珮環之聲不絕，群仙隨通天教主離了碧遊宮，親至萬仙陣來。金靈聖母得知，率領眾仙，迎接教主，進了陣門，上了八卦臺坐下。萬仙叩謁畢，金靈聖母曰：「二位師伯俱已至此。」通天教主曰：「罷了，如今是月缺難圓。既擺此萬仙陣，必定與他見個雌雄，以定一尊之位。今日是萬仙統會，以完劫數。」隨命長耳定光仙：「你且去蘆篷上見你二位師伯，下這一封書。」定光仙領命，逕至蘆篷下，見楊戩等俱在左右站立。哪吒問曰：「來者何人？」長耳定光仙曰：「吾是奉命下書，來見師伯的。借你通報。」哪吒上前啟知。老子曰：「命來。」哪吒下篷說知。定光仙上得篷來，見左右立著十二代門人，定光仙拜伏于地，將書呈上。老子看書畢，謂定光仙曰：「吾知道了，明日來破萬仙陣也。」定光仙下篷至萬仙陣，回復通天教主。且說次日，二位教主領眾門徒來看萬仙陣，下得篷來，至陣前一見，好萬仙陣！怎見得，有贊為證，贊曰：

一團怪霧，幾陣寒風。彩霞籠五色金光，瑞雲起千叢艷色。前後排山岳修行道士與全真，左右

立湖海雲遊頭陀並散客。正東上：九華巾，水合袍，太阿劍，梅花鹿，都是道德清高奇異人；正西上：雙抓髻，淡黃袍，古定劍，八叉鹿，盡是駕霧騰雲清隱士；正南上：大紅袍，黃斑鹿，昆吾劍，正是五遁三除截教公；正北上：皂色服，蓮子箍，邠鐵鐗，跨麋鹿，都是倒海移山雄猛客。翠藍旛，青雲繞繞；素白旗，彩氣翩翩；大紅旗，火雲罩頂；皂藍旗，黑氣施張；杏黃旗旛下，萬千條古怪的金霞，內藏著天上無、世上少、闢地開天無價寶。又是烏雲仙、金光仙、虬首仙神光赳赳；靈牙仙、毘蘆仙、金箍仙氣概昂昂。七香車坐金靈聖母，分門別戶；八虎車坐申公豹，總督萬仙；無當聖母法寶隨身；龜靈聖母包羅萬象。金鐘響，翻騰宇宙；玉磬敲，驚動乾坤；提爐排，嬝嬝香煙龍霧隱；羽扇搖，翩翩彩鳳離瑤池。奎牛上坐的是混沌未分、天地玄黃之外、鴻鈞教下通天截教主。只見長耳仙持定了神書，奧妙道德無窮，興截滅闡六魂旛。左右金童隨聖駕，紫霧紅雲離碧遊。通天教主身心變，只因一怒結成讎。兩教生剋終有損，天翻地覆鬼神愁。崑崙正法扶明主，山河一統屬西周。

話說老子同元始來看萬仙陣，老子一見萬仙陣，與元始曰：「他教下就有這些門人！據我看來，總是不分品類，一概濫收，那論根器深淺，豈是了道成仙之輩？此一回玉石自分，淺深互見。遭劫者，可不枉用工夫，可勝歎息！」話猶未了，只見通天教主從陣中坐奎牛而出，穿大紅白鶴絳綃衣，手執寶劍而來。老子看通天教主全無道氣，一臉兇光。怎見得，有贊為證，贊曰：

闢地開天道理明，談經論法碧遊京。五氣朝元傳妙訣，三花聚頂演無生。頂上金光分五彩，足下紅蓮逐萬程。八卦仙衣飛紫氣，三鋒寶劍號青蘋。伏虎降龍為第一，擒妖縛怪任縱橫。徒眾

三千分左右，後隨萬姓盡精英。天花亂墜無窮妙，地擁金蓮長瑞禎。度盡眾生成正果，養成正道屬無聲。對對旛幢前引道，紛紛音樂及時鳴。奎牛穩坐截教主，仙童前後把香焚。靄靄沉檀雲霧長，騰騰殺氣自氤氳。白鶴唳時天地轉，青鸞展翅海山澄。通天教主離金闕，來聚群仙百萬名。

話說通天教主見二位教主，對面打稽首，曰：「二位道兄請了！」老子曰：「賢弟可謂無賴之極！不思悔過，何能掌截教之主？前日誅仙陣上已見雌雄，只當潛蹤隱跡，自己修過，以懺往愆，方是掌教之主；豈得怙惡不改，又率領群仙布此惡陣？你只待玉石俱焚，生靈戕滅殆盡，你方纔罷手，這是何苦定作此業障耶？」通天教主怒曰：「你等謬掌闡教，自恃己長，縱容門人，肆行猖獗，殺戮不道，反在此巧言惑眾。我是那一件不如你？你敢欺我！今日你再請西方準提道人將加持杵打我就是了。不知他打我即是打你一般。此恨如何可解？」元始笑曰：「你也不必口講，只你既擺此陣，就把你胸中學識舒展一二，我與你共決雌雄。」通天教主曰：「我如今與你仇恨難解，除是你我俱不掌教，方纔干休！」通天教主道罷，走進陣去；少時，布成一個陣勢，乃是一個陣結三個營壘，攢簇而立。通天教主至陣前問曰：「你二人可識吾此陣否？」老子大笑曰：「此乃是吾掌中所出，豈有不知之理？此是太極兩儀四象之陣耳！有何難哉！」通天教主曰：「可能破否？」元始曰：「你且聽吾道來：

混元初判道為尊，煉就乾坤清濁分。太極兩儀生四象，如今還在掌中存。」

老子問曰：「誰去破此太極陣走一遭？」赤精子大呼曰：「弟子願會此陣！」作歌而出，歌曰：

「今朝圓滿斬三尸，復整菩提在此時。太極陣中遇奇士，回頭百事自相宜。」

赤精子躍身而出。只見太極陣中一位道人，長鬚黑面，身穿皂服，腰束絲絛，跳出陣前，大呼曰：「赤精子，你敢來會吾陣麼？」赤精子曰：「烏雲仙，你不可恃強，此處是你的死地了！」烏雲仙大怒，仗劍來取，赤精子手中劍赴面交還。未及三四個回合，烏雲仙腰間掣出混元鎚就打，一聲響，把赤精子打了一跤。烏雲仙纔待下手，有廣成子大呼曰：「少待傷吾道兄，吾來了！」仗劍抵住了烏雲仙。二人大戰，未及數合，烏雲仙又是一鎚把廣成子打倒在地。廣成子爬將起來，往西北上走了。通天教主命烏雲仙趕去，「定然拿來！」烏雲仙領法旨，隨後趕來。廣成子前走，烏雲仙後趕。看看趕上，廣成子正無可奈何，轉過山坡，只見準提道人來至。讓過了廣成子，準提阻住了烏雲仙，笑容滿面，口稱：「道友請了！」烏雲仙認得是準提道人，大叫曰：「準提道人，你前日在誅仙陣上傷了吾師，今又阻吾去路，情殊可恨！」仗寶劍望準提道人頂上劈來。道人把口一張，有一朵青蓮托住了劍。言曰：

「舌上青蓮能托劍，吾與烏雲有大緣。」

準提曰：「道友，我與你是有緣之客，特來化你歸吾西方，共享極樂，有何不美？」烏雲仙大呼曰：「好潑道！欺吾太甚！」又是一劍。準提用中指一指，一朵白蓮托劍。準提又曰：「道友，

掌上白蓮能托劍，須知極樂在西方。二六蓮臺生瑞彩，波羅花放滿園香。」

烏雲仙大呼曰：「一派胡說！敢來欺我！」又是一劍。準提將手一指，一朵金蓮托住。準提曰：「烏雲仙友，吾乃是大慈大悲，不忍你現出真相。若是現時，可不有辱你平昔修煉工夫，化為烏有。我如今不過要與你與西方教法，故此善化你，幸祈急早回頭。」烏雲仙大怒，又是一劍砍來。準提將拂塵一刷，烏雲仙手中劍只剩得一個靶兒。烏雲仙大怒，掙起混元鎚打來。準提就跳出圈子去了，烏雲仙隨後趕來。

準提曰：「徒弟在那裡？」只見了一個童兒來，身穿水合衣，手執竹枝而來。不知烏雲仙凶吉如何，且聽下回分解。

評

余化龍父子一門忠烈，真不愧鬚眉；雖余德甚癡，豈得以此少之？三仁之後，不得多得。

又評

神仙原是清淨無為，豈得專以殺伐為事？況其鼻祖者乎！通天教主原是封神榜的人，如何反走了糊突帳裡去？真個可笑！此老真該打入輪迴，不可令他掌教鴻鈞，自欠主張。

第八十三回　三大士收伏獅象犼

一鉤明月半輪秋，三點如星仔細求。獅象有名緣相立，慈航無著借形修。
朝元最忌貪嗔敗，脫骨須知罣礙雠。總為諸仙逢殺劫，披毛帶角盡皆休。

話說準提道人命水火童子：「將六根清淨竹，來釣金鰲。」童子向空中將竹枝垂下，那竹枝就有無限光華異彩，裹住了烏雲仙，烏雲仙此時難逃現身之厄。準提叫曰：「烏雲仙，你此時不現原形，更待何時！」只見烏雲仙把頭搖了一搖，化作一個金鬚鰲魚，剪尾搖頭，上了釣竿。童子上前，按住了烏雲仙的頭，將身騎上鰲魚背上，逕往西方八德池中享受極樂之福去了。正是：

八德池中閒戲耍，金蓮為伴任逍遙。

話說準提道人收了金鰲，趕至萬仙陣前。通天教主看見準提，怒沖面上，眼角俱紅，大呼曰：「準提道人，你今日又來會吾此陣，吾決不與你干休！」準提道人曰：「烏雲仙與吾有緣，被吾用六根清淨竹釣去西方八德池邊，自在逍遙，無罣無礙，真強如你在此紅塵中擾攘也。」通天教主聽罷大怒，正欲與準提廝殺，只聽得太極陣中一人作歌而出，歌曰：

「大道非凡道，玄中玄更玄。誰能參悟透，咫尺見先天。」

話說太極陣中虬首仙提劍而出：「誰人敢進吾陣中來，共決雌雄？」準提道人曰：「文殊廣法天尊，借

你去會此位有緣之客。」準提道人把文殊廣法天尊頂上一指，泥丸復開，三光迸出，瑞氣盤旋。元始天尊遞一旛與文殊，名曰盤古旛，可破此太極陣。文殊廣法天尊接旛作偈而出，偈曰：

「混元一氣此為先，萬劫修持合太玄。莫道此中多變化，汞鉛消盡福無邊。」

文殊廣法天尊歌罷，虬首仙大呼曰：「今日之功，各顯其教，不必多言！」仗手中劍砍來。文殊廣法天尊手中劍急架相還。未及數合，虬首仙便往陣中而去，文殊廣法天尊縱步趕來。虬首仙進陣，便祭起符印，只見陣中如鐵壁銅牆一般，兵刃如山。文殊廣法天尊將盤古旛展動，鎮住了太極陣，廣法天尊現出一法身來。怎見得，有贊為證：

面如藍靛，赤髮紅髯。渾身上五彩呈祥，遍體內金光擁護。降魔杵滾滾紅焰飛來；金蓮邊騰騰霞光亂舞。正是：太極陣中，皈依大法現威光，朵朵祥雲籠八面。

虬首仙見廣法天尊現出一位化身，甚是奇異，只見香風縹緲，瓔珞纏身，蓮花托足。虬首仙無法可治，正欲迴避；文殊忙將綑妖繩祭起，命黃巾力士：「拿去蘆篷下聽候發落。」廣法天尊收了法像，徐徐出陣，上篷來見元始，曰：「弟子已破太極陣矣。」元始命南極仙翁：「去蘆篷下，將虬首仙打出原身。」仙翁領命至篷下，見虬首仙縛住一團。南極仙翁對虬首仙口中念念有詞，道聲：「疾！還不速現原形，更待何時！」只見虬首仙把頭搖了兩搖，就地一滾，乃是一個青毛獅子，剪尾搖頭，甚是雄偉。南極仙翁回復元始天尊命令。元始吩咐：「就命廣法天尊坐騎，仍于項下掛一牌，上書虬首仙名諱。」次日，老子與元始親臨陣前，問：「通天教主何在？」左右報與通天教主，逕出陣前。老子命文殊騎了青獅至前面，老子指與通天教主看，曰：「你的門下多有此等之物，你還要自逞道德清高，真是可笑！」就把

個通天教主羞紅滿面，大怒曰：「你再敢破吾兩儀陣麼？」老子尚未及回言，只見兩儀陣內靈牙仙大呼而出曰：「誰敢來破吾兩儀陣麼？」正是：

袖裡乾坤翻上下，兩儀陣內定高低。

靈牙仙逕出陣來，問：「誰敢來見吾此陣？」元始命普賢真人曰：「你去破此陣走一遭。」遂將太極符印付與普賢真人。真人至陣前曰：「靈牙仙，你苦修成形，為何不守本分，又來多此一番事也？只怕你咫尺間現了原形，那時悔之晚矣。」靈牙仙大怒，仗二劍飛來直取，普賢真人仗手中劍火速忙迎。未及數合，靈牙仙便往兩儀陣中而去；普賢真人趕入陣內。靈牙仙祭動兩儀妙用，逞截教玄功，發動雷聲，來困普賢真人。只見普賢真人泥丸宮現出化身，甚是兇惡。怎見得，有贊為證：

面如紫棗，巨口獠牙。霎時間紅雲籠頂上，一會家瑞彩罩金身。瓔珞垂珠掛遍體，蓮花托足起祥雲。三首六臂持利器，手內降魔杵一根。正是：有福西方成正果，真人今日已完成。

話說普賢真人現出法身，鎮住靈牙仙，仍用長虹索，命黃巾力士：「將靈牙仙拿去蘆篷下，聽候指揮。」普賢真人破了兩儀陣，逕至蘆篷上，參見老子。老子命南極仙翁速現靈牙仙原身。南極仙翁領令，將三寶玉如意把靈牙仙連擊數下；靈牙仙就地一滾，現出原形，乃是一隻白象。老子吩咐：「將白象頸上也掛一牌，上書靈牙仙名諱，與普賢真人為坐騎。」復至陣前。通天教主見青獅在左，白象在右，不覺大怒，正欲上前，只見四象陣中金光仙大呼曰：「闡教門人不要逞強，吾來也！」乃作歌而出，歌曰：

「妙法廣無邊，身心合汞鉛。今領四象陣，道術豈多言？二指降龍虎，雙眸運太玄。誰人來會我，方是大羅仙。」

元始見金光仙出得四象陣來，勇猛莫敵，忙吩咐慈航道人曰：「你將如意執定，進四象陣去，直須如此如此，就變化無窮，何愁此陣不破也？此是你有緣之騎。」慈航道人作歌而出，歌曰：

「普陀崖下有名聲，了劫歸根返玉京。今日已完收四象，夢魂猶自怕臨兵。」

慈航歌罷，金光仙躍身而出，大呼曰：「慈航道人，你口出大言，肆行無忌，好個『今日已完收四象』，只怕你死于目前！不要走，正要拿你！」仗手中劍飛來直取，慈航道人手中劍急架忙迎。未及三合，金光仙便入四象陣了。慈航趕入陣中，金光仙將四象陣符印發開，內有無窮法寶，來治慈航道人。正是：

四象陣遇金毛犼❶，潮音洞裡聽談經。

話說慈航道人見四象陣中變化無窮，忙將頭上一拍，有一朵慶雲籠罩，蓋住頂上，只聽得一聲雷響，現出一位化身，怎見得：

面如傅粉，三首六臂。二目中火光焰裡見金龍；兩耳內朵朵金蓮生瑞彩。足踏金鰲，靄靄祥雲千萬道；手中托杵，巍巍紫氣徹青霄。三寶如意擎在手，長毫光燦燦；楊枝在肘後，有瑞氣騰騰。

且說金光仙看見闡教內門人這等化身，自歎曰：「真好一個玉虛門下，果然器宇不同！」欲待逃回，早已被慈航道人祭起三寶玉如意，命黃巾力士：「把此物拿去篷下，聽候發落。」少時，力士平空把金光

正是：

普陀妙法莊嚴，方顯慈航道行。

---

❶ 犼：音ㄏㄡˇ。北方之獸，似犬，食人。

仙拿至蘆篷下。南極仙翁在篷下等候，忽見空中丟下金光仙來。南極仙翁見金光仙跌下篷來，遵老子命令，將金光仙頸上連拍幾下：「這業障還不速現原形，更待何時！」金光仙情知不能逃脫，就地一滾，現出原形，乃是一隻金毛犼。仙翁至蘆篷回覆法旨。元始吩咐：「也與他頸上掛一牌，書金光仙名諱，就與慈航為坐騎。」仙翁一一如命施為。慈航騎了，復出陣前。此乃是三大士收伏獅、象、犼；後興釋門，成於佛教，為文殊、普賢、觀音，是三位大士。此是後話，表過不題。且說通天教主見如此光景，心中大怒，方欲仗劍前來，以決雌雄，忽聽得後面一門人大呼曰：「老師不要動怒，吾來也！」通天教主觀之，乃是龜靈聖母，身穿大紅八卦衣，仗手中寶劍，作歌而來，歌曰：

「炎帝修成大道通，胸藏萬象妙無窮。碧遊宮內傳真訣，特向紅塵西破戎。」

只見龜靈聖母欲來拿廣成子報仇，這壁廂有懼留孫迎上前來曰：「那業障慢來！」老子、元始、準提道人三位教主是慧眼，看見龜靈聖母行相，元始笑曰：「二位道兄，似這樣東西，如何也要成正果？真個好笑！」你道他如何出身，有贊為證：

根源出處號幫泥，水底增光獨顯威。世隱能知天地性，靈星偏曉鬼神機。藏身一縮無頭尾，展足能行即自飛。蒼頡造字須成體，卜筮先知伴伏羲。穿萍透荇千般俏，戲水翻波把浪吹。條條金線穿成甲，點點裝成玳瑁齊。九宮八卦生成定，散碎鋪遮綠羽衣。生來好勇龍王幸，死後還駝三教碑。要知此物名和姓，炎帝得道母烏龜。

且說龜靈聖母仗劍出來，與懼留孫大戰，未及三五合，急祭起日月珠打來。懼留孫不識此寶，不敢招架，轉身往西而敗走。通天教主大呼曰：「速將懼留孫拿來！」龜靈聖母飛趕前來。懼留孫——乃是西方有

緣之客，久後入於釋教，大闡佛法，興於西漢。——正往西上逃走，只見迎頭來了一人，頭挽雙髻，身穿水合道袍，徐徐而來，讓過懼留孫，阻住龜靈聖母，大呼曰：「不要趕吾道友。你既修成人體，禮當守分安居，如何肆志亂行，作此業障？若不聽吾之言，那時追悔何及！你可速回，吾乃西方教主，大展沙門，今來特遇有緣，非是無端惹事。」正是：

若是有緣當早會，同上西方極樂天。

龜靈聖母大呼曰：「你是西方客，當守你巢穴，如何敢在此妖言亂語，惑吾清聽！」也不及交手，急祭日月珠劈面打來。接引道人指上放一白毫光，光上生一朵青蓮，托住此珠。曰：「青蓮托此物，眾生那得知？」龜靈聖母原非根深行滿之輩，不知進退，依舊用此珠打來。接引道人曰：「既到此間，也免不得行此紅塵之事；非是我不慈悲，乃是氣數使然，我也難為自主。我且將此寶祭起，看他如何。」西方教主將念珠祭起，龜靈聖母一見，躲身不及，那念珠落下，正打在龜靈聖母背上，壓倒在地，現出原身，乃是一個大龜，只見壓得頭足齊出。懼留孫方欲仗劍斬之，西方教主急止之曰：「道友不可殺他，若動此念，轉劫難完，相報不已。」教主呼：「童子在那裡？」言未畢，只見一童子走至前面，西方教主曰：「我同此位道友去會有緣之客，你可將此畜收之。」接引道人同懼留孫赴蘆篷來不表。

且說西方白蓮童子將一小小包兒打開，欲收龜靈聖母，不意走出一件好東西，甚是利害，聲音細細，映日飛來。怎見得，有詩為證：

聲若轟雷嘴若針，穿衾度幔更難禁。貪餐血食侵人體，畏避煙燻集茂林。
炎熱愈威偏聒噪，寒風纔動便無情。龜靈聖母因逢劫，難免今朝萬喙臨。

話說白蓮童子打開包裹，放出蚊蟲。那蚊蟲聞得血腥氣，俱來叮在龜靈聖母頭足之上。及至趕打，如何趕得徹？未曾趕得這裡，那裡又宿滿了。不一時，把龜靈聖母吸成空殼。白蓮童子急至收時，他也自四散飛去，一翅飛往西方，把十二品蓮臺食了三品。後來西方教主破了萬仙陣回來，方能收住，已是少了三品蓮臺，追悔無及。正是：

九品蓮臺登彼岸，千年之後有沙門。

不表蚊蟲之事，且說西方教主同懼留孫來至萬仙陣前，見了紫霧紅雲，黃光繚繞，有準提道人見師兄來至，老子與元始忙迎上前，打稽首曰：「道友請了！」對面通天教主看見，大呼曰：「接引道人，你前番可惡，破吾誅仙陣；今又來此！吾與你見個高下！」道罷，把奎牛催開，用劍來取。西方教主也不動手，只見泥丸宮舍利子昇起三顆，或上或下，反覆翻騰，遍地俱是金光。通天教主寶劍架隔，不能近身。通天教主大怒，復用漁鼓打來。準提用手一指，一朵金蓮架住，亦不能近身。老子與元始請曰：「二位道兄暫回，今日且不要與他較量。」赤精子聽罷，忙鳴金鐘，廣成子又擊玉磬。四位教主皆回。通天教主又不能阻攔，心中大怒，曰：「今日且讓他暫回，明日決要會你等，以見高下！」老子曰：「你且回去，不要性急。」

只見四位教主回至蘆篷上坐下，元始曰：「二位道兄此來共佐周室，若明日破陣，必盡除此教，以絕彼之虛妄。只是難為後來訪道修真之人，絕此一種耳。」接引道人曰：「貧道此來，單只為渡有緣之客。據吾觀，萬仙陣中邪者多而正者少，沒奈何，只得隨緣相得，不敢勉強耳。」老子曰：「吾等門人今已滿戒，明日速破此陣，讓他早早返本還元，以全此輩根行，也不失我等解脫一場。」元始隨命姜尚

過來，問曰：「前日破誅仙陣，那四口寶劍在否？」子牙曰：「此劍俱在弟子處。」元始曰：「取來。」子牙隨取出四口劍獻上元始，乃誅、戮、陷、絕之劍。元始乃命廣成子、赤精子、玉鼎真人、道行天尊四人過來，吩咐曰：「你四人但看明日吾等進陣之時，陣裡面八卦臺前有一座寶塔昇起，你四個先衝進重圍之中，祭起此劍。原是他的寶劍，還絕他的門人，非吾等故作此惡業也。」又謂子牙曰：「明日會陣之際，但凡吾門下，見者皆可進陣，以完劫數。」子牙領了法旨，來至蘆篷下，吩咐眾門人曰：「明日共破萬仙陣，爾等俱入陣中，各見雌雄，以完劫數。」眾門人聽說，喜不自勝，不表。

且說潼關眾將聽得破萬仙陣，俱在關內，一個個心癢難抓，恨不得也來看看。內有洪錦與龍吉公主曰：「我也是截教，況你又是瑤池仙子，理合去會萬仙陣；如何在此不行？」龍吉公主曰：「我們明日早去無妨。」夫妻計議停當，次日來見武王曰：「臣辭大王，要去會萬仙陣，以完劫數，特聽姜元帥調遣。」武王曰：「卿去固好，當佐相父破敵也。」武王大喜，奉酒餞行，洪錦夫婦告別起行。也是合該如此。正是：

萬仙陣內夫妻絕，天數安排不得差。

且說元始次日下篷，吩咐眾門人鳴動金鐘、玉磬，三教聖人率諸門人共破萬仙陣。只見通天教主吩咐長耳定光仙曰：「但吾與你師伯共西方二位道人會戰，吾叫你將六魂旛磨動，你可將旛磨動，不得有誤！」長耳定光仙曰：「弟子知道。」通天教主打點會戰。且說長耳定光仙自思：「我前只見師伯左右門人，總共十二代弟子，俱是道德之士；昨日又見西方教主，三顆舍利子頂上光華，真是道法無邊。」先自有三分退諉。正是：

從來心上修仙道，邪正方知成大宗。

話說通天教主至陣前，見老子、元始四人一至，大呼曰：「今日定要與你等見個高低，斷不草率干休！」——看官：此正是這二位星官該絕於此，天數使然，故不由分說，直殺過去耳。——洪錦把刀一擺，兩騎馬沖進陣中。萬仙陣不曾提防有此衝突之患，被龍吉公主祭起瑤池內白光劍，傷了數位仙家。夫妻二人正衝殺間，只見亂騰騰殺氣迷空，黑靄靄陰風晦晝，正遇金靈聖母在七香車上布陣，忽報：「龍吉公主衝進陣來。」金靈聖母急下車看時，公主已殺至面前。聖母綽步，提飛金劍抵敵。未及數合，聖母祭起四象塔打來。公主不知此寶，躲不及，一塔正打中頂上，跌下馬來，被眾仙殺之。洪錦見公主已絕，大叫一聲：「休傷吾公主！」把刀來取聖母。聖母又祭起龍虎如意，正中洪錦頂上。可憐！自歸周土，屢得奇功，今日夫妻陣亡，以報武王。二位清魂俱往封神臺去了。元始正欲與通天教主答話，只見洪錦夫妻已亡，元始歎謂西方教主曰：「方纔絕者乃是瑤池金母之女。天數合該如此，可見非人力所為。」只聽得萬仙陣門裡有一竿翠藍旗搖，隱隱調出四位道者，乃是按二十八宿之星，正應萬仙陣而出。元始見翠藍旗搖動，來了四位道人，俱穿青色衣。怎見得，有詩為證，詩曰：

一字青紗腦後飄，道袍水合束絲縧。元神一現群龜滅，斬將封為角木蛟。
九揚紗巾頭上蓋，腹內玄機無比賽。降龍伏虎似平常，斬將封為斗木豸。
三柳髭鬚一尺長，煉就三花不老方。蓬萊海島無心戀，斬將封為奎木狼。
修成道氣精光煥，巨口獠牙紅髮亂。碧遊宮內有聲名，斬將封為井木犴。

元始又見一聲鐘響，一桿大紅旗搖，又來了四位道人，俱穿大紅絳綃衣，好兇惡！怎見得，有詩為證，詩曰：

碧玉霞冠形容古，雙手善把天地補。無心訪道學長生，斬將封為尾火虎。
截教傳來煉玉樞，玄機兩濟用工夫。丹砂鼎內龍降虎，斬將封為室火豬。
秘授口訣伏妖邪，頂上靈雲天地遮。三花聚頂難成就，斬將封為翼火蛇。
不戀榮華止自修，降龍伏虎任悠游。空為數載丹砂力，斬將封為觜火猴。

老子見萬仙陣中一桿白旗搖動，又有四位道人出來，身穿大白衣，體態兇頑，各有妖氛氣概。因謂元始曰：「似這等業障都來枉送性命，你看出來的都是如此之類。」怎見得，有詩為證，詩曰：

五岳三山任意遊，訪玄參道守心修。空勞爐內金丹汞，斬將封為斗金牛。
腹內珠璣貫八方，包羅萬象道汪洋。只因殺戒難逃躲，斬將封為鬼金羊。
離龍坎虎相匹偶，煉就神丹成不朽。無緣頂上現三花，斬將封為婁金狗。
金丹煉就脫樊籠，五遁三除大道通。未滅三尸吞六氣，斬將封為亢金龍。

四位教主又見通天教主把手中劍望東、西、南、北指畫，前後又是鐘鳴；陣門開處，又有四位道人出來，真好稀奇！有詩為證，詩曰：

自從修煉玄中妙，不戀金章共紫誥。通天教主是吾師，斬將封為箕水豹。
出世虔誠悟道言，勤修苦行反離魂。移山倒海隨吾意，斬將封為參水猿。
簪冠道服性聰敏，煉就白氣心無損。只因無福了長生，斬將封為軫水蚓。

五行妙術體全殊，合就玄中自丈夫。悟道成仙無造化，斬將封為壁水㺄。

元始曰：「此俱是截教門中，併無一人有根行之士，俱是無福修為，該受此劫數也，深為可悲！」又見皂蓋旛搖，出來四位道人。怎見得，有詩為證，詩曰：

跨虎登山觀鶴鹿，驅邪捉怪神鬼哭。只因無福了仙家，斬將封為女土蝠。

頂上祥光五彩氣，包含萬象多伶俐。無分無緣成正果，斬將封為胃土雉。

採煉陰陽有異方，五行攢簇配中黃。不歸闡教歸截教，斬將封為柳土獐。

赤髮紅鬚情性惡，游盡三山併五岳。包羅萬象枉徒勞，斬將封為氐土貉。

元始與老子同西方教主共言曰：「你看這些人，有仙之名，無仙之骨，那裡做得修行悟道之品！」四位教主正談論之間，只見旗門開處，又來了四位道人。怎見得，有詩為證，詩曰：

修成大道真瀟灑，妙法玄機有真假。不能成道卻凡塵，斬將封為星日馬。

鐵樹開花怎得齊，陰神行樂跨虹霓。只因無福為仙侶，斬將封為昴日雞。

面如藍靛多威武，赤髮金睛惡似虎。呼風喚雨不尋常，斬將封為虛日鼠。

三昧真火空中露，霞光前後生百步。萬仙陣內逞英雄，斬將封為房日兔。

話說通天教主在陣中調出第七對來，展一桿素白旛，旛下有四位道者，兇兇惡惡，凜凜赳赳，手提方楞鐧出來。怎見得，有詩為證，詩曰：

道術精奇蓋世無，修真煉性握兵符。長生妙訣貪塵劫，斬將封為畢月烏。

髮似硃砂臉似靛，渾身上下金光現。天機玄妙總休言，斬將封為危月燕。

面如赤棗落腮鬍，撒豆成兵蓋世無。兩足登雲如掣電，斬將封為心月狐。

腹內玄機修二六，煉就陰陽超凡俗。誰道五氣未朝元，斬將封為張月鹿。

話說通天教主把九曜二十八宿調將出來，按定方位。只見四七二十八位道客，齊齊整整，左右盤旋，簇擁而出。但見了些飛霞紅氣，紫電青光，有多少者層層密密，兇兇頑頑，真個是殺氣騰騰，愁雲慘慘，好生利害！不知後事如何，且聽下回分解。

評

金鼇獅象狁與龜，皆鱗甲披毛之屬，而通天教主一概收為門下，其截教之非正道可知。又云：凡七竅者，皆可成仙。又云：披毛從此得，作佛也由他。從此看來，俱是自家作主張。當日烏雲虬首等仙學好，便可以成仙了道。一動殺心，便成鼇成獅成象成狁成龜，都各從其類，這是自討的。此一段說法，正是慈悲勸世。

又評

金鼇獅象狁，不過復其本相，為人坐騎耳。若龜靈聖母則飽足蚊蟲之腹，其死法亦苦，無怪今人深惡而痛絕之。今又有甘之者，誠何心哉！

第八十四回　子牙兵取臨潼關

幽魂旛下夜猿啼，壯士紛紛急鼓鼙。黑霧瀰漫人魄散，妖氛籠罩將星低。
只知戰勝歌刁斗，不認奸邪悔噬臍。屈死英雄遭血刃，至今城下草萋萋。

話說通天教主率領眾仙至陣前，老子曰：「今日與你決定雌雄，萬仙遭難。正應你反覆不定之罪。」通天教主怒曰：「你四人看我今番怎生作用！」遂催開奎牛，執劍砍來。老子笑曰：「料你今日作用也只如此！只你難免此厄也！」催開青牛，舉起扁拐，急架忙迎。元始天尊對左右門人曰：「今日你等俱滿此戒，須當齊入陣中，以會截教萬仙，不得錯過。」眾門人聽此言，不覺歡笑，吶一聲喊，齊殺入萬仙陣中。正是：

萬仙陣上施玄妙，都向其中了劫塵。

文殊廣法天尊騎獅子，普賢真人騎白象，慈航道人騎金毛犼：三位大士各現出化身，衝將進去。靈寶大法師仗劍而來，太乙真人持寶銼進陣，懼留孫、黃龍真人、雲中子、燃燈道人齊往萬仙陣來。後面又有姜子牙同哪吒等眾門人亦大呼曰：「吾等今日破萬仙陣，以見真偽也！」話未了時，只見陸壓道人從空飛來，撞入萬仙陣內，也來助戰。看這場大戰，正是萬劫總歸此地，神仙殺運方完。只見：

老子坐青牛，往來跳躍；通天教主縱奎牛，猛勇來攻。三大士催開了青獅、象、犼，金靈聖母

使寶劍飛騰。靈寶大法師面如火熱；無當聖母怒氣沖空。太乙真人動了心中三昧；毘蘆仙亦顯神通。道德真君來完殺戒；雲中子寶劍如虹。懼留孫把綑仙繩祭起；金箍仙用飛劍來攻。陣中玉磬錚錚響，臺下金鐘朗朗鳴。四處起團團煙霧，八方長颯颯狂風。人人會三除五遁，個個曉倒海移峰。劍對劍，紅光燦燦；兵迎寶，瑞氣溶溶。平地下鳴雷震動，半空中霹靂交轟。這壁廂三教聖人行正道，那壁廂通天教主涉邪宗。這四位教主也動了嗔癡煩惱，那通天教主竟犯了反覆無終。正克邪，始終還正；邪逆正，到底成凶。急嚷嚷天翻地覆，鬧炒炒華岳山崩。姜子牙奉天征討，眾門人各要立功：楊戩刀猶如閃電，李靖戟一似飛龍，金吒躍開腳步，木吒寶劍齊衝，韋護祭起降魔寶杵，哪吒登開風火輪，各自稱雄。雷震子二翅半空施勇，楊任手持五火扇搧風。又來了四仙家，祭起那誅、戮、陷、絕四口寶劍，這般兵器難當其鋒，咫尺間斬了二十八宿，頃刻時九曜俱空。通天教主精神減半，金靈聖母口內喁喁，毘蘆仙已無主意，無當聖母戰戰兢兢。一時間又來了西方教主，把乾坤袋舉在空中，有緣的須當早進，無緣的任你縱橫。霎時間雲愁霧慘，一會家地暗難窮。從今驚破通天膽，一事無成有愧容。

話說老子與元始衝入萬仙陣內，將通天教主裹住。金靈聖母被三大士圍在當中，只見三大士面分藍、紅、白，或現三首六臂，或現八首六臂，或現三首八臂，渾身上下俱有金燈，白蓮、寶珠、瓔珞、華光護持。金靈聖母用玉如意招架三大士多時，不覺把頂上金冠落在塵埃，將頭髮散了，這聖母披髮大戰。正戰之間，遇著燃燈道人祭起定海珠打來，正中頂門。可憐！正是：

封神正位為星首，北闕香煙萬載存。

燃燈將定海珠把金靈聖母打死。廣成子祭起誅仙劍，赤精子祭起戮仙劍，道行天尊祭起陷仙劍，玉鼎真人祭起絕仙劍，數道黑氣衝空，將萬仙陣罩住，凡封神臺上有名者，就如砍瓜切菜一般，俱遭殺戮。子牙祭打神鞭，任意施為。萬仙陣中又被楊任用五火扇搧起烈火，千丈黑煙迷空，可憐萬仙遭難，其實難堪。哪吒現三首八臂，往來衝突。玉虛一千門下，如獅子搖頭，狻猊舞勢，只殺得山崩地塌。通天教主見萬仙受此屠戮，心中大怒，急呼曰：「長耳定光仙快取六魂旛來！」定光仙因見接引道人白蓮裏體，舍利現光，又見十二代弟子玄都門人俱有瓔珞、金燈、光華罩體，知道他們出身清正，截教畢竟差訛，他將六魂旛收起，輕輕的走出萬仙陣，逕往蘆篷下隱匿。正是：

根深原是西方客，躲在蘆篷獻寶旛。

話說通天教主大呼：「定光仙快取旛來！」連叫數聲，連定光仙也不見了。教主已知他去了，大怒，欲待無心戀戰，又見萬仙受此等狼狽；欲待上前，又有四位教主阻住；欲要退後，又恐教下門人笑話，只得勉強相持，又被老子打了一拐。通天教主著了急，祭起紫電鎚來打老子。老子笑曰：「此物怎能近我！」只見頂上現出玲瓏寶塔，此鎚焉能下來。通天教主正出神，不防元始天尊又一如意，打中通天教主肩窩，幾乎落下奎牛。通天教主大怒，奮勇爭戰。只見二十八宿星官已殺得看看殆盡，止丘引見勢不好了，借土遁就走。被陸壓看見，惟恐追不及，急縱至空中，將葫蘆揭開，放出一道白光，上有一物飛出，陸壓打一躬，命：「寶貝轉身。」可憐丘引頭已落地。陸壓收了寶貝，復至陣中助戰。且說接引道人在萬仙陣內將乾坤袋打開，盡收那三千紅氣之客，有緣往極樂之鄉者，俱收入此袋內。準提同孔雀明王在陣中現三十四頭，十八隻手，執定瓔珞傘蓋，花貫魚腸，金弓銀戟，白鉞旛幢，加持神杵，寶銼銀瓶等物來

戰通天教主。通天教主看見準提，頓起三昧真火，大罵曰：「好潑道！焉敢欺吾太甚，又來攪吾此陣也！」縱奎牛衝來，仗劍直取；準提將七寶妙樹架開。正是：

　　西方極樂無窮法，俱是蓮花一化身。

且說通天教主用劍砍來，準提將七寶妙樹一刷，把通天教主手中劍打的粉碎。通天教主把奎牛一擰，跳出陣去了。準提道人收了法身，老子與元始也不趕他。群仙共破了萬仙陣，鳴動金鐘，擊響玉磬，俱回蘆篷上來。老子與元始看見定光仙，問曰：「你是截教門人定光仙，為何躲在此處也？」定光仙拜伏在地曰：「師伯在上，弟子有罪，敢稟明師伯。吾師煉有六魂旛，欲害二位師伯並西方教主、武王、子牙，使弟子執定聽用。弟子因見師伯道正理明，吾師未免偏聽逆道，造此業障，弟子不忍使用，故收匿藏身於此處。今師伯下問，弟子不得不以實告。」元始曰：「奇哉！你身居截教，心向正宗，自是有根器之人。」隨命跟上蘆篷，四位教主坐下，共論今日邪正方分。老子問定光仙曰：「你可取六魂旛來。」定光仙將旛呈上。西方教主曰：「此旛可摘去周武、姜尚名諱，將旛展開，以見我等根行如何。」準提隨將六魂旛摘去武王、姜尚名諱，命定光仙展布。定光仙依命，將旛連展數展。只見四位教主頂上各現奇珍：元始現慶雲，老子現塔，西方二位教主現舍利子，保護其身。定光仙見了，棄旛倒身下拜，言曰：「似此吾師妄動嗔念，陷無限生靈也！」西方教主曰：「吾有一偈，你且聽著：

　　極樂之鄉客，西方妙術神。蓮花為父母，九品立吾身。池邊分八德，常臨七寶園。波羅花開後，遍地長金珍。談講三乘法，舍利腹中存。有緣生此地，久後幸沙門。」

西方教主曰：「定光仙與吾教有緣。」元始曰：「他今日至此，也是棄邪歸正念頭，理當皈依道兄。」

定光仙遂拜了接引、準提二位教主。子牙在篷下與哪吒等曰：「今日萬仙陣中許多道者遭殃，無辜受戮，其實痛心。」門人之內，個個歡喜不表。

且說通天教主被四位教主破了萬仙陣，內中有成神者，有歸西方教主者，有逃去者，有無辜受戮者。彼時無當聖母見陣勢難支，先自去了。申公豹也走了，毘蘆仙已歸西方教主，後成為毘蘆佛，此是千年後纔見佛光。當日通天教主領著二三百名散仙，走在一座山下，少憩片時，自思：「定光仙可恨將六魂旛竊去，使吾大功不能成！今番失利，再有何顏掌碧遊宮大教？左右是一不做，二不休，如今回宮，再立地水火風，換個世界罷！」左右眾仙俱各贊襄。通天教主見左右四個切己門徒俱喪，切齒深恨：「不若往紫霄宮見吾老師，先稟過了他，然後再行此事。」正與眾散仙商議，忽見正南上祥雲萬道，瑞氣千條，異香襲襲，見一道者，手執竹杖而來。作偈曰：

「高臥九重雲，蒲團了道真。天地玄黃外，吾當掌教尊。盤古生太極，兩儀四象循。一道傳三友，二教闡截分。玄門都領秀，一氣化鴻鈞。」

話說鴻鈞道人來至，通天教主知是師尊來了，慌忙上前迎接，倒身下拜曰：「弟子願老師聖壽無疆！不知老師駕臨，未曾遠接，望乞恕罪。」鴻鈞道人曰：「你為何設此一陣，塗炭無限生靈，這是何說？」通天教主曰：「啟老師，二位師兄欺滅吾教，縱門人毀罵弟子，又殺戮弟子門下，全不念同堂手足，一味欺凌，分明是欺老師一般。望老師慈悲！」鴻鈞道人曰：「你這等欺心！分明是你自己作業，致生殺伐，該這些生靈遭此劫數；你不自責，尚去責人，情殊可恨！當日三教共僉封神榜，你何得盡忘之也！名利乃凡夫俗子之所爭，嗔怒乃兒女子之所事，縱是未斬三尸之仙，未赴蟠桃之客，也要脫此苦惱；豈

意你三人乃是混元大羅金仙，歷萬劫不磨之體，為三教元首，為因小事，生此嗔癡，作此邪慾。他二人原無此意，都是你作此過惡，他不得不應耳。雖是劫數使然，也都是你約束不嚴，你的門徒生事，你的不是居多。我若不來，彼此報復，何日是了？我特來大發慈悲，與你等解釋冤愆，各掌教宗，毋得生事。」隨吩咐左右散仙：「你等各歸洞府，自養天真，以俟超脫。」眾仙叩首而散。

鴻鈞道人命通天教主先至蘆篷通報。通天教主不敢有違師命，只得先往蘆篷下來，心中自思：「如何好見他們？」不得已，靦面而行。話說哪吒同韋護俱在蘆篷下，議論萬仙陣中那些光景，忽見通天教主先行，後面跟著一個老道人扶筇而行，只見祥雲繚繞，瑞氣盤旋，冉冉而來，將至篷下。眾門人與哪吒等各各驚疑未定。只見通天教主將近篷下，大呼曰：「哪吒可報與老子、元始，快來接老爺聖駕！」哪吒忙上篷來報。話說老子在篷上與西方教主正講眾弟子劫數之厄，今已圓滿，猛擡頭見祥光瑞靄，騰躍而來，老子已知老師來至，忙起身謂元始曰：「師尊來至！」急率眾弟子下篷。只見哪吒來報：「通天教主跟一老道人而來，呼老爺接駕，不知何故。」老子曰：「吾已知之。此是我等老師，想是來與我等解釋冤愆耳。」遂相率下篷迎接，在道旁俯伏曰：「不知老師大駕下臨，弟子有失遠接，望乞恕罪。」鴻鈞道人曰：「只因十二代弟子運逢殺劫，致你兩教參商。吾特來與你等解釋愆尤，各安宗教，毋得自相背逆。」老子與元始聲喏曰：「願聞師命。」遂至篷上，與西方教主相見。鴻鈞道人稱讚：「西方極樂世界真是福地。」西方教主應曰：「不敢！」教主請鴻鈞道人拜見。鴻鈞曰：「吾與道友無有拘束。這三個是吾門下，當得如此。」接引道人與準提道人打稽首坐下。後面就是老子、元始過來拜見畢，又是十二代弟子併眾門人俱來拜見畢，俱分兩邊侍立。通天教主也在一旁站立。鴻鈞道人曰：「你三個過

來。」老子、元始、通天三個走近前面。道人問曰：「當時只因周家國運將興，湯數當盡，神仙逢此殺運，故命你三個共立封神榜，以觀眾仙根行淺深，或仙，或神，各成其品。不意通天弟子輕信門徒，致生事端，雖是劫數難逃，終是你不守清淨，自背盟言，不能善為眾仙解脫，以致俱遭屠戮，罪誠在你，非是我為師的有偏向，這是公論。」接引與準提齊曰：「老師之言不差。」鴻鈞曰：「今日我與你講明，從此解釋。大徒弟，你須讓過他罷。俱各歸仙闕，毋得戕害生靈。況眾弟子厄滿，姜尚大功垂成，再毋多言，從此各修宗教。」鴻鈞吩咐：「三人過來跪下。」三位教主齊至面前，雙膝跪下。道人袖內取出一個葫蘆，倒出三粒丹來，每一位賜他一粒：「你們吞入腹中，吾自有話說。」三位教主俱皆依師命，各吞一粒。鴻鈞道人曰：「此丹非是卻病長生之物，你聽我道來：

　　此丹煉就有玄功，因你三人各自攻。若有先將念頭改，腹中丹發即時薨！」

鴻鈞道人作罷詩，三位教主叩首：「拜謝老師慈悲！」鴻鈞道人起身，作辭西方教主，命通天三弟子：「你隨我去。」通天教主不敢違命。只見接引道人與準提俱起身，同老子、元始率眾門人同送至篷下。鴻鈞別過西方二位教主，老子與眾門人等又拜伏道旁，俟鴻鈞發駕。鴻鈞吩咐：「你等去罷。」眾人起立拱候。只見鴻鈞與通天教主駕祥雲冉冉而去。西方教主也作辭回西去了。老子、元始與子牙曰：「今日來，我等與十二代弟子俱回洞府，候你封過神，重新再修身命，方是真仙。」正是：

　　重修頂上三花現，返本還元又是仙。

子牙與元始眾仙下得蘆篷，姜子牙伏於道旁，拜求掌教師尊曰：「弟子姜尚蒙師尊指示，得進於此地，不知後會諸侯一事如何？」老子曰：「我有一詩，你謹記有驗。詩曰：

險處又逢險處過，前程不必問如何。諸侯八百看齊會，只待封神奏凱歌。」

老子道罷，與元始各回玉京去了。廣成子與十二代仙人，俱來作別曰：「子牙，吾等與你此一別，再不能會面也！」子牙心下甚是不忍分離，在篷下戀戀不捨。子牙作詩以送之，詩曰：

「東進臨潼會萬仙，依依回首甚相憐。從今別後何年會？安得相逢訴舊緣。」

話說群仙作別而去，惟有陸壓握子牙之手曰：「我等此去，會面已難，前途雖有凶險之處，俱有解釋之人；只還有幾件難處之事，非此寶不可，我將此葫蘆之寶送你，以為後用。」子牙感謝不已。陸壓隨將飛刀付與，也自作別而去。

話分兩頭，單表元始駕回玉虛。申公豹只因破了萬仙陣，希圖逃竄他山，豈知他惡貫滿盈，跨虎而遁；只見白鶴童子看見申公豹在前面，似飛雲掣電一般奔走，白鶴童子忙啟元始天尊曰：「前面是申公豹逃竄。」元始曰：「他曾發一誓，命黃巾力士將我的三寶玉如意把他拏在麒麟崖伺候。」童子接了如意，遞與力士。力士趕上前大呼曰：「申公豹不要走！奉天尊法旨拏你去麒麟崖聽候！」祭起如意，平空把申公豹拏了往麒麟崖來。且說元始天尊駕至崖前，落下九龍沉香輦，只見黃巾力士將申公豹拏來，放在天尊面前。元始曰：「你曾發下誓盟，去塞北海眼，今日你也無辭。」申公豹低首無語。元始命黃巾力士：「將我的蒲團捲起他來，拏去塞了北海眼！」力士領命，將申公豹塞在北海眼裡。有詩為證：

堪笑闡教申公豹，要保成湯滅武王。今日誰知身塞海，不知紅日幾滄桑。

話說黃巾力士將申公豹塞了北海，回元始法旨不表。

且說子牙領眾門徒回潼關來見武王，武王曰：「相父今日回來，兵士俱齊，可速進兵，早會諸侯，

孤之幸也。」子牙傳令，起兵往臨潼關來。只八十里，早已來至關下，安下行營。且說臨潼關守將歐陽淳聞報，與副將卞金龍、桂天祿、公孫鐸共議曰：「今姜尚兵來，止得一關，焉能阻擋周兵？」眾將言曰：「主將明日與周兵見一陣，如勝則以勝而退周兵；如不勝，然後堅守，修表往朝歌去告急，俟援兵協守，此為上策。」歐陽淳曰：「將軍之言是也。」次日，子牙陞帳，傳下令去：「誰去取臨潼關走一遭？」傍有黃飛虎曰：「末將願往。」子牙許之。飛虎領本部人馬，一聲砲響，至關下搦戰。報馬報入帥府：「啟主帥：有周將搦戰。」歐陽淳曰：「誰去走一遭？」只見先行官卞金龍領令，出關來見黃飛虎，大呼曰：「來將何名？」飛虎曰：「吾乃武成王黃飛虎是也。」卞金龍大罵：「反賊不思報國，反助叛逆！吾乃臨潼關先行卞金龍是也。」黃飛虎大怒，縱騎搖鎗，飛來直取。卞金龍手中斧急架忙迎。牛馬相交，鎗斧併舉。戰未三十合，黃飛虎賣個破綻，吼一聲，將卞金龍刺下馬來，梟了首級，掌鼓回營，來見姜元帥。子牙大喜，上了黃將軍功績不表。且說報馬報入帥府，歐陽淳大驚，只見卞金龍家將報入本府，卞金龍妻子胥氏聽說，放聲大哭，驚動後園長子卞吉。卞吉問左右：「太太為何啼哭？」左右把家主陣亡事說了一遍。卞吉怒髮沖冠，隨換了披掛，來見母親曰：「母親不須啼哭，俟兒為父親報仇。」胥氏只是啼哭，也不管卞吉的事。卞吉上馬，至帥府前。左右報入殿庭：「啟元帥：卞先行長子聽令。」歐陽淳命：「令來。」卞吉上殿，行禮畢，含淚啟曰：「末將父死何人之手？」歐陽淳曰：「尊翁不幸，被反賊黃飛虎鎗挑下馬，喪了性命。」卞吉曰：「今日已晚，明日拏仇人為父洩恨。」卞吉回至家中，令家將扛擡一個紅櫃，隨領軍出關。卞吉率領軍士至關外，豎立一根大旛桿，將紅櫃打開，摔出一首旛，掛將起來，懸於空中，有四五丈高。好利害旛！怎見得，有詩為證：

萬骨攢成世罕知，開天闢地最為奇。周王不是多洪福，百萬雄師此處危。

話說當日卞吉將旛桿豎起，一馬竟至周營轅門前搦戰。哨馬報入中軍：「啟元帥：關內有將請戰。」子牙問：「誰人出馬？」只見南宮适領命出營。見一員小將，生的面貌兇惡，手持方天畫戟，大呼曰：「來者何人？」南宮适笑曰：「似你這等黃口孺子，定然不認得，吾是西岐大將南宮适。」卞吉曰：「且饒你一死回去，只叫黃飛虎出來！他殺我父，吾與他有不共戴天之仇。我不拏你這將生替死之輩。」南宮适聽罷大怒，縱馬舞刀，直取卞吉；卞吉手中戟急架忙迎。二馬相交，戟刀併舉。二將大戰，正是棋逢對手，將遇作家。卞吉與南宮适戰有二三十合，卞吉撥馬便走，南宮适隨後趕來。卞吉先往旛下過去。南宮适不知詳細，也往旛下來，只見馬到旛前，早已連人帶馬跌倒，南宮适不醒人事，被左右守旛軍士將南宮适繩纏索綁，拏出旛來。南宮适方睜開二目，乃知墮入他左道之術。卞吉進關來見歐陽淳，把拏了南宮适的話說了一遍。歐陽淳命左右：「推來。」至殿前，南宮适站立不跪。歐陽淳罵曰：「反國逆賊！今已被擒，尚敢抗禮！」命：「速斬首號令！」傍有公孫鐸曰：「主將在上：目今奸佞當道，言我等守關將士俱是架言征戰，冒破錢糧，賄買功績；凡有邊報，一概不准，尚將齎本人役斬了。依末將愚見，不若將南宮适監候，俟捉獲渠魁，解往朝歌，以塞奸佞之口，庶知邊關非冒破之名。不知主將意下若何？」歐陽淳曰：「將軍之言正合吾意。」遂將南宮适送在監中不表。

且說子牙聞報，南宮适被擒，心中大驚，悶坐中軍。次日，卞吉又來搦戰，坐名要黃飛虎。飛虎帶黃明、周紀出營來。見卞吉飛馬過來，大呼曰：「來者何人？」黃飛虎曰：「吾乃武成王黃飛虎是也。」卞吉聞言大怒，罵曰：「反國逆賊，擅殺吾父，不共戴天之仇。今日拿你碎尸萬段，以洩吾恨！」展戟

來刺。黃飛虎急撥鎗來迎。戰有三十回合，卞吉詐敗，竟往旛下去了。黃飛虎不知，也趕至旛下，亦如南宮适一樣被擒。黃明大怒，搖斧趕來，欲救黃飛虎，不知至旛下，也跌翻在地，也被擒了。卞吉連擒二將，進關來報功，欲將黃飛虎斬首，以報父仇。歐陽淳曰：「小將軍雖要報父之仇，理宜斬首；只他是起禍渠魁，正當獻上朝廷正法，一則以洩尊翁之恨，一則以顯小將軍之功；恩怨兩伸，豈不為美？且將他監候。」卞吉不得已，只得含淚而退。

話說周紀見黃明又失利，不敢向前，只得敗進營來見子牙。子牙聞說黃飛虎被擒，大驚，問周紀曰：「他如何擒去？」周紀曰：「他於關外立有一旛，俱是人骨頭穿成，高有數丈。他先自敗走，竟從旛下過去；若是趕他的，只至旛下，便身連馬倒了。黃明去救武成王，也被擒去。」子牙大驚：「此又是左道之術！待吾明日親自臨陣，便知端的。」次日，子牙與眾將門人出營來，看見此旛，懸於空中，有千條黑氣，萬道寒煙。哪吒等仔細定睛，看那白骨上俱有硃砂符印，對子牙曰：「師叔可曾見上面符印麼？」子牙曰：「吾已見了。此正是左道之術。你等今後交戰，只不往他旛下過便了。」只見報馬報入關內，歐陽淳也親自出關，來會子牙。歐陽淳不往旛下過，往旁邊走來。子牙看見歐陽淳轉將出來，對門人曰：「你看主將也不從此處過。」眾將皆點頭會意。子牙迎上前來，問：「來將莫非守關主將麼？」歐陽淳曰：「然也。」子牙曰：「將軍何不知天命耶？五關止此一城，尚欲抗拒天兵哉？」歐陽淳大怒：「匹夫敢出此言！」回顧卞吉曰：「與吾拿此叛賊！」卞吉催開馬，搖手中戟飛奔過來。旁有雷震子大呼曰：「賊將慢來，有吾在此！」展開二翅，舉棍打來。卞吉見雷震子兇悍，知是異人，未及數合，就往旛下敗走。雷震子自忖：「此旛既是妖術，不若先打碎此旛，再殺卞吉未遲。」雷震子把二翅飛起，望旛上

一棍打來。不知此旛周圍有一股妖氣迷住，撞著他就自昏迷，雷震子一棍打來，竟被妖氣沖著，便翻下地來，不醒人事。兩邊守旛家將，把雷震子綑綁起來。這壁廂韋護大怒，急祭起降魔杵來打此旛。此杵雖能鎮壓邪魔外道之人，不知打不得此旛。只見那杵竟落旛下。正是：

休言韋護降魔杵，怎敵幽魂百骨旛。

話說韋護見此杵竟落于旛下，不覺大驚；眾門下俱面面相覷。只見卞吉復至軍前大呼曰：「姜尚可早早下騎歸降，免你一死！」哪吒聽得大怒，登開風火輪，現出三首八臂，大喝曰：「匹夫慢來！」搖火尖鎗飛來直取。卞吉見哪吒如此形狀，先自吃了一驚。未及數合，被哪吒一乾坤圈把卞吉幾乎打下馬來，回身敗進關去了。子牙後有李靖催馬搖戟來戰，歐陽淳旁有桂天祿舞手中刀抵住了李靖。未及數合，被李靖一戟刺于馬下。歐陽淳大怒，搖手中斧來戰李靖，子牙命左右擂鼓助戰。只見陣後沖出辛甲、辛免，四賢毛公遂、周公旦、召公奭無數周將，把歐陽淳圍在當中，又有周紀、龍環、吳謙三將也來助戰，把歐陽淳殺得只有招架之功，更無還兵之力。不知後事如何，且聽下回分解。

評

通天教主為神仙領袖，如何這等模糊？既知天意已定，如何扭得過來，徒令生靈受苦？夫子云：不知天命，無以為君子。若通天教主可為知命乎？豈可還令他掌教？因該打入常行，歷百千劫，方可還其掌教。鴻鈞道人甚欠主張，俱為情面所使。

又評

申公豹雖罪之魁，亦功之首；元始還該寬恕他。若不是他邀請只些人，如何湊得封神榜上數？此時元始不過只要應他的咒，以合冥數，故從闡教人。畢竟要應數，一些也不放空；截教不論數，只是恃力扭轉他。二者皆非正道。

第八十五回　鄧芮二侯歸周主

西山日落景寥寥，大廈將傾借小條。卞吉無辜遭屈死，歐陽熱血染霞綃。
奸邪用事民生喪，妖孽頻興社稷搖。可惜成湯先世業，輕輕送入往來潮。

話說歐陽淳被一干周將圍在核心，只殺得盔甲歪斜，汗流浹背，自料抵擋不住，把馬跳出圈子，敗進關中去了，緊閉不出。子牙在轅門又見折了雷震子，心下十分不樂。且說歐陽淳敗進關來，忙陞殿坐下，見卞吉打傷，吩咐他且往私宅調養，一面把雷震子且送下監中，修告急文書往朝歌求救。差官在路上，正是春盡夏初時節，怎見得一路上好光景，有詩為證，詩曰：

清和天氣爽，池沼芰荷生。梅逐雨餘熟，麥隨風景成。草隨花落處，鶯老柳枝輕。江燕攜雛習，
山雞哺子鳴。斗南當日永，萬物顯光明。

話說差官在路，不分曉夜，不一日進了朝歌，在館驛安歇。次日，將本齎進午門，至文書房投遞。那日是中大夫惡來看本，差官將本呈上。惡來接過手，正看那本，只見微子啟來至，惡來將歐陽淳的本遞與微子看。微子大驚：「姜尚兵至臨潼關下，敵兵已臨咫尺之地，天子尚高臥不知。奈何！奈何！」隨抱本往內庭見駕。紂王正在鹿臺與三妖飲宴，當駕官啟駕：「有微子啟候旨。」紂王曰：「宣來。」微子至臺上見禮畢，王曰：「皇兄有何奏章？」微子奏曰：「姜尚造反，自立姬發，興兵作叛；糾合諸侯，

妄生禍亂；侵占疆土，五關已得四關，大兵見屯臨潼關下，損兵殺將，大肆狂暴，真纍卵之危，其禍不小。守關主將具疏告急，乞陛下以社稷為重，日親政事，速賜施行，不勝幸甚！」微子將表呈上。紂王接表，看罷，大驚曰：「不意姜尚作難肆横，竟克朕之四關也。今不早治，是養癰自患也。」隨傳旨上殿。左右當駕官施設龍車鳳輦：「請陛下發駕。」只見警蹕傳呼，天子御駕早至金鑾寶殿。掌殿官與金吾大將忙將鐘鼓齊鳴，百官端肅而進，不覺威儀一新。只因紂王有經年未曾臨朝，今一旦登殿，人心鼓舞如此。怎見得，有贊為證，贊曰：

煙籠鳳閣，香靄龍樓。光搖月扆動，雲拂翠華流。侍臣燈，宮女扇，雙雙映彩；孔雀屏，麒麟殿，處處光浮。靜鞭三下響，衣冠拜冕旒。金章紫綬垂天象，管取江山萬萬秋。

話說紂王設朝，百官無不慶幸。朝賀畢，王曰：「姜尚肆横，以下凌上，侵犯關隘，已壞朕四關，如今屯兵于臨潼關下。若不大奮乾剛，以懲其侮，國法安在！眾卿有何策可退周兵？」言未畢，左班中閃出一位上大夫李通，出班啟奏曰：「臣聞『君為元首，臣為股肱。』陛下平昔不以國事為重，聽讒遠忠，荒淫酒色，屏棄政事，以致天愁民怨，萬姓不保，天下思亂，四海分崩。陛下今日臨軒，事已晚矣。況今朝歌豈無智能之士，賢俊之人？只因陛下平日不以忠良為重，故今日亦不以陛下為重耳。即今東有姜文煥，遊魂關晝夜無寧；南有鄂順，三山關攻打甚急；北有崇黑虎，陳塘關旦夕將危；西有姬發，兵叩臨潼關，指日可破：真如大廈將傾，一木焉能支得？臣今不避斧鉞之誅，直言冒瀆天聽，乞速加整飭，以救危亡。如不以臣言為謬，臣舉保二臣，可先去臨潼關，阻住周兵，再為商議。願陛下日修德政，去讒遠佞，諫行言聽，庶可少挽天意，猶不失成湯之脈耳。」王曰：「卿保舉何人？」李通曰：「臣觀眾

臣之內，止有鄧昆、芮吉素有忠良之心，輔國實念，若得此二臣前去，可保無虞也。」紂王准奏，隨宣鄧昆、芮吉上殿。不一時宣至殿前，朝賀畢，王曰：「今有上大夫李通奏卿忠心為國，特舉卿二人前去臨潼關協守。朕加爾黃鉞白旄，特專閫外。卿當盡心竭力，務在必退周兵，以擒罪者。卿功在社稷，朕豈惜茅土以報卿哉？當領朕命。」鄧昆、芮吉叩首曰：「臣敢不竭駑駘之力以報陛下知遇之恩也。」紂王傳旨：「賜二卿筵宴，以見朕寵榮至意。」二臣叩頭，謝恩下殿。須臾，左右鋪上筵席，百官與二侯把盞。微子、箕子二位殿下也奉酒與二侯，哽咽言曰：「二位將軍，社稷安危，在此一行，全仗將軍扶持國難，則國家幸甚！」二侯曰：「殿下放心，臣平日之忠肝義膽，正報國恩于今日也，豈敢有負皇上委托之隆，眾大夫保舉之恩也。」酒畢，二人謝過二位殿下與眾官，次日起兵離了朝歌，逕往孟津渡黃河而來。按下不表。

且說土行孫催糧至轅門，看見一首旛，旛下卻是韋護的降魔杵，雷震子的黃金棍。土行孫不知其故，自思：「他二人兵器如何丟在此旛下？我且見了元帥，再來看其真實。」報馬報入中軍：「啟元帥：二運督糧官等令。」子牙傳令：「令來。」土行孫來至中軍，見子牙行禮畢，問曰：「弟子適纔督糧至轅門外，見那關前豎一首旛，那旛下卻有韋護、雷震子兩件兵器在那旛下，不知何故？」子牙把卞吉的事說了一遍。土行孫不信：「豈有此理？」哪吒曰：「卞吉被吾打了一圈，這幾日俱不曾出來。」土行孫曰：「待吾去便知端的。」哪吒曰：「你不可去，果是那旛利害。」土行孫只是不信。那時天色將晚，土行孫逕出營門，一頭往旛下來。方至旛下，便一交跌倒，不知人事。周營哨馬報于子牙，子牙大驚。正無可計較，只見關上軍士見旛下睡著一個矮子，報與歐陽淳。

歐陽淳命：「開關拿來。」不知若要拿人，只是卞吉的家將拿的，其餘別人皆拿不得，到不得旛下去。彼時幾個軍士走至旛下，俱翻身跌倒，不省人事。關上軍士看見，忙報主將。歐陽淳亦自驚疑，忙叫左右：「去請卞吉來。」卞吉此時在家調養傷痕，聞主帥來呼喚，只得勉強進府中。歐陽淳將前事告訴一遍。卞吉曰：「此小事耳。」命家將：「去把那矮子拿來，將眾人放了。」家將出關，將土行孫綁了，把眾軍士拖出旛外。眾人如醉方醒，各各揉眼擦面。一時將土行孫扛進關來，拿進府中。歐陽淳問曰：「你是何人？」土行孫曰：「我見旛下有一黃金棍，拿去家裡耍子，不知就在那裡睡著了。」卞吉在旁邊罵曰：「你這匹夫！怎敢以言語來戲弄我？」命左右：「拿去斬了！」眾軍士拿出前門，舉刀就斬，只見土行孫一扭，就不見了。正是：

地行妙術真堪羨，一晃全身入土中。

眾軍士忙進府中來報曰：「啟元帥：異事非常！我等拿此人，方纔下手，那矮子把身一晃，就不見了。」歐陽淳與卞吉曰：「這個就是土行孫了，倒要仔細。」彼此驚異不表。土行孫回營，來見子牙，曰：「果然此旛利害，弟子至旛下就跌倒了，不知人事；若非地行之術，性命休矣。」次日，卞吉傷痕痊癒，領家將出關，至軍前搦戰。哨馬報入子牙，子牙問：「誰人出馬？」哪吒願往，登風火輪，搖火尖鎗出營來。卞吉見了仇人，也不答話，搖畫杆戟，劈面刺來；哪吒火尖鎗分心就刺。一場大戰，怎見得，有贊為證，贊曰：

戰鼓殺聲揚，英雄臨戰場。紅旗如烈火，征夫四臂忙。這一個展開銀杆戟，那一個發動火尖鎗。

哪吒施威武，卞吉逞剛強。忠心扶社稷，赤膽為君王。相逢難下手，孰在孰先亡。

話說卞吉戰哪吒，又恐他先下手，把馬一撥，預先往旛下走來。看官：若論哪吒要往旛下來，他也來得；他是蓮花化身，卻無魂魄，如何來不得？只是哪吒天性乖巧，他猶恐不妙，便立住腳，看卞吉往旛下過去了，他便登回風火輪，自己回營不表。

且說卞吉進關來見歐陽淳，言曰：「不才欲誆哪吒往旛下來，他狡猾不來趕我，自己回營去了。」歐陽淳曰：「似此奈何？」正議間，忽探馬報：「鄧、芮二侯奉旨前來助戰，請主將迎接。」歐陽淳同眾將出府來迎接。二侯忙下馬，攜手上銀安殿，行禮畢，二侯上坐，歐陽淳下陪。鄧昆問曰：「前有將軍告急本章進朝歌，天子看過，特命不才二人與將軍協守此關。今姜尚猖獗，所在授首，軍威已挫，似全不在戰之罪也。今臨潼關乃朝歌保障，與他關不同，必當重兵把守，方保無虞。連日將軍與周兵交戰，勝負如何？」歐陽淳曰：「初次副將卞金龍失利，幸其子卞吉有一旛，名曰幽魂白骨旛，全仗此旛，以阻周兵。一次拏了南宮适，二次拏了黃飛虎、黃明，三次拏了雷震子。」鄧昆曰：「拏的可是反五關的黃飛虎？」歐陽淳曰：「正是他了。」歐陽淳此回，正是：

無心說出黃飛虎，咫尺臨潼屬子牙。

話說鄧昆問：「可是武成王黃飛虎？」歐陽淳曰：「正是。」鄧昆冷笑曰：「他今日也被你拏了，此將軍莫大之功也。」歐陽淳謙謝不已。鄧昆暗記在心。原來黃飛虎是鄧昆兩姨夫，眾將那裡知道。歐陽淳治酒管待二侯，眾將飲罷各散。鄧昆至私宅，默思：「黃飛虎今已被擒，如何救他？我想天下八百諸侯，盡已歸周，此關大勢盡失，料此關焉能阻得他？不若歸周，此為上策。但不知芮吉何如？且待明日會過一戰，見機而作。」次日，二侯上殿，眾將參謁。芮吉曰：「吾等奉旨前來，當以忠心報國。速傳令，

把人馬調出關會姜尚，早定雌雄，以免無辜塗炭。」歐陽淳曰：「將軍之言甚善。」令卞吉等關中點砲吶喊，人馬一齊出關。

鄧、芮二侯出了關外，見了幽魂白骨旛高懸數丈，阻住正道。卞吉在馬上曰：「啟上二位將軍：把人馬從左路上走，不可往旛下去。此旛不同別樣寶貝。」芮吉曰：「既去不得，便不可走。」軍士俱從左路至子牙營前，對左右探馬曰：「請武王、子牙答話。」哨馬報入中軍：「啟元帥：關中大勢人馬排開，請武王、元帥答話。」子牙曰：「既請武王答話，必有深意。」命中軍官速請武王臨陣。子牙傳令：「點砲吶喊。」寶纛旗磨動，轅門開處，鼓角齊鳴，周營中人馬齊出。怎見得，有贊為證，贊曰：

紅旗閃灼出軍中，對對英雄氣吐虹。馬上將軍如猛虎，步下士卒似蛟龍。騰騰殺氣沖霄漢，靄靄威光透九重。金盔鳳翅光華吐，銀甲魚鱗瑞彩橫。幞頭燦爛紅抹額，束髮冠搖雉尾雄。五岳門人多驍勇，哪吒正印是先鋒。保周滅紂元戎至，法令森嚴姜太公。

話說鄧、芮二侯在馬上見子牙出兵，威風凜凜，殺氣騰騰，別是一般光景；又見那三山五岳門人，一班兒齊齊整整；又見紅羅傘下，武王坐逍遙馬，左右有四賢、八俊，分于兩旁。怎見得武王生成的天子，儀表非俗，有詩為證，詩曰：

龍鳳丰姿迥出群，神清氣爽帝王君。三停❶勻稱金霞遶，五岳朝歸紫霧分。

---

❶ 三停：相法術語。身有三停，自頸至臍曰上停，自臍至膝曰中停，自膝至足曰下停。上停長主安逸，下停長主勞碌。面亦有三停，又名三才，額角、準頭、地角是也。上停長主少年富，中停長主福祿昌，下停長主老吉祥，三停平等主一生衣食不虧。

仁慈相繼同堯舜，弔伐重光過夏殷。八百餘年開世業，特將時雨救如焚。

話說鄧、芮二侯在馬上大呼曰：「來者可是武王、姜子牙麼？」子牙曰：「然也。」因而問之：「二公乃是何人？」鄧昆曰：「吾乃鄧昆、芮吉是也。姜子牙，你想西周不以仁義禮智輔國四維，乃擅自僭稱王號，收匿叛亡，拒逆天兵，殺軍覆將，已罪在不赦；今又大肆猖獗，欺君罔上，忤逆不道，侵占天王疆土，意欲何為！獨不思『率土之濱，莫非王臣』，而敢簧惑天下後世之人心哉？」芮吉又指武王曰：「你先王素稱有德，雖羈囚羑里七年，更無一言怨尤，克守臣節，蒙紂王憐赦歸國，加以黃鉞白旄，特專征伐；其洪恩德澤，可為厚矣。爾等當世世酬報，尚未盡涓涯之萬一；今父死未久，深聽姜尚妄語，尋事干戈，興無名之師，犯大逆之罪，是自取覆宗滅祀之禍，悔亦何及！今聽吾言，速速退兵，還我關隘，擒其渠魁，獻俘商郊，爾自歸待罪，尚待爾以不死；不然，恐天子大奮乾剛，親率六師，大張天討，只恐爾等死無噍類矣。」

子牙笑曰：「二位賢侯只知守常之語，不知時務之宜。古云：『天命無常，惟有德者居之。』今紂王殘虐不道，荒淫酗暴，殺戮大臣，誅妻棄子，郊社不修，宗廟不享，臣下化之，朋家作仇，戕害百姓，無辜籲天，穢德彰聞，罪惡貫盈。皇天震怒，特命我周恭行天之討，故天下諸侯相率事周，會于孟津，觀政于商郊。二侯尚執迷不悟，猶以口舌相爭耶？以吾觀之，二侯如寄寓之客，不知誰為之主；宜速倒戈，棄暗投明，亦不失封侯之位耳。請自速裁。」鄧昆大怒，命卞吉：「拏此野叟！」卞吉縱馬搖戟，衝殺過來；旁有趙昇使雙刀前來抵住。二人正接戰間，芮吉持刀也衝將過來。這邊孫焰紅使斧抵住。只見武吉催開馬殺來助戰。旁邊惱了先行哪吒，登開風火輪，現三首八臂，衝殺過來，勢不可當。鄧昆見

哪吒三頭八臂，相貌異常，只嚇得神魂飛散，急忙先走，傳令鳴金收兵，眾將各架住兵器。正是：

人言姬發過堯舜，雲集群雄佐聖君。

話說鄧昆回兵進關，至殿前坐下，歐陽淳、卞吉等俱說姜尚用兵有法，將勇兵驍，門下又有許多三山五岳道術之士，難以取勝，俱各各咨嗟不已。歐陽淳只得治酒管待。至夜，各自歸于臥所。且說鄧昆至更深，自思：「如今天時已歸西周，紂王荒淫不道，諒亦不久；況黃飛虎又是兩姨夫，被陷在此，使吾掣肘，如之奈何？且武王功德日盛，有龍鳳之姿，天日之表，真應運之主。子牙又善用兵，門下又是些道術之客，此關豈能為紂王久守哉？不若歸周，以順天時。只恐芮吉不從，奈何！且俟明日以言挑他，看他意思何如，再作道理。」就思想了半夜。不說鄧昆已有意歸周，且表芮吉自與武王見陣進關，雖是吃酒，心上暗自沉吟：「人言武王有德，果然器宇不同。子牙善能用兵，果然門下俱是異士。今三分天下，周其有二，眼見得此關如何守！不若獻關歸降，以免兵革之苦。只不知鄧昆心上如何？且慢慢將言語探他，便知虛實。」兩下裡俱各有意不題。

只見次日，二侯陞殿坐下，眾將官參謁畢，鄧昆曰：「關中將寡兵微，昨日臨陣，果然姜尚用兵有法，所助者又是些道術之士。國事艱難，如之奈何？」卞吉曰：「國家興隆，自有豪傑來佐，又豈在人之多寡哉！」鄧昆曰：「卞將軍之言雖是，但目下難支，奈何？」卞吉曰：「今關外尚有此旛，阻住周兵，料姜尚不能過此。」芮吉聽了他二人說話，心中自忖：「鄧昆已有意歸周。」不覺至晚，飲了數杯，各散。鄧昆令心腹人密請芮侯飲酒，芮吉聞命，欣然而來。二侯執手至密室相敘，左右掌起燭來，二侯對面傳杯。正是：

二侯有意歸真主，自有高人送信來。

且不言二侯正在密室中飲酒，欲待要說心事，彼此不好擅出其口。只見子牙在營中運籌取關，又多了那首牖，阻在路上，欲別尋路徑，又不知他關中虛實，黃飛虎等下落，無計可施。忽然想起土行孫來，隨喚土行孫吩咐：「你今晚可進關去，如此如此探聽，不得有誤。」土行孫得令，把精神抖擻，至一更時分，逕進關來。先往禁中，來看南宮适等三人。土行孫見看守的尚未曾睡，不敢妄動，卻往別處行走。只見來至前面，聽得鄧、芮二侯在那廂飲酒。土行孫便躲在地下聽他們說些甚麼。只見鄧昆屏退左右，笑謂芮吉曰：「賢弟，我們說句笑話。你說將來還是周興，還是紂興？你我私議，各出己見，不要藏隱，總無外人知道。」芮吉亦笑曰：「兄長下問，使弟如何敢盡言？若說我等的識見洪遠，又有所不敢言；若是模糊應答，兄長又笑小弟是無用之物，弟終訥于言。」鄧昆笑曰：「我與你雖為各姓，情同骨肉，此時出君之口，入吾之耳，又何本心之不可說哉。賢弟勿疑！」

芮吉曰：「大丈夫既與同心之友談天下政事，若不明目張膽傾吐一番，又何取其能擔當天下事，為識時務之俊傑哉？據弟愚見，你如今雖奉敕協同守關，不過強逆天心民意，是豈人民之所願者也？今主上失德，四海分崩，諸侯叛亂，思得明主，天下事不卜可知。況周武仁德播布四海，姜尚賢能，輔相國務，又有三山五岳道術之士為之羽翼，是周日強盛，湯日衰弱，將來繼商而有天下者，非周武而誰？前者會戰，其規模器宇已自不同。但我等受國厚恩，惟以死報國，盡其職耳。承長兄下問，故敢以實告，其他非我知也。」鄧昆笑曰：「賢弟這一番議論，足見洪謀遠識，非他人所可及者，但可惜生不逢時，遇不得其主耳。將來紂為周擄，吾與賢弟不過徒然一死而已。愚兄固當與草木同朽，只可惜賢弟不能效

古人所謂『良禽擇木而棲，賢臣擇主而仕』，以展賢弟之才。」言罷，咨嗟不已。

芮吉笑曰：「據弟察兄之意，兄已有意歸周，故以言探我耳。弟有此心久矣。果長兄有意歸周，弟願隨鞭鐙。」鄧昆忙起身慰之曰：「非不才敢蓄此不臣之心，只以天命人心卜之，終非好消息，而徒死無益耳。既賢弟亦有此心，正所謂『二人同心，其利斷金』，只吾輩無門可入，奈何？」芮吉曰：「慢慢尋思，再乘機會。」二人正商議綢繆，已被土行孫在地下聽得詳細，喜不自勝，思想：「不若乘此時會他一會，有何不可？也是我進關一場。引進二侯歸周，也是功績。」正是：

世間萬事由天數，引得賢侯歸武王。

話說土行孫在黑影裡鑽將上來，現出身子，上前言曰：「二位賢侯請了！要歸武王，吾與賢侯作引進。」道罷，就把鄧、芮二侯諕得半晌無言。土行孫曰：「二侯不要驚恐，吾乃是姜元帥麾下二運督糧官土行孫是也。」鄧、芮二侯聽畢，方纔定神，問曰：「將軍為何夤夜至此？」土行孫曰：「不瞞賢侯說，奉姜元帥將令，特來進關探聽虛實。適纔在地下聽得二位賢侯有意歸周，恨無引進，故敢輕冒，致驚大駕，幸無見罪。若果真意歸周，不才預為先容。吾元帥謙恭下士，決不致有辜二侯之美意也。」鄧、芮二侯聽說，不勝欣喜，忙上前行禮曰：「不知將軍前來，有失迎迓，望勿見罪。」鄧昆復挽土行孫之手，歎曰：「大抵武王仁聖，故有公等高明之士為之輔弼耳。不才二人昨日因在陣上，見武王與姜元帥俱是盛德之士，天下不久歸周，今日回關，與芮賢弟商議，不意為將軍得知，實吾二人之幸也。」土行孫曰：「事不宜遲。將軍可修書一封，俟我先報知姜元帥，候將軍乘機獻關，以便我等接應。」鄧昆急忙向燈下修書，遞與土行孫，曰：「煩將軍報知姜元帥，設法取關。早晚將軍還進關來，以便商議。」土行孫

領命，把身子一晃，無影無形去了。二侯看了，目瞪口呆，咨嗟不已。有詩贊之，詩曰：

暗進臨潼察事奇，二侯共議正逢時。行孫引進歸明主，不負元戎託所知。

話說土行孫來至中軍，剛有五鼓時分，子牙還坐在後帳中等土行孫消息。忽然土行孫立于面前，子牙忙問其進關所行事體如何？土行孫曰：「弟子奉命進關，三將還在禁中，因看守人不曾睡，不敢下手。復行至鄧、芮二侯密室，見二人共議歸周，恨無引進，被弟子現身見他，二侯大悅，有書在此呈上。」子牙接書，燈下觀看，不覺大喜：「此真天子之福也！再行設策，以候消息。」令土行孫回帳不表。

且說鄧、芮二侯次日陞殿坐下，眾將來見。鄧昆曰：「吾二人奉敕協守此關，以退周兵，昨日會戰，未見雌雄，豈是大將之所為？明日整兵，務在一戰以退周兵，早早班師以復王命，是吾願也。」歐陽淳曰：「賢侯之言是也。」當日整頓兵馬，一宿晚景不題。次日，鄧昆檢點士卒，砲聲響處，人馬出關，至周營前搦戰。鄧昆見幽魂白骨旛豎在當道，就在這旛上發揮，忙令卞吉將此旛去了。卞吉大驚曰：「賢侯在上：此旛是無價之寶，阻周兵全在于此；若去了此旛，臨潼關休矣。」芮吉曰：「吾乃是朝廷欽差官，反走小徑；你為偏將，倒行中道，周兵觀之，深為不雅。縱有常勝，亦不為武。理當去了此旛。」卞吉自思：「若是去了此旛，恐無以勝敵人；若不去，彼為主將，我豈可與之抗禮？今既為父親報仇，豈惜此一符也。」卞吉馬上欠身曰：「二位賢侯不必去旛，請回關中一議，自然往返無礙耳。」鄧、芮二侯俱進了關，卞吉忙畫了三道靈符，鄧、芮二侯每人一道，放在幞頭❷裡面。歐陽淳一道放在盔裡，復出關來，數騎往旛下過，就如尋常，二侯大喜。及至周營，對軍政官曰：「報你主將出來答話。」探

❷幞頭：一名帕首，幘巾之屬。

馬報入中軍，子牙即忙領眾將出營。鄧昆大呼曰：「姜子牙，今日與你共決雌雄也！」拍馬殺入陣中來。只見子牙背後有黃飛彪、黃飛豹二馬沖出，接住鄧、芮二侯廝殺。四騎相交，正在酣戰之下；卞吉看不過，大呼曰：「吾來助戰，二侯勿懼！」武吉出馬，接住大戰。只見卞吉撥馬往旛下就走，武吉不趕。子牙見只有鄧、芮二侯相戰，忙令鳴金，兩邊各自回軍。子牙看見鄧、芮四將往旛下逕自去了，心中著實遲疑；進營坐下，沉吟自思：「前日只是卞吉一人行走得，餘則昏迷；今日如何他四人俱往旛下行得？」土行孫曰：「元帥遲疑，莫不是為著那旛下他四人都走得麼？」子牙曰：「正為此說。」土行孫曰：「這有何難，候弟子今日再往關內去走一遭，便知端的。」子牙大喜曰：「當宜速行。」當晚初更，土行孫進關，來至鄧、芮二侯密室。二侯見土行孫來至，不勝大喜曰：「正望公來！那旛名喚幽魂白骨旛，再無法可治。今日被我二人刁難他，他將一道符與我們頂在頭上，往旛下過，就如平常，安然無事。足下可持此符獻與姜元帥，速速進兵，吾自有獻關之策也。」土行孫得符，辭了二侯，往大營來，見子牙備言前事。子牙大喜，取符一看，子牙已識得符中妙訣，取硃砂書符，吩咐眾將，俱各領符一道，預備明日會戰。不知卞吉吉凶如何，且聽下回分解。

評

鄧芮二侯是來協守此關的，誰知他來送了此關，又屈殺一個忠良，情殊可恨！李通當坐以妄舉之罪。

又評

卞吉為父報仇，豈得與平常擒拿將軍等？當日拿住武成王，即就幽魂白骨旛下，親手刃之，以洩不共戴天之恨；乃擒進關來，致權在主將，不肯即斬，欲留為解闕請功之地。迨鄧昆到來，因與黄飛虎姻戚之故，透露軍情，大壞事體，幽魂白骨旛竟成無用。不能報殺父之仇，反惹殺身之禍，豈可不哀也哉！

第八十六回　澠池縣五岳歸天

澠池小縣亦屏商，主將英雄郤異常。吐霧神駒真鮮得，地行妙術更難量。

二王年少因他死，五岳奇謀為爾亡。惟有智多楊督運，騰挪先殺老萱堂。

話說子牙將所用之符畫完，吩咐軍政官擂鼓，眾將上帳參見。子牙曰：「你眾將俱各領符一道，藏在盔內，或在髮中亦可。明日會戰，候他敗走，眾將先趕去，搶了他的白骨旛，然後攻他關隘。」眾將聽畢，領了符命，無不歡喜。次日，子牙大隊而出，遙指關上搦戰。探馬報知，鄧、芮二侯命卞吉出馬。卞吉領令出關，可憐：

丹心枉作千年計，死到臨頭尚不知。

卞吉上馬出關，逕往旛下來，大呼曰：「今日定拿你成功也！」縱馬搖戟，直奔子牙。只見子牙左右一干大小將官沖殺過來，把卞吉圍在核心，鑼鼓齊鳴，喊聲四起，只殺得煙霧迷空。怎見得，有詩為證，詩曰：

殺氣漫漫鎖太華，戈聲響亮亂交加。五關今屬西岐主，萬載名垂讚子牙。

話說卞吉被眾將困在核心，不能得出，忽然一戟刺中趙丙肩窩，趙丙閃開，卞吉乘空跳出陣來，逕往旛下逃去。周營一干眾將隨後趕來。卞吉那知暗裡已漏消息，尚自妄想拿人。卞吉復兜回馬，伺候家將拿

人，只見數將趕過旛下，逕殺奔前來。卞吉大驚曰：「此是天喪成湯社稷，如何此寶無靈也？」不敢復戰，隨敗進關來，閉門不出。子牙也不趕他，命諸將先將此旛收了。韋護取了降魔杵，又將雷震子黃金棍取了，掌鼓回營。且說卞吉進關來，見鄧、芮二侯。不知二侯已自歸周，就要尋事處治卞吉。忽報：「卞吉回見。」一行至堦下，芮吉曰：「想今日卞將軍擒有幾個周將？」卞吉曰：「今日末將會戰，周營有十數員大將圍裹當中，末將刺中一將，乘空敗走，引入旛下，以便擒拿他幾員；不知何故，他眾將一擁前來，俱往旛下過來。此乃天喪成湯，非末將戰不勝之罪也。」芮吉笑曰：「前日擒三將，此旛就靈驗；今日如何此旛就不准了？」鄧昆曰：「此無他說，卞吉見關內兵微將寡，周兵勢大，此關難以久守，故與周營私通，假輸一陣，使眾將一擁而入，以獻此關耳。幸軍士隨即緊閉，未遂賊計，不然，吾等皆為擄矣。此等逆賊，留之終屬後患。」喝令兩邊刀斧手：「拿下梟首示眾！」可憐！正是：

一點丹心成畫餅，怨魂空逐杜鵑啼。

卞吉不及分辯，被左右拿下，推出帥府，即時斬了首級號令。歐陽淳不知其故，見斬了卞吉，目瞪口呆，心下茫然。鄧、芮二侯謂歐陽淳曰：「卞吉不知天命，故意逗留軍機，理宜斬首。我二人實對將軍說：方今成湯氣數將終，荒淫不道，人心已離，天命不保；天下諸侯久已歸周，只有此關之隔耳。今關中又無大將，足抵周兵，終是不能拒守。不若我等與將軍將此關獻于周武，共伐無道。正所謂『順天者昌，逆天者亡。』且周營俱是道術之士，我等皆非他的對手。固然我與你俱當死君之難；但無道之君，天下共棄之，你我徒死無益耳。願將軍思之。」歐陽淳大怒，罵曰：「食君之祿，不思報本，反欲獻關，甘心降賊，屈殺卞吉，此真狗彘之不若也！我歐陽淳其首可斷，其身可碎，而此心決不負成湯之恩，甘

效辜恩負義之賊也！」鄧、芮二侯大喝曰：「今天下諸侯盡已歸周，難道俱是負成湯之恩者？止不過為獨夫殘虐生民，萬姓塗炭。周武興弔民伐罪之師，汝安得以叛逆目之？真不識天時之匹夫！」歐陽淳大呼曰：「陛下誤用奸邪，反賣國求榮，吾先殺此逆賊，以報君恩！」仗劍來殺鄧、芮二侯。二侯亦仗劍來迎，殺在殿上，雙戰歐陽淳。歐陽淳如何戰得過，被芮吉吼一聲，一劍砍倒歐陽淳，梟了首級。正是：

為國亡身全大節，二侯察理順天心。

話說二侯殺了歐陽淳，監中放出三將。黃飛虎上殿來，見是姨丈鄧昆，二人相會大喜，各訴衷腸。芮吉傳令速行開關，先放三將來大營報信。三將至轅門，軍政官報入中軍，子牙大喜，忙令進帳來。三將至中軍見禮畢，子牙問其詳細，只見左右報：「鄧昆、芮吉至轅門聽令。」子牙傳令：「令來。」二侯至中軍，子牙迎下座來，二侯下拜，子牙攙住，安慰曰：「今日賢侯歸周，真不失賢臣擇主而仕之智！」二侯曰：「請元帥進關安民。」子牙傳令，催人馬進關。武王亦起駕隨行，大軍就地歡呼，人心大悅。武王來至帥府，查過戶口冊籍。關中人民父老，俱牽羊擔酒，迎迓王師。武王命殿前治宴，管待東征大小眾將，犒賞三軍。住了數日，子牙傳令起兵往澠池縣。好人馬！一路上怎見得，有詩贊之，詩曰：

殺氣迷空千里長，旌旗招展日無光。層層鐵鉞鋒如雪，對對鋼刀刃似霜。

人勝登山豺虎猛，馬過出水蟒龍剛。澠池此際交兵日，五岳齊遭劍下亡。

話說子牙人馬在路前行，不一日，探馬報曰：「啟元帥：前至澠池縣了，請令定奪。」子牙傳令安營，點砲吶喊。話說澠池縣總兵官張奎聽得周兵來至，忙陞帥府坐下。左右有二位先行官，乃是王佐、鄭椿，上廳來見張奎。奎曰：「今日周兵進了五關，與帝都止有一河之隔，幸賴吾在此，尚可支撐。」

張奎打點禦敵。且說姜元帥次日陞帳，命將出軍，忽報：「有東伯侯差官下書。」子牙傳令：「令來。」差官至軍前行禮畢，將書呈上。子牙拆書觀看。子牙看書畢，問左右曰：「如今東伯侯姜文煥求借救兵，我這裡必定撥兵纔是。」旁有黃飛虎答曰：「天下諸侯皆仰望我周，豈有坐視不救之理？元帥當得發兵救援，以安天下諸侯之心。」子牙傳令，問：「誰去取遊魂關走一遭？」旁有金、木二吒欠身曰：「弟子不才，願去取遊魂關。」子牙許之，分一枝人馬與二人去了不表。

且說子牙吩咐：「誰去澠池縣取頭一功？」南宮适應聲願往，領令出營，至城下搦戰。張奎聞報，問左右先行：「誰人出馬？」有王佐願往，領兵開放城門，來至軍前。南宮适大呼曰：「五關皆為周有，止此彈丸之地，何不早獻，以免誅身之禍。」王佐罵曰：「無知匹夫！你等叛逆不道，罪惡貫盈，今日自來送死也！」縱馬舞刀來取，南宮适手中刀劈面交還。戰有二三十回合，被南宮适手起刀落，早把王佐揮為兩段。南宮适得勝回營報功，子牙大喜。只見報馬報進城來，張奎聞報，王佐失機，心下十分不快。次日，又報：「周將黃飛虎搦戰。」鄭椿出馬，與黃飛虎大戰二十合，被黃飛虎一鎗刺于馬下，梟了首級回營。子牙大喜。話說張奎又見鄭椿失利，著實煩惱。子牙見連日斬他二將，命左右軍士一齊攻城。眾將率領軍士，放砲吶喊，前來攻城。城上士卒來報張奎，張奎在後廳聞報，與夫人高蘭英商議：「如今孤城難守，連折二將，如之奈何？」高蘭英曰：「將軍有此道術，況且又有坐騎，可以成功，何懼賊兵哉？」奎曰：「夫人不知，五關之內多少英雄，俱不能阻逆，一旦至此，天意可知。今主上猶荒淫如故，為臣豈能安于枕席？」夫妻正議，又報：「周兵攻城甚急。」張奎即時上馬提刀，夫人掠陣，開放城門，一騎當先。

只見子牙門下眾將左右分開，張奎大呼曰：「姜元帥慢來！」子牙上前曰：「張將軍，你可知天意？速速早降，不失封侯之位；若自執迷不悟，與五關為例。」張奎笑曰：「你逆天罔上，僥幸至此，量你今日死無葬身之地矣。」子牙笑曰：「天時人事，不問可知，只足下迷而不悟耳。此去朝歌不過數百里，一河之隔；四面八方，天下諸侯雲集，諒你區區彈丸之地，何敢拒吾師哉！此正所謂大廈將傾，非一木所能支撐，徒自取滅亡耳！」張奎大怒，催開馬，使手中刀，飛來直取子牙。後面姬叔明、姬叔昇二殿下走馬大呼：「少沖吾陣！」兩條鎗急架忙迎。好張奎！使開刀力戰二將。有詩為證：

　　臂膊掄開好用兵，空中各自下無情。吹毛利刃分先後，刺骨尖鋒定死生。
　　惡戰止圖麟閣姓，苦爭只為史篇名。張奎刀法真無比，到處成功定太平。

話說姬叔明等二將見戰張奎不下，二位殿下掩一鎗，詐敗而走，指望回馬鎗挑張奎；不知張奎的坐騎甚奇，名為獨角烏煙獸，其快如神。張奎讓二將去有三四射之地，他把馬上角一拍，那馬如一陣烏煙，似飛雲掣電而來。姬叔明聽得有人追趕，以為得計時，不意張奎已至後面，措手不及，被張奎一刀揮于馬下。姬叔昇見其兄落馬，及至回馬，又被張奎順手一刀，也是兩段。可憐金枝玉葉，一旦遭殃！子牙大驚，急鳴金收兵。張奎也掌鼓進城。子牙見折了二位殿下，收軍回營，心下不樂。武王聞知喪了二弟，掩面而哭，進後營去了。張奎連斬二將，心中甚喜。夫妻二人商議，具表進朝歌不題。

　　且言子牙悶坐帳上，謂諸將曰：「料澠池不過一小縣，反傷了二位殿下！」只見眾將齊說：「張奎的馬有些奇異，其快如風，故此二位殿下措手不及，以致喪身。」眾將正猜疑時，忽報：「北伯侯崇黑虎至轅門求見。」子牙傳令：「請來。」崇黑虎同文聘、崔英、蔣雄上帳來，參謁子牙。子牙忙下帳，

迎接上帳，各敘禮畢，子牙曰：「君侯兵至孟津幾時了？」黑虎曰：「不才自起兵取了陳塘關，人馬已至孟津劄營數月矣。今聞元帥大兵至此，特來大營奉謁，願元帥早會諸侯，共伐無道。」子牙大喜。有武成王與崇黑虎相見，感謝黑虎曰：「昔日蒙君侯相助，擒斬高繼能，此德尚未圖報，時刻不敢有忘，銘刻五內。」彼此遜謝畢。子牙吩咐營中治酒，管待崇黑虎等。正是：

死生有數天生定，五岳相逢絕澠池。

當日酒散。次日，子牙陞帳，眾將參謁，忽報張奎搦戰。哨馬報入中軍，子牙問：「今日誰人戰張奎走一遭？」崇黑虎曰：「末將今日來至，當得效勞。」只見文聘、崔英、蔣雄三人也要同去，子牙大喜。四將同出大營，領本部人馬擺開，崇黑虎催開了金睛獸，舉雙板斧，飛臨陣前，大呼曰：「張奎！天兵已至，何不早降？尚敢逆天，自取滅亡哉！」張奎大怒，罵曰：「無義匹夫！你乃是弒兄圖位，天下不仁之賊，焉敢口出大言！」催開馬，使手中刀飛來直取。崇黑虎舉雙斧，急架忙迎。文聘大怒，發馬搖叉，沖殺過來。崔英八楞鎚一似流星，蔣雄的抓絨繩飛起，一齊上前，把張奎裹在當中。卻說子牙在帳上見黃飛虎站立在旁，子牙曰：「黃將軍，崇侯今日會戰，你可去掠陣助他，也不負昔日崇侯曾為將軍郎君報仇。」黃飛虎領令出營，見四將與張奎大戰，黃飛虎自思：「吾在此掠陣，不見我之情分，不若走騎成功，何不為美？」黃飛虎將五色神牛催開，大呼曰：「崇君侯，吾來也！」此正是五岳逢七殺，大抵天數已定，畢竟難逃。只見五將裹住張奎，這場大戰。怎見得，有贊為證：

只殺得愁雲慘淡，旭日昏塵，征夫馬上抖精神。號帶飄揚，千條瑞彩滿空飛；劍戟參差，三冬白雪漫陣舞。崇黑虎雙板斧紛紜上下，文聘的托天叉左右交加，崔英的八楞鎚如流星蕩漾，蔣

雄的五爪抓似蒺藜飛揚，黃飛虎長鎗如大蟒出穴。好張奎，敵五將，似猛虎翻騰。刀架斧，斧劈刀，叮噹響亮；叉迎刀，刀架叉，有叱咤之聲；鎚打刀，刀架鎚，不離其身；抓分頂，刀掠處，全憑心力；鎗刺來，刀隔架，純是精神。五員將鞍鞽上各施巧妙，只殺得刮地寒風聲拉雜，蕩起征塵飛鎧甲，澠池城下立功勳，數定五岳逢七殺。

話說五將把張奎圍在核心，戰有三四十回合，未分勝負。崇黑虎暗思：「既來立功，又何必與他戀戰。」把坐下金睛獸一兜，跳出圈子，詐敗就走，好放神鷹。四將知機，也便撥馬跟黑虎敗走。他不知張奎坐騎其快如風，也是五岳命該如此。——只見張奎等五將去有三二箭之地，把馬頂上角一拍，一陣烏煙，即時在文聘背後，手起一刀，把文聘揮于馬下。崇黑虎急用手去揭葫蘆蓋，已是不及，早被張奎一刀砍為兩段。崔英勒回馬來時，張奎使開刀又戰三將。忽然桃花馬上，一員女將用兩口日月刀，飛出陣來，乃是高蘭英來助張奎。這婦人取出個紅葫蘆來，祭出四十九根太陽金針，射住三將眼目，觀看不明，早被張奎連斬三將下馬。可憐五將一陣而亡！有詩為證，詩曰：

五將東征會澠池，時逢七殺數應奇❶。忠肝化碧猶啼血，義膽成灰永不移。
千古英風垂泰嶽，萬年禋祀祝嵩尸。五方帝位多隆寵，報國孤忠史冊垂。

話說張奎連誅五將，哨馬報與子牙，子牙大驚：「如何就誅了五將？」掠陣官備言張奎的馬有些利害，故此五將俱措手不及，以致失利。子牙見折了黃飛虎，著實傷悼。正尋思之間，忽報：「楊戩催糧至轅門等令。」子牙傳令：「令來。」至中軍，參謁畢，稟曰：「弟子督糧已進五關，今願繳督糧印，

❶ 數應奇：即命運應該不好。奇，音ㄐㄧ。奇為不偶。

隨軍征伐立功。」子牙曰：「此時將會孟津，也要你等在中軍協助。」楊戩立在一旁，聽得武成王黃將軍已死，楊戩歎曰：「黃氏一門忠烈，父子捐軀，以為王室，不過留清芬于簡編耳！」又問：「張奎有何本領，先行為何不去會他？」哪吒曰：「崇君侯意欲見功，不才先要讓他，豈好占越？不意俱遭其害。」正言間，只見左右來報：「張奎搦戰。」有黃飛彪願為長兄報仇，子牙許之，楊戩掠陣。黃飛彪出營，見張奎也不答話，挺鎗直取，張奎的刀急架忙迎。兩馬相交，一場大戰，約有二三十合。黃飛彪急于為兄報仇，其力量非張奎對手，鎗法漸亂，被張奎一刀揮于馬下。楊戩掠陣，見張奎把黃飛彪斬于馬下，又見他的馬頂上有角，就知此馬有些原故，「待吾除之！」楊戩縱馬搖刀，大呼曰：「張奎休走！吾來也！」張奎問曰：「你是何人，也自來取死？」楊戩答曰：「你這匹夫，屢以邪術壞吾諸將，吾特來拿你，碎尸萬段，以泄眾將之恨！」舉三尖刀劈面砍來，張奎手中刀急架相還。二馬相交，舉刀併舉。怎見得一場大戰，有贊為證，贊曰：

二將棋逢敵手，陣前各逞豪強。翻來覆去豈尋常，真似一對虎狼形狀。這一個會騰挪變化，那一個會攪海翻江。刀來刀架兩無妨，兩個將軍一樣。

話說張奎與楊戩大戰，有三十回合，楊戩故意賣個破綻，被張奎撞個滿懷，伸出手抓住楊戩腰帶，撁過鞍轎。正是：

張奎今日擒楊戩，眼見喪了黑煙駒。

張奎活捉了楊戩，掌鼓進縣，陞廳坐下，令：「將周將推來！」左右將楊戩擁至廳前，楊戩站立。張奎大喝曰：「既被吾擒，為何不跪？」楊戩曰：「無知匹夫！我與你既為敵國，今日被擒，有死而已，何

必多言！」張奎大怒，命左右：「推出斬首號令！」只見左右將楊戩斬訖，持首級號令。張奎方欲坐下，不一時，只見管馬的來報：「啟老爺得知：禍事不小！」張奎大驚：「甚麼禍事？」管馬的曰：「老爺的馬好好的吊下頭來。」張奎聽得此言，不覺失色，頓足曰：「吾成大功，全仗此烏煙獸，豈知今日無故吊下頭來！」正在廳上急得三尸神暴跳，七竅內煙生，忽報：「方纔被擒的周將又來搦戰。」張奎頓然醒悟：「吾中了此賊奸計！」隨即換馬，提刀在手，復出城來；一見楊戩，大罵：「逆賊擅壞吾龍駒，氣殺我也！怎肯甘休？」楊戩笑曰：「你仗此馬傷吾周將，我先殺此馬，然後再殺你的驢頭！」張奎切齒大罵曰：「不要走！吃吾一刀！」使開手中刀來取，楊戩的刀急架相迎。又戰二十合，楊戩又賣個破綻，被張奎又抓住腰內絲絲，輕輕摔將過去，二次擒來。張奎大怒曰：「這番看你怎能脫去！」正是：

張奎二次擒楊戩，只恐萱堂血染衣。

張奎捉了楊戩進城，坐在廳上。忽報，後邊夫人高蘭英來至前面，因問其故？張奎長吁歎曰：「夫人，我為官多年，得許大功勞，全仗此烏煙獸；今日周將楊戩用邪術壞吾龍駒，這次又被我擒來，還是將何法治之？」夫人曰：「推來我看。」傳令：「將楊戩推來。」少時，推至廳前，高蘭英一見，笑曰：「吾自有處治。將烏雞黑犬血取來，再用尿糞和勻，先穿起他的琵琶骨，將血澆在他的頭上。又用符印鎮住，然後斬之。」張奎如法製度。夫妻二人齊出府前，看左右一一如此施行。高蘭英用符印畢，先將血糞往楊戩頭上澆，手起一刀，將首級砍落在地。夫妻大喜，方纔進府來到廳前，忽聽得後邊丫環飛報出廳來，哭稟曰：「啟老爺夫人：不好了！老太太正在香房，不知那裡穢污血糞把太太澆了一頭，隨即就吊下頭來，真是異事驚人！」張奎大叫曰：「又中了楊戩妖術！」放聲大哭，如醉如癡一般。自思：「老母養

育之恩未報，今因為國，反將吾母喪命，真個痛殺我也！」忙取棺槨收殮不表。且說楊戩逕進中軍，來見子牙，備言：「先斬其馬，後殺其母，先惑亂其心，然後擒張奎不難矣。」子牙大喜曰：「此皆是你不世之功。」且說張奎思報母仇，上馬提刀，來周營搦戰，不知凶吉如何，且聽下回分解。

評

五岳之英勇，為世無敵，而為神乃無上至尊之品。一逢七殺，則同時皆盡，豈才力不足以敵乎？亦藝術不足致勝乎？非也，不過見屈於烏煙駒耳。可見人之才力藝術，俱不足恃者。古云：飛不以尾，缺其尾則飛不遠；走不以手，縛其手則走不疾。良有以也。

又評

楊戩之巧於幻化，為周營第一；而討便宜見機，亦是周營第一；而下手辣毒，亦是周營第一。騰挪而斬烏煙駒，並及其母，這是他幻化之妙；問哪吒何不出戰，這是他機械之巧。斬烏煙駒似矣，而又以穢污殺其老母，這是他下手之毒。可見極乖巧之人，是極惡毒之人。或曰：未必盡然。予曰：君請看癡人，討得那個便宜！

第八十七回　土行孫夫妻陣亡

地行妙術法應玄，誰識張奎更占先。猛獸崖前身已死，澠池城下婦歸泉。
許多功業成何用？幾度勳名亦枉然。留得兩行青史在，從來成敗總由天。

話說子牙在中軍正議進兵之策，忽報：「張奎搦戰。」哪吒曰：「弟子願往。」登風火輪而出，現出八臂三首，來戰張奎，大呼曰：「張奎若不早降，悔之晚矣！」張奎大怒，催開馬，仗手中刀來取。哪吒使手中鎗劈面迎來。未及三五合，哪吒將九龍神火罩祭起去，把張奎連人帶馬罩住。用手一拍，只見九條火龍一齊吐出煙火，遍地燒來。——不知張奎會地行之術，如土行孫一般。——彼時張奎見罩落將下來，知道不好，他先滾下馬，就地下去了。哪吒不曾留心看，幾乎誤了大事，只是燒死他一匹馬。哪吒掌鼓回營，見子牙，說：「張奎已被燒死。」子牙大喜不表。且說張奎進城，對妻子曰：「今日與哪吒接戰，果然利害，被他提起火龍罩將我罩住，若不是我有地行之術，幾乎被他燒死。」高蘭英曰：「將軍今夜何不地行進他營寨，刺殺武王君臣？一計成功，大事可定，又何必與他爭能較勝耶？」張奎深悟曰：「夫人之言甚是有理。只因被楊戩可惡，暗害吾老母，惑亂吾心，連日神思不定，幾乎忘了。今夜必定成功。」張奎打點收拾，暗帶利刃進營。正是：

武王洪福過堯舜，自有高人守大營。

話說子牙在帳中，聞得張奎已死，議取城池。至晚，發令箭，點練士卒，至三更造飯，四更整飭，五鼓登城，一鼓成功。子牙吩咐已畢。這也是天意，恰好是楊任巡外營，那是將近二更時分。張奎把身子一扭，逕往周營而來，將至轅門，適遇楊任來至前營。不知楊任眼眶裡長出來的兩隻手，手心裡有兩隻眼，此眼上看天庭，下觀地底，中看人間千里。彼時楊任忽見地下有張奎提一口刀逕進轅門，楊任曰：「地下是張奎，慢來！有吾在此！」張奎大驚，自思：「周營中有此等異人，如何是好！」自思：「吾在地下行得快，待吾進中軍殺了姜尚，他就來也是遲了。」張奎仗刀逕入，楊任一時著急，將雲霞獸一磕，至三層圈子內，擊雲板大呼曰：「有刺客進營！各哨仔細！」不一時，合營齊起。子牙急忙陞帳，眾將官弓上弦，刀出鞘，兩邊火把燈毬，照耀如同白晝。

子牙問曰：「刺客從那裡來？」楊任進帳啟曰：「張奎提刀在地下逕進轅門。弟子故敢擊雲板報知。」子牙大驚曰：「昨日哪吒已把張奎燒死，今夜如何又有個張奎？」楊任曰：「此人還在此聽元帥講話。」子牙驚疑未定，旁有楊戩曰：「候弟子天明再作道理。」就把周營裡亂了半夜。張奎情知不得成功，只得回去。楊任一雙眼只看著地下，張奎走出轅門，楊任也出轅門，只送張奎至城下方回。當時張奎進城，來至府中，高蘭英問曰：「功業如何？」張奎只是搖頭道：「利害！利害！周營中有許多高人，所以五關勢如破竹，不能阻擋。」遂將進營的事細細說了一遍。夫人曰：「既然如此，可急修本竟往朝歌，請兵協守；不然，孤城豈能阻擋周兵？」張奎從其言，忙修本差官往朝歌不表。

且說天明，楊戩往城下來，坐名叫：「張奎出來見我！」張奎聞報，上馬提刀，開放城門，正是仇人見了仇人，大罵曰：「好匹夫！暗害吾母，與你不共戴天！」楊戩曰：「你這逆天之賊，若不殺你母，

你也不知周營中利害。」張奎大叫：「我不殺楊戩，此恨怎休！」舞刀直取楊戩。楊戩手中刀赴面交還。兩馬相交，雙刀併舉，未及數合，楊戩祭起哮天犬來傷張奎。張奎見此犬奔來，忙下馬，即時就不見了。楊戩觀之，不覺咨嗟。正是：

張奎道術真伶俐，賽過周營土行孫。

話說楊戩回營來見子牙，子牙問曰：「今日會張奎，如何？」楊戩把張奎會地行道術說了一遍，「真好似土行孫！夜來楊任之功莫大焉！」子牙大喜，傳令：「以後只令楊任巡督內外，防守營門。」彼時張奎進城至府，見夫人高氏曰：「今會楊戩，料周營道術之士甚多，吾夫妻不能守此城也。依吾愚見，不若棄了澠池，且回朝歌，再作商議。你的意下如何？」夫人曰：「將軍之言差矣！俺夫妻在此鎮守多年，名揚四方，豈可一旦棄城而去！況此城關係不淺，乃朝歌屏障，今一棄此城，則黃河之險與周兵共之，這個斷然不可！明日待我出去，自然成功。」

次日，高蘭英出城，至營前搦戰。子牙正坐，忽報：「有一女將請戰。」子牙問：「誰可出馬？」有鄧嬋玉應聲曰：「末將願往。」子牙曰：「須要小心。」鄧嬋玉曰：「末將知道。」言罷上馬，一聲砲響，展兩杆大紅旗出營，大呼曰：「來將何人？快通名來！」高蘭英觀看，見是一員女將，心下疑惑，忙應曰：「吾非別人，乃鎮守澠池張將軍夫人高蘭英是也。你是誰人？」鄧嬋玉曰：「吾乃是督運糧儲土將軍夫人鄧嬋玉是也。」高蘭英聽說，大罵：「賤人！你父子奉敕征討，如何苟就成婚？今日有何面目歸見故鄉也？」鄧嬋玉大怒，舞雙刀來取。高蘭英一身縞素，將手中雙刀急架來迎。二員女將，一紅一白，殺在城下。怎見得，有贊為證：

這一個頂上金盔耀日光，那一個束髮銀冠列鳳凰。這一個黃金鎖子連環鎧，那一個千葉龍鱗甲更強。這一個猩猩血染紅衲襖，那一個素白征袍似粉裝。這一個是赤金映日紅瑪瑙，那一個是白雪初施玉琢娘。這一個似向陽紅杏枝枝嫩，那一個似月下梨花帶露香。這一個似五月榴花紅似火，那一個似雪裡梅花靠粉墻。這一個腰肢嬝娜在鞍鞽上，那一個體態風流十指長。這一個雙刀晃晃如閃電，那一個二刃如鋒劈面揚。分明是：廣寒仙子臨凡世，月裡嫦娥降下方。兩員女將天下少，紅似銀硃白似霜。

話說鄧嬋玉大戰高蘭英有二十回合，撥馬就走。高蘭英不知鄧嬋玉詐敗，便隨後趕來。嬋玉聞腦後鸞鈴響處，忙取五光石回手一下，正中高蘭英面上，只打得嘴唇青腫，掩面而回。鄧嬋玉得勝進營，來見姜元帥，說高蘭英被五光石打敗進城。子牙方上功勞簿，只見左右官報：「二運官土行孫轅門等令。」子牙傳令：「來。」土行孫上帳參謁：「弟子運糧已完，繳督糧印，願隨軍征伐。」子牙曰：「今進五關，軍糧有天下諸侯應付，不消你等督運，俱隨軍征進罷了。」土行孫下帳來見眾將，獨不見黃將軍，忙問哪吒。哪吒曰：「今澠池不過一小縣，反將黃將軍、崇君侯五人一陣而亡。昨張奎善有地行之術，比你分外精奇。前日進營，欲來行刺，多虧楊任救之。故此阻住吾師，不能前進。」土行孫聽罷：「有這樣事！當時吾師傳吾此術，可稱蓋世無雙，豈有此處又有異人也？待吾明日會他。」至後帳來問鄧嬋玉：「此事可真？」鄧嬋玉曰：「果是不差。」土行孫躊躇一夜。

次早，上帳來見姜元帥，「願去會張奎。」子牙許之。旁有楊戩、哪吒、鄧嬋玉俱欲去掠陣；土行孫許之。來至城下搦戰，哨馬報與張奎。張奎出城，見一矮子，問曰：「你是何人？」土行孫曰：「吾乃

土行孫是也。」道罷，舉手中棍滾將來，劈頭就打；張奎手中刀急架來迎。二人大戰，往往來來，未及數合，哪吒、楊戩齊出來助戰。哪吒忙提起乾坤圈來打張奎；張奎看見，滾下馬就不見了。土行孫也把身子一扭來趕張奎。張奎一見大驚：「周營中也有此妙術之人！」隨在地底下，二人又復大戰。大抵張奎身子長大，不好轉換；土行孫身子矮小，轉換伶俐，故此或前或後，張奎反不濟事，只得敗去。土行孫趕了一程，趕不上，也自回來。那張奎地行術一日可行一千五百里，土行孫止行一千里，因此趕不上他，只得回營，來見子牙，言：「張奎果然好地行之術。此人若是阻住此間，深為不便。」子牙曰：「昔日你師父擒爾用指地成鋼法；今欲治張奎，非此法不可。你如何學得此法以治之？」土行孫曰：「元帥可修書一封，待弟子去夾龍山見吾師，取此符印來，破了澠池縣，遂得早會諸侯。」子牙大喜，忙修書付與土行孫。土行孫別了妻子，往夾龍山來。可憐！正是：

丹心欲佐真明主，首級高懸在澠池。

土行孫逕往夾龍山去。且說張奎被土行孫戰敗回來，見高蘭英，雙眉緊皺，長吁曰：「周營中有許多異人，如何是好？」夫人曰：「誰為異人？」張奎曰：「有一土行孫，也有地行之術，如之奈何？」高蘭英曰：「如今再修告急表章，速往朝歌取救。俺夫妻二人死守此縣，不必交兵，只等救兵前來，再為商議破敵。」夫妻正議，忽然一陣怪風飄來，甚是奇異。怎見得好風，有詩為證：

走石飛砂勢更凶，推雲擁霧亂行蹤。暗藏妖孽來窺戶，又送孤帆過楚峰。

風過一陣，把府前寶纛旗一折兩斷。夫妻大驚曰：「此不祥之兆也。」高蘭英隨排香案，忙取金錢，排下一卦，已解其意。高蘭英曰：「將軍可速為之！土行孫往夾龍山取指地成鋼之術，來破你也！不可遲

誤！」張奎大驚，忙忙收拾，結束停當，逕往夾龍山去了。土行孫一日止行千里；張奎一日行一千五百里，張奎先到夾龍山，到個崖畔，潛等土行孫。等了一日，土行孫來至猛獸崖，遠遠望見飛龍洞，滿心歡喜：「今日又至故土也！」不知張奎豫在崖旁，側身躲匿，把刀擧起，只等他來。土行孫那裡知道，只是往前走。也是數該如此，看看來至面前，張奎大叫曰：「土行孫不要走！」土行孫及至擡頭時，刀已落下，可憐砍了個連肩帶背。張奎割了首級，逕回澠池縣來號令。後人有詩歎土行孫歸周未受茅土之封，可憐無辜死于此地，有詩為證：

憶昔西岐歸順時，輔君督運未愆期。進關盜寶功為首，劫寨偷營世所奇。
名播諸侯空嘖嘖，聲揚宇宙恨綠綠。夾龍山下亡身處，反本還元正在茲。

話說張奎非止一日來至澠池縣，夫妻相見，將殺死土行孫一事說了一遍，夫妻大喜，隨把土行孫的首級號令在城上。只見周營中探馬見澠池縣裡號令出頭來，近前看時，卻是土行孫的首級，忙報入中軍：「啟元帥：澠池縣城上號令了土行孫首級，不知何故，請令定奪。」子牙曰：「他往夾龍山去了，不在行營，又未出陣，如何被害？」子牙掐指一算，拍案大呼曰：「土行孫死于無辜，是吾之過也！」子牙甚是傷感。不意帳後驚動了鄧嬋玉，聞知丈夫已死，哭上帳來，「願與夫主報仇！」子牙曰：「你還斟酌，不可造次。」鄧嬋玉那裡肯住，啼泣上馬，來至城下，只叫：「張奎出來見我！」哨馬報入城中：「有女將搦戰。」高蘭英曰：「這賤人！我正欲報一石之恨，今日合該死于此地！」高蘭英上馬提刀，先將一紅葫蘆執在手中，放出四十九根太陽神針，先在城裡提出。鄧嬋玉只聽得馬響，二目被神針射住，觀看不明，早被高蘭英手起一刀，揮于馬下。可憐！正是：

孟津未會諸侯面，今日夫妻喪澠池。

話說高蘭英先祭太陽神針，射住嬋玉二目，因此斬了鄧嬋玉，進城號令了。哨馬報入中軍，備言前事。子牙著實傷悼，對眾門人曰：「今高蘭英有太陽神針，射人二目，非同小可，諸將俱要防備。」故此按兵不動，再設法以取此縣。南宮适曰：「這一小縣，今損無限大將，請元帥著人馬四面攻打，此縣可以躧為平地。」子牙傳令，命三軍四面攻打，架起雲梯火砲，三軍吶喊，攻打甚急。張奎夫妻千方百計看守此城，一連攻打兩晝夜，不能得下。子牙心中甚惱，且命：「暫退，再為設計；不然徒令軍士勞苦無益耳。」眾將鳴金收軍回營。

且說張奎又修本往朝歌城來。差官渡了黃河，前至孟津，有四百鎮諸侯駐紮人馬。差官潛蹤隱跡，一路無詞，至館驛中，歇了一宵。次日，將本至文書房投遞。那日看本乃是微子。微子接本看了，忙入內庭，只見紂王在鹿臺宴樂。微子至臺下候旨，紂王宣上鹿臺。微子行禮稱臣畢，王曰：「皇伯有何奏章？」微子曰：「武王兵進五關，已至澠池縣，損兵折將，莫可支撐，危在旦夕。請陛下速發援兵，早來協守。不然，臣惟一死，以報君恩。何況此縣離都城不過四五百里之遠，陛下還在此臺宴樂，全不以社稷為重。孟津現有南方、北方四百諸侯駐兵，候西伯共至商郊，事有燃眉之急。今見此報，使臣身心如焚，莫知所措。願陛下早求賢士，以治國事，拜大將以剿反叛，改過惡而訓軍民，修仁政以回天變，庶不失成湯之宗廟也。」

紂王聞奏大驚曰：「姬發反叛，而今已侵陷孤之關隘，覆軍殺將，兵至澠池，情殊可恨！孤當御駕親征，以除大惡。」中大夫飛廉奏曰：「陛下不可！今孟津有四百諸侯駐兵，一聞陛下出軍，他讓過陛

下，阻住後路，首尾受敵，非萬全之道也。陛下可出榜招賢，大懸賞格，自有高名之士應求而至。古云：『重賞之下，必有勇夫。』又何勞陛下親御六師，與叛臣較勝於行伍哉？」紂王曰：「依卿所奏。速傳旨，懸立賞格，張掛於朝歌四門，招選豪傑；才堪督府者，不次銓除❶。」四外哄動，就把個朝歌城內萬民日受數次驚慌。只見一日來了三個豪傑，來揭榜文。守榜軍士隨同三人先往飛廉府裡來參謁。門官報入中堂，飛廉道：「有請。」三人進府，與飛廉見禮畢，言曰：「聞天子招募天下賢士，愚下三人自知非才，但君父有事，願捐軀敢效犬馬。」飛廉見三人器宇清奇，就命賜坐。三人曰：「吾等俱是閭閻子民，大夫在上，子民焉敢坐？」飛廉曰：「求賢定國，聘傑安邦，雖高爵重祿，直受不辭，又何妨於一坐耶？」三人告過，方纔坐下。飛廉曰：「三位姓甚名誰？住居何所？」三人將一手本呈上，飛廉觀看，原來是梅山人氏，一名袁洪，一名吳龍，一名常昊。——此乃梅山七聖。先是三人投見，以下俱陸續而來。袁洪者乃白猿精也；吳龍者乃蜈蚣精也；常昊者乃長蛇精也；俱借袁、吳、常三字取之為姓也。——飛廉看了姓名，隨帶入朝門，來朝見紂王。飛廉入內庭，天子在顯慶殿與惡來弈棋，當駕官啟奏：「中大夫飛廉候旨。」王曰：「宣來。」飛廉見駕，奏曰：「臣啟陛下：今有梅山三個傑士，應陛下求賢之詔，今在午門候旨。」紂王大悅：「傳旨宣來。」少時，三人來至殿下，山呼拜畢，紂王賜三人平身，三人謝恩畢，侍立兩旁。王曰：「卿等此來，有何妙策可擒逆賊？」袁洪奏曰：「姜尚以虛言巧語，糾合天下諸侯，鼓惑黎庶作反。依臣愚見，先破西岐，拿了姜尚，則八百諸侯望陛下降詔招安，赦免前罪，天下不戰而自平也。」

❶ 不次銓除：謂不依照順序量才授給官職。

紂王聞奏，龍心大悅，封袁洪為大將，吳龍、常昊為先行，命殷破敗為參軍，雷開為五軍總督，使殷成秀、雷鵾、雷鵬、魯仁傑等俱隨軍征伐。紂王傳旨，嘉慶殿排宴，慶賞諸臣。內有魯仁傑自幼多智，廣識英雄，見袁洪行事不按禮節，暗思曰：「觀此人行事不是大將之才，且看他操演人馬，便知端的。」當日宴散，次日謝恩，三日後下教場，操演三軍。魯仁傑看袁洪舉動措置，俱不知法，諒非姜子牙敵手；但此時是用人之際，魯仁傑也只得將機就計而已。次日，袁洪朝見紂王，王曰：「元帥可先領一支人馬，往澠池縣佐張奎以阻西兵，元帥意下如何？」袁洪曰：「以臣觀之，都中之兵不宜遠出。」紂王曰：「如何不宜遠出？」袁洪奏曰：「今孟津已有南北二路諸侯駐紮，以窺其後；臣若往澠池，此二路諸侯拒守孟津，阻臣糧道，那時使臣前後受敵，此不戰自敗之道。況糧為三軍生命，是軍未行而先需者也。依臣之計，不若調二十萬人馬，阻住孟津之咽喉，使諸侯不能侵擾朝歌，一戰成功，大事定矣。」紂王大悅：「卿言甚善，真乃社稷之臣！依卿所奏施行。」袁洪隨調兵二十萬，吳龍、常昊為先行，殷破敗為參贊，雷開為五軍都督，使殷成秀、雷鵾、雷鵬、魯仁傑隨軍征伐，往孟津而來。不知勝負如何，且聽下回分解。

評

土行孫往夾龍山來，天反以風信報張奎，使彼在猛獸崖等候，致土行孫不及提防遇害。上天惡紂極矣，宜其敗張奎而助土行孫。今則不然，天道難知矣，數乎否也！

又評

高蘭英不但太陽神針可以致勝，只她議論前後畫策，勉勵丈夫，大有經緯，大有作用，宜其擅男權而夫事之者也！只笑今人稱娘子軍者，果何若乎？何天下之夫事者多耶！

第八十八回　武王白魚躍龍舟

白魚吉兆喜非常，預兆周家瑞應昌。八百諸侯稱碩德，千年師帥賴匡襄❶。
堂堂陣演三三疊，正正旗門六六行。時雨師臨民甚悅，成湯基業已消亡。

話說袁洪調兵往孟津駐紮，以阻諸侯咽喉不表。且說澠池縣張奎日夕望朝歌救兵，忽有報馬報入府來：「天子招了新元帥袁洪，調兵二十萬駐紮孟津，以阻諸侯；未見發兵來救澠池。」張奎聞報大驚曰：「天子不發救兵，此城如何拒守？況前有周兵，後有孟津四百諸侯，前後合攻，此取敗之道。今反捨此不救，奈何？」忙與夫人高蘭英共議。夫人曰：「料吾二人也可阻得住周兵。今袁洪拒住孟津，則南北諸侯也不能抄我之後。只打聽袁洪得勝，若破了南北二侯，我再與你合兵共破周武，再無有不勝之理。俺們如今只設法守城，不要與周將對敵；待他糧盡兵疲，一戰成功，無有不克。此萬全之道也。」張奎心下狐疑不定。且說子牙見澠池一個小縣，攻打不下，反陣亡了許多將官，納悶在中軍，暗暗點首嗟歎：「可憐這些扶主定國英雄，瀝膽披肝❷，止落得遺言在此，此身皆化為烏有！」子牙正在那裡傷悼，忽轅門官來報：「有一道童求見。」子牙傳令：「請來。」少時，只見一道童至帳下行禮曰：「弟子乃夾

❶ 匡襄：匡正幫助。
❷ 瀝膽披肝：喻竭誠效忠。

龍山飛龍洞懼留孫的門人，因師兄土行孫在夾龍山猛獸崖被張奎所害，家師已知應上天之數，這是救不得的。只是過澠池須有原故，家師特著弟子來此下書，師叔便知端的。」子牙接上書來，展開觀看，書曰：

道末懼留孫致書於大元帥子牙公麾下：前者土行孫合該於猛獸崖死於張奎之手，理數難逃，貧道只有望崖垂泣而已，言之可勝長歎！今張奎善於守城，急切難下，但他數亦當終，子牙公不可遲誤，可令楊戩將貧道符印先在黃河岸邊，等楊任、韋護追趕至此擒之。取城只用哪吒、雷震子足矣。子牙公須是親自用調虎離山計，一戰成功，此去自然坦夷。只候封神之後，再圖會晤。不宣。

子牙看罷書，打發童子回山。當日子牙傳令：「哪吒領令箭，雷震子領令箭前去，如此而行。楊戩、楊任領柬帖前去如此。韋護領柬帖前去如此。」子牙俱吩咐已畢。至晚間，周營中砲響，三軍吶喊，殺奔城下而來。張奎急上城，設法守護，百計千方防禦，急切難下。子牙知張奎善於守城，且暫鳴金收兵。次日午末未初，請武王上帳相見：「今日請大王同老臣出營，看看澠池縣城池，好去攻取。」武王乃忠厚君子，隨應曰：「孤願往。」即時同子牙出營，至城下周圍看了。用手指曰：「大王若破此城，須用轟天大砲，方能攻打。此城一時可破也。」子牙與武王指畫攻城，只見澠池城上哨探士卒報與張奎：「啟老爺：姜子牙同一穿紅袍的在城下探看城池。」張奎聽報，即上城來看時，果是子牙同武王在城下，周圍指畫。張奎自思曰：「姜尚欺吾太甚！只因連日吾堅守此城，不與他會戰，他便欺我，至吾城下，肆行無忌，藐視吾無人物也。」隨下城與夫人曰：「你可用心堅守此城，待我出城走去殺來，以除大患。」夫人上城觀戰。張奎上馬撐刀，開了城門，一馬飛來，大呼曰：「姬發、姜尚！今日你命難逃也！」正

是：

計就月中擒玉兔，謀成日裡捉金烏。

子牙同武王撥馬向西而走，張奎趕來。周營中一將也不出來接應，張奎放心趕來。看看趕有三十里，只聽得金鼓齊鳴，砲聲響亮，三軍吶喊，震動天地，周營中大小將官齊出營來，殺奔城下。高蘭英在城上全裝甲冑守護城池，忽聽周營中又是砲響，不知其故。忽城上落下哪吒來，現三首八臂，腳踏風火輪，搖火尖鎗殺來。高蘭英急上馬，用雙刀抵住了哪吒。二人在城上不便爭持，高蘭英走馬下城，哪吒隨後趕來。雷震子又早展開二翅，飛上城來，使開黃金棍，把城上軍士打散，隨斬關落鎖，周兵進城。高蘭英見事不好，正欲取葫蘆放太陽神針，早已不及。被哪吒一乾坤圈，打中頂上，翻下馬來，又是一鎗，死於非命，早往封神臺去了。有詩為證，詩曰：

孤城死守為成湯，今日身亡實可傷。全節全忠名不朽，女中貞烈萬年揚。

話說雷震子、哪吒進了澠池縣，軍士見打死了主母，俱伏地請降。哪吒曰：「俱免汝死，候元帥來安民。」哪吒復向雷震子曰：「道兄且在城上拒住，吾還去接應師叔與武王，恐怕驚了主公。」雷震子曰：「道兄不可遲疑，當速行為是。」好哪吒！把風火輪登開，往正西上趕來。只見張奎正趕子牙有二十里遠近，只聽得砲聲四起，喊聲大振，心下甚是驚疑，也不去趕子牙。子牙在後面大呼曰：「張奎！你澠池已失，何不歸降？」張奎心慌，情知中計，勒轉馬望舊路而來；天色又黑，正遇哪吒現三首八臂迎來。哪吒大罵曰：「逆賊！你今日還不下馬受死，更待何時！」張奎大怒，搖刀直取。哪吒手中鎗急架相還。未及數合，哪吒復祭起九龍神火罩罩來。張奎知此術利害，把身子一扭，往地下去了。哪吒見張奎預先走了，

因想起土行孫的光景，心上不覺悲悼，往前來迎武王。張奎急走至城下，見雷震子立於城上，知城池已陷，夫人不知存亡，自思：「不若往朝歌，與袁洪合兵一處，再作道理。」話說哪吒上前迎接武王與子牙，一同回澠池縣來，將大軍進城屯紮，又將城上周將首級收殮，設祭祀之，乃於高阜處安葬不表。

只見張奎全裝甲冑，縱地行之術，往黃河大道而走，如風一般，飛雲掣電而來。話說楊任遠遠望見張奎從地底下來了，楊任知會韋護曰：「道兄，張奎來了。你須是仔細些，不要走了他。你看我手往那裡指，你就往那邊祭降魔杵鎮之。」韋護曰：「謹領尊命。」且說張奎正走，遠遠看見楊任騎雲霞獸，手心裡那兩隻眼神光射耀，往下看著他，大呼曰：「張奎不要走！今日你難逃此厄也！」張奎聽得，魂不附體，不敢停滯，縱著地行法，刷的一聲，須臾就走有一千五百里遠。楊任在地上催著雲霞獸，緊緊追趕。韋護在上頭只看著楊任，楊任只看著張奎在地底下；如今三處看著，好趕！正是：

上邊韋護觀楊任，楊任生追七殺神。

話說張奎在地下見楊任緊緊跟隨在他頭上；如張奎往左，楊任也往左邊來趕；張奎往右，楊任也往右邊來趕。張奎無法，只是往前飛走。看著行至黃河岸邊，前有楊戩奉柬帖在黃河岸邊專等楊任。只見遠遠楊任追趕來了，楊任也看見了楊戩，乃大呼曰：「楊道兄！張奎來了！」楊戩聽得，忙將三昧火燒了懼留孫指地成鋼的符篆，立在黃河岸邊。張奎正行，方至黃河，只見四處如同鐵桶一般，半步莫動，左撞左不能通，右撞右不能通，撤身回來，後面猶如鐵壁。張奎正慌忙無措，楊任用手往下一指；半空中韋護把降魔杵往下打來。此寶乃鎮壓邪魔護三教大法之物，可憐張奎怎禁得起。有詩為證，詩曰：

金光一道起空中，五彩雲霞協用功。鬼怪逢時皆絕跡，邪魔遇此盡成空。

皈依三教稱慈善，鎮壓諸天護法雄。今日黃河除七殺，千年英氣貫長虹。

話說韋護祭起降魔杵，把張奎打成虀粉。一靈也往封神臺去了。三位門人得勝，齊來見子牙，備言打死張奎，追趕至黃河之事，說了一遍。子牙大喜，在澠池縣住了數日，擇日起兵。

那日，整頓人馬，離了澠池縣，前往黃河而來。時近隆冬天氣，眾將官重重鐵鎧，疊疊征衣，寒氣甚勝。怎見得好冷，有贊為證：

重衾無暖氣，袖手似揣冰。敗葉垂霜蕊，蒼松掛凍鈴。地裂因寒甚，池平為水凝。魚舟空釣線，仙觀沒人行。樵子愁柴少，王孫喜炭增。征人鬚似鐵，詩客筆如零。皮襖猶嫌薄，貂裘尚恨輕。蒲團僵老衲，紙帳旅魂驚。莫訝寒威重，兵行令若霆。

話說子牙人馬來至黃河，左右報至中軍。子牙吩咐：「借辦民舟。」每隻俱有工食銀五錢，並不白用民船一隻，萬民樂業，無不懽呼感德，真所謂時雨之師。子牙傳令，另備龍舟一隻，裝載武王。子牙與武王駕坐中艙，左右鼓棹❸，向中流進發。只聽得黃河內潑浪濤天，風聲大作，把武王龍舟在浪裡顛播。武王曰：「相父，此舟為何這樣掀播？」子牙曰：「黃河水急，平昔浪發，也是不小的；況今日有風，又是龍舟，故此顛播。」武王曰：「推開艙門，俟孤看一看，何如？」子牙同武王推艙一看，好大浪！怎見得黃河疊浪千層，有詩為證：

洋洋光侵月，浩浩影浮天。靈派吞華嶽，長流貫百川。千層凶浪滾，萬疊峻波顛。岸口無漁火，沙頭有鷺眠。茫然渾似海，一望更無邊。

❸ 鼓棹：搖槳。

話說武王一見黃河，白浪滔天，一望無際，嚇得面如土色。那龍舟只在浪裡，或上或下。忽然有一旋窩，水勢分開，一聲響亮，有一尾白魚跳在船艙裡來，就把武王嚇了一跳。那魚在舟中，左迸右跳，跳有四五尺高。武王問子牙曰：「此魚入舟，主何凶吉？」子牙曰：「恭喜大王！賀喜大王！魚入王舟者，主紂王該滅，周室當興，正應大王繼湯而有天下也。」子牙傳令：「命庖人將此魚烹來，與大王享之。」武王曰：「不可。」仍命擲之河中。子牙曰：「既入王舟，豈可捨此？正謂『天賜不取，反受其咎』，理宜食之，不可輕棄。」左右領子牙令，速命庖人烹來。不一時獻上，子牙命賜諸將。少頃，風恬浪靜，龍舟已渡黃河。

只見四百諸侯知周兵已至，打點前來迎接武王。子牙知武王乃仁德之主，豈肯欺君？恐眾諸侯尊稱武王，以致中餒❹，則大事去矣。須是預先吩咐過，然後相見，庶幾不露出圭角❺；俟破紂之後，再作區處。乃對武王曰：「今舟雖抵岸，大王還在舟中，俟老臣先上岸，陳設器械，嚴整軍威，以示武於諸侯，立定營柵，然後來請大王。」武王曰：「聽憑相父設施。」子牙先上了岸，率大隊人馬至孟津，立下營寨。眾諸侯齊至中軍來見子牙，子牙迎接上帳，相敘禮畢，子牙曰：「列位君侯見武王，不必深言其伐君弔民之故，只以觀政於商為辭，俟破紂之後，再作商議。」眾諸侯大喜，俱依子牙之言。子牙令軍政官與哪吒、楊戩前去迎請武王。後面又有西方二百諸侯隨後過黃河，同武王車駕而進。真個是天下諸侯會合，自是不同。怎見得，有詩為證，詩曰：

❹ 中餒：中途氣餒。此有半途而廢之意。
❺ 圭角：圭之鋒鋩有稜角，比喻言語動作不合於俗，有如圭角之峭厲。此有真象之意。

今日諸侯會孟津，紛紛殺氣滅紅塵。旌旗向日飛龍鳳，劍戟迎霜泣鬼神。
士卒赳赳歌化日，軍民濟濟慶仁人。應知世運當亨泰，四海謳吟總是春。

且說武王同西方二百諸侯來至孟津大營，探馬報入中軍帳，子牙率領東、南、北三方四百諸侯，又有二百小諸侯，齊來迎接。武王逕進中軍。先有：

東南揚侯鍾志明　南伯侯鄂順　西南豫州侯姚楚亮
北伯侯崇應鸞　東北兗州侯彭祖壽　夷門伯武高逵　左伯宗智明
右伯姚庶良　遠伯常信仁　邠州伯丁建吉　近伯曹宗

眾諸侯進營，止有東伯侯姜文煥未曾進遊魂關，乃序武王陞帳，武王不肯。彼此固遜多時，武王同眾諸侯交相下拜。天下諸侯俯伏曰：「今大王大駕特臨此地，使眾諸侯得睹天顏，仰觀威德，早救民於水火之中，天下幸甚！萬民幸甚！」武王深自謙讓曰：「予小子發，嗣位先王，孤德寡聞，惟恐有負前烈；謬蒙天下諸侯傳檄相邀，特拜相父東會列位賢侯，觀政於商。若謂予小子統率諸侯，則予豈敢？惟望列位賢侯教之！」內有豫州侯姚楚亮對曰：「紂王無道，殺妻誅子，焚炙忠良，殺戮大臣，沉湎酒色，弗敬上天，郊廟不祀，播棄黎民，昵比罪人，皇天震怒，絕命於商。予等奉大王恭行天之罰，伐罪弔民，拯萬姓於水火，正應天順人之舉，泄人神之憤，天下無不咸悅。若予與大王坐視不理，厥罪惟均，望大王裁之。」武王曰：「紂王雖不行正道，俱臣下蔽惑之耳。今只觀政於商，擒其嬖倖，令人君改其敝政，則天下自平矣。」彭祖壽曰：「天命靡常，惟有德者居之。昔堯有天下，因其子不肖，而禪位於舜。舜有天下，亦因其子之不肖，而禪位於禹。禹之子賢，能承繼父業，於是相傳；至桀而德衰，暴虐夏政，

天人怨之，故湯得行天之罰，放桀於南巢，伐夏而有天下。賢聖之君六七作，至於紂，罪惡貫盈，毀棄善政，戕賊不道，皇天震怒，降災於商，爰命大王以代殷湯。大王幸毋固辭，以灰諸侯之心。」武王謙讓未遑。子牙曰：「列位賢侯，今日亦非商議正事之時，俟至商郊，再有說話。」眾諸侯僉曰：「相父之言是也。」武王命營中治酒，大宴諸侯不表。

且說袁洪在營中，只見報馬啟曰：「今有武王兵至孟津下寨，大會諸侯，請元帥定奪。」殷破敗聽得，忙上前言曰：「周武乃天下叛逆元首，自興兵至此，所在獲捷；軍威甚銳，元帥不可輕忽，務要嚴兵以待。」袁洪曰：「參軍之言固善，料姜尚不過一磻溪村夫，有何本領？此皆諸闞將士不用心，以致彼僥倖成功。參軍放心，看吾一陣令他片甲不回。」次日，子牙陞帳，眾諸侯上帳參見，有夷門伯武高逵言曰：「啟元帥：諸侯六百駐兵於此，俱未敢擅於用兵，止在此拒住，只候武王大駕來臨，以憑裁奪。今日若不先擒袁洪，則匹夫尚自逞強，猶不知天吏之不可戰也。望元帥早賜施行。」子牙曰：「賢侯之言甚善。吾必先下戰書，然後會兵孟津，方可以示天下之惡惟天下之德可以克之。」眾皆大喜。子牙忙修書，差楊戩往湯營內來下戰書。

楊戩領命，往成湯營前下馬，大呼曰：「奉姜元帥將令，來下戰書！」探事小校報與中軍，袁洪聽得周營來下戰書，忙命左右：「令來。」只見軍政官來至營門，令楊戩進見。楊戩至中軍帳見袁洪，呈上戰書。袁洪觀看畢，乃曰：「吾不修回書，約定明日會兵便了。」楊戩回至中軍見子牙，言明日會兵。子牙傳令與眾諸侯：「明早會兵。」俱各各準備去了。次日，周營砲響，子牙調出大隊人馬，有八百諸侯齊出，當中是子牙人馬，俱是大紅旗；左是南伯侯鄂順，右是北伯侯崇應鸞，盡是五色旛幢；真若盔

山甲海，威勢如彪，英雄似虎，布成陣勢，三軍吶喊，衝至軍前。哨馬報與袁洪，袁洪與眾將出營觀看子牙大兵隊伍，只見天下諸侯鴈翅排開，分于左右，當中是元帥姜尚，左有鄂順，右有崇應鸞。有詩為證，詩曰：

諸侯共計破朝歌，正是神仙遇劫魔。百萬雄師興宇宙，奇功立在孟津河。
姜尚東征除虐政，諸侯拱手尊號令。妖氛滾滾各爭先，楊戩梅山收七聖。

話說袁洪在馬上見姜子牙身穿道服，乘四不相，來至軍前，左右排列有眾位門人，次後武王乘逍遙馬，南北分列眾位諸侯。只見袁洪銀盔素鎧，坐下白馬，使一條邠鐵棍，擔在鞍鞽，英雄凜凜。怎見得袁洪好處，有贊為證：

銀盔素鎧甲，纓絡大紅凝。左插狼牙箭，右懸寶劍鋒。橫擔邠鐵棍，白馬似神行。幼長梅山下，成功古洞中。曾受陰陽訣，又得天地靈。善能多變化，玄妙似人形。梅山稱第一，保紂滅周兵。

話說子牙向前問曰：「來者莫非成湯元帥袁洪麼？」袁洪曰：「你可就是姜尚？」子牙曰：「然也！征今天下歸周，商紂無道，天下離心離德，只在旦夕受縛，料你一杯之水，安能救車薪之火哉！汝若早早倒戈納降，尚待汝以不死；汝若支吾，一朝兵敗，玉石俱焚，雖欲求其獨生，何可及哉。休得執迷，徒勞伊戚。」袁洪笑曰：「姜尚，你只知磻溪捕魚，水有深淺，今幸而五關無有將才，讓你深入重地。你敢于巧言令色，惑吾眾聽耶！」回顧左右先行曰：「誰與吾拿此鄙夫，以泄天下之憤？」旁有一人大呼曰：「元帥放心，待我成功！」走馬飛臨陣前，搖手中鎗直取姜子牙。旁有右伯侯姚庶良縱馬搖手中斧，大呼曰：「匹夫慢來，有吾在此！」也不答話，兩馬相交，鎗斧併舉，一場大戰。怎見得，有詩為證，

詩曰：

征雲蕩蕩透虛空，劍戟兵戈擾攘中。今日姜公頭一戰，孟津血濺竹梢紅。

話說姚庶良手中斧轉換如飛，不知常昊乃是梅山一個蛇精，姚庶良乃是真實本領，那裡知道，只要成功。常昊不覺敗下陣去，姚庶良便催馬趕來。不知性命如何，且聽下回分解。

評

當日武王觀政於商，時有白魚躍舟，赤烏降屋，已肇周室興隆耳。武王猶謙遜未遑，此所以為德之至，仁之至；若是以臣伐君，則當日便有許多議論，何至再三謙抑耶？

又評

張奎夫人高蘭英著實有將才，其議論鑿鑿堪聽，雖古之名將，無出其右，宜其丈夫拱手聽命！只笑近日人家婦人，有何才能？一味會吃醋，而必欲丈夫懾服，已自可笑！豈奈丈夫亦平心畏服？可嘆哉！

第八十九回　紂王敲骨剖孕婦

紂王酷虐古今無，淫酗貪婪聽美姝。孕婦無辜遭惡劫，行人有難罹凶途。

遺讖簡冊稱殘賊，留與人間罵獨夫。天道悠悠難究竟，且將濁酒對花奴。

話說姚庶良隨後趕來，常昊乃是蛇精，縱馬腳下起一陣旋風，捲起一團黑霧，連人帶馬罩住，方現出他原形，乃是一條大蟒蛇；把口一張，吐出一陣毒氣。姚庶良禁不起，隨昏於馬下。常昊便下馬取了首級，大呼曰：「今拏姜尚如姚庶良為例！」眾諸侯之內，不知他是妖精。有兗州侯彭祖壽縱馬搖鎗，大呼曰：「匹夫敢傷吾大臣！」時有吳龍在袁洪右邊，見常昊立功，忍不住使兩口雙刀，催開馬飛奔前來，曰：「不要衝吾陣腳！」也不答話，兩騎相交，刀鎗併舉，殺至陣前。六百鎮諸侯俱在左右，看著二將交兵。戰未數合，吳龍掩一刀敗走；彭祖壽隨後趕來。吳龍乃是蜈蚣精，見彭祖壽將近，隨現出原形；只見一陣風起，黑雲捲來，妖氣迷人，彭祖壽已不知人事，被吳龍一刀揮為兩斷。眾諸侯不知何故，只見將官追下去就是一塊黑雲罩住，將官隨即絕命。

子牙旁邊有楊戩對哪吒曰：「此二將俱不是正經人，似有些妖氣。我與道兄一往，何如？」只見吳龍躍馬舞刀，飛奔軍前，大呼曰：「誰來先啖吾雙刀？」哪吒登開風火輪，使火尖鎗，現三首八臂迎來。吳龍曰：「來者是誰？」哪吒曰：「吾乃哪吒是也。你這業畜，怎敢將妖術傷吾諸侯！」把鎗一擺，直

刺吳龍。吳龍手中刀急架交還，未及三四合，被哪吒祭起九龍神火罩，響一聲，將吳龍罩在裡面。吳龍已化道青光去了。哪吒用手一拍，及至罩中現出九條火龍時，吳龍去之久矣。常昊見哪吒用火龍罩罩住吳龍，心中大怒，縱馬持鎗，大呼曰：「哪吒不要走！吾來也！」只見楊戩使三尖刀，縱銀合馬，同哪吒雙戰常昊。常昊見勢不好，便敗下陣去。楊戩也不趕他，取彈弓在手，隨手發出金丸，照常昊打來。只見那金丸不知落于何處。哪吒後祭起神火罩，將常昊罩住；也似吳龍化一道赤光而去。袁洪見二將如此精奇，心下甚是歡喜，傳令三軍擂鼓！袁洪縱馬沖殺過來，大呼曰：「姜子牙！我與你見個雌雄！」旁有楊任見袁洪沖來，急催開雲霞獸，使開雲飛鎗，敵住袁洪；戰有五七回合，楊任取出五火扇，照袁洪一搧，袁洪已預先走了，止燒死他一匹馬。子牙鳴金收隊回營，陞帳坐下，歎曰：「可惜傷了二路諸侯！」心下不樂。楊戩上帳曰：「今日弟子看他三人俱是妖怪之相，不似人形。方纔哪吒祭神火罩，楊任用神火扇，弟子用金丸，俱不曾傷他，竟化青光而去。」只見眾諸侯也都議論常昊、吳龍之術，紛紛不一。

且說袁洪回營，陞帳坐下，見常昊、吳龍齊來參謁，袁洪曰：「哪吒罩兒，楊任的扇子，俱好利害！」吳龍笑曰：「他那罩與扇子只好降別人，那裡奈何得我們？只是今日指望拿了姜尚，誰知只壞了他兩個諸侯，也不算成功。」袁洪一面修本往朝歌報捷，寬免天子憂心。且說魯仁傑對殷成秀、雷鵬、雷鵾曰：「賢弟，今日你等見袁洪、吳龍、常昊與子牙會兵的光景麼？」眾人曰：「不知所以。」魯仁傑曰：「此正所謂『國家將興，必有禎祥；國家將亡，必有妖孽。』❶今日他三將俱是些妖孽，不似人形。今天下

❶ 國家將興四句：語見中庸。禎祥，吉兆。妖孽，凶兆。

諸侯會兵此處，正是大敵；豈有這些妖邪能拒敵成功耶？」殷成秀曰：「長兄且莫忙說破，看他後來如何？」魯仁傑曰：「總來吾受成湯三世之恩，豈敢有負國恩之理？惟一死以報國耳！」話說差官往朝歌，來至文書房內，飛廉接本觀看，見袁洪報捷，連誅大鎮叛逆諸侯彭祖壽、姚庶良，心中大喜，忙持本上鹿臺來見紂王。當駕官上臺啟曰：「有中大夫飛廉候旨。」紂王曰：「宣來。」左右將飛廉宣至殿前，參拜畢，俯伏奏曰：「今有元帥袁洪領敕鎮守孟津，以逆❷天下諸侯；初陣斬兗州侯彭祖壽、右伯侯姚庶良，軍威已振，大挫周兵鋒銳。自興師以來，未有今日之捷。此乃陛下洪福齊天，得此大帥，可計日奏功，以安社稷者也。特具本齎奏。」紂王聞奏大悅：「元帥袁洪連斬二逆，足破敵人之膽，其功莫大焉。傳朕旨意，特敕獎諭，賜以錦袍、金珠，以勵其功；仍以蜀錦百疋，寶鈔萬貫，羊、酒等件以犒將士勤勞。務要用心料理，勦滅叛逆，另行分列茅土，朕不食言。欽哉！故諭。」飛廉頓首謝恩，領旨打點解犒賞往孟津去。不表。

且言妲己聞飛廉奏袁洪得勝奏捷，來見紂王曰：「妾蘇氏恭喜陛下又得社稷之臣也！袁洪實有大將之才，永堪重任。似此奏捷，叛逆指日可平，臣妾不勝慶幸，實皇上無疆之福以啟之耳，今特具觴為陛下稱賀。」紂王曰：「御妻之言正合朕意。」命當駕于鹿臺上治九龍席，三妖同紂王共飲。此時正值仲冬天氣，嚴威凜冽，寒氣侵人。正飲之間，不覺彤雲四起，亂舞梨花。當駕官啟奏曰：「上天落雪了。」紂王大喜曰：「此時正好賞雪。」命左右嫚注金罇，重斟盃斝❸，酣飲交歡。怎見好雪，有贊為證：

---

❷ 逆：迎。此指迎戰。

❸ 盃斝：酒杯。斝，音ㄐㄧㄚˇ。

彤雲密布，冷霧繽紛。彤雲密布，朔風凜凜號空中；冷霧繽紛，大雪漫漫鋪地下。真個是：六花片片飛瓊，千樹株株倚玉。須與積粉，須刻成鹽。白鸚渾失素，皓鶴竟無形。平添四海三江水，壓倒東西幾樹松。卻便似戰敗玉龍三百萬，果然是退鱗殘甲滿空飛。但只是：幾家村舍如銀砌，萬里江山似玉圖。好雪！真個是：柳絮滿橋，梨花蓋舍。柳絮滿橋，橋邊漁叟掛蓑衣；梨花蓋舍，舍下野翁煨榾柮❹。客子難沽酒，蒼頭苦覓梅。洒洒瀟瀟裁蝶翅，飄飄蕩蕩剪鵝衣。團團滾滾隨風勢，颼颼冷氣透幽幃。豐年祥瑞從天降，堪賀人間好事宣。

話說紂王與妲己共飲，又見大雪紛紛，忙傳旨，命：「捲起氈簾，待朕同御妻、美人看雪。」侍駕官捲起簾幔，打掃積雪。紂王同妲己、胡喜媚、王貴人在臺上，看朝歌城內外似銀裝世界，粉砌乾坤。王曰：「御妻，你自幼習學歌聲曲韻，何不把按雪景的曲兒唱一套，俟朕漫飲三杯。」妲己領旨，款啟朱唇，輕舒鶯舌，在鹿臺上唱一個曲兒。真是：婉轉鶯聲飛柳外，笙簧嘹喨自天來。曲曰：

纔飛燕塞邊，又灑向城門外。輕盈過玉橋去，虛飄臨閬苑來。攘攘挨挨，顛倒把乾坤玉載。凍的長江上魚沉鴈杳，空林中虎嘯猿哀。憑天降，冷禍胎，六花飄墮難禁耐，砌漫了白玉堦。宮幃裡冷侵衣袂，那一時暖烘烘紅日當頭晒，掃彤雲四開，現青天一派，瑞氣祥光擁出來。

妲己唱罷，餘韻悠揚，嬝嬝不絕。紂王大喜，連飲三大杯。一時雪俱止了，彤雲漸散，日色復開。紂王同妲己憑欄，看朝歌積雪，忽見西門外有一小河，——此河不是活水河，因紂王造鹿臺，挑取泥土，致成小河，適纔雪水注積，因此行人不便，必跣足過河。——只見有一老人跣足渡水，不甚懼冷，而行步

❹ 榾柮：音ㄍㄨˇ ㄉㄨㄛˋ，樹根。

且快。又有一少年人，亦跣足渡水，懼冷行緩，有驚怯之狀。紂王在高處觀之，盡得其態，問于妲己曰：「怪哉！怪哉！有這等異事！你看那老者渡水，反不怕冷，行步且快；這年少的反又怕冷，行走甚難，這不是反其事了？」妲己曰：「陛下不知，老者不甚怕冷，乃是少年父母，精血正旺之時，交姤成孕，所秉甚厚；故精血充滿，骨髓皆盈，雖至末年，遇寒氣猶不甚畏怯也。至若少年怕冷，乃是末年父母，氣血已衰，偶爾姤精成孕，所秉甚薄，精血既虧，髓皆不滿，雖是少年，形同老邁，故遇寒冷而先畏怯也。」紂王笑曰：「此惑朕之言也！人秉父精母血而生，自然少壯，老衰，豈有反其事之理？」妲己又曰：「陛下何不差官去拏來，便知端的。」紂王傳旨：「命當駕官至西門，將渡水老者、少者俱拿來。」當駕官領旨，忙出朝趕至西門，不分老少，即時一併拿來。老少民人曰：「吾等奉公守法，不欠錢糧，為何來拿我們？」侍臣曰：「只怕當今天子有好處到你們，也不可知。」正是：

平白行來因過水，誰知敲骨喪其生！

紂王在鹿臺上專等渡水人民。卻說侍駕官將二民拏至臺下回旨：「啟陛下：將老少二民拏至臺下。」紂王命：「將斧砍開二民脛骨，取來看驗。」左右把老者、少者腿俱砍斷，拏上臺看，果然老者髓滿，少者髓淺。紂王大喜，命左右：「把尸拖出！」可憐無辜百姓，受此慘刑！後人有詩歎之，詩曰：

敗葉飄飄落故宮，至今猶自起悲風。獨夫只聽讒言婦，目下朝歌社稷空。

話說紂王見妲己如此神異，撫其背而言曰：「御妻真是神人，何靈異若此！」妲己曰：「妾雖係女流，少得陰符之術，其勘驗陰陽，無不奇中。適纔斷脛驗髓，此猶其易者也。至如婦人懷孕，一見便知他腹內有幾月，是男，是女，面在腹內，或朝東、南、西、北，無不週知。」紂王曰：「方纔老少人民

斷脛驗髓，如此神異，朕得聞命矣；至如孕婦，再無有不妙之理。」命當駕官傳旨：「民間搜取孕婦見朕。」奉御官往朝歌城來。正是：

天降大殃臨孕婦，成湯社稷盡歸周。

話說奉御官在朝歌滿城尋訪，有三名孕婦，一齊拿往午門來。只見他夫妻難捨，搶地呼天，哀聲痛慘，大呼曰：「我等百姓又不犯天子之法，不拖欠錢糧，為何拿我等有孕之婦？」子不捨母，母不捨子，悲悲泣泣，前遮後擁，扯進午門來。只見箕子在文書房共微子、微子啟、微子衍、上大夫孫榮正議袁洪為將，退天下諸侯之兵，不知何如，只聽得九龍橋鬧鬧嚷嚷，呼天叫地，哀聲不絕。眾人大驚，齊出文書房來，問其情由。見奉御官拉著兩三個婦女而來。箕子問曰：「這是何故？」民婦泣曰：「吾等俱是女流，又不犯天子之法，拿我女人做甚麼？老爺是天子之臣，當得為國為民，救我等蟻命！」言罷哭聲不絕。箕子忙問奉御官，奉御官答曰：「皇上夜來聽娘娘言語，將老少二民敲骨驗髓，分別淺深，知其老少生育，皇上大喜。娘娘又奏，尚有剖腹驗胎，知道陰陽。皇上聽信斯言，特命臣等取此孕婦看驗。」箕子聽罷，大罵：「昏君！方今兵臨城下，將至濠邊，社稷不久丘墟，還聽妖婦之言，造此無端罪業！左右且住！待吾面君諫止。」箕子怒氣不息，後隨著微子等俱往鹿臺來見駕。且說紂王在鹿臺專等孕婦來看驗，只見當駕官啟曰：「有箕子等候旨。」王曰：「宣。」箕子至臺上，俯伏大哭曰：「不意成湯相傳十世之天下，一旦喪于今日，而尚不知警戒修省，造此無辜惡業，你將何面目見先王之靈也！」紂王怒曰：「周武叛逆，今已有大帥袁洪足可禦敵，斬將覆軍，不日奏凱。朕偶因觀雪，見朝涉者，有老少之分，行步之異，幸皇后分別甚明，朕得以決其疑，于理何害。今朕欲剖孕婦以驗陰陽，有甚大事，

你敢當面侮君，而妄言先王也！」

箕子泣諫曰：「臣聞人秉天下之靈氣以生，分別五官，為天地宣猷贊化❺，作民父母；未聞荼毒生靈，稱為民父母者也。且人死不能復生，誰不愛此血軀，而輕棄以死耶。今陛下不敬上天，不修德政，天怒民怨，人日思亂；陛下尚不自省，猶殺此無辜婦女，臣恐八百諸侯屯兵孟津，旦夕不保。一旦兵臨城下，又誰為陛下守此都城哉？只可惜商家宗裔為他人所擄，宗廟被他人所毀，宮殿為他人所居，百姓為他人之民，府庫為他人之有，陛下還不自悔，猶聽婦女之言，敲民骨，剔孕婦，臣恐周武人馬一到，不用攻城，朝歌之民自然獻之矣！軍民與陛下作仇，只恨周武不能早至，軍民欲簞食壺漿以迎之耳。雖陛下被擄，理之當然；只可憐二十八代神主，盡被天下諸侯之所毀，陛下此心忍之乎？」紂王大怒曰：「老匹夫！焉敢覿面侮君，以亡國視朕，不敬孰大于此！」命武士：「拿去打死！」箕子大叫曰：「臣死不足惜，只可惜你昏君敗國，遺譏萬世，縱孝子慈孫不能改也！」只見左右武士扶箕子方欲下臺，只見臺下有人大呼曰：「不可！」微子、微子啟、微子衍三人上臺，見紂王俯伏，嗚咽不能成語，泣而奏曰：「箕子忠良，有功社稷。今日之諫，雖則過激，皆是為國之言。陛下幸察之！陛下昔日剖比干之心，今又誅忠諫之口，社稷危在旦夕，而陛下不知悟，臣恐萬姓怨憤，禍不旋踵也。幸陛下憐赦箕子，褒忠諫之名，庶幾人心可挽，天意可回耳。」紂王見微子等齊來諫諍，不得已，乃曰：「聽皇伯、皇兄之諫，將箕子廢為庶民！」妲己在後殿出而奏曰：「陛下不可！箕子當面辱君，已無人臣禮；今若放之在外，必生怨望。倘與周武搆謀，致生禍亂，那時表裡受敵，為患不小。」紂王曰：「將何處治？」妲己曰：

❺ 為天地宣猷贊化：謂幫助天地化育萬民。

「依臣妾愚見，且將箕子剃髮囚禁，為奴宮禁，以示國法，使人民不敢妄為，臣下亦不敢瀆奏矣。」紂王聞奏大喜，將箕子竟囚之為奴。微子見如此光景，料成湯終無挽救之日，隨即下臺，與微子啟、微子衍大哭曰：「我成湯繼統六百年來，今日一旦被嗣君所失，是天亡我商也，奈之何哉！」微子與微子啟兄弟二人商議曰：「我與你兄弟可將太廟中二十八代神主負往他州外郡，隱姓埋名，以存商代禋祀，不令同日絕滅可也。」微子啟含淚應曰：「敢不如命！」於是三人打點收拾，投他州自隱。——後孔聖稱他三人曰：「微子去之，箕子為之奴，比干諫而死。」謂「殷有三仁」是也。後人有詩贊之：

鶯囀商郊百草新，成湯宮殿已成塵。為奴豈足存商祀，去國因之接子禋。
剖腹丹心成往事，割胎民婦又遭迍。朝歌不日歸周主，戰血郊原已化燐。

話說微子三人收拾行囊，投他州去了。紂王將三婦人拿上鹿臺，妲己指一婦人：「腹中是男，面朝左脇。」一婦人：「也是男，面朝右脇。」命左右用刀剖開，毫厘不爽。又指一婦人：「腹中是女，面朝後背。」用刀剖開，果然不差。紂王大悅：「御妻妙術如神，雖龜筮莫敵！」自此肆無忌憚，橫行不道，慘惡異常，萬民切齒。當日有詩為證：

大雪紛紛宴鹿臺，獨夫何苦降飛災！三賢遠遁全宗廟，孕婦身亡實可哀。

話說當日刳剔孕婦，天昏地暗，日月無光。次日，有探事軍報上臺來：「有微子等三位殿下，封了府門，不知往何處去了。」紂王曰：「微子年邁，就在此，也是沒用之人；微子啟弟兄兩人，就留在朝歌，也做不得朕之事業；他去了，又省朕許多煩絮。即今元帥袁洪屢見大功，料周兵不能做得甚事。」遂日日荒淫宴樂，全不以國事為重。在朝文武不過具數❻而已，併無可否。

那日招賢榜篷下，來了二人，生得相貌甚是凶惡：一個面如藍靛，眼似金燈，巨口獠牙，身軀偉岸；一個面似瓜皮，口如血盆，牙如短劍，髮似硃砂，頂生雙角，甚是怪異，往中大夫府謁見。飛廉一見甚是畏懼。行禮畢，飛廉問曰：「二位傑士是那裡人氏？高姓何名？」二人欠身曰：「某二人乃大夫之子民，成湯之百姓。聞姜尚欺妄，侵天子關隘，吾兄弟二人願投麾下，以報國恩，決不敢望爵祿之榮，願破周兵，以洗王恥。子民姓高名明，弟乃高覺。」通罷姓名，飛廉領二人往朝內拜見紂王，進午門逕往鹿臺見駕。紂王問曰：「大夫有何奏章？」飛廉奏曰：「今有二賢高明、高覺，願來報效，不圖爵祿，敢破周兵。」紂王聞奏大悅，宣上臺來。二人倒身下拜，俯伏稱臣。王賜平身，二人立起。紂王一見相貌奇異，甚是駭然：「朕觀二士真乃英雄也！」隨在鹿臺上俱封為神武上將軍，二人謝恩。王曰：「大夫與朕陪宴。」二人下臺冠帶了，至顯慶殿待宴，至晚謝恩出朝。次日旨意下，命高明、高覺同欽差解湯羊、御酒往孟津來。不知凶吉如何，且聽下回分解。

評

紂王焚炙忠良，蠆盆惡焰，可謂極古今之慘，何得又有此一番惡想！竟刳剔孕婦，斮朝涉之脛。千古之下，稱為獨夫，信不誣矣！

---

❻ 具數：即備員、充數。

又評

妲己之毒惡，極為古今婦人之最，然而惡名歸於紂王。今人只知罵紂王為獨夫，何嘗罵妲己為獨婦？此又古今極便宜的事。予想此婦，可謂極善逢迎者，不但當日能惑紂王，尚能遮過天下後世人，又可謂極古今婦人之媚！

第九十回　子牙捉神荼鬱壘

眼有明兮耳有聰，能于千里決雌雄。神機纔動情先泄，密計方行事已空。
軒廟借靈憑鬼使，棋山毓秀仗桃叢。誰知名載封神榜，難免降魔杵下紅。

話說高明、高覺同欽差官往孟津來，行至轅門，傳：「旨意下！」旗門官報入中軍，袁洪與眾將接旨，進中軍開讀，詔曰：

嘗聞：將者乃三軍之司命，係社稷之安危。將得其人，國有攸賴；苟非其才，禍遂莫測，則國家又何望焉。茲爾元帥袁洪，才兼文武，學貫天人，屢建奇功，真國家之柱石，當代之人龍也！今特遣大夫陳友解湯羊、御酒、金帛、錦袍，用酬戍外之勞，慰朕當宁之望。爾當克勤克藎，撲滅巨逆，早安邊疆，以靖海宇。朕不惜茅土重爵，以待有功。爾其欽哉！特諭。

袁洪謝恩畢，款待天使。又令高明、高覺進見。高明、高覺上帳參謁袁洪，行禮畢，袁洪認得他是棋盤山桃精、柳鬼；高明、高覺也認得袁洪是梅山白猿。彼此大喜，各相溫慰，深喜是一氣同枝。正是：

不是武王洪福大，焉能七聖死梅山。

高明、高覺在營中與眾將相見，各各致意。次日，袁洪修謝恩本，打發天使回朝歌。不表。當日，袁洪命高明、高覺二將往周營搦戰。二人慨然出營，至周營大呼曰：「著姜尚來見我！」哨馬報入中軍，子

牙問左右：「誰去走一遭？」旁有哪吒曰：「弟子願往。」子牙許之。哪吒領令出營，忽見二人步行而來，好兇惡！怎見得：

一個面如藍靛腮如燈，一個臉似青松口血盆。一個獠牙凸暴如鋼劍，一個海下髭鬚似赤繩。一個方天戟上懸豹尾，一個加鋼板斧似車輪。一個棋盤山上稱柳鬼，一個得手人間叫高明。正是：

神荼鬱壘該如此，要阻周兵鬧孟津。

話說哪吒大呼曰：「來者何人？」高明答曰：「吾乃高明、高覺是也：今奉袁洪將軍將令，特來擒拿反叛姜尚耳。你是何人，敢來見我？」哪吒大喝曰：「好孽畜，敢出大言！」搖手中火尖鎗，直取二將。高明、高覺舉戟、斧劈面迎來。三將交兵，大戰在龍潭虎穴。哪吒早現出三頭八臂，祭起乾坤圈，正中高覺頂門上，打得個一派金光，散漫于地。哪吒復祭九龍神火罩，把高明罩住，用手一拍，即現九條火龍，須臾燒罷。哪吒回營來見子牙，言圈打高覺，罩住高明一事，子牙大喜。不表。且說高明等二人進營，來見袁洪曰：「姜尚所仗無他，俱倚的是三山五岳門人，故此所在僥倖成功，不曾遇著我等奧妙之人，莫說是姜尚幾個門人，何怕你有通天徹地手段，豈能脫得吾輩之手也？」眾人俱各歡喜。

次日，高明、高覺又往周營搦戰。哨馬報入中軍：「啟元帥：高明、高覺請元帥答話。」子牙問哪吒曰：「你昨日回我滅了二將，今日又來，何也？」哪吒曰：「想必高明二人有潛身小術，請師叔親臨，吾等便知真實。」子牙傳令，六百諸侯齊出，看子牙用兵。高明對弟高覺曰：「哪吒言吾等有潛身小術，俱出來一看吾等真實。」言未了，只聽砲響，見周營大隊排開，似盔山甲海，射目光華。子牙乘四不相，來至軍前，看見二將相貌兇惡，醜陋不堪，大喝曰：「高明、高覺，不順天時，敢勉強而阻逆王師，自

討殺身之禍也！」高明大笑曰：「姜子牙，我知你是崑崙之客，你也不曾會我等這樣高人。今日成敗定在此舉也。」道罷，二將使戟、斧沖殺過來。這邊李靖、楊任二騎沖出，也不答話，四處兵器交加。正是四將賭鬥，怎見得，有詩為證，詩曰：

四將交鋒在孟津，人神仙鬼孰虛真。從來劫運皆天定，縱有奇謀盡墮塵。

話說楊戩在旁，見高明、高覺一派妖氣，不是正人，仔細觀看，以備不虞。只見楊任取出五火扇來，照高明一搧，只聽得「呼」的一聲，化一道黑光而去。李靖也祭起黃金塔來，把高覺罩在裡面，一時也不見了。袁洪同眾將正在轅門看高明兄弟二人大戰周兵，見楊任用五火扇子搧高明，又見李靖用塔罩高覺，忙命吳龍、常昊接戰。二將大叫曰：「周將不必回營，吾來也！」哪吒登風火輪來戰吳龍；楊戩使三尖刀敵住常昊，四將大戰。袁洪心下自思曰：「今日定要成功，不可錯過。」把白馬催開，使一條邠鐵棍來戰子牙。旁有雷震子、韋護二人截住袁洪相殺。怎見得，有贊為證，贊曰：

凜凜寒風起，森森殺氣生。白猿使鐵棒；雷震棍更精。韋護降魔杵，來往勢猶兇。捨命安天下，拚生定太平。

話說雷震子展風雷翅，飛在空中，那條棍從頂上打來。韋護祭起降魔杵，此杵豈同小可，如須彌山一般打將下來。袁洪雖是得道白猿，也經不起這一杵，袁洪化白光而去，止將鞍馬打得如泥。楊戩祭哮天犬咬常昊；常昊乃是蛇精，狗也不能傷他。常昊知是仙犬，先借黑氣走了。哪吒祭起神火罩，罩住吳龍；吳龍也化青氣走了。總是一場虛話。

子牙鳴金回營。楊戩上帳曰：「今日會此一陣，俱為無用。當時弟子別師尊時，師父曾有一言吩咐

弟子說：『若到孟津，謹防梅山七聖阻隘。』教弟子留心。今日觀之，祭寶不能成功，俱化青黑之氣而走。元帥宜當設計處治，方可成功。若是死戰，終是無用。」子牙曰：「吾自有道理。」當日至晚，子牙帳中鼓響，眾將官上帳聽令。子牙命李靖領柬帖：「你在八卦陣正東上，按震方，書有符印，用桃椿，上用犬血，如此而行。」又命雷震子領柬帖：「你在正南上，按離方，亦有符印，也用桃椿，上用犬血，如此而行。」命哪吒領柬帖：「在正西上，按兌方，也用桃椿，上用犬血，如此而行。」又命楊任：「在正北上，按坎方，也用桃椿，上用犬血，如此而行。楊戩，你可引戰，用五雷之法，望桃椿上打下來。韋護，你用瓶盛烏雞、黑狗血，女人屎屎和勻，裝在瓶內，見高明、高覺趕上我陣中，你可將瓶打下，此穢污濁物壓住他妖氣，自然不能逃走。此一陣可以擒二豎子也。」眾門人聽令而去。子牙先出營，布開八卦，暗合九宮，將桃椿釘下。正是：

設計要擒桃柳鬼，這場辛苦枉勞神。

子牙安置停當。且說高明聽著子牙傳令安八卦方位，用烏雞、黑狗血，釘桃椿拿他兄弟，二人大笑不止：「空費心機！看你怎樣捉我二人！」次日，子牙親臨轅門搦戰。袁洪命高明、高覺出營，大呼曰：「姜子牙，你自稱掃蕩成湯大元帥，據吾看，你不過一匹夫耳！你既是崑崙之士，理當遣將調兵，共決雌雄；為何釘桃椿，安符印，週圍布八卦，按九宮，用門人將烏雞、黑狗血穢污之物壓我二人。吾非鬼魅精邪，豈懼你左道之術也！」二人道罷，放步搖斧、舉戟直取子牙。子牙左右有武吉、南宮适二馬齊出，急架忙迎。四將交兵，鎗刀共舉。高明逞精神，如同猛虎；南宮适使氣力，一似蛟龍；高覺戟刺擺長旛，武吉鎗來生殺氣：四將酣戰。子牙催四不相，仗劍也來助戰；未及數合，便往陣中敗走。

高明笑曰：「不要走！吾豈懼你安排，吾來也！」兄弟二人隨後趕入陣來。剛入得八卦方位，東有李靖，南有雷震子，西有哪吒，北有楊戩，四面發起符印，處處雷鳴；韋護空中將一瓶穢污之物往下打來，那些雞犬穢血，濺得滿地。高明、高覺化陣青光，早已不見了。眾門人親自觀見，莫知去向。子牙收兵回營，陞帳坐下，大怒曰：「豈知今日本營先有奸細私透營內之情，如此何日成功也！將吾機密之事盡被高明知道，此是何說！」楊戩在旁曰：「師叔在上：料左右將官自在西岐共起義兵，經過三十六路征伐，今進五關，經過數百場大戰，苦死多少忠良。今日至此，克成湯只在目下，豈有這樣之理？據弟子觀之，此二人非是正人，定有些妖氣，那光景大不相同。望師叔詳察。今弟子往一所在去來，自知虛實。」子牙曰：「你往那裡去？」楊戩曰：「機不可泄，泄則不能成功也。」子牙許之。楊戩當晚別子牙去訖。且說高明、高覺來見袁洪，言子牙用八卦陣，將釘桃椿的事說了一遍。袁洪具表往朝歌報捷。高覺聽得周營子牙與楊戩共議，楊戩要往一所在去，又聽見楊戩不肯說，兄弟二人曰：「憑你怎樣尋吾根腳，料你也不能知道！」二人又大笑一回。不表。

且說楊戩離了周營，借土遁往玉泉山金霞洞來，正是：

遁中道術真玄妙，咫尺青風萬里程。

話說楊戩來至金霞洞，見洞門緊閉，楊戩洞外敲門。少時，一童子出來，見是師兄，忙問曰：「師兄何來？」楊戩曰：「煩賢弟通報。」童子進洞內見玉鼎真人，啟曰：「師兄楊戩在洞府外求見。」真人起身吩咐曰：「著他進來。」楊戩來至碧遊床前下拜。真人曰：「你今到此為何？」楊戩把孟津事說了一遍。真人曰：「此業障是棋盤山桃精、柳鬼。桃、柳根盤三十里，採天地之靈氣，受日月之精華，成氣

有年。今棋盤山有軒轅廟，廟內有泥塑鬼使，名曰千里眼、順風耳；二怪托其靈氣，目能觀看千里，耳能詳聽千里；千里之外，不能視聽也。你可叫姜子牙著人往棋盤山去，將桃、柳根盤掘挖，用火焚盡；將軒轅廟二鬼泥身打碎，以絕其靈氣之根；再用一重霧常鎖營寨，如此如此，則二鬼自然絕也。」楊戩受命，離了玉泉山，復往周營而來。軍政官報與子牙，子牙令入中軍，問楊戩曰：「此去如何？」楊戩搖頭不語，猶恐泄機。子牙曰：「你今日為何如此？」楊戩曰：「弟子今日不敢言，且隨弟子行之。」子牙並依楊戩，不去阻擋。楊戩執定令旗下帳，把後隊大紅旗二千杆，令三軍磨旗；又令一千名軍士擂鼓鳴鑼，恍然有驚天動地之勢。子牙見楊戩如此，不知其故。楊戩方來對子牙曰：「高明、高覺二人乃是棋盤山桃精、柳鬼。他憑托軒轅廟二鬼之靈，名曰千里眼、順風耳。如今須用旗招展不住，使千里眼不能觀看；鑼鼓齊鳴，使順風耳不能聽察。請元帥命將往棋盤山，掘挖其根，用火焚之；再令將官去把軒轅廟裡二鬼打碎；然後用大霧一重，常鎖行營，此怪方能除也。」子牙聽說：「既然如此，吾自有治度。」子牙令李靖：「領三千人馬，速往棋盤山，去挖絕其根。」又令雷震子：「去打碎泥塑鬼使。」

後人有詩歎之，詩曰：

虎鬥深山淵鬥龍，高明高覺逞邪蹤。當時不遇仙師指，難滅軒轅二鬼風。

話說子牙安排已定，只等二門人來回令。且說高明、高覺只聽得周營中鼓響鑼鳴不止，高覺曰：「長兄，你看看怎樣？」高明曰：「一派盡是紅旗招展，連眼都晃花了。兄弟，你且聽聽看。」高覺曰：「鑼鼓齊鳴，把耳朵都震聾了，如何聽得見一些兒？」二人急躁不表。只見李靖人馬去掘桃、柳的根盤；雷震子去打泥塑的鬼使；子牙在帳內望二人回來，方好用計破之。次日，子牙在中軍，忽報：「雷震子回來。」

子牙令至中軍，問其「打泥鬼如何？」雷震子曰：「奉令去打碎了二鬼，放火燒了廟宇，以絕其根，恐再為祟；待周王伐紂功成，再重修殿宇未遲。」子牙大悅，隨在帳前令哪吒、武吉在營布起一壇，設下五行方位，當中放一罈，四面八方俱鎮壓符印，安治停當。只見李靖掘桃、柳鬼根盤已畢，來至中軍回話。子牙大喜。正是：

李靖掘根方至此，袁洪舉意劫周營。

話說子牙在中軍共議東伯侯還不見來，忽報三運督糧官鄭倫來至。子牙令至帳前，鄭倫回令畢，交納糧印。鄭倫聽得土行孫已死，著實傷悼不表。且說袁洪在營中自思：「今與周兵屢戰，未見輸贏，枉費精神，虛費日月。」令左右暗傳與常昊、吳龍：「令高明、高覺衝頭陣，今夜劫姜尚的營。」又令：「參軍殷破敗、雷開為左右救應，殷成秀、魯仁傑為斷後，務要一夜成功。」眾將聽令，只等黃昏行事。話說子牙在中軍，忽見一陣風從地而起，捲至帳前。子牙見風色怪異，掐指一算，早知其意。子牙大喜，傳令：「中軍帳釘下桃樁，鎮壓符印，下布地網，上蓋天羅，黑霧迷漫中軍。令各營俱不可輕動。李靖拒住東方，楊任拒住西方，哪吒拒住南方，雷震子拒住北方，楊戩、韋護在將臺左右保護。」子牙令南宮适、武吉、鄭倫、龍鬚虎等：「各防守武王營寨。」眾將得令而去。子牙沐浴上臺，等候袁洪來劫營寨。詩曰：

子牙妙算世無雙，動地驚天勢莫當。二鬼有心施密計，三妖無計展疆場。
遭殃楊任歸神去，逃死袁洪免喪亡。莫說孟津多惡戰，連逢劫殺損忠良。

話說袁洪當晚打點人馬劫營，大破子牙，以成全功。纔至二更時分，高明、高覺為頭一隊，袁洪為二隊。

魯仁傑對殷成秀曰：「賢弟，據我愚見，今夜劫營，不但不能取勝，定有敗亡之禍。況姜子牙善于用兵，知玄機變化，且門下又多道德之士，此行豈無準備。我和你且在後隊，見機而作。」殷成秀曰：「兄長之言甚善。」不說他二人各自準備，且說高明、高覺來至周營，點起大砲，響一聲，喊殺進營來。袁洪同常昊、吳龍從後接應。子牙在將臺上披髮仗劍，踏罡步斗，霎時四下裡風雲齊起，這正是子牙借崑崙之妙術，取神荼、鬱壘。不知凶吉何如，且聽下回分解。

評

高明高覺耳目能視覺千里，一遇旌旗金鼓，便惑蔽其聰明，倏然被擒；然則有耳目之蠱，可不慎歟！

又評

語云：方以類聚，物以群分。當日有袁洪、常昊、吳龍三人怪，就有桃精柳鬼來應付。青天白日之下，純是魑魅魍魎用事，紂欲不亡得乎！

第九十一回　蟠龍嶺燒鄔文化

力大排山氣吐虹，手拖扒木快如風。行舟陸地誰堪及，破敵營門孰敢同。
擒虎英名成往事，食牛全氣化崆峒。總來天意歸周主，火燎蟠龍嶺下紅。

話說子牙在將臺上作法，只見風雲四起，黑霧瀰漫，上有天羅，下有地網，昏天慘地，罩住了周營。霹靂交加，電光馳驟，火光灼灼，冷氣森森，雷響不止，喊聲大振。各營內鼓角齊鳴，若天崩地塌之狀。怎見得，有詩為證，詩曰：

風霧濛濛電火燒，雷聲響亮鎮邪妖。桃精柳鬼難逃躲，早把封神名姓標。

話說高明、高覺闖進周營，殺進中軍，只見鼓聲大振，三軍吶喊。一聲砲響，東有李靖，西有楊任，南有哪吒，北有雷震子，左有楊戩，右有韋護，一齊衝將出來，把高明等圍住。臺上有子牙作法。臺下四箇門人，齊把桃椿震動。上有天羅，下有地網，上下交合。子牙祭起打神鞭打將下來，高明、高覺難逃此難，只打得腦漿迸流。一靈已往封神臺去了。且說袁洪同常昊、吳龍在後面催軍，殺進周營，被哪吒等接住大戰。此時昏夜交兵，兩軍混戰。韋護祭起降魔杵來打吳龍；吳龍早化青光去了。哪吒也祭起九龍神火罩來罩常昊；常昊化一道青氣不見了。袁洪乃是白猿得道，變化多端，把元神從頭上現出。楊任正欲取五火扇搧袁洪，不意袁洪頂上白光中元神手舉一棍打來，楊任及至躲時，已是不及，早被袁洪一

棍打中頂門，可憐自穿雲關歸周，纔至孟津，未受封爵而死。後人有詩歎之，詩曰：

自離成湯歸紫陽，穿雲關下破瘟癀。孟津盡節身先喪，俱是南柯夢一場。

話說楊任被袁洪打死，兩軍混戰，至天明，子牙鳴金，兩下收兵。子牙陞帳，點視軍將，已知楊任陣亡，著實嗟歎不已。楊戩上帳言曰：「今夜大戰，雖然斬了高明、高覺，反折楊任一員大將。據弟子見袁洪等俱是精靈所化，急切不能成功。大兵阻于此地，何日結局。弟子今往終南山，借了照妖鑑來，照定他的原身，方可擒此妖魅也，不然終無了期。」子牙許之。楊戩離了周營，借土遁往終南山而來。不多時，早至玉柱洞前，按落遁光，至洞門聽候雲中子。少時，只見金霞童子出來，楊戩上前稽首曰：「師兄，借煩通報，有楊戩要見師伯。」童子忙還禮曰：「師兄少待，容吾通報。」童子進洞對雲中子曰：「有楊戩在外面候見。」雲中子命童子：「著他進來。」童子出洞云：「師兄請見。」楊戩見雲中子，行禮畢，稟曰：「弟子今到此，欲求師伯照妖鑑一用。目今兵至孟津，有幾箇妖魅阻住周師，不能前進。雖大戰數場，法寶難治。因此上奉姜元帥將令，特地至此，拜求師伯。」雲中子曰：「此乃梅山七怪也。只你可以擒獲。」忙取寶鑑付與楊戩。楊戩辭了終南，借土遁逕往周營內來見子牙，備言：「此是梅山七怪，明日俟弟子擒他。」話說袁洪在營中與常昊、吳龍眾將議退諸侯之策，殷破敗曰：「明日元戎不大殺一場以樹威，使天下諸侯知道利害，則彼皆不能善解。與他遷延日月，恐師老軍疲，其中有變，那時反為不美。」袁洪從其言。

次日，整頓軍馬，砲聲大振，來至軍前。子牙亦帶領眾諸侯出營，兩下列成陣勢。袁洪一馬當先。子牙謂袁洪曰：「足下不知天命久已歸周，而何阻逆王師，令生民塗炭耶？速早歸降，不失封侯之位。

如若不識時務，悔無及矣。」袁洪大笑曰：「料爾不過是磻溪一釣叟耳，有何本領，敢出此大言！」回顧常昊曰：「與吾將姜尚擒了！」常昊縱馬挺鎗，飛來直取子牙。旁有楊戬催馬舞刀，抵住廝殺。二馬往來，刀鎗併舉，只殺得凜凜寒風，騰騰殺氣。怎見得，有詩為證，詩曰：

殺氣騰騰鎖孟津，梅山妖魅亂紅塵。須臾難遁終南鑑，取次摧殘作鬼燐。

話說兩人大戰，未及十五合，常昊撥馬便走。楊戬隨後趕來，取出照妖鑑來照，原來是條大白蛇。楊戬已知此怪，看他怎樣騰挪。只見常昊在馬上忽現原身，有一陣怪風捲起，播土揚塵，愁雲靄靄，冷氣森森，現出一條大蛇。怎見得，有詩為證：

黑霧漫漫天地遮，身如雪練弄妖邪。神光閃灼兇頑性，久與梅山是舊家。

話說楊戬看見白蛇隱在黑霧裡面來傷自己，楊戬搖身一變，化作一條蜈蚣，身生兩翅飛來，鉗如利刃。怎見他的模樣，有詩為證：

二翅翩翻似片雲，黑身黃足氣如焚。雙鉗豎起渾如劍，先斬頑蛇建首勳。

楊戬變做一條大蜈蚣，飛在白蛇頭上，一剪兩斷。那蛇在地下挺折扭滾。楊戬復了本相，將此蛇斬做數斷，發一個五雷訣，只見雷聲一響，此怪震作飛灰。袁洪知白蛇已死，大怒，縱馬使一根棍，大呼曰：「好楊戬！敢傷吾大將！」旁有哪吒登風火輪，現三頭八臂，使火尖鎗，抵住了袁洪。輪馬相交，未及數合，哪吒祭起九龍神火罩，將袁洪連人帶馬罩住；哪吒用手一拍，現出九條火龍，將袁洪盤旋週繞焚燒。不知袁洪有七十二變玄功，焉能燒的著他，袁洪早借火光去了。吳龍見哪吒施勇，使兩口雙刀來戰哪吒。哪吒翻身復來，接戰吳龍。楊戬在旁，忙取照妖鑑照看，原來是一條蜈蚣。楊戬縱馬舞刀，雙戰

吳龍。吳龍料戰不過，撥馬便走，哪吒登風火輪就趕。楊戩曰：「道兄休趕，讓吾來也。」哪吒聽說，便立住了風火輪，讓楊戩催馬追趕。吳龍見楊戩趕來，即現原形，就馬腳下捲起一陣黑霧，罩住自己。怎見得，有詩為證：

黑霧陰風布滿天，梅山精怪法無邊。誰知治尅難相恕，千歲蜈蚣化罔然。

吳龍見楊戩追趕，即現原形，隱在黑霧之中，來傷楊戩。楊戩見此怪飛來，隨即搖身一變，化作一隻五色雄雞。怎見得，詩曰：

綠耳金睛五色毛，翅如鋼劍嘴如刀。蜈蚣今遇無窮妙，即喪原身怎脫逃。

楊戩化做一隻金雞，飛入黑霧之中，將蜈蚣一嘴啄作數斷，又除一怪。子牙與眾將掌鼓進營不表。

卻說殷破敗、雷開與諸將親自看見今日光景，不覺笑曰：「國家不祥，妖孽方興，今日我們兩員副將，豈知俱是白蛇、蜈蚣成精，來此惑人。此豈是好消息！不若進營與主將商議何如？」隨進營來，見袁洪在中軍悶坐，俱至帳前參謁。袁洪見眾將來見，也覺沒趣，乃對眾將曰：「吾就不知常昊、吳龍乃是兩個精靈，幾乎被他誤了大事。」眾將曰：「姜子牙乃崑崙道德之士，麾下又有這三山五岳門人相隨，料吾兵不能固守此地，請元帥早定大策，或戰或守，可以預謀，毋令臨期掘井，一時何及。眼見我兵微將寡，力敵不能，依不才等愚見，不如退兵，固守城都，設防禦之法，以老其師。此『不戰能屈人之兵』者，不知元帥尊意如何？」袁洪曰：「參軍之言差矣！奉命守此地方，則此地為重；今捨此不守，反欲退拒城都，此為臨門禦寇，未有不敗者也。今姜尚雖有輔佐之人，而深入重地，亦不能用武。看吾在此地破敵，吾自有妙策，諸將勿得多言。」各人下帳。魯仁傑與殷成秀曰：「方今時勢，也都見了，料成

湯社稷終屬西岐。況今日朝廷不明，妄用妖精為將，安有能成功之理？但我與賢弟受國恩數代，豈可不盡忠于國；然而就死也須死在朝歌，見吾輩之忠義，不可枉死于此地，與妖孽同腐朽也。不若乘機討一差遣，往而不返可也。」二將議定。忽有總督糧儲官上帳來稟袁洪曰：「軍中止有五日行糧，不足支用，特啟元帥定奪。」袁洪命軍政司修本，往朝歌催糧。旁有魯仁傑出而言曰：「末將願往。」袁洪許之。魯仁傑領令，往朝歌去催糧不表。

且說朝歌城來了一個大漢，身高數丈，力能陸地行舟，頓餐隻牛，用一根排扒木，姓鄔名文化，揭招賢榜投軍。朝廷差官送鄔文化至孟津營聽用。來至轅門，左右報與袁洪。袁洪命：「令來。」鄔文化同差官至中軍，見禮畢，通名站立。袁洪見鄔文化一表非俗，恍似金剛一般，撐在半天裡，果是驚人。袁洪曰：「將軍此來，必懷妙策。今將何計以退周兵？」鄔文化曰：「末將乃一勇鄙夫，奉聖旨齎送元帥帳下調用，聽憑指揮。」袁洪大喜：「將軍此來，必定首建大功，何愁姜尚不授首也！」鄔文化次日清晨上帳領令，出營搦戰，倒拖排扒木，行至周營，大呼曰：「傳與反叛姜尚，早至轅門洗頸受戮！」話說子牙在中軍帳，猛聽戰鼓聲響，擡頭觀看，見一大漢豎在半天裡，驚問眾將曰：「那裡來了一個大漢子？」眾人齊來觀看，果是好箇大漢子，眾皆大驚。正欲尋問，只見軍政官報入中軍來：「有一大漢，口出大言，請令定奪。」有龍鬚虎出曰：「弟子願往。」子牙許之，吩咐曰：「你須仔細。」龍鬚虎領令出營來。鄔文化低頭往下一看，大笑不止：「那裡來了一個蝦精？」龍鬚虎擡頭看鄔文化，怎生兇惡，但見有詩為證，詩曰：

身高數丈骼榔頭，口似窰門兩眼摳❶。丈二蒼鬚如散線，尺三草履似行舟。

生成大力排山岳，食盡全牛賽虎彪。陸地行舟人罕見，蟠龍嶺上火光愁。

鄔文化大呼曰：「周營中來的是個甚麼東西？」龍鬚虎大怒，罵曰：「好匹夫！把吾當作甚麼東西！吾乃姜元帥第二門徒龍鬚虎是也。」鄔文化笑曰：「你是一個畜生，全無一些人相，難道也是姜尚門徒！」龍鬚虎曰：「村匹夫快通名來，殺你也好上功勞簿。」鄔文化罵曰：「不識好歹業畜！吾乃紂王御前袁元帥麾下威武大將軍鄔文化是也。你快回去，叫姜尚來受死，饒你一命。」龍鬚虎大怒，罵曰：「今奉令特來擒你，尚敢多言！」發手一石打來。鄔文化一排扒木打下來，龍鬚虎閃過，其釘打入土有三四尺深；急自拽起釘扒來，到被龍鬚虎夾大腿連腰上打了七八石頭；再轉身，又打了五六石頭；只打的是下三路。鄔文化身大，轉身不活，不上一個時辰，被龍鬚虎連腿帶腰打了七八十下，打得鄔文化疼痛難當，倒拖著排扒木望正東上走了。龍鬚虎得勝回營，來見子牙，備言其事。眾將俱以為大而無用，子牙也不深究所以，彼此相安不察。且說鄔文化敗走二十里，坐在一山崖上，擦腿摸腰，有一個時辰，乃緩緩來至轅門。左右報入中軍曰：「啟元帥：鄔文化在轅門等令。」袁洪吩咐：「令來。」鄔文化來至帳前，參謁袁洪。袁洪責之曰：「你今初會戰，便自失利，挫動鋒銳，如何不自小心！」鄔文化曰：「元帥放心。末將今夜劫營，管教他片甲不存，上報朝廷，下泄吾恨。」袁洪曰：「你今夜劫營，吾當助爾。」鄔文化收拾打點，今夜去劫周營。此是子牙軍士有難，故有此失。正是：

一時不察軍情事，斷送無辜填孟津。

話說子牙不意鄔文化今夜劫營。將至二更時分，成湯營裡一聲砲響，喊聲齊起，鄔文化當頭，撞進

❶ 摳：凹下。

轅門。那是黑夜，誰人抵敵？沖開七層鹿角，撞翻四方木柵、擋牌，鄔文化把排扒木只是橫掃兩邊。也是周營軍士有難，可憐被他衝殺得尸橫遍野，血流成河，六十萬人馬在中軍呼兄喚弟，覓子尋爺。又有袁洪協同，黑夜中袁洪放出妖氣，籠罩住營中，驚動多少大小將官。子牙聽得大漢劫營，急上了四不相，手執杏黃旗，護定身子，只聽得殺聲大振，心下著忙。又是大漢二目如兩盞紅燈，眾門人各不相顧，只殺得孟津血水成渠。有詩為證，詩曰：

姜師提兵會列侯，袁洪賭智未能休。朝歌遣將能催敵，周寨無謀是自蹂。

軍士有災皆在劫，元戎遇難更何尤。可惜英雄徒浪死，賢愚無辨喪荒丘。

話說鄔文化夤夜劫周營，後有袁洪助戰。周將睡熟，被鄔文化將排扒木兩邊亂掃，可憐為國捐軀，名利何在！袁洪騎馬，仗妖術沖殺進營，不辨賢愚，盡是些少肩無臂之人，都做了破腹無頭之鬼。武王有四賢保駕奔逃，子牙落荒而走，五七門徒借五遁逃去。只是披堅執銳之士，怎免一場大厄！該絕者難逃天數，有生者躲脫災殃。且說鄔文化直沖殺至後營，來到糧草堆根前，此處乃楊戩守護之所。忽聽得大漢劫營，姜元帥失利，楊戩急上馬看時，見鄔文化來得勢頭兇，欲要迎敵，又顧糧草，心生一個計，且救眼下之厄。忙下馬，念念有詞，將一草豎立在手，吸口氣，叫聲「變！」化了一個大漢，頭撐天，腳踏地。怎見得，有贊為證，贊曰：

頭有城門大，二目似披缸。鼻孔如水桶，門牙扁擔長！

鬍鬚似竹笋，口內吐金光。大呼鄔文化，與吾戰一場！

話說鄔文化正盡力沖殺，燈光影裡見一大漢，比他更覺長大，大呼曰：「那匹夫慢來！吾來也！」鄔文

化擡頭看見，諕得魂不附體：「我的爺來了！」倒拖排扒木，回頭就走，也不管好歹，只是飛跑。楊戩化身隨後趕來一程，正遇袁洪。楊戩大呼曰：「好妖怪，怎敢如此！」使開三尖刀，飛奔殺來。袁洪使棍抵住。大戰一回，楊戩祭哮天犬時，袁洪看見，化一道白光，脫身回營。且說孟津眾諸侯聞袁洪劫姜元帥的大營，驚起南北二鎮諸侯，齊來救應。兩下混戰，只殺到天明。子牙會集諸門人，尋見武王，收集敗殘人馬，點算折軍兵有二十餘萬，帳下折了將官三十四員，龍鬚虎被鄔文化排扒木絕其性命。軍士有見龍鬚虎的頭掛在排扒木上，因此報知。子牙聞龍鬚虎被亂軍中殺死，子牙傷悼不已。眾諸侯上帳，問武王安。楊戩來見子牙，備言：「鄔文化沖殺，是弟子如此治之，方救得行糧無虞。」子牙曰：「一時失於檢點，故遭此厄，無非是天數耳。」心下鬱鬱不樂，納悶中軍。

且說袁洪得勝回營，具本往朝歌報捷：「鄔文化大勝周兵，戶塞孟津，其水為之不流。」群臣具賀：「自征伐西岐，從未有此大勝。」紂王大喜，日日縱樂，全不以周兵為事。且說楊戩來見子牙曰：「如今先將大漢鄔文化治了，然後可破袁洪。」子牙曰：「須得如此，方可絕得此人。」楊戩領令，去到孟津哨探路徑。走有六十里，至一所在，地名蟠龍嶺。此山灣環如蟠龍之勢，中有空闊一條路，兩頭可以出入。楊戩看罷，心下大喜曰：「此處正好行此計也！」忙回見子牙，備言：「蟠龍嶺地方可以行計。」子牙聽說大喜，在楊戩耳邊備說如此如此，可以成功。楊戩遂自去了。正是：

計燒大將鄔文化，須得姜公用此謀。

話說子牙令武吉、南宮适：「領二千人馬，往蟠龍嶺去埋伏引火之物，中用竹筒引線，暗埋火砲、火箭各項等物，嶺上下俱用柴薪引火乾燥物件，預備停當，只等鄔文化來至，便可行之。」二將領令去訖。

話說鄔文化得了大功，紂王差官齎袍、帶、表禮等物獎諭，袁洪、鄔文化二將謝恩，打發天使回朝歌。不表。袁洪對鄔文化曰：「荷蒙天子恩寵獎諭，鄔將軍，我等當得盡忠竭力，以報國恩，不負吾輩名揚于天下也。」鄔文化曰：「末將明日使姜尚無備，再殺他個片甲無存，早早奏凱。」袁洪大喜，設宴慶賞。正談笑間，探事馬報入中軍：「啟元帥：今有姜子牙與武王在轅門閑看吾營，不知有何原故，請令定奪。」袁洪聽報，即令鄔文化：「暗出大營，抄出子牙之後擒之，如探囊取物耳。」鄔文化領令，忙出右營門，撒開大步，拖排扒木，如飛雲掣電而來，大呼曰：「姜尚休走！今番吾定擒你成功也。速速下騎受死，免吾費力。」子牙與武王見鄔文化追來，撥轉坐騎，望西南而逃。鄔文化見子牙、武王落荒而走，放心追來。子牙回顧，誘鄔文化曰：「鄔將軍，你放我君臣回營，得歸故國，再不敢有犯邊疆，吾群臣感將軍洪恩不淺矣。」鄔文化曰：「今番錯過，千載難逢。」拼命趕來，那裡肯捨。望前趕了一個時辰。姜子牙與武王是有腳力的；鄔文化步行，怎當得他是急急追趕，一氣趕了五六十里！鄔文化氣力已乏，立住腳不趕了。子牙回頭看時，見鄔文化不趕，子牙勒轉坐騎，大呼曰：「鄔文化，你敢來與吾戰三合麼？」鄔文化大怒曰：「有何不敢？」回身又望前趕來。子牙勒轉四不相又走，看看趕至蟠龍嶺了，子牙君臣進山口去了。鄔文化大喜：「姜尚進山，似魚游釜中，肉在几上！」隨後追進山口。不知鄔文化性命如何，且聽下回分解。

評

從來妖邪鬼魅，安能白晝勝人？不過混亂一場而已。所以高明、高覺、常昊、吳龍皆陸續被擒，只是商朝氣數，不卜可知其敗也。豈有堂堂天子，而魑魅魍魎公然橫行於青天白日之下哉？

又評

鄔文化一勇之夫，固無足論；只笑姜子牙為武事中鼻祖，闡教中之高士，如何不能前知？如何不諳紀律？今全軍屠戮，武王著驚，子牙公能逭其責？以理定罪，則當今之祖武其事，尸祝其神者，俱當罰去。

第九十二回　楊戩哪吒收七怪

梅山七怪阻周兵，逞異誇能苦戰爭。狗寶雖兇誰獨死，牛黃縱惡自戕生。
朱真伏地先無項，楊顯縱橫後亦薨。堪笑白猿多惹事，千年道行等閑傾。

話說武吉、南宮适望見子牙引鄔文化進山，先讓過子牙與武王，用木石疊斷前山。只見鄔文化趕進山口，不見了子牙、武王，立住了腳，遲疑四望，竟無蹤跡。正欲迴身出山，只聽得兩邊砲響，殺聲振地，山上用滾木大石疊斷山口，軍士用火弓、火箭、火砲、乾柴等物望山下拋放，只見四下裡火起，滿谷煙生。怎見得好火，贊曰：

騰騰烈焰，滾滾煙生。一會家地塌山崩，霎時間雷轟電掣。須臾綠樹盡沾紅，頃刻青山皆帶赤。那怕你銅墻鐵壁，說甚麼海闊河寬。任憑他爍石流金，遇著時枯泉轍涸。風乘火勢逞雄威，火借風高拚惡毒。休說鄔文化血肉身軀，就是滿山中披毛帶角的皆逢其劫。

話說鄔文化見後面火起，疊斷歸路，抽身轉奔進山來。那山腳下地砲、地雷發作，望上打來。可憐頂天立地大漢，陸地行舟的英雄，只落得頃刻化為灰燼！後人有詩歎之：

夜劫周營立大功，孟津河下逞英雄。姜公妙算驅楊戩，火化蟠龍一陣風。

話說楊戩、武吉、南宮适見燒死了鄔文化，俱回來見姜子牙，備言前事。子牙大喜，又謂楊戩曰：「只

是袁洪此怪未除，如之奈何？」楊戩曰：「此怪乃梅山得道白猿，最是精靈，俟徐徐除之。」子牙曰：「且等東伯侯來至，諸侯方可進兵。」

話說袁洪聞報，知道燒死了鄔文化，心中不樂，正獨坐納悶，忽報：「轅門外有一頭陀求見。」袁洪傳令：「請來。」少時，頭陀至中軍，打稽首曰：「元帥，貧道稽首了。」袁洪曰：「道者請了。道者從何處來？有何見諭？」頭陀曰：「吾亦在梅山地方居住，與元帥相隔不遠，姓朱名子真。今知元帥為紂王出力，特來助一臂之力。不識元帥肯容納否？」袁洪聽說大喜，邀請頭陀上坐。朱子真再三謙讓，就席而坐。旁有參軍殷破敗、雷開二將聽得又是梅山之士，乃相謂歎曰：「此又是常昊、吳龍一黨。」袁洪命治酒管待朱子真。一宵不表。次日，朱子真提寶劍在手，率左右行至周營，坐名請元帥答話。軍政官報入中軍。子牙聽見有道者，忙傳令南北二處諸侯齊出轅門，排開隊伍，自己親率諸眾弟子出轅門，列成陣勢。見成湯旗門腳下，來一頭陀。怎見得，有贊為證：

面如黑漆甚蹺蹊，海下髭髯一剪齊。長唇大耳真兇惡，眼露光華掃箒眉。皂服絲絛飄蕩蕩，渾身冷氣浸人肌。梅山豬怪逢楊戩，不久周營現此軀。

話說朱子真步行至前，見子牙簇擁而至。子牙曰：「道者何人？」朱子真曰：「吾乃梅山煉氣士朱子真是也。」姜子牙曰：「你不守分安居，來此何幹？是自尋死亡也。」朱子真大笑曰：「成湯相傳數十世，爾等世受國恩，無故造反，侵奪關隘，反言天命人心，真是妖言惑眾，不忠不孝之夫！至今日到此，快快下馬納降，各還故土，尚待你等以不死；如有半字不然，那時拿住，定碎尸萬段，悔無及矣。」子牙大罵曰：「無知匹夫！你死在目前，尚不自知，猶自饒舌也！」朱子真仗劍來取子牙。只見旁有南伯侯

麾下副將余忠，此人不信道術，使狼牙棒，面如紫棗，三柳長髯，飛馬大呼曰：「此功留與我來取！」子牙見左哨來了余忠，一馬當先，也不答話，使開棒夾頭就打。朱子真手中劍劈面交還。步馬相交，劍棒併舉。未及二十合，朱子真轉身就走，余忠隨後趕來。子牙傳令擂鼓吶喊，以助軍威。余忠追來，未及一里之路，朱子真乃是妖魅，足下陰風簇擁，一派寒霧籠罩，故馬亦追之不上。朱子真把身子立住，余忠馬看看至近，子真回頭，把口一張，一道黑煙噴出，籠罩其身，現出本相，一口把余忠咬了半段，余忠尸骸倒于馬下。朱子真復現元身，回奔而來，大呼曰：「姜子牙敢與吾立見雌雄麼？」楊戩在旁，用照妖寶鑑一照，原來是一個大豬。楊戩把馬催開，使三尖刀從後面大喝曰：「好業障少來，有吾在此！」使開刀，分頂門砍來。朱子真手中劍急架忙迎。步馬相交，刀劍併舉，未及數合，朱子真抽身就走，楊戩隨後趕來。朱子真如前，復現原身，將楊戩一口吃去。子牙見楊戩如此，傳令回兵進營。朱子真得勝，來見袁洪，袁洪大喜，治酒管待朱子真賀功。正飲之間，忽報：「轅門有一傑士求見。」袁洪傳令：「令來。」

少時，見一人面如傅粉，海下長髯，頂生二角，戴一頂束髮冠，至帳下行禮畢，袁洪問曰：「傑士何方人氏？」其人答曰：「末將姓楊，名顯，祖居梅山人氏。」——此傑士乃是羊精也，借羊成姓，也是梅山一怪，俱是袁洪一起。只恐旁人看破，故此陸續而來，托姓借名，以掩眾人耳目。當日袁洪留在軍中，賜坐飲酒。楊顯與朱子真各自誇能鬥勝，嘵嘵不休。殷破敗自思：「此又是袁洪等一黨妖孽耳！」默對雷開不語。只見大小將官正飲酒，方到二更時分，聽得朱子真腹內有人言曰：「朱道人，你可知道吾是誰？」朱子真驚得魂不附體，忙問曰：「你是誰？你實在那裡？」楊戩在腹內答曰：「吾乃玉泉山

金霞洞玉鼎真人門徒楊戩是也，今已在你腹內。你只知貪吃血食，不知在梅山吃了多少眾生。今日你這業障罪惡貫盈，我把你的肝腸弄一弄！」把手在他心肝上一揸，朱子真大叫一聲：「痛殺我也！」口稱：「大仙饒了小畜罷！」楊戩曰：「你是欲生？欲死？」朱子真曰：「望大仙慈悲！小畜在梅山也不知費幾許辛苦，採天地靈氣，吸日月精華，方能修成人形；今不知分量，干犯天威，望乞恕饒，真再生之德也！」楊戩曰：「你既要全生，你可速現原身，跪伏周營，吾當饒你性命；如不依吾言，我把你的心、肝、肺、腑都摘下來！」朱子真沒奈何，有法也無處使，只得苦苦哀告。楊戩大叫曰：「如若遲了，吾就動手！」朱子真只得隨現原形，是一個大豬，晃晃蕩蕩，走出轅門，就把袁洪急得抓耳撓腮，楊顯惱得無名火發，有力也無有用處，只得聽之而已。話說豬精走至周營轅門前跪伏，此時南宮适巡營，剛纔四更，巡至轅門，只見一豬伏著，南宮适曰：「此是民間豢養的，怎生至此間來？等到天明，叫原人領去。」楊戩在豬腹內大呼曰：「南將軍，報與姜元帥得知，此是梅山豬怪。今早見陣，是吾鑽入他腹裡，特地擒伏至此，快請元帥來轅門發落！」

南宮适方悟，知是楊戩變化在他肚裡，不覺大喜，忙進營門，至中軍外帳將雲板敲響，請元帥陞帳議事。內使傳與子牙，子牙忙陞帳。南宮适上帳啟元帥曰：「楊戩收服梅山豬精，已在營門，請元帥發落。」子牙傳令，命眾將掌上燈毬火把出營。不一時，一聲砲響，子牙率領眾諸侯齊出轅門，看時，果是一口大豬，跪伏在地。子牙問曰：「你這業障，沒來由，何苦自取殺身之禍！」楊戩在腹內應曰：「請元帥施行，斬除此怪，以絕後患。」子牙傳令：「命南宮适行刑。」南宮适手起一刀，將豬頭斬落在地。楊戩借血光而出，現了自己真身。眾諸侯無不欣羨。子牙命將豬頭掛在轅門號令，俱回營寨。不表。

只見袁洪謂楊顯曰：「似此露出本相，成何體面！把吾輩在梅山千年道術，一代英名，俱成畫餅，豈不愧哉！誓不與姜尚干休！」楊顯曰：「楊戩他恃自己有變化之術，不意朱子真誤中奸計，若不復此仇，豈能再立於人世！」二人正彼此痛恨，忽轅門官報入中軍：「啟元帥：有天使至，請令定奪。」袁洪忙出轅門，迎接天使。天使曰：「奉天子敕，命送一賢士至軍前聽用。」袁洪接了旨意，打發天使去了，復至中軍坐下，命左右：「令來將參謁。」來將至中軍參拜畢，袁洪亦問曰：「將軍何名？」來者答曰：「末將姓戴名禮，梅山人氏；聞紂王招賢，故不辭千里之遠，特來效勞於麾下。」——此怪也是梅山之狗精，恐怕被人識破，故此陸續而來，若為不知耳。袁洪與眾將曰：「今日又添一賢士，定然與他決一雌雄。」隨傳令：「放砲吶喊。」三軍排隊伍出營，請子牙答話。周營軍政司報入中軍：「啟元帥：有袁洪搦戰。」子牙隨帶諸將出營。見袁洪走馬至軍前，子牙曰：「袁洪，你不知時務，眼見覆軍殺將，天意可知。今紂惡貫盈，人神共怒，諒爾不過區區螳臂，敢與天下諸侯相拒哉！」袁洪笑曰：「你偶爾得勝，便自矜誇，量你今日斷然無生回之理。」問左右曰：「誰與吾捉此反臣也？」左有楊顯大呼曰：「俟末將擒此反賊！」子牙看來將白面長鬚，頂生二角。怎見得，有讚曰：

頂上金冠生殺氣，柳葉甲掛龍鱗砌。頭生雙角氣崢嶸，白面長鬚聲更細。梅山妖孽號羊精，也至孟津將身斃。從來邪正到頭分，何苦身投羅網地。

話說楊顯走馬搖戟，沖殺過來。楊戩在旗門下用照妖鑑一照，卻是一隻羊精。楊戩收鑑，走馬舞三尖刀，也不答話，接住廝殺。刀戟併舉，殺在虎穴龍潭。二將正戰之間，只見成湯營裡一將，使兩口刀，飛奔前來，大叫曰：「楊兄弟，吾來助爾一臂之力！」子牙旁有哪吒登風火輪，使開火尖鎗迎來。怎見的此

怪，有詩為證：

嘴尖耳大最蹊蹺，遍體妖光透九霄。七怪之中他是首，千年得道一神獒。

話說哪吒用鎗阻住，大呼曰：「匹夫慢來！通名來，好記功勞簿。」來將答曰：「吾乃袁洪副將戴禮是也。」哪吒使開鎗，劈胸就刺。戴禮雙刀急架相還。輪馬相交，刀鎗併舉，大戰在一處。且說楊戩戰楊顯有二三十合，楊顯撥馬便走，楊戩趕來。楊顯在馬上吐出一道白光，連馬罩住，現原身來傷楊戩。楊戩化一隻白額斑斕猛虎。楊顯見楊戩變了一隻猛虎，已尅治了他，急欲逃走，早被楊戩一刀砍為兩段。楊戩割下羊頭，大叫曰：「啟元帥：弟子又殺了梅山一怪也！」戴禮與哪吒正酣戰間，戴禮口內吐出一粒紅珠，有碗口大小，望哪吒頂門打來。哪吒見勢頭兇兇，諒不能治伏，只得閃一鎗敗下陣來。楊戩見哪吒失機，走馬大呼曰：「業障不得無禮！吾來也！」使開三尖刀來戰戴禮。二人大戰二十餘合，戴禮撥馬便走，楊戩縱馬趕來。戴禮又吐出一粒紅珠，現出光華，來傷楊戩。楊戩祭起哮天犬，飛在空中。此犬乃是仙犬，看見此珠，十分兇惡，竟讓過他的珠來奔戴禮。戴禮見仙犬奔來，正欲抽身逃走，早被哮天犬一口咬住，不能掙扎。楊戩手起一刀，揮於馬下。有詩為證，詩曰：

梅山狗怪逞猖狂，煉寶傷人勢莫當。豈意仙犬能伏怪，紅塵血染命空亡。

話說楊戩又殺了狗怪，掌鼓回營。子牙陞帳，見楊戩屢破諸怪，大喜，慶賀楊戩不表。

且說袁洪回至中軍，又見戴禮被戮，現出原形，心下甚是不樂。眾將交頭接耳，紛紛議論，十分沒趣。忽轅門官來報：「啟元帥：轅門外有一大將求見。」袁洪傳令：「令來。」少時，令至帳前，見一人身高一丈六尺，頂生雙角，捲嘴尖耳，金甲紅袍，全身甲冑，十分軒昂，戴紫金冠，近前施禮。袁洪

問曰：「將軍高姓大名？」來將答曰：「末將姓金，雙名大升，祖貫梅山人氏。」此來者又是牛怪，用三尖刀，力大無窮，今來助袁洪，俱是梅山七怪之數。袁洪故問，以遮眾人耳目。袁洪乃設酒管待。次日，金大升上了獨角獸，提三尖刀，至周營搦戰。哨馬報入中軍：「啟元帥：成湯營有一大將請戰。」

子牙對眾將問曰：「誰見陣走一遭？」言未畢，旁有鄭倫出而言曰：「末將願往。」子牙許之。鄭倫上了金睛獸，撐降魔杵，出了營門，見對面一將，生的異怪雄偉，鄭倫問曰：「來者何人？」金大升答曰：「吾乃袁洪麾下副將金大升是也。爾是何人？快通名來。」鄭倫答曰：「吾乃總督五軍上將軍鄭倫是也。吾觀你異相非人，焉敢阻時雨之師，有逆天之罪！早早歸周，共破獨夫，以誅無道。如不知機，自取辱身之禍。」金大升大怒，催開獨角獸，使三尖刀砍來。鄭倫手中杵劈面相迎。二獸相交，大戰數合。金大升乃是牛怪，腹內煉成一塊牛黃，有碗口大小，噴出來，如火電一般。鄭倫不及提防，正中臉上，打傷鼻孔，腮綻唇裂，倒撞下獸去，被金大升手起一刀，揮為兩段。可憐！正是：

胸中奇術成何用，只落名垂在史篇。

話說金大升斬了鄭倫，掌鼓回營。報馬報入中軍：「啟元帥：鄭倫被湯營大將金大升所傷，請令定奪。」子牙聞報，著實傷悼，歎曰：「鄭倫屢建大功，自從蘇侯歸周，一路督糧，有功王室，豈知至此喪於無名下將之手，情實可傷！」子牙淚下如雨。有詩以弔之，詩曰：

胸中妙術孰能班，豈意遭逢喪此間？惟有清風常作伴，忠魂依舊返家山。

話說子牙次日令下：「誰為鄭倫報仇走一遭？」旁有楊戩應聲答曰：「弟子願往。」子牙許之。楊戩隨即上馬提刀，至成湯營前，坐名要金大升出來答話。少時，見成湯營內砲聲響處，只見金大升坐獨

角獸，來至軍前，大呼曰：「來者通名！」楊戩曰：「吾乃楊戩是也。你就是金大升麼？」大升曰：「然也。」楊戩舞刀直取，金大升手中三尖刀赴面來迎。二將俱是三尖刀，往來沖突，一場大戰，有三十餘合。楊戩先未曾用照妖鑑照他，不防金大升噴出牛黃，此寶猶如火塊飛來。楊戩見來得太急，化一道金光，往正南而走，金大升隨後趕來。大升的獨角獸來的快，楊戩忙取照妖鑑出來照時，卻原來是個水牛。楊戩回身，正欲變化拿他，忽然前面一陣香風縹緲，異味芳馨，氤氳遍地，有五彩祥雲，隱隱中一對黃旛飄蕩，當中有一位道姑，跨青鸞而至，旁有女童三四對，應聲叫曰：「楊戩早來見娘娘聖駕！」楊戩聽說，乃向前抄手施禮曰：「弟子楊戩參見娘娘。」

那道姑曰：「楊戩，吾非別神，乃女媧娘娘是也。今見成湯數盡，周室當興，吾特來助你降伏梅山之怪。」令楊戩立於一旁，乃命青雲女童：「將此寶去把那業障牽來。」青雲女童接寶在手，只見金大升足踏陰雲，提刀趕來。青雲女童上前攔住，大呼曰：「那業障！娘娘聖駕在此，休得無禮！今奉娘娘法旨，特來擒你！」金大升大怒，將刀往上一舉，劈面砍來。青雲女童將伏妖索祭起空中，只見黃巾力士將金大升穿起鼻子來，用銅鎚把金大升脊背上打了三四鎚，一聲雷響，金大升現出原身，乃是一匹水牛。楊戩向前倒身下拜：「弟子楊戩願娘娘聖壽無疆！」女媧曰：「楊戩，你且將牛怪帶回周營發落；我還助你收伏白猿精怪也。」楊戩別了女媧娘娘，把牛牽著回來。

且說子牙在中軍，聽報到：「楊戩化一道金光往正南上去了，這大將趕去，不知凶吉。」子牙驚疑不定。哪吒曰：「楊戩自有運用，元帥何必驚疑？」子牙曰：「方今東伯侯人馬未至，況有梅山七怪阻住吾師，使吾心下不能安然。」言未畢，只見報馬來報：「啟元帥：楊戩回來。」子牙令至帳前，問其

原故。楊戩把女媧娘娘收伏牛怪之事說了一遍，「今至轅門，請元帥發落。」子牙傳令：「請眾諸侯齊至大營門，看吾號令此怪。」少時，眾諸侯齊至轅門。子牙命牽過牛怪，用縛妖索將此怪縛在地下，令南宮适行刑。南宮适手起一刀，將牛頭斬下。孟津河八十萬人馬齊聲喝采。子牙命將牛頭掛在旗竿上號令，掌鼓回營。卻說袁洪已知梅山眾弟兄俱被子牙所滅，欲前而不能進，欲後而不能退，著實無計，事屬兩難，心下甚是憂疑。不表。

只見子牙回營陞帳，問楊戩曰：「梅山絕了幾怪？」楊戩掐指一算：「啟元帥：已滅了六怪。」子牙曰：「今晚傳與眾諸侯：二更時分齊劫成湯大營。」又令楊戩：「你可單劫袁洪，取巧降伏此怪，大事可定。」楊戩答曰：「弟子同哪吒雙去建功，更覺易於為力。」子牙許之，仍將眾將分派已定。不表。卻說袁洪在營中與參軍殷破敗、雷開二將議曰：「今主上命吾等在此守禦，此處周兵雖多，能者甚少，況連日朝歌不曾見有救兵，亦不曾見吾捷報，恐天子憂心，深屬不便。」命中軍具疏往朝歌，請天子速發援兵前來接應。中軍官具表求救。且說子牙親乘坐騎，時至二更，一聲砲響，周兵吶一聲喊，齊殺進成湯營裡去。正是：

黑夜沖營無準備，三軍無故受災殃。

話說南伯侯鄂順領二百諸侯，一齊奮勇當先；北伯侯崇應鸞沖殺進左營；李靖、韋護、雷震子沖殺進右營；楊戩、哪吒殺入大營，進中軍來戰袁洪。且說袁洪聽得周將劫營，忙上馬，使一根鐵棍，方出中軍，恰逢楊戩，也不答話，二馬相交，只殺得愁雲藹藹，慘霧紛紛。怎見得，有詩為證，詩曰：

夜劫湯營神鬼驚，喊聲齊發鼓鑼鳴。軍兵奮勇誰堪敵，將士施威孰敢攖。

破敗無心貪戀戰，雷開有意奔途程。梅山七怪從今滅，掃蕩妖氛宇宙清。

話說眾諸侯齊殺入成湯營裡，只殺的尸橫遍野，血滿溝渠，哀聲慘切，不堪聽聞。只見楊戩大戰袁洪，袁洪現出原身，起在半空，將楊戩劈頭一棍，打得火星迸出。楊戩有七十二變，隨化一道金光，起在空中，也照袁洪頂上一刀劈將下來。這袁洪也有八九工夫，隨刀化一道白氣，護住其身。楊戩大喝曰：「梅山猴頭，焉敢弄術！拿住你定要剝皮抽筋！」袁洪大怒曰：「你有多大本領，敢將吾兄弟盡行殺害，我與你勢不兩立！必擒你碎尸萬段，以報其恨！」他二人各使神通，變化無窮，相生相尅，各窮其技，凡人世物件、禽獸，無不變化，盡使其巧，俱不見上下。袁洪暗思：「此時其兵已攻破大營，料不能支，且將他誆上梅山，入吾巢穴，使他不能舒展，那時再擒他不難。」遂棄了大營，往梅山逃去。不表。且說眾諸侯追殺成湯殘敗人馬，殺到天明，子牙鳴金收兵，眾諸侯各自回營。正是：

諸侯鞭敲金鐙響，子牙全勝進轅門。

話說楊戩見袁洪縱祥光而去，乃棄了馬，亦縱步借土遁緊緊追趕。只見袁洪隨變一塊怪石立在路旁。楊戩正趕，忽然不見了袁洪，即運神光，定睛觀看，已知袁洪化為怪石；隨即變一石匠，手執鎚鑽，上前鎚他。袁洪知他識破，便化陣清風往前去了。如此兩家各使神通，看看趕上梅山，忽的又不見了袁洪。楊戩上得梅山，果然好景。怎見得，有詩為證，詩曰：

梅山形勢路羊腸，古柏喬松兩岸旁。颯颯陰風雲霧裡，妖魔假此匿行藏。

話說楊戩上了梅山，四面觀望一遍，忽聽得崖下一聲響，躥出千百小猴兒，手執棍棒，齊來亂打楊戩。楊戩見眾小猢猻左右亂打，情知不能取勝，不若脫身下山。楊戩化道金光去了。方纔轉過一坡，只聽一

派仙樂之音，滿地祥雲繚繞，又見女媧娘娘駕臨。楊戩俯伏山下，叩首曰：「弟子楊戩不知娘娘聖駕降臨，有失迴避，望娘娘恕罪！」女媧曰：「你雖是玉泉山金霞洞玉鼎真人門徒，善會八九變化，不能降伏此怪。吾將此寶授你，可以收伏此惡怪也。」楊戩叩首拜謝，女媧娘娘自回宮去了。楊戩將此寶展開看時，心中甚是歡喜。此寶乃山河社稷圖。楊戩一一依法行之，懸於一大樹上。楊戩復上梅山，依舊找尋原路。話說袁洪見楊戩復上梅山，乃大呼曰：「楊戩，你此來是自送死也！」楊戩大笑曰：「你今日諒無生理！」使開刀，直取袁洪。袁洪也使開棍劈面交還。二人大戰一會，楊戩轉身就走，袁洪隨後趕來。楊戩下了梅山，往前又走，忽見前面一座高山，楊戩逕上了山。袁洪隨趕上山來。不知此山乃女媧娘娘賜的山河社稷圖變化的。袁洪趕上山來，入於圈套，再不能下山。楊戩將身一縱，下了山河社稷圖，只見袁洪在山上左攛右跳。不知性命如何，且聽下回分解。

評

梅山七怪，並無一個好看的；其略看得，不過一白猿而已，其餘皆豬狗牛羊而已。畜類當斯之時，真可謂有天無日，即後世之失天下，混亂無紀，未有若此者也。紂惡可謂極矣！

又評

楊戩降豬精，逕鑽入他腹內；雖然擒獲有功，只是他大腸內，一陣豬屎臭，何以為情！楊戩甚是伶俐，只此一節，未得便宜。

第九十三回　金吒智取遊魂關

斗柄看看又向東，竇榮枉自逞雄風。金吒設智開周業，徹地多謀弄女紅。
總為浮雲遮曉日，故教殺氣鎖崆峒。須知王霸終歸主，枉使生靈泣路窮。

話說袁洪上了山河社稷圖，如四象變化有無窮之妙，思山即山，思水即水，想前即前，想後即後，袁洪不覺現了原身。忽然見一陣香風撲鼻，異樣甜美，這猴兒爬上樹去一望，見一株桃樹，綠葉森森，兩邊搖蕩，下墜一枝紅滴滴的仙桃，顏色鮮潤，嬌嫩可愛。白猿看見，不覺忻羨，遂攀枝穿葉，摘取仙桃下來，聞一聞，撲鼻馨香，心中大喜，一口吞而食之。方纔倚松靠石而坐，未及片時，忽然見楊戩仗劍而來。白猿欲待起身，竟不能起。不知食了此桃，將腰墜下，早被楊戩一把抓住頭皮，用縛妖索綑住，收了山河社稷圖，望正南謝了女媧娘娘，將白猿擰著，逕回周營而來。有詩單贊女媧授楊戩秘法，伏梅山七怪，詩曰：

悟道投師在玉泉，秘傳九轉妙中玄。離龍坎虎分南北，地戶天門列後先。
變化無端還變化，坤乾顛倒合坤乾。女媧秘授真奇異，任你精靈骨已穿。

話說楊戩擒白猿來至轅門，軍政官報入中軍：「啟元帥：楊戩等令。」子牙命：「令來。」楊戩來至中軍見子牙，曰：「弟子追趕白猿至梅山，仰仗女媧娘娘秘授一術，已將白猿擒至轅門，請元帥發落。」

子牙大喜，命：「將白猿拿來見我。」少時，楊戩將白猿擁至中軍帳。子牙觀之，見是一個白猿，乃曰：「似此惡怪，害人無厭，情殊痛恨！」令：「推出斬之！」眾將把白猿擁至轅門，楊戩將白猿一刀，只見猴頭落下地來，他項上無血，有一道清氣沖出，頸子裡長出一朵白蓮花來；只見花一放一收，又是一個猴頭。楊戩連誅數刀，一樣如此，忙來報與子牙。子牙急出營來看，果然如此。子牙曰：「這猿猴既能採天地之靈氣，便會煉日月之精華，故有此變化耳。這也無難……」忙令左右排香案於中，子牙取出一個紅葫蘆，放在香几之上，方揭開葫蘆蓋，只見裡面昇出一道白線，光高三丈有餘。子牙打一躬：「請寶貝現身！」須臾間，有一物現於其上，長七寸五分，有眉，有眼，眼中射出兩道白光，將白猿釘住身形。子牙又一躬：「請法寶轉身！」那寶物在空中，將身轉有兩三轉，只見白猿頭已落地，鮮血滿流，眾皆駭然。有詩贊之，詩曰：

此寶崑崙陸壓傳，秘藏玄理合先天。誅妖殺怪無窮妙，一助周朝八百年。

話說子牙斬了白猿，收了法寶，眾門人問曰：「如何此寶能治此巨怪也？」子牙對眾人曰：「此寶乃在破萬仙陣時，蒙陸壓老師傳授與我，言後有用他處，今日果然。大抵此寶乃用邠鐵修煉，採日月精華，奪天地秀氣，顛倒五行；至工夫圓滿，如黃芽白雪，結成此寶，名曰飛刀。此物有眉有眼，眼裡有兩道白光，能釘人仙妖魅泥丸宮的元神，縱有變化，不能逃走。那白光頂上如風輪轉一般，只一二轉，其頭自然落地。前次斬余元即此寶也。」眾人無不驚歎：「乃武王之洪福，故有此寶來尅治之耳。」不言子牙斬了白猿，且說殷破敗、雷開回朝歌，面見紂王，備言：「梅山七怪化成人形，與周兵屢戰，俱被陸續誅滅，復現原形，大失朝廷體面，全軍覆沒，臣等只得逃回。今天下諸侯齊集孟津，旌旗蔽日，殺氣

籠罩數百里。望陛下早安社稷為重，不可令諸侯一至城下，那時救解遲矣。」紂王著忙，急急設朝問兩班文武曰：「今周兵猖獗，如何救解？」眾官鉗口不言。有中大夫飛廉出班奏曰：「今陛下速行旨意，張掛朝歌四門：如能破得周兵，能斬將奪旗者，官居一品。古云：『重賞之下，必有勇夫。』況魯仁傑才兼文武，令彼調團營人馬，訓練精銳，以待敵軍，嚴備守城之具，堅守勿戰，以老其師。今諸侯遠來，利在速戰。一不與戰，以待彼糧盡，彼不戰自走；乘其亂以破之，天下諸侯雖眾，未有不敗者也，此為上策。」紂王曰：「卿言甚善。」隨傳旨意，張掛各門，一面令魯仁傑操練士卒，修理攻守之具。不表。

且說金吒、木吒別了子牙，兄弟二人在路商議。金吒曰：「我二人奉姜元帥將令來助東伯侯姜文煥進關，若與竇榮大戰，恐不利也。我和你且假扮道者，詐進遊魂關反去協助竇榮，於中用事，使彼不疑；然後裡應外合，一陣成功，何為不美。」木吒曰：「長兄言得甚善。」二人吩咐使命：「領人馬先去報知姜文煥，我弟兄二人隨後就來。」使命領人馬去訖。金、木二吒隨借土遁，落在關內，逕至帥府前，金吒曰：「門上的，傳與你元帥得知，海外有煉氣士求見。」門官不敢隱諱，急至殿前啟曰：「府外有二道者，口稱海外之士，要見老爺。」竇榮聽說，傳令：「請來。」二人逕至簷前，打稽首曰：「老將軍，貧道稽首了。」竇榮曰：「道者請了。今道者此來，有何見諭？」金吒答曰：「貧道二人乃東海蓬萊島煉氣散人孫德、徐仁是也。方纔我兄弟偶爾閑遊湖海，從此經過，因見姜文煥欲進此關，往孟津會合天下諸侯，以伐當今天子。此是姜尚大逆不道，以惶惑之言挑釁天下諸侯，致生民塗炭，海宇騰沸。此天下之叛臣，人人得而誅之者也。我弟兄晚觀乾象，湯氣正旺，姜尚等徒苦生靈耳。吾弟兄願出一臂之力，助將軍先擒姜文煥，解往朝歌；然後以得勝之兵，掩諸侯之後，出其不意，彼前後受敵，一戰乃

成擒耳。正所謂『迅雷不及掩耳』，此誠不世出之功也。但貧道出家之人，本不當以兵戈為事，因偶然不平，故向將軍道之，幸毋以方外術士之言見誚可也。乞將軍思之。」

竇榮聽罷，沉吟不語。旁有副將姚忠厲聲大呼曰：「主將切不可信此術士之言！姜尚門下方士甚多，是非何足以辨？前日聞報，孟津有六百諸侯協助姬發。今見主將阻住來兵，不能會合孟津，姜尚故將此二人假作雲遊之士，詐投麾下，為裡應外合之計。主將不可不察，毋得輕信，以墮其計。」金吒聽罷，大笑不止，回首謂木吒曰：「道友，不出你之所料。」金吒復向竇榮曰：「此位將軍之言甚是。此是龍蛇混雜，是非莫辨，安知我輩不是姜尚之所使耳？在將軍不得不疑。但不知貧道此來，雖是雲遊，其中尚有原故。因吾師叔在萬仙陣死於姜尚之手，屢欲思報此恨，為獨木難支，不能向前；今此來特假將軍之兵，上為朝廷立功，下以報天倫私怨，中為將軍效一臂之勞，豈有他心？既將軍有猜疑之念，貧道又何必在此瑣瑣也！但剖明我等一點血誠，自當告退。」道罷，抽身就走，撫掌大笑而出。竇榮聽罷金吒之言，見如此光景，乃沉思曰：「天下該多少道者伐西岐，姜尚門下雖多，海外高人不少，豈得恰好兩個就是姜尚門人？況我關內之兵將甚多，若只是這兩個，也做不得甚麼事，如何反疑惑他？據吾看他意思，是個有道之士，況且來意至誠，不可錯過。」忙令軍政官趕去，速請道者回來，正是：

武王洪福摧無道，故令金吒建大功。

話說軍政官趕上金、木二吒，大呼曰：「二位師父，我老爺有請！」金吒回頭，看見有人來請，對使者正色言曰：「皇天后土，實鑒我心。我將天下諸侯之首送與你們老爺，你老爺反辭而不受，卻信偏將之疑，使我蒙不智之恥，如今我斷不回去！」軍政官苦苦堅執不放，言曰：「師父若不回去，我也不敢去

見老爺。」木吒曰：「道兄，竇將軍既來請俺回去，看他怎樣待我們。若重我等，我們就替他行事；如不重我等，我們再來不遲。」金吒方勉強應允。二人回至府前，軍政官先進府通報。竇榮命：「快請來！」二人進府，復見竇榮，竇榮忙降堦迎接，慰之曰：「不才與師父素無一面，況兵戈在境，關防難稽，在不才副將不得不疑。只不才見識淺薄，不能立決，多有得罪於長者，幸毋過責，不勝頂戴！今姜尚聚兵孟津，人心搖撼，姜文煥在城下，日夜攻打，不識將何計可解天下之倒懸，擒其渠魁，殄其黨羽，令萬姓安堵？望老師明以教我，不才無不聽命。」

金吒曰：「據貧道愚見：今姜尚拒敵孟津，雖有諸侯數百，不過烏合之眾，人各一心，久自離散。只姜文煥兵臨城下，不可以力戰，當以計擒之。其協從諸侯，不戰而自走也。然後以得勝之師，掩孟津之後，姜尚雖能，安得豫為之計哉？彼所恃者天下諸侯，而眾諸侯一聞姜文煥東路被擒，挫其鋒銳，彼眾人自然解體；乘其離而戰之，此萬全之功也。」竇榮聞言大喜，慌忙請坐，命左右排酒上來。金、木二吒曰：「貧道持齋，並不用酒食。」隨在殿前蒲團而坐，竇榮亦不敢強。一夕晚景已過。次日，竇榮陞殿，聚眾將議事，忽報：「東伯侯遣將搦戰。」竇榮對金、木二吒曰：「今日東伯侯在城下搦戰，不識二位師父作何計以破之？」金吒曰：「貧道既來，今日先出去見一陣，看其何如，然後以計擒之。」道罷，忙起身提劍在手，對竇榮曰：「借老將軍綑綁手隨吾壓陣，好去拿人。」竇榮聽罷大喜，忙傳令：「擺隊伍，吾自去壓陣。」關內砲聲響亮，三軍吶喊，開放關門，一對旗搖，金吒提劍而來。怎見得，正是：

竇榮錯認三山客，咫尺遊魂屬周。

話說金吒出關，見東伯侯門旗脚下一員大將，金甲，紅袍，走馬軍前，大呼曰：「來此道者，先試吾利刃也！」金吒曰：「爾是何人？早通名來。」來將答曰：「吾乃東伯侯麾下總兵官馬兆是也。道者何人？」金吒曰：「貧道是東海散人孫德。因見成湯旺氣正盛，天下諸侯無故造反，吾偶閑遊東土，見姜文煥屢戰多年，眾生塗炭，吾心不忍，特發慈悲，擒拿渠魁，殄滅群虜，以救眾生。汝等知命，可倒戈納降，尚能待爾等以不死；如若半字含糊，叫你立成虀粉！」言罷，縱步綽劍來取馬兆，馬兆手中刀急架來迎。怎見金吒與馬兆一場大戰，有詩為證，詩曰：

紛紛戈甲向金城，文煥專征正未平。不是金吒施妙策，遊魂安得渡東兵。

話說金吒大戰馬兆，步馬相交，有二三十合，金吒祭起遁龍樁，一聲響，將馬兆遁住。竇榮揮動兵戈，一齊沖殺。東兵力戰不住，大敗而走。金吒命左右將馬兆拿下，與竇榮掌得勝鼓進關。竇榮陞殿坐下，金吒坐在一旁。竇榮令左右：「將馬兆推來。」眾軍士把馬兆擁至殿前，馬兆立而不跪。竇榮喝令：「匹夫！既被吾擒，如何尚自抗禮？」馬兆大怒，罵曰：「吾被妖道邪術遭擒，豈肯屈膝於你無名鼠輩耶！一死何足惜，當速正典刑，不必多說。」竇榮喝令：「推出斬之！」金吒曰：「不可。待吾擒了姜文煥，一齊解送朝歌，聽候朝廷發落，以顯老將軍不世之功，豈不美哉！」竇榮見金吒如此手段，說話有理，便倚為心腹，隨傳令將馬兆囚在府內不表。且說東伯侯姜文煥聞報，金吒將馬兆拿去，姜文煥大喜：「進關只在咫尺耳！」次日，姜文煥布開大隊，擺列三軍，鼓聲大振，殺氣迷空，來關下搦戰。哨馬報入關中，竇榮忙問金、木二吒曰：「二位老師，姜文煥親自臨陣，將何計以擒之，則功勞不小。」金、木二吒慨然應曰：「貧道此來，單為將軍早定東兵，不負俺弟兄下山一場。」隨即提劍在手，出關

來迎敵。只見東伯侯姜文煥一馬當先，左右分大小眾將。怎生打扮，有贊為證，贊曰：

頂上盔，攢六瓣；黃金甲，鎖子絆；大紅袍，團龍貫；護心鏡，精光煥；白玉帶，玲花獻；勒甲絛，飄紅焰；虎眼鞭，龍尾半；方楞鐧，邠鐵煅；胭脂馬，毛如彪；斬將刀，如飛電。千戰千贏東伯侯，文煥姓姜千古讚。

話說金、木二吒大呼曰：「反臣慢來！」姜文煥曰：「妖道通名！」金吒答曰：「吾乃東海散人孫德、徐仁是也。爾等不守臣節，妄生事端，欺君反叛，戕害生靈，是自取覆宗滅嗣之禍；可速倒戈，免使後悔。」姜文煥大罵曰：「潑道無知，仗妖術擒吾大將，今又巧言惑眾，這番拿你，定碎屍以泄馬兆之恨！」催開馬，使手中刀，飛來直取，金吒手中劍劈面交還。步馬相交，有七八回合，姜文煥撥馬便走。金、木二吒隨後趕來。約有一射之地，金吒對東伯侯曰：「今夜二更，賢侯可引兵殺至關下，吾等乘機獻關便了。」姜文煥謝畢，掛下鋼刀，回馬一箭射來。金、木二吒把手中劍望上一挑，將箭撥落在地。金吒大罵曰：「奸賊！敢暗射吾一箭也！吾且暫回，明日定拿你以報一箭之恨！」金、木二吒回關，來見竇榮。竇榮問曰：「老師為何不用寶貝伏之？」金吒答曰：「貧道方欲祭此寶，不意那匹夫撥馬就走；貧道趕去擒之，反被他射了一箭。待貧道明日以法擒之。」三人正在殿上講議，忽後邊報：「夫人上殿。」金、木二吒見一女將上殿，忙向前打稽首。夫人問竇榮曰：「此二位道者何來？」竇榮曰：「此二位道長乃東海散人孫德、徐仁是也；今特來助吾共破姜文煥。前日臨陣，擒獲馬兆；待明日用法寶擒獲姜文煥等，以得勝之師，掩襲姜尚之後，此長驅莫禦之策，成不世之功也。」夫人笑曰：「老將軍，事不可不慮，謀不可不周，不可以一朝之言傾心相信。倘事生不測，急切難防，其禍不小。望將軍當慎重其事。

古云：『將欲取之，必固與之。』願將軍詳察。」金、木二吒曰：「竇將軍在上：夫人之疑，大似有理。我二人又何必在此多生此一番枝節耶，即此告辭。」金、木二吒言畢，轉身就走。竇榮扯住金、木二吒曰：「老師休怪。我夫人雖係女流，亦善能用兵，頗知兵法。他不知老師實心為紂，乃以方士目之，恐其中有詐耳。老師幸毋嗔怪，容不才賠罪。俟破敵之日，不才自有重報。」

金吒正色言曰：「貧道一點為紂真心，惟天地可表。今夫人相疑，吾弟兄若飄然而去，又難禁老將軍一段熱心相待，只等明日擒了姜文煥，方知吾等一段血誠。只恐夫人難與貧道相見耳。」夫人不覺慚謝而退。竇榮與金吒議曰：「不知明日老師將何法擒此反臣，以釋群疑，以暢眾懷？」金吒曰：「明日會兵，當祭吾法寶，自然立擒姜文煥耳。文煥被擒，餘黨必然瓦解。然後往孟津會兵，以擒姜子牙，可解諸侯之兵也。」竇榮聽說大喜，回內室安息。金、木二吒靜坐殿上，將至二更，只聽得關外砲聲大振，喊殺連天，金鼓大作，殺至關下，架砲攻打。有中軍官入府，擊雲板，急報竇榮。竇榮忙出殿，聚眾將上關，有夫人徹地娘子披掛提刀而出。金吒對竇榮曰：「今姜文煥恃勇，乘夜提兵攻城，出我等之不意。我等不若將計就計，齊出掩殺，待貧道用法寶擒之，可以一陣成功，早早奏捷。夫人可與吾道弟謹守城池，毋使他虞。」夫人聽罷，滿口應允：「道者之言，甚是有理。我與此位守關，你與此位出敵。我自料理城上，乘此昏夜，可以成功也。」正是：

文煥攻關歸呂望，金吒設計滅成湯。

話說竇榮聽金吒之言，整點眾將士，方欲出關，有夫人又言曰：「昏夜交兵，須是謹慎，毋得貪戰，務要見機，不得落他圈套。將軍謹記，謹記！」看官，這是徹地夫人留心防關，恐二位道者有變，故此叮

嚀囑咐耳。金吒見夫人言語真切，乃以目送情與木吒。木吒已解其意，只在臨機應變而已，亦以目兩相關會，隨同徹地夫人在關上駐紮防衛。只見竇榮開關，把人馬沖出，竇榮在旗門腳下，見姜文煥滾至軍前，竇榮大喝曰：「反臣！今日合該休矣！」姜文煥也不答話，仗手中刀直取竇榮。竇榮以手中刀赴面交還。二馬相交，雙刀併舉。怎見得，有詩贊之，詩曰：

殺氣騰騰燭九天，將軍血戰苦相煎。扶王碧血垂千古，為國丹心勸萬年。
文煥歸周扶帝業，竇榮盡節喪黃泉。誰知運際風雲會，八百昌期兆已先。

話說竇榮揮動眾將，兩軍混戰，只殺得人愁地暗，鬼哭神嚎，刀鎗響亮，斧劍齊鳴，喊殺之聲振地，燈籠火把如同白晝，人馬兇湧似海沸江翻。且言金吒縱步，在軍中混戰，觀看東伯侯帶領二百鎮諸侯圍將上來，金吒急祭起遁龍樁，一聲響，先將竇榮遁住。不知老將軍性命若何，且聽下回分解。

評

陸壓所用曰飛刀，能誅人神仙怪，可謂神矣！但還有形跡，又有葫蘆盛貯，似覺費手。不若漢唐時有劍仙，更為神妙。彼劍仙所鍊神劍，或藏於腦門，或藏於耳後，或藏於兩血脈中；如遇用時，倏忽千里，意之所至，無不如志。其神劍之來，若電光之影；其人神仙怪之首，自然落地，頃刻化為烏有。惟血餘難化，用寒水石點之，泯然無跡。神矣哉！此飛刀若居其次矣。

又評

金、木二吒設智誆關，計亦為奇，而徹地娘子累能破識，無不道著隱微；其如竇榮不聽，竟墮術中。若此夫者，真該一棒打死！若此婦當奉之八寶座上，拜之為師。

第九十四回　文煥怒斬殷破敗

兵馬臨城卻講和，諸侯豈肯罷干戈。殷湯德業八荒盡，周武仁風四海歌。
大廈將傾誰可負，潰癰已破孰能荷！荒淫到底成何事，盡付東流入海波。

話說金吒祭起遁龍樁，將竇榮遁住，早被姜文煥一刀揮為兩段。可憐守關二十年，身經數百戰，善守關防，不曾失利，今日被金吒智取殺身！正是：

爭名樹葉隨流水，為國孤忠若浪萍。

話說姜文煥斬了竇榮，三軍吶喊。只見木吒在關上見東伯侯率領諸侯鏖戰，聲勢大振，在城敵樓上暗暗祭起吳鉤劍去，此劍昇於空中，木吒暗曰：「請寶貝轉身！」那劍在空中如風輪一般，連轉三二轉，可憐徹地夫人，正是：

油頭粉面成虛話，廣智多謀一旦休。

話說木吒暗祭吳鉤劍，斬了徹地夫人，在關上大呼曰：「吾是木吒在此，奉姜元帥將令，來取此關。今主將皆已伏誅，降者免死，逆者無生！」眾皆拜伏於地。金吒已知兄弟獻關，同東伯侯姜文煥殺至關下，木吒令左右開關迎接。人馬進了關，姜文煥查盤府庫，安撫百姓，放了被禁馬兆，感謝金、木二吒。金吒曰：「賢侯速行，吾等先往孟津，報與姜元帥。賢侯不可遲誤戊午之辰，以應上天垂象之兆。」姜文

煥曰：「謹如二位師父大教。」金、木二吒辭了姜文煥，駕土遁往孟津前來。且說子牙在孟津大營，與二路大諸侯共議：「三月初九日乃是戊午之辰，看看至近，如何東伯侯尚未見來？奈何！奈何！」正商議間，忽報：「金、木二吒在轅門等令。」子牙傳令：「令來。」金、木二吒來至中軍行禮畢，乃曰：「奉元帥將令，往遊魂關詐為雲遊之士，乘機取關。」把前事如此如彼盡說了一遍，「今弟子先來報與元帥，東伯侯大兵隨後至矣。」子牙聞說大喜，深羨二人用計，乃曰：「天意響應，不到戊午日，天下諸侯不能齊集。」

話說東伯侯大兵那一日來至孟津，哨馬報入中軍：「啟元帥：東伯侯至轅門等令。」子牙傳令：「請來。」姜文煥率領二百鎮諸侯進中軍，參謁子牙；子牙忙迎下座來，彼此溫慰一番。姜文煥又曰：「煩元帥引見武王一面。」子牙同姜文煥進後營，拜見武王。不表。此時天下諸侯共有八百，各處小諸侯不計，共合人馬一百六十萬。子牙在孟津祭了寶纛旗旛，一聲砲響，整頓人馬望朝歌而來。怎見得，有詩為證，詩曰：

征雲迷遠谷，殺氣振遐方。刀鎗如積雪，劍戟似堆霜。旌旗遮綠野，金鼓震空桑。刁斗傳新令，
時雨慶壺漿。軍行如驟雨，馬走似奔狼。正是：弔民伐罪兵戈勝，壓碎群兇福祚長。

話說天下諸侯領人馬正行，只見哨馬報入中軍曰：「啟元帥：人馬已至朝歌，請元帥軍令定奪。」子牙傳令：「安下大營。」三軍吶喊，放定營大砲。

只見守城軍士報入午門，當駕官啟奏曰：「今天下諸侯兵至城下，紮下行營，人馬共有一百六十萬，其鋒不可當，請陛下定奪。」紂王聽罷大驚，隨命眾官保駕上城，看天下諸侯人馬。怎見得，有贊為證，

贊曰：

行營方正，遍地兵山。刁斗傳呼，威嚴整肅。長鎗列千條柳葉，短劍排萬片冰魚。瑞彩飄颻，旗旛色映似朝霞；寒光閃灼，刀斧影射如飛電。竹節鞭懸豹尾，方楞鐧掛龍梢。弓弩排兩行秋月，抓鎚列數隊寒星。鼓進金退，交鋒士卒若神威；癸呼庚應，遞傳糧餉如鬼運。畫角幽幽，人聲寂寂。真是：堂堂正正之師，弔民伐罪之旅。

話說紂王看罷子牙行營，忙下城登殿，坐問兩班文武，言曰：「方今天下諸侯會兵于此，眾卿有何良策以解此危？」魯仁傑出班奏曰：「臣聞：『大廈將傾，一木難扶。』目今庫藏空虛，民日生怨，軍心俱離，縱有良將，其如人心未順何！雖與之戰，臣知其不勝也。不若遣一能言之士，陳說君臣大義，順逆之理，令其罷兵，庶幾可解此危。」紂王聽罷，沉吟半晌。只見中大夫飛廉出班奏曰：「臣聞：『重賞之下，必有勇夫。』況都城之內，環堵百里，其中豈無豪傑之士隱蹤避跡于其間者？願陛下急急求之，加以重爵崇祿而顯榮之，彼必出死力以解此危。況城中尚有甲兵十數萬，糧餉頗足。即不然，令魯將軍督其師，背城一戰，雌雄尚在未定之天。豈得驟以講和示弱耶！」紂王曰：「此言甚是有理。」一面將聖諭張掛榜篷，一面整頓軍馬。不表。

且說朝歌城外離三十里地方，有一人，姓丁名策，乃是高明隱士。正在家中閑坐，忽聽得周兵來至，圍了朝歌，丁策歎曰：「紂王失德，荒淫無道，殺忠聽佞，殘害生靈，天愁人怨，故賢者退位，奸佞盈廷。今天下諸侯會兵至此，眼見滅國，無人替天子出力，束手待斃而已。平日所以食君之祿，分君之憂者安在！想吾丁策，昔日曾訪高賢，傳吾兵法，深明戰守，意欲出去舒展生平所負，以報君父之恩，其

如天命不眷，萬姓離心，大廈將傾，一木如何支撐？可憐成湯當日如何德業，拜伊尹，放桀于南巢，相傳六百餘年，賢聖之君六七作，今一旦至紂而喪亡，令人目極時艱，不勝嗟歎！」丁策乃作詩一首以歎之，詩曰：

「伊尹成湯德業優，南巢放桀冠諸侯。誰知三九逢辛紂，一統華夷盡屬周。」

話說丁策作詩方畢，只見大門外有人進來，卻是結盟弟兄郭宸。二人相見，施禮坐下。丁策問曰：「賢弟何來？」郭宸答曰：「小弟有一事特來與長兄商議。」丁策曰：「有何事？請賢弟見教。」郭宸曰：「方今天下諸侯都已會集于此，將朝歌圍困，天子出有招賢榜文。小弟特請長兄出來，共輔王室。況長兄抱經濟之才，知戰守之術，一出仕于朝，上可以報效于朝廷，顯親揚名，下不負胸中所學。」丁策笑曰：「賢弟之言雖則有理，但紂王失政，荒淫不道，天下離心，諸侯叛亂，已非一日；如大廈既潰，命亦隨之，雖有善者，亦未如之何矣。你我多大學識，敢以一盃之水救車薪之火哉？況姜子牙乃崑崙道德之士，又有這三山五岳門人，徒送了性命，不為可惜耶。」郭宸曰：「兄言差矣！吾輩乃紂王之子民，食其土而踐其茅，誰不沐其恩澤？國存與存，國亡與亡，此正當報效之時，便一死何惜！為何說此不智之言。況吾輩堂堂丈夫，一腔熱血，不向此處一灑，更何待也。若論俺弟兄胸中所學，講甚麼崑崙之士，理當出去解天子之憂耳。」丁策曰：「賢弟，事關利害，非同小可，豈得造次，再容商量。」二人正辯論間，忽門外馬響，有一大漢進來。此人姓董名忠，慌忙而入。丁策看董忠入來，問曰：「賢弟何來？」董忠曰：「小弟特來請兄同佐紂王，以退周兵。昨日小弟在朝歌城見招賢榜文，小弟大膽將兄名諱連郭兄、小弟，共是三人，齊投入飛廉府內。飛廉且奏紂王，令明早朝見。今特來約兄等明早朝見。古云：

『學成文武藝，貨與帝王家。』況君父有難，為臣子者忍坐視之耶！」丁策曰：「賢弟也不問我一聲，就將我名字投出去。此事干係重大，豈得草率如此？」董忠曰：「吾料兄必定出身報國，豈是守株待兔之輩！」郭宸欉然大笑曰：「董賢弟所舉不差，我正在此勸丁兄，不意你先報了名。」丁策只得治酒管待。三人飲了一宵，次早往朝歌來。正是：

痴心要想成梁棟，天意扶周怎奈何！

話說丁策三人，次日來至午門候旨。午門官至殿上奏曰：「今有三賢士在午門候旨。」紂王命：「宣三人進殿。」午門官至外面傳旨，三人聞命進殿，望駕進禮稱臣。王曰：「昨飛廉薦卿等高才，三卿必有良策可退周兵，輔朕之社稷，以分朕憂。朕自當分茅列土，以爵卿等。朕決不食言。」丁策奏曰：「臣聞：『戰危事也，聖王不得已而用。』今周兵至此，社稷有纍卵之危，我等雖幼習兵書，固知戰守之宜，臣等不過盡此心報效于陛下，其成敗利鈍，非臣等所逆料也。願陛下敕所司，以供臣等取用，毋令有掣肘之虞。臣等不勝幸甚！」紂王大喜，封丁策為神策上將軍，郭宸、董忠為威武上將軍，隨賜袍帶，當殿腰金衣紫，賜宴便殿；三將謝恩。次早參見魯仁傑。魯仁傑調人馬出朝歌城來。有詞為證，詞曰：

御林軍卒出朝歌，壯士紛紛擊鼓鼉。千里愁雲遮日色，數重怨氣障山窩。被鎧甲冑荷干戈，人人踴躍似奔波。諸侯八百皆離紂，枉使兒郎遭網羅。

話說魯仁傑調人馬出城安營。只見探馬報入中軍：「啟元帥：成湯遣大兵在城外立下營寨，請令施行。」子牙傳令：「命眾將出營，至成湯營前搦戰。」只見探馬報入中軍：「有周營大隊人馬討戰。」魯仁傑聞報，親自率領眾將出轅門，見子牙乘異獸，兩邊擺列三山五岳門人。只見哪吒登風火輪，提火尖鎗，

立于左手；楊戩仗三尖刀，淡黃袍，騎白馬，立于右手；雷震子、韋護、金吒、木吒、李靖、南宮适、武吉等一班排立；眾諸侯濟濟師師，大是不同。正是：

扶周滅紂姜元帥，五岳三山得道人。

話說魯仁傑一馬當先，大呼曰：「姜子牙請了！」子牙在四不相上欠背打躬，問曰：「來者是誰？」魯仁傑曰：「吾乃紂王駕下總督兵馬大將軍魯仁傑是也。姜子牙，你既是崑崙道德之士，如何不遵王化，搆合諸侯，肆行猖獗？以臣伐君，屠城陷邑，誅君殺將，進逼都城，意欲何為？千古之下，安能逃叛逆之名，欺君之罪也？今天子已赦爾往愆，不行深究。爾等可速速倒戈，撤回人馬，各安疆土，另行修貢，天子亦以禮相看。如若執迷，那時天子震怒，必親率六師，搗其巢穴，立成齏粉，悔之何及？」子牙笑曰：「你為紂王重臣，為何不察時務，不知興亡？今紂王罪惡貫盈，人神共怒，天下諸侯會兵駐此，亡在旦夕，子尚欲強言以惑眾也？昔日成湯德日隆盛，夏桀暴虐，成湯放于南巢，伐夏而有天下，至今六百餘年。至紂之惡，過于夏桀，吾今奉天征討而誅獨夫，公何得尚執迷如此，以逆天時哉？今天下諸侯會兵在此，止彈丸一城，勢如纍卵，猶欲以言詞相尚，公何不智如此！」魯仁傑大怒曰：「利口匹夫！吾以你為老成有德之人，故以理相諭，汝猶恃強妄談彼長哉？獨不思以臣伐君，遺譏萬世耶？」回顧左右曰：「誰為吾擒此逆賊？」後有一將大呼曰：「吾來也！」縱馬舞刀，飛來直取子牙。子牙旁有南宮适沖將過來，與郭宸截住廝殺。二馬相交，雙刀併舉。兩下擂鼓，殺聲大振。丁策在馬上也搖鎗沖殺過來助戰，這壁廂武吉走馬抵住交鋒。戰未有二十餘合，有南伯侯鄂順飛馬直沖過來截殺，那邊有董忠敵住。子牙營左邊惱了一路諸侯，乃是東伯侯姜文煥，磕開紫驊騮，走馬刀劈了董忠，使發鋼鋒好兇惡！

怎見得好刀，有詩為證，詩曰：

怒髮沖冠射碧空，鋼刀閃灼快如風。旗開得勝姜文煥，一怒橫行劈董忠。

話說東伯侯走馬刀劈董忠，在成湯陣前，兇如猛虎，惡似狼豺。子牙左右有哪吒大叫曰：「吾等進五關不曾見大功，今日至都城大戰，難道束手坐觀成敗耶？」言罷，隨登開風火輪，搖火尖鎗沖殺過來。楊戩也縱馬搖刀直殺進陣內；這壁廂魯仁傑縱馬搖鎗敵住。兩家混戰，只殺得天愁地暗，鬼哭神嚎。哪吒大戰丁策，郭宸也來助戰。只聽得鼓振乾坤，旗遮旭日。哪吒祭起乾坤圈，正中丁策。可憐！正是：

明知昏主傾邦國，冥下含冤怨董忠。

話說哪吒打死丁策，郭宸落荒，被楊戩一刀劈于馬下。魯仁傑料不能取勝，隨敗進行營。子牙鳴金收軍。

卻說魯仁傑報入城中，連折三將，大敗一陣。紂王聞報，心中甚悶，與眾臣共議曰：「今周兵駐師城外，兵敗將亡，不能取勝，國內無人，為之奈何？」旁有殷破敗奏曰：「今社稷有纍卵之危，萬姓有倒懸之急，朝野無人，旦夕莫待，臣與姜子牙有半面之識，捨死至周營，曉以君臣大義，勸其罷兵，令天下諸侯解釋，各安本土，或未可知。如其不然，臣願罵賊而死。」紂王從其言，使殷破敗往周營說之。殷破敗領旨出城，來至周營，命左右通報。只見中軍官進營來見子牙，啟曰：「成湯差官至營門，請令定奪。」子牙傳令：「令來。」殷破敗隨令而入，進了大營。好齊整！只見兩邊列坐天下諸侯，中軍帳上坐姜子牙。殷破敗上帳曰：「姜元帥，末將殷破敗甲冑在身，不能全禮。」子牙忙欠身迎曰：「殷老將軍此來有何見諭？」殷破敗曰：「末將別元帥已久，不意元帥總六師之長，為諸侯之表率，真榮寵崇耀，令人驚羨！今特來參謁，有一言奉告，但不知元帥肯容納否？」子牙曰：「老將軍有何事見教？但

有可聽者，無不如命；如不可行者，亦不必言。幸老將軍諒之。」子牙命賜坐，殷破敗遜謝，坐而言曰：「末將嘗聞，天子之尊，上等于天，天可滅乎？又法典所載：『有違天子之制而擅專征伐者，是為亂臣。亂臣者，殺無赦。有搆會群黨謀為不軌，犯上無君者，此為逆臣。逆臣者，則族誅。天下人人得而討之。』昔成湯以至德，沐風櫛雨，伐夏而有天下；相傳至今，六百餘年，則天下之諸侯百姓，皆世受國恩，何人非紂之臣民哉？今不思報本，反倡為亂首，率天下諸侯相為叛亂，殘賊生靈，侵王之疆土；覆軍殺將，逼王之都城，為亂臣逆臣之尤，罪在不赦。千古之下，欲逃篡弒之名，豈可得乎？末將深為元帥不取也！以末將愚見，元帥當屏退諸侯，各還本國，各修德業，毋令生民塗炭。天子亦不加爾等之罪，惟厥修政事，以樂天年，則天下受無疆之福矣。不識元帥意下如何？」子牙笑曰：「老將軍之言差矣！尚聞：『天下者非一人之天下，乃天下人之天下也。』故天命無常，惟眷有德。昔堯帝有天下而讓于舜，虞帝復讓于禹。禹相傳至桀而荒怠朝政，不修德業，遂墜夏統。成湯以大德得承天命，于是放桀而有天下，傳至于今。豈意紂王罪甚于桀，荒淫不道，殺妻誅子，剖賢人之心，炮烙諫官，蠆盆宮女，囚奴正士，醢戮大臣，斮朝涉之脛，刳剔孕婦；三綱盡絕，五倫有乖，天怒民怨，自古及今，罪惡昭著未有若此之甚者。語云：『賊仁者，謂之賊；賊義者，謂之殘。殘賊之人，謂之一夫。』乃天下所共棄者，又安得謂之君哉？今天下諸侯共伐無道，正為天下洗此兇殘，救民于水火耳，豈有私意？故奉天之罰者，謂之天吏，豈得尚拘之以臣伐君之名耶？」

殷破敗見子牙一番言詞，鑿鑿有理，知不可解，自思：「不若明目張膽，慷慨痛言一番，以盡臣節而已。」乃大言曰：「元帥所說，乃一偏之言，豈至公之語！吾聞：君父有過，為臣子者必委曲周旋諫

諍之，務引其君于當道；如甚不得已，亦盡心苦諫，雖觸君父之怒，或死或辱，或緘默以去，總不失忠臣孝子之令名。未聞暴君之過，揚父之惡，尚稱為臣子者也。元帥以至德稱周，以至惡歸君，而尚謂之至德者乎？昔汝先王被囚羑里七年，蒙赦歸國，愈自修德，以達君父知遇之恩，未聞有一怨言及君，至今天下共以大德稱之。不意傳之汝君臣，搆合天下諸侯，妄稱君父之過，大肆猖獗，屠城陷邑，覆軍殺將，白骨盈野，碧血成流，致民不聊生，四民廢業，天下荒荒，父子不保，夫妻離散：此皆汝等造這等惡業，遺羞先王，得罪于天下後世。雖有孝子慈孫，焉能蓋其簒弒之名哉？況我都城，尚有甲兵十餘萬，將不下數百員，倘背城一戰，勝負尚未可知；汝等何得藐視天子，妄恃己能耶？」左右諸侯聽殷破敗之言，俱各大怒。

子牙未及回言，只見東伯侯姜文煥帶劍上帳，指殷破敗大言曰：「汝為國家大臣，不能匡正其君，引之于當道，今已陷之于喪亡，尚不自恥，猶敢鼓唇弄舌于眾諸侯之前耶？真狗彘不若，死有餘辜！還不速退，免爾一死！」子牙急止之曰：「兩國相爭，不禁來使。況為其主，何得與之相爭耶？」姜文煥尚有怒色。殷破敗被姜文煥數語，罵得勃然大怒，立起罵曰：「汝父搆通皇后，謀逆天子，誅之宜也。汝尚不克修德業，以蓋父愆，反逞強恃眾，肆行叛亂，真逆子有種。吾雖不能為君討賊，即死為厲鬼，定殺汝等耳！」姜文煥被殷破敗罵的一腔火起，滿面煙生，執劍大罵曰：「老匹夫！我思吾父被醢，國母遭害，俱是你這一班賊子播弄國政，欺君罔上，造這禍端！不殺你這老賊，吾父何日得泄此沉冤於地下也！」罵罷，手起一刀，揮為兩段，及至子牙止之，已無濟矣。眾諸侯齊曰：「東伯侯斬此利口匹夫，大快人意！」子牙曰：「不然，殷破敗乃天子大臣，彼以禮來講好，豈得擅行殺戮，反成彼之名也。」

姜文煥曰：「這匹夫敢于眾諸侯之前鼓唇搖舌，說短論長，又叱辱不才，情殊可恨。若不殺之，心下鬱悶。」子牙曰：「事已至此，悔之無及。」命左右將破敗之尸擡出，以禮厚葬，打點進兵。不知後事如何，下回分解。

評

兵臨城下，而欲講和罷兵，此臨時抱佛腳之計，十無一濟。只殷破敗敢於明目張膽，暢明君臣大義，自是萬古不泯，亦偉矣哉！

又評

丁策分明欲躬耕畎畝，保全亂世，可謂識時俊傑；無奈董忠孟浪，送了三個性命，可恨！可恨！大抵天下事，貪爵慕祿者，未有不墜於彀中，信乎！香餌之下，必有死魚。

第九十五回　子牙暴紂王十罪

紂王無道類窮奇，十罪傳聞萬世知。敲骨剖胎黎庶慘，蠆盆炮烙鬼神悲。
西風夜吼啼玄鳥，暮雨朝垂泣子規。無限傷心題往事，至今青史不容私。

話說子牙命左右將殷破敗尸首擡出營去，于高阜處以禮安葬畢，令眾將攻城。只見紂王在殿上與眾文武議事，忽午門官來啟奏：「殷破敗因言觸忤姜尚被害，請旨定奪。」紂王大驚。旁有殷破敗之子哭而奏曰：「『兩國相爭，不斬來使。』豈有擅殺天使？欺逆之罪，莫此為甚！臣願捨死以報君父之仇。」紂王慰之曰：「卿雖忠藎可嘉，須要小心用事。」殷成秀點人馬出城，殺至周營搦戰。子牙在營中，正議攻城，只見報馬報入中軍：「有將討戰。」子牙問：「誰去見陣走一遭？」有東伯侯出班曰：「末將願往。」子牙許之。姜文煥調本部人馬，出了轅門，見是殷成秀，姜文煥乃曰：「來者乃是殷成秀？你父不諳時務，鼓唇搖舌，觸忤姜元帥，吾故誅之。你今又來取死也！」殷成秀大怒，罵曰：「大膽匹夫！『兩國相爭，不斬來使。』吾父奉天子之命，通兩國之好，反遭你這匹夫所害。殺父之仇，不共戴天，定拿你碎尸萬段，以泄此恨！」罵罷，縱馬舞刀，飛來直取。姜文煥手中刀劈面交還。二馬相交，雙刀併舉。有贊為證，贊曰：

二將交鋒勢莫當，征雲片片起霞光。這一個生心要保真命主，那一個立志還從俠烈王。這一個

刀來恍似三冬雪，那一個利刃猶如九陌霜。這一個丹心碧血扶周主，那一個赤膽忠肝助紂王。

自來惡戰皆如此，怎似將軍萬古揚。

話說二將大戰三十餘合，姜文煥乃東方有名之士，殷成秀豈是文煥敵手，早被文煥一刀揮于馬下。可憐父子俱盡忠于國！姜文煥下馬，將殷成秀首級梟回營來，見子牙備言前事。子牙大喜。且說報馬報入午門，至殿前奏曰：「殷成秀被姜文煥梟了首級，號令轅門，請旨定奪。」紂王聞言，驚魂不定，忙問左右：「事已急矣，如之奈何？」左右又報：「周兵四門攻打，各架雲梯、火砲，圍城甚急，十分難支，望陛下早定守城之策！」紂王未及開言，旁有魯仁傑出班奏曰：「臣親自上城，設法防守，保護城池，且救燃眉，再作商議。」紂王許之。魯仁傑出朝，上城守禦。不表。且說子牙見守城有法，一時難下，隨鳴金收兵回營。子牙與眾將商議曰：「魯仁傑乃忠烈之士，盡心守城，急切難下，況京師城郭堅固，若以力攻，徒費心力，當以計取可也。」眾門人齊曰：「我等各遁進城，裡應外合，一舉成功，又何必與他較勝負于城下耶？」子牙曰：「不然。今眾人進城，未免有殺傷之苦，百姓豈堪遭此屠戮？況都城百姓，近在輦轂之下，被紂王殘虐獨甚，慘毒備嘗，今再加之殺戮，非所以救民，實所以害民也。」眾門人曰：「元帥之見甚是。」子牙曰：「今百姓被紂王敲骨剖胎，廣施土木，負累百姓，痛入骨髓，恨不能食其肉而寢其皮，不若先寫一告示射入城中，曉諭眾人，使百姓自相離析，人心離亂，不日其城可得矣。」眾將曰：「元帥之言乃萬全之策。」子牙援筆作稿。後人有詩單道子牙妙計，詩曰：

告示傳宣免甲戈，軍民日夜受煎磨。若非妙計離心旅，安得軍民唱凱歌？

話說子牙作稿，命中軍官寫了告示數十章，四面射入城中，或射于城上，或射于房屋之上，或射于途路

之中。軍民人等拾得此告示，打開觀看，只見告示上寫得甚是明白。怎見得，只見書上寫道：

掃蕩成湯天寶大元帥示諭朝歌萬民知悉：天愛下民，篤生聖主，為民父母，所以保毓乾元，統禦萬國。豈意紂王荒淫不道，苦虐生靈，不修郊社，絕滅紀綱；殺忠拒諫，炮烙蠆盆，淫刑慘惡，人神共怒。孰意紂王稔惡不悛，慘毒成性，敲骨剖胎，取童子腎命，言之痛心切骨！民命何辜，遭此荼毒！今某奉天討罪，大會諸侯，伐此獨夫，解萬民之倒懸，救群生之性命。況我周王仁德素著，薄海週知；本欲進兵攻城，念爾等萬姓久困水火之中，望拯如渴，恐一時城破，玉石俱焚，甚非我等弔民伐罪之意。爾等宜當體此，速獻都城，庶免殺戮之虞，早解塗炭之苦。爾等當速議施行，毋貽後悔。特示。

話說眾軍民父老人等看罷，議曰：「周主仁德著于海內，姜元帥弔伐，誠為至公。吾等遭昏君凌虐，深入骨髓，若不獻城，是逆民也。」滿城哄然，真是民變難治，合城軍民人等俱要如此。直等至三更時分，一聲喊起，朝歌城四門大開，父老軍民人等齊出，大呼曰：「吾等俱係軍民百姓，願獻朝歌，迎迓真主！」喊聲動地。且說子牙在寢帳中靜坐，忽聞外面雲板響，子牙忙令人探問，左右回報曰：「軍民人等已獻朝歌，請元帥定奪。」子牙大喜，忙傳令眾將：「各門止許進兵五萬，其餘俱在城外駐紮，不可入城攪擾。如入城者，不可妄行殺戮，擅取民間物用。違者定按軍法梟首！」子牙令人馬夜進朝歌，俱按轡而行，各依方位，立于東、南、西、北，雖然殺聲大振，百姓安堵如故。子牙將兵馬屯在午門，諸侯俱各依次序紮寨。

話說紂王在宮內，正與妲己飲宴，忽聽得一片殺聲振天，紂王大驚，忙問宮官曰：「是那裡喊殺之

聲？真驚破朕心也！」少時，宮官報入宮中：「啟陛下：朝歌軍民人等已獻了城池，天下諸侯之兵俱紮在午門了。」紂王忙整衣出殿，聚文武共議大事。紂王曰：「不意軍民人等如此背逆，竟將朝歌獻了，如之奈何？」魯仁傑等齊曰：「都城已破，兵臨禁地，其實難支。不若背城決一死戰，雌雄尚在未定；不然，徒束手待斃，無用也。」紂王曰：「卿言正合朕意。」紂王吩咐整點御林人馬。不表。

且言子牙在中軍聚眾諸侯商議曰：「今大兵進城，須當與紂王會兵一戰，早定大事。列位諸侯併大小眾將，汝其勗哉！」眾諸侯齊聲曰：「敢不竭股肱之力，以誅無道昏君耶！但憑元帥所委，雖死不辭。」子牙傳令：「眾將依次而出，不可紊亂；違者，按軍法從事。」只見周營砲響，喊聲大振，金鼓齊鳴，如地覆天翻之勢。紂王在九間殿聽得如此，忙問侍臣，只見午門官啟奏：「天下諸侯請陛下答話。」紂王聽罷，忙傳旨意，自己結束甲冑，命排儀仗，率御林軍，魯仁傑為保駕，雷鵾、雷鵬為左右翼，紂王上逍遙馬，撑金背刀，日月龍鳳旗開，鏘鏘戈戟，正朝鸞駕，排出午門。只見周營內一聲砲響，招展兩杆大紅旗，一對對排成隊伍，循序而出，甚是整齊。紂王見子牙排五方隊伍，甚是森嚴，兵戈整肅，左右分列，大小諸侯何止千數。又見門人、眾將，一對對侍立兩旁，威風凜凜，氣宇軒昂。左右又列有二十四對穿大紅的軍政官，雁翅排開。正中央大紅傘下，纔是姜子牙，乘四不相而出。怎見得，有贊姜元帥一詞，贊曰：

四八悟道，修身煉性。仙道難成，人間福慶。奉旨下山，輔相國政。窘迫八年，安于義命。擒怪有功，仕紂為令。妲己獻讒，棄官習靜。渭水持竿，磻溪隱姓。八十時來，飛熊入夢。龍虎欣逢，西岐兆聖。先為相父，托孤事定。紂惡日盈，周德隆盛。三十六路，紛紛相競。九三拜

將，金臺盟正。捧轂推輪，古今難並。會合諸侯，天人相應。東進五關，吉凶互訂。三死七災，緣期果證。夜進朝歌，君臣賭勝。滅紂成周，武功永詠。正是：六韜留下成王業，妙算玄機不可窮。出將入相千秋業，伐罪弔民萬古功。運籌幃幄欺風后，燮理陰陽壓老彭。亙古軍師為第一，聲名直並泰山隆。

話說紂王見子牙皓首蒼顏，全裝甲冑，手執寶劍，十分手彩；又見東伯侯姜文煥、南伯侯鄂順、北伯侯崇應鸞，當中乃武王姬發，四總督諸侯，俱張紅羅傘，齊齊整整，立在子牙後面。子牙見紂王戴沖天鳳翅盔，赭黃鎖子甲，甚是勇猛。有贊紂王一詞，贊曰：

沖天盔盤龍交結，獸吞頭鎖子連環。滾龍袍猩猩血染，藍鞓帶緊束腰間。打將鞭懸如鐵塔，斬將劍光吐霞斑。坐下馬如同獬豸，金背刀閃灼心寒。會諸侯旗開拱手，逢眾將力戰多般。論膂力托梁換柱，講辯難舌戰群談。自古為君多孟浪，可知總賴化兇頑。

話說子牙見紂王，忙欠身言曰：「陛下，老臣姜尚甲冑在身，不能全禮。」紂王曰：「爾是姜尚麼？」姜子牙答曰：「然也。」紂王曰：「爾曾為朕臣，為何逃避西岐，縱惡反叛，累辱王師？今又會天下諸侯，犯朕關隘，恃兇逞強，不遵國法，大逆不道，孰甚于此？又擅殺天使，罪在不赦！今朕親臨陣前，尚不倒戈悔過，猶自抗拒不理，情殊可恨！朕今日不殺你這賊臣，誓不回兵！」子牙答曰：「陛下居天子之尊，諸侯守拒四方，萬姓供其力役，錦衣玉食，貢山航海，何莫非陛下之所有也。古云：『率土之濱，莫非王臣。』誰敢與陛下抗禮哉？今陛下不敬上天，肆行不道，殘虐百姓，殺戮大臣，惟婦言是用；淫酗沉湎，臣下化之，朋家作仇，陛下無君道久矣。其諸侯臣民，又安得以君道待陛下也？陛下之惡貫

盈宇宙，天愁民怨，天下叛之。吾今奉天明命，行天之罰，陛下幸毋以臣叛君自居也。」紂王曰：「朕有何罪，稱為大惡？」子牙曰：「天下諸侯，靜聽吾道紂王大惡素表著于天下者。」眾諸侯聽得，齊上前聽子牙道紂王十大罪。子牙曰：

「陛下身為天子，繼天立極，亶聰明，作元后，元后作民父母；今陛下沉湎酒色，弗敬上天，謂宗廟不足祀，社稷不足守，動曰：『我有民，有命。』遠君子，親小人，敗倫喪德，極古今未有之惡。罪之一也。

皇后為萬國母儀，未聞有失德；陛下乃聽信妲己之讒言，斷恩絕愛，剜剔其目，炮烙其手，致皇后死于非命，廢元配而妄立妖妃，縱淫敗度，大壞彝倫。罪之二也。

太子為國之儲貳，承祧宗社，乃萬民所仰望者也。陛下乃輕信讒言，命晁雷、晁田封賜尚方，立刻賜死；輕棄國本，不顧嗣胤，忘祖絕宗，得罪宗社。罪之三也。

黃耇大臣，乃國之枝幹；陛下乃播棄荼毒之，炮烙殺戮之，囚奴幽辱之，如杜元銑、梅伯、商容、膠鬲、微子、箕子、比干是也。諸君子不過去君之非，引君于道，而遭此慘毒，廢股肱而昵比罪人，君臣之道絕矣。罪之四也。

信者人之大本，又為天子號召四方者也，不得以一字增損。今陛下聽妲己之陰謀，宵小之奸計，誑詐諸侯入朝，將東伯侯姜桓楚、南伯侯鄂崇禹，不分皂白，一碎醢其尸，一身首異處，失信于天下諸侯，四維不張。罪之五也。

法者非一己之私，刑者乃持平之用，未有過用之者也。今陛下悉聽妲己慘惡之言，造炮烙，阻

忠諫之口，設蠆盆，吞宮人之肉，冤魂啼號于白晝，毒焰障蔽于青天，天地傷心，人神共憤。罪之六也。

天地之生財有數，豈得妄用奢靡，窮財之力，擁為己有，竭民之生？今陛下惟污池臺榭是崇，酒池肉林是用，殘宮人之命，造鹿臺廣施土木，積天下之財，窮民物之力；又縱崇侯虎剝削貧民，有錢者三丁免抽，無錢者獨丁赴役，民生日促，偷薄成風，皆陛下貪剝有以倡之。罪之七也。

廉恥者乃風頑懲鈍之防，況人君為萬民之主者？今陛下信妲己狐媚之言，誆賈氏上摘星樓，君欺臣妻，致貞婦死節；西宮黃貴妃直諫，反遭摔下摘星樓，死于非命。三綱已絕，廉恥全無。罪之八也。

舉措乃人君之大體，豈得妄自施張？今陛下以玩賞之娛，殘虐生命，斮朝涉者之脛，驗民生之老少；刳剔孕婦之胎，試反背之陰陽，民庶何辜，遭此荼毒？罪之九也。

人君之宴樂有常，未聞流連忘反。今陛下衾夜暗納妖婦喜媚，共妲己在鹿臺晝夜宣淫，酗酒肆樂；信妲己以童男割炙腎命，以作羹湯，絕萬姓之嗣脈，殘忍慘毒，極今古之冤。罪之十也。

臣雖能言之，陛下決不肯悔過遷善；肆行荼毒，累軍民于萬死，暴白骨于青天，獨不思臣民生斯世者，竟遭陛下無辜之殺戮耶？今臣尚特奉天之明命，襄周王發恭行天之罰，陛下毋得以臣逆君而少之也。」

紂王聽姜子牙暴其十罪，只氣得目瞪口呆。只見八面諸侯聽罷，齊吶一聲喊：「願誅此無道昏君！」眾人方欲上前，有東伯侯姜文煥大呼曰：「殷受不得回馬！吾來也！」紂王見一員大將，金甲紅袍，白馬大刀，怎見得，有贊為證，贊曰：

頂上盔，朱纓燦；龜背甲，金光爛。大紅袍上繡團龍，護心寶鏡光華現。腰間寶帶扣絲鑾，鞍旁箭插如雲雁。打將鞭，吳鉤劍，殺人如草心無間。馬上橫擔斬將刀，坐下龍駒追紫電。銅心鐵膽東伯侯，保周滅紂姜文煥。

話說東伯侯走馬至軍前，大喝曰：「吾父王姜桓楚被你醢尸，吾姐姐姜后被你剜目烙手，俱死于非命。今日借武王仁義之師，仗姜元帥之力，誅此無道，以泄我無窮之恨！」只見南伯侯青騌馬沖出，厲聲大叫：「無道昏君！殺父之仇，不共戴天，姜王兄，留功與我！」鄂順馬至軍前，叱曰：「你行無道，吾父王未曾犯罪，無故而誅大臣，情理難容也！」把手中鎗一晃，劈胸就刺。紂王手中刀劈面交還。姜文煥手中刀使開，沖殺過來。二侯與紂王戰在午門。怎見得，有詩為證，詩曰：

龍虎相爭起戰場，三軍擂鼓列刀鎗。紅旗招展如赤焰，素帶飄颻似雪霜。
紂王江山風燭短，周家福祚海天長。從今一戰雌雄定，留得聲名萬古揚。

北伯侯崇應鸞見東、南二侯大戰紂王，也把馬催開，來助二侯。紂王見又來了一路諸侯，抖擻神威，力戰三路諸侯，一口刀抵住他三般兵器，只殺得天昏地暗，旭日無光。武王在逍遙馬上歎曰：「只因天子無道，致使天下諸侯會集于此，不分君臣，互相爭戰，冠履倒置，成何體統！真是天翻地覆之時！」忙將逍遙馬催上前，與子牙曰：「三侯還該善化天子，如何與天子抗禮？甚無君臣體面。」子牙曰：「方纔大王聽老臣言紂王十罪，乃獲罪于天地人神者，天下之人，皆可討之，此正是奉天命而滅無道，老臣豈敢有違天命耶？」武王曰：「當今雖是失政，吾等莫非臣子，豈有君臣相對敵之理？元帥可解此危。」子牙曰：「大王既有此意，傳令命軍士擂鼓。」子牙傳令擂鼓！天下諸侯聽的鼓響，左右有三十五騎紛

紛殺出，把紂王圍在核心。不知紂王性命如何，且聽下回分解。

評

紂王無道，其慘毒稔惡，極古今之所未有，而十惡尚未足以盡厥辜。雖然，只此十惡，紂王足以殺身亡國，遺議於後世矣。有天下者，可為之炯鑒哉！

又評

子牙以一示得朝歌，不用衆門人以威力殺伐取之，足稱王者之師。

第九十六回　子牙發東擒妲己

從來巧笑號傾城，狐媚君王浪用情。嬝娜腰肢催命劍，輕盈體態引魂兵。

雉雞有意能歌月，玉石無心解鼓聲。斷送殷湯成個事，依然枉自送殘生。

話說武王是仁德之君，一時那裡想起鼓進金止之意？只見眾將聽的鼓響，各要爭先，鎗刀劍戟，鞭鐧抓鎚，鉤鎌鉞斧，拐子流星，一齊上前，將紂王裹在核心。魯仁傑對雷鵾、雷鵬曰：「『主憂臣辱』，吾等正于此時盡忠報國，捨一死以決雌雄，豈得令反臣揚威逞武哉！」雷鵾曰：「兄言是也。吾等當捨死以報先帝。」三將縱馬殺進重圍。怎見得紂王大戰天下諸侯，有贊為證，贊曰：

殺氣迷空鎖地，煙塵障嶺漫山。擺列諸侯八百，一時地沸天翻。花腔鼓擂如雷震，御林軍展動旗旛。眾門人猶如猛虎，殷紂王漸漸摧殘。這也是天下遭逢殺運，午門外撼動天關。眾諸侯各分方位，滿空中劍戟如攢。東伯侯姜文煥施威仗勇，南伯侯鄂順抖擻如彪。北伯侯崇應鸞橫拖雪刃，武王下南宮适似猛虎爭餐。正東上青旛下，眾諸侯猶如靛染；正西上白旛下，驍勇將恍若冰岩。正南上紅旛下，眾門徒渾如火塊；正北上皂旛下，牙門將恰似烏漫。這紂王神威天縱，魯仁傑一點心丹。雷鵾右遮左架，雷鵬左護右攔。眾諸侯齊動手那分上下，殷紂王共三員將前後胡撕。頂上砍，這兵器似颼颼冰塊；脇下刺，那鎗劍如蟒龍齊翻。只聽得叮叮噹噹響亮，乒

乒乓乓往還。鞭來打，鐧來敲，斧來劈，劍來剁，左左右右吸人魂；勾開鞭，撥去鐧，逼去斧，架開劍，上上下下心驚顫。正似那紂王力如三春茂草，越戰越有精神；眾諸侯怒發，恍似轟雷，喊殺聲聞斗柄。紂王初時節精神足備，次後來氣力難撐。為社稷何必貪生，好功名焉能惜命！存亡只在今朝，死生就在目下。殷紂王畢竟勇猛，眾諸侯終欠調停。喝聲著，將官落馬；叫聲中，翻下鞍轎。紂王刀擺似飛龍，砍將傷軍如雪片，劈諸侯如同兒戲，斬大將鬼哭神驚。當此時惱了哪吒殿下，那楊戩怒氣沖沖，大喝道：「紂王不要逃走！等我來與你見個雌雄！」可憐見：驚天動地哭聲悲，嚎山泣嶺三軍淚。英雄為國盡亡軀，血水滔滔紅滿地。馬撞人死口難開，將劈三軍無躲避。只殺的哀聲小校亂奔馳，破鼓折鎗都拋棄。多少良才帶血回，無數軍兵拖傷去。紂王膽戰將心驚，雷鵾、雷鵬無主意。這是：君王無道喪家邦，謀臣枉用千條計。這一陣只殺得：雪消春水世無雙，風捲殘紅鋪滿地。

話說紂王被眾諸侯圍在核心，全然不懼，使發了手中刀，一聲響，將南伯侯一刀揮于馬下。魯仁傑鎗挑林善。惱了哪吒，登開風火輪，大喝曰：「不得猖獗，吾來也！」旁有楊戩、雷震子、韋護、金木二吒一齊大叫曰：「今日大會天下諸侯，難道我等不如他們！」齊殺至重圍。楊戩刀劈了雷鵾；哪吒祭起乾坤圈，把魯仁傑打下鞍轎，喪了性命。雷震子一棍結果雷鵬。東伯侯姜文煥見哪吒眾人立功，將刀放下，取鞭在手，照紂王打來。紂王及至看時，鞭已來得太急，閃不及，早已打中後背，幾乎落馬，逃回午門。眾諸侯吶一聲喊，齊追至午門。只見午門緊閉，眾諸侯方回。子牙鳴金收兵，陞帳坐下；眾諸侯來見子牙。子牙查點大小將官，損了二十六員。又見南伯侯鄂順被紂王所害，姜文煥等著實傷悼。武王對眾諸

侯曰：「今日這場惡戰，大失君臣名分，姜君侯又傷主上一鞭，使孤心下甚是不忍。」姜文煥曰：「大王言之差矣！紂王殘虐，人神共怒，便殺之于市曹，猶不足以盡其辜，大王又何必為彼惜哉！」

話說紂王被姜文煥一鞭打傷後背，敗回午門，至九間殿坐下，低頭不言，自己沉吟歎曰：「悔不聽忠諫之言，果有今日之辱！可惜魯仁傑、雷鵾兄弟皆遭此難！」旁有中大夫飛廉、惡來奏曰：「今陛下神威天縱，雖于千萬人之中，猶能刀劈數名反臣。只是誤被姜文煥鞭傷陛下龍體，只須保養數日，再來會戰，必定勝其反叛也。古云：『吉人天相。』『勝負乃兵家之常』，陛下又何須過慮？」紂王曰：「忠良已盡，文武蕭條；朕已著傷，何能再舉，又有何顏與彼爭衡哉？」隨卸甲冑入內宮，不表。且說飛廉謂惡來曰：「兵困午門，內無應兵，外無救援，眼見旦夕必休，吾輩何以處之？倘或兵進皇城，『荊山失火，玉石俱焚。』可惜百萬家資，竟被他人所有！」惡來笑曰：「長兄此言竟不知時務！凡為丈夫者，當見機而作。眼見紂王做不得事業，退不得天下諸侯，亡在旦夕，我和你乘機棄紂歸周，原不失了自己富貴。況武王仁德，姜子牙英明，他見我等歸周，必不加罪。如此方是上著。」飛廉曰：「賢弟此言使我如夢中喚醒。只是還有一件，以我愚意，俟他攻破皇城之日，我和你入內庭，將傳國符璽盜出，藏隱于家，待諸侯議定，吾想繼湯者必周，等武王入內庭，吾等方去朝見，獻此國璽玉符。武王必定以我們係忠心為國，欣然不疑，必加以爵祿。此不是一舉兩得？」惡來又曰：「即後世必以我等為知機，而不失『良禽擇木，賢臣擇主』之智。」二人言罷大笑，自謂得計。正是：

痴心妄想居周室，斬首周岐謝將臺。

話說飛廉與惡來共議棄紂歸周，不表。

且說紂王入內宮，有妲己、胡喜媚、王貴人三個前來接駕。紂王一見三人，不覺心頭酸楚，語言悲咽，對妲己曰：「朕每以姬發、姜尚小視，不曾著心料理，豈知彼糾合天下諸侯，會兵于此。今日朕親與姜尚會兵，勢孤莫敵，雖然斬了他數員反臣，倒被姜文煥這廝鞭傷後背，致魯仁傑陣亡，雷鵾兄弟死節。朕靜坐自思，料此不能久守，亡在旦夕。想成湯傳位二十八世，今一旦有失，朕將何面目見先帝在天也！朕已追悔無及，只三位美人與朕久處，一旦分離，朕心不忍，為之奈何？倘武王兵入內庭，朕豈肯為彼所擄，朕當先期自盡。但朕絕之後，卿等必歸姬發。只朕與卿等一番恩愛，竟如此結局，言之痛心！」道罷，淚如雨下。三妖聞紂王之言，齊齊跪下，泣對紂王曰：「妾等蒙陛下眷愛，鏤心刻骨，沒世難忘。今不幸遭此離亂，陛下欲捨妾身何往？」紂王泣曰：「朕恐被姜尚所擄，有辱我萬乘之尊。朕今別你三人，自有去向。」妲己俯伏紂王膝上，泣曰：「妾聽陛下之言，心如刀割。陛下何遽忍捨妾等而他往耶？」隨扯住紂王袍服，淚流滿面，柔聲嬌語，哭在一處，甚難割捨。紂王亦無可奈何，遂命左右治酒，與三美人共飲作別。紂王把盞，作詩一首，歌之以勸酒，詩曰：

「憶昔歌舞在鹿臺，孰知姜尚會兵來。分飛鸞鳳惟今日，再會鴛鴦已隔垓。
烈士盡隨煙焰滅，賢臣方際運弘開。一杯別酒心如醉，醒後滄桑變幾回。」

話說紂王作詩畢，遂連飲數杯。妲己又奉一盞為壽。紂王曰：「此酒甚是難飲，真所謂不能下咽者也！」妲己曰：「陛下且省愁煩。妾身生長將門，昔日曾學刀馬，頗能廝殺。況妹妹喜媚與王貴人善知道術，皆通戰法。陛下放心，今晚看妾等三人一陣功成，解陛下之憂悶耳。」紂王聞言大悅：「若是御妻果能破賊，真百世之功，朕有何憂也！」妲己又奉紂王數盃，乃與喜媚、王貴人結束停當，議定今晚去劫周

營。紂王見三人甲冑整齊，心中大喜，只看今晚成功。不表。

且說子牙在營中籌算，甲子屆期，紂王當滅。心中大喜，未曾提防三妖來劫營，故此幾乎失利。只見將至二更，只聽得半空中風響。怎見得，有賦為證，賦曰：

冷冷颼颼，驚人情況。颯颯蕭蕭，沙揚塵障。透壁穿牕，尋波逐浪。聚怪藏妖，興魔伏魎。也會去助虎張威，也會去從龍俯仰。起初時，都是些悠悠蕩蕩淅零聲；次後來，卻盡是滂滂湃湃呼吼響。且休言摧殘月裡娑羅❶；盡道是刮倒峰頭疊嶂。推開了積霧重雲，吹折了蘭橈畫槳。蒼松翠竹盡遭殃，朱閣丹樓俱掃蕩。這一陣風只吹得鬼哭與神驚，八百諸侯俱膽喪。

話說妲己與胡喜媚等三人俱全裝甲冑，甚是停當。妲己用雙刀，胡喜媚用兩口寶劍，王貴人用一口繡鸞刀，俱乘桃花馬，發一聲響，殺入周營。各駕妖風，播土揚塵，飛砂走石，沖進周營內來。只見周營中軍士，咫尺間不分南北，那辨東西？守營小校盡奔馳，巡邏將士皆束手。真個是：層圍木柵撞得東倒西歪，鐵騎連車沖得七橫八豎。驚動了大小眾將，急報子牙。子牙忙起身出帳觀看，只見一派妖風怪霧，滾將進來。子牙忙傳令，命眾門人齊去，將妖怪獲來。哪吒聽得，急登風火輪，搖火尖鎗；楊戩縱馬，使三尖刀；雷震子使黃金棍；韋護用降魔杵；李靖搖方天戟；金、木二吒用四口寶劍，齊殺出中軍帳來，迎敵三妖。只見三妖全身甲冑，橫沖直撞，左右廝殺。楊戩大呼曰：「好業障！不要猖獗，敢來此自送死也！」哪吒登輪，奮勇當先。七位門人將三妖圍在核心。

子牙在中軍用五雷正法鎮壓邪氣，把手一放，半空中一聲霹靂，只震得三妖膽顫心寒。三妖見來的

❶月裡娑羅：娑羅，木名，一名菩提樹。今月中樹影即娑羅樹影。

勢頭不好，俱是些道術之士，料難取勝，不敢戀戰，借一陣怪風，連人帶馬沖出周營，往午門逃回。三妖自二更入周營，直至四更方纔逃回，也傷了些士卒。不表。且說紂王在午門外看三妃今夜劫營成功，洗目以待。忽見三妃來至，紂王問曰：「三卿劫營，勝負如何？」妲己曰：「姜子牙俱有準備，故此不能成功，幾乎被他眾門人困于核心，險不能見陛下也。」紂王聞言大驚，低首不言。進了午門，上了大殿，紂王不覺淚下曰：「不期天意喪吾，莫可救解。」妲己亦泣曰：「妾身指望今日成功，平定反臣而安社稷，不料天心不順，力不能支，如之奈何！」紂王曰：「朕已知天意難回，非人力可解，從今與你三人一別，各自投生，免使彼此牽絆。」把袍袖一擺，逕往摘星樓去了。三妖也慰留不住。後人有詩歎之，詩曰：

大廈將傾止一莖，尚思劫寨破周兵。孰知天意歸真主，猶向三妖訴別情。

話說三妖見紂王自往摘星樓去了，妲己謂二妖曰：「今日紂王此去，必尋自盡，只我等數年來把成湯一個天下送得乾乾淨淨，如今我們卻往那裡去好？」九頭雉雞精曰：「我等只好迷惑紂王，其他皆不聽也。此時無處可棲，不若還歸軒轅墳去，依然自家巢穴，尚可安身，再為之計。」玉石琵琶精曰：「姐姐之言甚善。」三妖共議還歸舊巢。不表。

且說子牙被三妖劫營，殺至營前，三妖逃遁。子牙收軍，陞帳坐下，眾諸侯上帳參謁。子牙曰：「一時未曾防此妖孽，被他劫營，幸得眾門人俱是道術之士，不然幾為所算，失了銳氣。今若不早除，後必為患。」子牙言罷，命排香案。左右聞命，即將香案施設停當。子牙禱畢，將金錢排下，乃大驚曰：「原來如此！若再遲延，幾被三妖逃去。」忙傳令，命：「楊戩領柬帖，你去把九頭雉雞精拿來。如走了，

定按軍法！」楊戩領命去了。子牙又令：「雷震子領柬帖，你去把九尾狐狸精拿來。如若有失，定依軍法！」又令：「韋護領柬帖，你去將玉石琵琶精拿來。如違令，定按軍法！」三個門人領令，出了轅門，議曰：「我三人去拿此三妖，不知從何處下手？那裡去尋他？」楊戩道：「三妖此時料紂王已不濟事了，必竟從宮中逃出。吾等借土遁，站在空中等候，看他從何處逃走。吾等務要小心擒獲，不得鹵莽，恐有疏虞不便。」雷震子曰：「楊師兄言之有理。」道罷，各駕土遁，往空中等候三妖來至，有詩贊之，詩曰：

一道光華隱法身，修成幻化合天真。驅龍伏虎生來妙，今日三妖怎脫神。

話說妲己與胡喜媚、王貴人在宮中還吃了幾個宮人，方纔起身。一陣風響，三妖起在空中，往前要走，只見楊戩看見風響，隨與雷震子、韋護曰：「孽怪來也！各要小心！」楊戩指寶劍大呼曰：「怪物休走！吾來也！」九頭雉雞精見楊戩仗劍趕來，舉手中劍罵道：「我們姐妹斷送了成湯天下，成你們的功名，你反來害我等，何無天理也！」楊戩大怒曰：「業畜休得多言，早早受縛！吾奉姜元帥將令，特來擒你。不要走，吃吾一劍！」雉雞精舉劍來迎。雷震子黃金棍打來，早有九尾狐狸精雙刀架住。韋護降魔杵打來，玉石琵琶精用繡鸞刀敵住。三妖與楊戩等三人戰未及三五回合，三妖借妖光逃走；楊戩與雷震子、韋護惟恐有失，緊緊趕來。怎見得，有贊為證，贊曰：

妖光蕩蕩，冷氣颼颼。妖光蕩蕩，旭日無光；冷氣颼颼，乾坤黑暗。黃河漠漠怪塵飛，黑霧漫漫妖氣慘。雉雞精、狐狸精、琵琶精往前逃，似電光飛閃；雷震子與楊戩併韋護緊追隨，如驟雨狂風。三妖要命，恍如弩箭離弦，那顧東西南北；三聖爭功，恰似葉落隨風，豈知流行坎止。

雷震子性起，追得狐狸有穴難尋；楊戩心忙，趕得雉雞上天無路。琵琶性巧欲騰挪，韋護英明驅壓定。這也是三妖作過罪業多，故遇著三聖玄功能取命。

話說楊戩追趕九頭雉雞精，往前多時，看看趕上，楊戩取出哮天犬祭在空中。那犬乃仙犬修成靈性，見妖精舞爪張牙，趕上前一口，將雉雞頭咬掉了一個。那妖精顧不得疼痛，帶血逃災。楊戩見犬傷了他一頭，依舊走了，心下著慌，急駕土遁緊追。雷震子趕狐狸，韋護追琵琶精，緊緊不捨。只見前面兩首黃旛，空中飄蕩，香煙靄靄，遍地氤氳。不知是誰來了，且聽下回分解。

評

紂王雖然無道，還算個俠烈漢子；起先做了許多惡業，及至到壞事時，便爽爽利利，以死自待，決不沾泥帶水。若是小丈夫便有無限婆子氣，不知作多少悲啼哭泣。

又評

成湯一個完完全全天下，被妲己送得乾乾淨淨；及至紂王尋死，彼更不曾有一點顧惜之意，便去尋自己巢穴，以為安身之計，情殊可恨！畢竟被子牙拿來，身首異處，正所謂天網恢恢，疏而不漏。今觀其妖怪似婦人者，尚無怪乎婦人心最毒也！

第九十七回　摘星樓紂王自焚

紂王暴虐害黔黎，國事紛紛日夜迷。浪飲不知民血盡，荒淫那顧鬼神悽。
蠆盆宮女真殘賊，焚炙忠良類虎貔。報應昭昭須不爽，旗懸太白古今題。

話說楊戩正趕雉雞精，見前面黃旛隱隱，寶蓋飄揚，有數對女童分于左右，當中一位娘娘，跨青鸞而來，乃是女媧娘娘駕至。怎見得，有詩為證：

一天瑞彩紫霞浮，香靄氤氳擁鳳輈。展翅鸞凰皆雅馴，飄飄童女自優遊。
旛幢繚繞迎華蓋，瓔珞飛揚罩冕旒。止為昌期逢泰運，故教仙聖至中州。

話說女媧娘娘跨青鸞而來，阻住三個妖怪之路。三妖不敢前進，按落妖光，俯伏在地，口稱：「娘娘聖駕降臨，小畜有失迴避，望娘娘恕罪。小畜今被楊戩等追趕甚迫，求娘娘救命。」女媧娘娘聽罷，吩咐碧雲童兒：「將縛妖索把這三個業障鎖了，交與楊戩，解往周營，與子牙發落。」童兒領命，將三妖縛定。三妖泣而告曰：「啟娘娘得知：昔日是娘娘用招妖旛招小妖去朝歌，潛入宮禁，迷惑紂王，使他不行正道，斷送他的天下。小畜奉命，百事逢迎，去其左右，令彼將天下斷送。今已垂亡，正欲覆娘娘鈞旨，不期被楊戩等追襲。路遇娘娘聖駕，尚望娘娘救護，娘娘反將小畜縛去，見姜子牙發落，不是娘娘出爾反爾了?望娘娘上裁!」女媧娘娘曰：「吾使你斷送殷受天下，原是合上天氣數；豈意你無端造業，

殘賊生靈，荼毒忠烈，慘惡異常，大拂上天好生之仁。今日你罪惡貫盈，理宜正法。」三妖俯伏，不敢聲言。只見楊戩同雷震子、韋護正望前追趕三妖，楊戩望見祥光，忙對雷震子、韋護曰：「此位是女媧娘娘大駕降臨，快上前參謁。」雷震子聽罷，三人向前，倒身下拜。楊戩等曰：「弟子不知聖駕降臨，有失迎迓，望娘娘恕罪。」女媧娘娘曰：「楊戩，我與你將此三妖拿在此間，你可帶往行營，與姜子牙正法施行。今日周室重興，又是太平天下也。你三人去罷。」楊戩等感謝娘娘，叩首而退，將妖解往周營。後人有詩歎之：

三妖造惡萬民殃，斷送殷商至喪亡。今日難逃天鑒報，軒轅巢穴枉思量。

話說楊戩等將三妖摔下雲端，三人隨收土遁，來至轅門。那眾軍士見半空中掉下三個女人，後隨著楊戩等三人，軍士忙報入中軍：「啟元帥：楊戩等令。」子牙傳令：「令來。」楊戩上帳見子牙，子牙曰：「你拿的妖怪如何？」楊戩曰：「奉元帥將令，趕三妖于中途，幸逢女媧娘娘大發仁慈，賜縛妖繩，將三妖捉至轅門，請令施行。」子牙傳令：「解進來。」帳下左右諸侯俱來觀看怎樣個妖精。少時，楊戩解九頭雉雞精，雷震子解九尾狐狸精，韋護解玉石琵琶精同至帳下。三妖跪于帳前。子牙曰：「你這三個業障，無端造惡，殘害生靈，食人無厭，將成湯天下送得乾乾淨淨。雖然是天數，你豈可縱慾殺人，唆紂王造炮烙，慘殺忠諫，治蠆盆荼毒宮人，造鹿臺聚天下之財，為酒池、肉林，內官喪命，甚至敲骨看髓，剖腹驗胎；此等慘惡，罪不容誅，天地人神共怒，雖食肉寢皮，不足以盡厥辜！」妲己俯伏哀泣告曰：「妾身係冀州侯蘇護之女，幼長深閨，鮮知世務，謬蒙天子宣詔，選擇為妃。不意國母薨逝，天子強立為后。凡一應主持，皆操之于天子，政事俱掌握于大臣。妾不過一女流，惟知灑掃應對，整飾宮

闈，侍奉巾櫛而已；其他妾安能以自專也。紂王失政，雖文武百官不啻千百，皆不能釐正，又何況區區一女子能動其聽也？今元帥德播天下，仁溢四方，紂王不日授首，縱殺妾一女流，亦無補于元帥。況古語云：『罪人不孥❶。』懇祈元帥大開慈隱，憐妾身之無辜，赦歸故國，得全殘生，真元帥天地之仁，再生之德也。望元帥裁之！」眾諸侯聽妲己一派言語，大是有理，皆有憐惜之心。

子牙笑曰：「你說你是蘇侯之女，將此一番巧言，迷惑眾聽，眾諸侯豈知你是九尾狐狸在恩州驛迷死蘇妲己，借竅成形，惑亂天子？其無端毒惡，皆是你造業。今已被擒，死且不足以盡其罪，尚假此巧語花言，希圖漏網！」命左右：「推出轅門，斬首號令！」妲己等三妖低頭無語。左右旗牌官簇擁出轅門來，後有雷震子、楊戩、韋護監斬。只見三妖推至法場，雉雞精垂頭喪氣，琵琶精默默無言，惟有這狐狸精乃是妲己，他就有許多嬌痴，又連累了幾個軍士。

話說那妲己綁縛在轅門外，跪在塵埃，恍然似一塊美玉無瑕，嬌花欲語，臉襯朝霞，唇含碎玉，綠蓬鬆雲鬢，嬌滴滴朱顏，轉秋波無限鍾情，頓歌喉百般嫵媚，乃對那持刀軍士曰：「妾身係無辜受屈，望將軍少緩須臾，勝造浮屠七級！」那軍士見妲己美貌，已自有十分憐惜，再加他嬌滴滴的叫了幾聲將軍長，將軍短，便把這幾個軍士叫得骨軟筋酥，口呆目瞪，軟痴痴癱作一堆，麻酥酥痒成一塊，莫能動履。只見行刑令下：「楊戩監斬九頭雉雞精，韋護監斬玉石琵琶精，雷震子監斬狐狸精。」三人見行刑令下，喝令：「軍士動手！」楊戩鎮壓住雉雞精，韋護鎮壓住琵琶精，一聲吶喊，軍士動手，將兩個妖精斬了首級。有一首詩單道琵琶精終不免一刀之厄，詩曰：

❶ 罪人不孥：犯罪之人，惡止於其身，不連帶其妻與子。

憶昔當年遇子牙，硯臺擊頂煉琵琶。誰知三九重逢日，萬死無生空自嗟。

話說三軍動手，已將雉雞精、琵琶精斬了首級，楊戩與韋護上帳報功。只有雷震子監斬狐狸精，眾軍士被妲己迷惑，皆目瞪口呆，手軟不能舉刃。雷震子發怒，喝令軍士，只見個個如此。雷震子急得沒奈何，只得來中軍帳報知，請令定奪。子牙見楊戩、韋護報功，令：「拿出轅門號令。」惟有雷震子赤手來見。子牙問曰：「你監斬妲己，如何空身來見我？莫非這狐狸走了？」雷震子曰：「弟子奉令監斬妲己，孰意眾軍士被這妖狐迷惑，皆目瞪口呆，莫能動履。」子牙怒曰：「監斬無能，要你何用！」一聲喝退，雷震子羞慚滿面，站立一旁。子牙命：「將行刑軍士拿下，斬首示眾。」復命楊戩、韋護監斬。二人領命，另換了軍士，再至轅門。只見那妖婦依舊如前，一樣軟款，又把這些軍士弄得東倒西歪，如痴如醉。

楊戩與韋護看見這等光景，二人商議曰：「這畢竟是個多年狐狸，極善迷惑人，所以紂王被他纏縛得迷而忘返，又何況這些愚人哉？我與你快去稟明元帥，無令這些無辜軍士死于非命也。」楊戩道罷，二人齊至中軍帳來，對子牙如此如此說了一遍。眾諸侯俱各驚異。子牙對眾人曰：「此怪乃千年老狐，受日精月華，偷採天地靈氣，故此善能迷惑人，待吾自出營去，斬此惡怪。」子牙道罷先行，眾諸侯隨後。子牙同眾諸侯門弟子出得轅門，見妲己綁縛在法場，果然千嬌百媚，似玉如花，眾軍士如木雕泥塑。子牙喝退眾士卒，命左右排香案，焚香爐內，取出陸壓所賜葫蘆，放于案上，揭去頂蓋，只見一道白光上昇，現出一物，有眉有眼，有翅有足，在白光上旋轉。子牙打一躬：「請寶貝轉身！」那寶貝連轉兩三轉，只見妲己頭落塵埃，血濺滿地。諸侯中尚有憐惜之者。有詩為證，詩曰：

妲己妖嬈起眾憐，臨刑軍士也情牽。桃花難寫溫柔態，芍藥堪方窈窕妍。

憶昔恩州能借竅，應知內闕善周旋。從來嬌媚歸何處？化作南柯帶血眠。

話說子牙斬了妲己將首級號令轅門。眾諸侯等無不歎賞。

且說紂王在顯慶殿𢥞𢥞獨坐，有宮人左右紛紛如蟻，慌慌亂竄。紂王問曰：「爾等為何這樣急遽？想是皇城破了麼？」旁一內臣跪下，泣而奏曰：「三位娘娘，夜來二更時分不知何往，因此六宮無主，故此著忙。」紂王聽罷，忙叫內臣快快查，往那裡去了，速速來報。有常侍打聽，少時來報：「啟陛下，三位娘娘首級已號令于周營轅門。」紂王大驚，忙隨左右宦官，急上五鳳樓觀看，果是三后之首。紂王看罷，不覺心酸，淚如雨下，乃作詩一首以弔之，詩曰：

「玉碎香消實可憐，嬌容雲鬢盡高懸。奇歌妙舞今何在？覆雨翻雲竟枉然。

鳳枕已無藏玉日，鴛衾難再拂花眠。悠悠此恨情無極，日落滄桑又萬年。」

話說紂王吟罷詩，自嗟自歎，不勝傷感。只見周營中一聲砲響，三軍吶喊，齊欲攻城。紂王看見，不覺大驚，知大勢已去，非人力可挽，點頭數點，長吁一聲，竟下五鳳樓，過九間殿，至顯慶殿，過分宮樓，將至摘星樓來。忽然一陣旋窩風，就地滾來，將紂王罩住。怎見得怪風一陣，透膽生寒，有詩為證：

蕭蕭颯颯攝離魂，透骨浸肌氣若吞。攝起沉冤悲往事，追隨枉死泣新猿。

催花須借吹噓力，助雨敲殘次第先。止為紂王慘毒甚，故教屈鬼訴辜恩。

話說紂王方行至摘星樓，只見一陣怪風，就地裏將上來。那蠆盆內咽咽哽哽，悲悲泣泣，無限蓬頭披髮、赤身裸體之鬼，血腥臭惡，穢不可聞，齊上前來，扯住紂王大呼曰：「還吾命來！」又見趙啟、梅伯赤身大叫：「昏君！你一般也有今日敗亡之時！」紂王忽的把二目一睜，陽氣沖出，將陰魂撲散。那些屈

魂怨鬼隱然而退。紂王把袍袖一抖，上了頭一層樓，又見姜娘娘一把扯住紂王，大罵曰：「無道昏君，誅妻殺子，絕滅彝倫，今日你將社稷斷送，將何面目見先王于泉壤也！」姜娘娘正扯住紂王不放，又見黃娘娘一身血污，腥氣逼人，也上前扯住，大呼曰：「昏君摔我下樓，跌吾粉骨碎身，此心何忍！真殘忍刻薄之徒！今日罪盈惡滿，天地必誅！」紂王被兩個冤魂纏得如痴似醉一般，又見賈夫人也上前大罵曰：「昏君受辛！你君欺臣妻，吾為守貞立節，墜樓而死，沉冤莫白。今日方能泄我恨也！」照紂王一掌劈面打來。

紂王忽然一點真靈驚醒，把二目一睜，沖出陽神，那陰魂如何敢近？隱隱散了。紂王上了摘星樓，行至九曲欄邊，默默無語，神思不寧，扶欄而問：「封宮官何在？」封宮官朱昇聞紂王呼喚，慌忙上摘星樓來，俯伏欄邊，口稱：「陛下，奴婢聽旨。」紂王曰：「朕悔不聽群臣之言，誤被讒奸所惑，今兵連禍結，莫可救解，噬臍何及。朕思身為天子之尊，萬一城破，為群小所獲，辱莫甚焉。欲尋自盡，此身尚遺人間，猶為他人作念；不若自焚，反為乾淨，毋得令兒女子藉口也。你可取柴薪堆積樓下，朕當與此樓同焚。你當如朕命。」朱昇聽罷，淚流滿面，泣而奏曰：「奴婢侍陛下多年，蒙豢養之恩，粉骨難報。不幸皇天不造我商，禍亡旦夕，奴婢恨不能以死報國，何敢舉火焚君也！」言罷，嗚咽不能成聲。紂王曰：「此天亡我也，非干你罪。你不聽朕命，反有忤逆之罪。昔日朕曾命費、尤向姬昌演數，言朕有自焚之厄；今日正是天定，人豈能逃？當聽朕言！」後人有詩單歎紂王臨焚念文王易數之驗，有詩為證，詩曰：

昔日文王羑里囚，紂王無道困西侯。費尤曾問先天數，烈焰飛煙鎖玉樓。

話說朱昇再三哭奏，勸紂王且自寬慰，另尋別策，以解此圍。紂王怒曰：「事已急矣！朕籌之已審。若諸侯攻破午門，殺入內庭，朕一被擒，汝之罪不啻泰山之重也！」朱昇大哭下樓，去尋柴薪，堆積樓下。不表。且說紂王見朱昇下樓，自服袞冕，手執碧玉圭，滿身珠玉，端坐樓中。朱昇將柴堆滿，揮淚下拜畢，方敢舉火，放聲大哭。後有詩為證，詩曰：

摘星樓下火初紅，煙捲烏雲四面風。今日成湯傾社稷，朱昇原是盡孤忠。

話說朱昇舉火，燒著樓下乾柴，只見煙捲沖天，風狂火猛，六宮中宮人喊叫，霎時間乾坤昏暗，宇宙翻崩，鬼哭神號，帝王失位。朱昇見摘星樓一派火著，甚是凶惡。朱昇撩衣，痛哭數聲，大叫：「陛下！奴婢以死報陛下也！」言罷，將身攛入火中。可憐朱昇忠烈，身為宦豎，猶知死節。話說紂王在三層樓上，看樓下火起，烈焰沖天，不覺撫膺長歎曰：「悔不聽忠諫之言，今日自焚，死固不足惜，有何面目見先王於泉壤也！」只見火趁風威，風乘火勢，須臾間，四面通紅，煙霧障天。怎見得，有賦為證，賦曰：

煙迷霧捲，金光灼灼掣天飛；焰吐雲從，烈風呼呼如雨驟。排炕烈炬，似煽如熘。須臾萬物盡成灰，說什麼棟連霄漢；頃刻千里化紅塵，那管他雨聚雲屯。五行之內最無情，二氣之中為獨盛。雕梁畫棟，不知費幾許工夫，遭著他盡成虀粉；珠欄玉砌，不知用多少金錢，逢著你皆為瓦解。摘星樓下勢如焚，六宮三殿，延燒得柱倒牆崩，天子命喪在須臾；八妃九嬪，牽連得頭焦額爛，無辜宮女盡遭殃，作惡內臣皆在劫。這紂天子呵！拋卻塵寰，講不起貢山航海，錦衣玉食，金甌社稷，錦繡乾坤，都化作滔滔洪水向東流；脫離慾海，休誇那粉黛蛾眉，溫香暖玉，

翠袖慇懃，清謳皓齒，盡赴於栩栩羽化隨夢繞。這正是：從前餘焰逞雄威，作過灾殃還自受。

成湯事業化飛灰，周室江山方赤熾。

話說子牙在中軍方與眾諸侯議攻皇城，忽左右報進中軍：「啟元帥：摘星樓火起。」子牙忙領眾將，同武王、東伯侯、北伯侯共天下諸侯，齊上馬出了轅門看火。武王在馬上觀看，見煙迷一人，身穿赭黃袞服，頭戴冕旒，手拱碧玉圭，端坐於煙霧之中，朦朧不甚明白。武王問左右曰：「那煙霧中乃是紂天子麼？」眾諸侯答曰：「此正是無道昏君。今日如此，正所謂自作自受耳。」武王聞言，掩面不忍看視，兜馬回營。子牙忙上前啟曰：「大王為何掩面而回？」武王曰：「紂王雖則無道，得罪於天地鬼神，今日自焚，適為業報；但你我皆為臣下，曾北面事之，何忍目睹其死，而蒙逼君之罪哉？不若回營為便。」子牙曰：「紂王作惡，殘賊生民，天怒民怨，縱太白懸旗❷，亦不為過；今日自焚，正當其罪。但大王不忍，是大王之仁明忠愛之至意也。然猶有一說，昔成湯以至仁放桀於南巢，救民於水火，天下未嘗少之；今大王會天下諸侯，奉天征討，弔民伐罪，實於湯有光，大王幸毋介意。」眾諸侯同武王回營。子牙督領眾將門人看火，以便取城。只見那火越盛，看看捲上樓頂，那樓下的柱腳燒倒，只聽得一聲響，摘星樓塌倒，如天崩地裂之狀，將紂王埋在火中，一霎時化為灰燼。一靈已入封神臺去了。後人有詩歎之，詩曰：

放桀南巢憶昔時，深仁厚澤立根基。誰知殷受多殘虐，烈焰焚身悔已遲。

---

❷ 太白懸旗：太白，殷旗名。言斬紂之頭，懸在太白旗上。戰國策趙策：「卒斬紂之頭，而懸太白者，是武王之功也。」

又有史官觀史，有詩單道紂王失政云：

女媧宮裡祈甘霖，忽動擒雲握雨心。豈為有情聯好句，應知無道起商參。
婦言是用殘黃耇，忠諫難聽縱浪淫。炮烙冤魂多屈死，古來慘惡獨君深。

又詩歎紂王才兼文武，詩曰：

打虎雄威氣更驍，千斤膂力冠群僚。托梁換柱超今古，赤手擒飛過鷙雕。
拒諫空稱才絕代，飾非枉道巧多饒。只因三怪迷真性，贏得樓前血肉焦。

話說摘星樓焚了紂王，眾諸侯俱在午門外住箚。少時，午門開處，眾宮人同侍衛將軍，御林士卒酌酒獻花，焚香拜迎武王車駕，並諸侯入九間殿。姜子牙忙傳令：「且救息宮中火。」不知後事如何，且聽下回分解。

評

紂王無道，殘賊生靈，不知凡幾，自家落得摘星樓燒死，縱不是如佛氏報應輪迴之說，自是天理難容耳。畢竟紂王有些豪爽氣，自家做過的事，不肯落在他人之手裡；所以一刀兩段，毫不沾滯，真是斬釘削鐵漢子，何難立地成佛？

又評

天地間妖精中之最靈怪者，無過狐狸，善於巧令，亦最嫵媚，所以惑人最深，而殺人亦毒。請觀妲己生前，弄得紂王國破身亡，甚至臨刑，猶遺害不淺。古今遭此狐妖之害者，豈止於有天下國家之人哉！幸毋惑此，方是打破重關，跳出苦海。此一書分明指與世人作榜樣。今人不可將此狐狸詔作真的，把自己身邊那個狐狸當做假的，有幸此老婆心說法。

第九十八回　周武王鹿臺散財

紂王聚斂吸民脂，不信當年放桀時。積粟已無千載計，盈財豈有百年期？
須知世運逢真主，卻笑貪淫有阿癡。今日還歸民社去，從來天意豈容私！

話說眾諸侯俱上了九間殿，只見丹墀下大小將領頭目等眾，蹌蹌蹌蹌，簇擁兩旁。子牙傳令：「軍士先救滅宮中火焰。」武王對子牙曰：「紂王無道，殘虐生靈，而六宮近在肘腋，其宮人宦寺被害更慘，今軍士救火，不無波及無辜；相父當首先嚴禁，毋令復遭陷害也。」子牙聞言，忙傳令：「凡軍士人等止許救火，毋得肆行暴虐，敢有違令妄取六宮中一物，妄殺一人者，斬首示眾，決不姑息，汝宜悉知。」只見眾宮人宦寺，侍衛軍官齊呼萬歲。武王在九間殿駐蹕，與眾諸侯看軍士救火。武王猛擡頭，看見殿東邊有黃澄澄二十根大銅柱擺列在旁，武王問曰：「此銅柱乃是何物？」子牙曰：「此銅柱乃是紂王所造炮烙之刑。」武王曰：「善哉！不但臨刑者甚慘，只今日孤觀之，不覺心膽皆裂。紂天子可謂殘忍之甚！」子牙引武王入後宮，至摘星樓下，見蠆盆裡面蛇蝎上下翻騰，白骨暴露，骷骸亂滾；又見酒池內陰風慘慘，肉林下冷露悽悽。武王問曰：「此是何故？」子牙曰：「此是紂王所製蠆盆，殺害宮人者；左右正是肉林、酒池。」武王曰：「傷哉！紂天子何無仁心一至此也！」不勝傷感，乃作詩以紀之，詩曰：

「成湯祝網德聲揚，放桀南巢正大綱。六百年來風氣薄，誰知慘惡喪疆場！」

又傷炮烙之刑，作詩以紀之，詩曰：

「苦陷忠良性獨偏，肆行炮烙悅嬋娟。遺魂常傍黃金柱，樓下焚燒業報牽。」

話說武王來至摘星樓，見餘火尚存，煙焰未絕，燒得七狼八狽，也有無辜宮人遭在此劫，尚有遺骸未盡，臭穢難聞。武王更覺心中不忍，忙吩咐軍士：「快將這些遺骸檢出去埋葬，無令暴露。」因謂子牙曰：「但不知紂王骸骨焚於何所？當另為檢出，以禮安葬，不可使暴露於天地。你我為人臣者，此心何安！」子牙曰：「紂王無道，人神共憤，今日自焚，實所以報之也。今大王以禮葬之，誠大王之仁耳。」子牙吩咐軍士：「檢點遺骸，毋使混雜。須尋紂王骸骨，具衣衾棺槨，以天子之禮葬之。」後人有詩歎成湯王業如斯而盡：

天喪成湯業，敵兵盡倒戈。積山尸遍野，漂杵血流河。
盡去煩苛法，方興時雨歌。太平今日定，衽席樂天和。

話說子牙令軍士尋紂王遺骸，以禮安葬，不表。

且說眾諸侯同武王往鹿臺而來。上了臺時，見閣聳雲端，樓飛霄漢，亭臺疊疊，殿宇巍峨，雕欄玉飾，梁棟金裝；又只見明珠異寶，珊瑚玉樹，鑲嵌成瓊宮瑤室，堆砌就繡閣蘭房，不時起萬道霞光，頃刻有千條瑞彩，真所謂目眩心搖，神飛魄亂。武王點首歎曰：「紂天子這等奢靡，竭天下之財以窮己欲，安有不亡身喪國者也！」子牙曰：「古今之所以喪亡者，未有不從奢侈而敗，故聖王再三叮嚀垂戒者，『寶己以德，毋寶珠玉』，良有以也。」武王曰：「如今紂王已滅，天下諸侯與閭閻百姓受紂王剝削之禍，

荼毒之苦，征斂之煩，日坐水火之中，衽席不安，重足而立，今不若將鹿臺聚積之貨財，給散與諸侯百姓，將鉅橋聚斂之稻粟，賑濟與饑民，使萬民昭蘇，享一日安康之福耳。」子牙曰：「大王興言及此，真社稷生民之福也！宜速行之。」武王命左右去發財粟運，不表。

只見後宮擒紂王之子武庚至，子牙令：「推來。」眾諸侯切齒。少時，眾將將武庚推至殿前，武庚跪下。眾諸侯齊曰：「殷受不道，罪盈滿貫，人神共怒，今日當斬首正罪，以泄天地之恨。」子牙曰：「眾諸侯之言甚是。」武王急止之曰：「不可！紂王肆行不道，皆是群小、妖婦惑亂其心，與武庚何干？且紂王炮烙大臣，雖賢如比干、微子，皆不能匡救其君，又何況武庚一幼稚之子哉？今紂王已滅，與子何讎？且『罪人不孥』，原是上天好生之德，孤願與眾位大王共體之，切不可枉行殺戮也。俟新君嗣位，封之以茅土，以存商祀，正所以報商之先王也。」東伯侯姜文煥出而言曰：「元帥在上：今大事俱定，當立新君以安天下諸侯、士民之心。況且天不可以無日，國不可以無君，天命有道，歸於至仁，今武王仁德著於四海，天下歸心，宜正大位，以安天下民心。況我等眾諸侯入關，襄武王以伐無道，正為今日之大事也。望元帥一力擔當，不可遲滯，有辜眾人之心。」眾諸侯齊曰：「姜君侯講得有理，正合眾人之意。」

子牙尚未及對，武王惶懼遜謝曰：「孤位輕德薄，名譽未著，惟日兢兢，求為寡過以嗣先王之業而未遑，安敢妄覬天位哉！況天位惟艱，惟仁德者居之，乞眾位賢侯共擇一有德者以嗣大位，毋令有忝厥職，遺天下羞。孤與相父早歸故土，以守臣節而已。」旁有東伯侯厲聲大言曰：「大王此言差矣！天下之至德，孰有如大王者！今天下歸周，已非一日，即黎民之簞食壺漿以迎王師，豈有他哉！謂大王能救

民於水火也。且天下諸侯景從雲集，隨大王以伐無道，其愛戴之心，蓋有自也。大王又何必固辭？望大王俯從眾議，毋令眾人失望耳。」武王曰：「發有何德，望賢侯無得執此成議，還當訪詢有眾，以服天下之心。」東伯侯姜文煥曰：「昔帝堯以至德克相上帝，得膺大位；後生丹朱不肖，帝求人而遜位，眾臣舉舜。舜以重華之德，以繼堯而有天下。後帝舜生子商均亦不肖，舜乃舉天下而讓之禹。禹生啟賢明，能承繼夏命，故相繼而傳十七世。至桀無道而失夏政，成湯以至德放桀於南巢，代夏而有天下，傳二十八世。至紂，大肆無道，惡貫罪盈。大王以至德與眾諸侯恭行天之討，今大事已定，克承大寶，非大王而誰？大王又何必固遜哉！」武王曰：「孤安敢方禹湯之賢哲也？」姜文煥曰：「大王不事干戈，以仁義教率天下，化行俗美，三分天下有其二，故鳳鳴於岐山，萬民而樂業。天下相應，理不可誣。大王之政德，與二君何多讓哉！」武王曰：「姜君侯素有才德，當為天下之主。」忽聽得兩旁諸侯一齊上前，大呼曰：「天下歸心，已非一日，大王為何苦苦固辭？大拂眾人之心矣！況吾等會盟此地，豈是一朝一夕之力，無非欲立大王，再見太平之日耳。今大王捨此不居。則天下諸侯瓦解，自此生亂，是使天下終無太平之日矣。」子牙上前急止之曰：「列位賢侯不必如此，我自有名正言順之說。」正是：

　　子牙一計成王業，致使諸侯拜聖君。

話說眾諸侯在九間殿，見武王固遜，俱紛然爭辯不一，子牙乃止之，對武王曰：「紂王禍亂天下，大王率諸侯明正其罪，天下無不悅服，大王禮當正位，號令天下。況當日鳳鳴岐山，祥瑞現於周地，此上天垂應之兆，豈是偶然！今天下人心悅而歸周，正是天人響應，時不可失。大王今日固辭，恐諸侯心冷，各散歸國，渙無所統，各據其地，日生禍亂，甚非大王弔伐之意。深失民望，非所以愛之，實所以害之

也。願大王詳察！」武王曰：「眾人固是美愛，然孤之德薄，不足以勝此任，恐遺先王之羞耳。」東伯侯姜文煥曰：「大王不必辭遜，元帥自有主見。」乃對子牙曰：「請元帥速行，不得遲滯，恐人心解散。」子牙急忙傳令：「命畫圖樣造臺，作祝文昭告天地社稷，俟後有大賢，大王再讓位未遲。」眾諸侯已知子牙之意，隨聲應諾。旁有周公旦自去造臺。後人有詩誦之，詩曰：

朝歌城內築禪臺，萬姓歡呼動八垓。沴氣已隨餘焰盡，和風方向太陽來。
岐山鳴鳳纏禎瑞，殿陛賡歌進壽杯。四海雍熙從此盛，周家泰運又重開。

話說周公旦畫了圖樣，於天地壇前造一座臺，臺高三層，按三才之象，分八卦之形。正中設皇天后土之位，旁立山川社稷之神，左右有十二元神旗號，按子、丑、寅、卯、辰、巳、午、未、申、酉、戌、亥立於其地；前後有十干旗號，按甲、乙、丙、丁、戊、己、庚、辛、壬、癸立於本位。壇上有四季正神方位：春日太昊，夏日炎帝，秋日少昊，冬日顓頊，中有皇帝軒轅。壇上羅列籩、豆、簠、簋、金爵、玉斝，陳設祭前，併生芻炙脯，列於几席，鮮醬魚肉設於案桌，無不齊備。只見香燒寶鼎，花插金瓶，子牙方請武王上壇。武王再三謙讓，然後祭壇。八百諸侯齊立於兩旁，周公旦高捧祝文，上臺開讀，祝文曰：

惟大周元年壬辰，越甲子昧爽三日，西岐姬發敢昭告於皇天后土神祇曰：嗚呼！惟天惠民，惟辟奉天。有殷受弗克上天，自絕於命，臣發承祖宗累治之仁，列聖相沿之德，予小子曷敢有越厥志？恭天承命，抵商之罪，大正於商。惟爾神祇，克成厥勳，誕膺天命。予小子方日夜祇懼，恐墜前烈，敬修未遑。無奈諸侯、軍、民、耆老人等，疏請再三，眾志誠難固違，俯從群議。爰考舊典，式諏

吉日，祇告於天地宗廟社稷暨我文考，於是日受冊寶，嗣即大位。仰承中外靖恭之頌，天人協應之符，慶日月之照臨，膺皇天之永命。尚望福我維新，永終不替，慰兆人胥戴之情，垂累葉無疆之緒。神其鑒茲！伏惟尚饗。

話說周公旦讀罷祝文，焚了，祝告天地畢，只見香煙籠罩空中，瑞靄氤氳滿地，其日天朗氣清，惠風慶雲，真是昌期應運，太平景象，自然迥別。那朝歌百姓擁擠，遍地懽呼。

武王受了冊寶，即天子位，面南垂拱端坐。樂奏三番，眾諸侯出笏，山呼萬歲。拜賀畢，武王傳旨，大赦天下。眾人簇擁武王下壇，來至殿廷，從新拜賀畢，武王傳旨，命擺九龍筵席，大宴八百諸侯，君臣共樂。眾人酒過數巡，俱各懽暢。百官覺已深沉，各辭闕謝恩而散。後人讀史，見武王一戎衣而有天下，君臣和樂，作詩以詠之，詩曰：

壇上香風繞聖王，軍民嵩祝舞霓裳。江山依舊承柴望，社稷重新樂祼將。
金闕曉臨仙掌動，玉堦時聽珮環忙。熙熙皞皞清明世，萬姓謳歌慶未央。

話說次日武王設朝，眾諸侯朝賀畢，武王謂子牙曰：「殷紂因廣施土木之功，竭天下之財，荒淫失政，故有此敗。朕蒙眾諸侯立之為君，朕欲將鹿臺之貨財給散與天下諸侯，頒賜各夷王衣襲之費。列爵惟五，分土惟三，建官惟賢，位事惟能，重民五教，惟食喪祭，惇信明義，崇德報功。命諸侯各引人馬歸國，以安享其土地。」又將摘星樓殿閣盡行拆毀，散鹿臺之財，發鉅橋之粟，釋箕子之囚，封比干之墓，式商容之閭，放內宮之人，大賚於四海，而萬姓悅服。乃偃武修文，歸馬於華山之陽，放牛於桃林之野，以示天下弗戰。武王在朝歌旬月，萬民樂業，人物安阜，瑞草生，鳳凰現，醴泉溢，甘露降，景星慶雲，

熙熙皞皞，真是太平景象。有詩為證，詩曰：

八十公公杖策行，相逢欣笑話生平。眼中不識干戈事，耳內稀聞戰鼓聲。

每見麒麟鸞鳳現，時聽絲竹管絃鳴。而今世上稱寧宇，不似當年枕席驚。

話說武王為天子，天人感應，民安物阜，天降祥瑞，萬民無不悅服。只見天下諸侯俱辭朝各歸本國。子牙入內庭見武王，王曰：「相父有何奏章？」子牙奏曰：「方今天下已定，老臣啟陛下，命官鎮守朝歌。」武王曰：「倶聽相父。著用何官？」子牙曰：「今武庚陛下既待以不殺，使守本土，得存商祀，必用何人監守方可。」武王曰：「俟明日臨朝商議。」子牙退朝回相府。只至次日，武王早朝，諸臣朝見畢，武王曰：「朕今封武庚世守本土，以存商祀，必使人監國，當用何人而後可？」武王問罷，眾臣共議非親王不可。遂議管叔鮮、蔡叔度二王監國。武王依允，隨命二叔守此朝歌。武王吩咐明日大駕歸國。只見武王聖諭一出，朝歌軍民暨耆老人等，倶謀議遮留聖駕。不表。

話說武王次日吩咐二叔監國，大駕隨即起行。只見百姓扶老挈幼，遮拜於道，大呼曰：「陛下救我等於水火之中，今一日歸國，是使萬姓而無父母也。望陛下一視同仁，留居此地，我等百姓不勝慶幸！」武王見百姓挽留，乃慰之曰：「今朝歌朕已命二叔監守，如朕一樣，必不令爾等失所也。爾等當奉公守法，自然安業，又何必朕在此，方能安阜也？」百姓挽留不住，放聲大哭，震動天地。武王亦覺悽然。復謂二弟管叔鮮、蔡叔度曰：「民乃國之根本，爾不可輕虐下民，當視之如子。若是不體朕意，有虐下民，朕自有國法在，必不能為親者諱也。二弟其勉之！」二叔受命。武王即日發駕起程，往西岐前進。百姓哭送一程，竟回朝歌。不表。

話說武王離朝歌，一路行來，也非一日，不覺來至孟津。思想昔日渡孟津時，白魚躍舟，兵戈擾攘，今日又是一番光景，不勝嗟歎。後人有詩詠之：

駕逝西岐龍入海，與民懽忭樂堯年。放牛桃林開新運，牧馬華山洗舊羶。
箕子囚中先解釋，比干墓上有封箋。孟津昔日曾流血，無怪周王念往賢。

話說武王同子牙渡了黃河，過澠池，出五關。子牙一路行來，忽然想起一班隨行征伐陣亡的將官，心下不勝傷悼。一日來至金雞嶺，兵過首陽山。只見大隊方行，前面有二位道者阻住，對旗門官曰：「與我請姜元帥答話。」左右報進中軍，子牙忙出轅門觀看，卻是伯夷、叔齊。子牙忙躬身問曰：「二位賢侯見尚，有何見諭？」伯夷曰：「姜元帥今日回兵，紂王致於何地？」子牙答曰：「紂王無道，天下共棄之。吾兵進五關，只見天下諸侯已大會于孟津。至甲子日，受辛兵旅若林，罔敢敵于我師，前徒倒戈攻于後，以北❶，致血流漂杵❷，紂王自焚，天下大定。吾主武王散鹿臺之財，發鉅橋之粟，封比干之墓，式商容之閭，諸侯無不悅服，尊武王為天子。今日之天下，非紂王之天下也。」子牙道罷，只見伯夷、叔齊仰面涕泣，大呼曰：「傷哉！傷哉！以暴易暴兮，予意欲何為！」歌罷，拂袖而回，竟入首陽山，作採薇之詩，七日不食周粟，餓死首陽山。後人有詩弔之，詩曰：

昔阻周兵在首陽，忠心一點為成湯。三分已去猶啼血，萬死無辭立大綱。
水土不知新世界，江山還念舊君王。可憐恥食周朝粟，萬古常存日月光。

---

❶ 以北：因而打敗仗。

❷ 血流漂杵：血流成河，舂杵可漂浮其上。比喻殺人之多。

話說子牙兵過首陽山，至燕山，一路上，周民簞食壺漿迎武王。一日，兵至西岐山，忽有上大夫散宜生、黃滾前來接駕，領眾官俱在道旁俯伏。武王在車中見眾弟與黃滾老將軍，後隨孫兒黃天爵，武王曰：「朕東征五載，今見卿等，不覺滿腔悽慘，愁懷勃勃也。」宜生近前啟曰：「陛下今登大位，天下太平，此不勝之喜。臣等得復睹天顏，正是龍虎重逢，再慶都俞喜起之風，陛下與萬姓同樂太平，又何至悽慘不悅也！」武王曰：「朕因會諸侯而伐紂，東進五關，一路內損朕許多忠良，未得共享太平，先歸泉壤；今日卿等，老者、少者、存者、沒者，俱不一其人，使朕不勝今昔之感，所以鬱鬱不樂耳。」散宜生啟曰：「以臣死忠，以子死孝，俱是報君父之洪恩，遺芳名于史冊，自是美事。陛下爵祿其子孫，世受國恩，即所以報之也，又何必不樂哉？」武王與眾臣併轡而行。西岐山至岐州只七十里，一路上，萬民爭看，無不歡悅。武王鑾駕簇擁，來至西岐城，笙簧嘹亮，香氣氤氳。武王至殿前下輦，入內庭，參見太姜，謁太姙，會太姬，設筵宴在顯慶殿，大會文武。正是：

太平天子排佳宴，龍虎風雲聚會時。

話說武王宴賞百官，君臣懽飲，盡醉而散。

次日早朝，聚眾文武參謁畢，武王曰：「有奏章出班見朕，無事早散。」言未畢，子牙出班奏曰：「老臣奉天征討，滅紂興周，陛下大事已定；只有屢年陣亡人仙，未受封職。老臣不日辭陛下往崑崙山，見掌教師尊，請玉牒金符，封贈眾人，使他各安其位，不致他悵悵無依耳。」武王曰：「相父之言甚是。」言未畢，午門官啟駕：「外有商臣飛廉、惡來在午門候旨。」武王問子牙曰：「今商臣至此見朕，意欲何為？」子牙奏曰：「飛廉、惡來，紂之佞臣。前破紂之時，二奸隱匿；今見天下太平，至此欲惶惑陛

下，希圖爵祿耳。此等奸佞，豈可一日容之于天地間哉？但老臣有用他之處，陛下可宣入殿廷，俟老臣吩咐他，自有道理。」武王從其言，命：「宣入殿前來。」左右將二臣引至丹墀，拜舞畢，口稱：「亡國臣飛廉、惡來願陛下萬歲！」武王曰：「二卿至此，有何所願？」飛廉奏曰：「紂王不聽忠言，荒淫酒色，以至社稷傾覆。臣聞大王仁德著于四海，天下歸心，真可駕堯軼舜，臣故不憚千里，求見陛下，願效犬馬。倘蒙收錄，得執鞭于左右，則臣之幸也。謹獻玉符金冊，願陛下容納。」子牙曰：「二位大夫在紂俱有忠誠，奈紂王不察，致有敗亡之禍。今既歸周，是棄暗投明，願陛下當用二位大夫，正所謂捨珷玞而用美玉也。」武王聽子牙之言，封飛廉、惡來為中大夫；二臣謝恩。後人有詩歎之，詩曰：

貪望高官特地來，玉符金冊獻金堦。子牙早定防奸計，難免封神劍下災。

話說武王封了飛廉、惡來二人，子牙出朝回相府，不表。

單說當年馬氏笑子牙不能成其大事，竟棄子牙而他適。及至今日，武王嗣位，天下歸周，宇宙太平，即茅簷蔀屋，窮谷深山，凡有人煙聚集之處，無有不知武王伐紂，俱是相父姜子牙之功。今日一統華夷，姜子牙出將入相，享人間無窮富貴，權侔人主，位極人臣，古今罕及，天下人無不讚歎：當日子牙困窮之時，磻溪坐隱，此身已老于漁樵；孰意八十歲方被文王聘請歸國，今日才做出這般天大事業來。今日講，明日講，一日講到這馬氏耳朵裡來。馬氏此時跟隨了一個鄉村田戶之人。其日聞得鄰家一個老婆子對馬氏曰：「昔日你初嫁的那個姜某，如今做了多大事業！」如此長，如此短，說了一遍，說得那馬氏滿面通紅，一腔熱烘烘的起來，半日無語。那老婆子又促了他兩句，說道：「當日還是大娘子錯了，若是當時隨了姜某，今日也享這無窮富貴，卻強如在這裡守窮度日。這還是你命裡沒福！」馬氏越發心裡

如油煎火燎一般，追悔不及，越覺怒惱。當時馬氏辭了老婆子，自家歸來，坐在房裡，越想越恨：「我當初如何看不上他？這雙眼睛，還生在世上！」自思：「便活一百歲，也只是如此；天下豈有這等一個大貴人錯過了，還有甚麼好處！」又想：「適纔這個老婆子說是我沒福，不覺羞慚，再有何顏立于人世！不如尋個自盡罷！」乃大哭了一回。心裡又想：「恐怕不是他。假如錯聽了，天下也有這個同名同姓的，卻不是枉死了？」自己又自解歎：「且等到晚間，俟我這個丈夫來家，問他明白，再死未遲。」那日天晚，只見那農夫張三老往城中賣菜來家，馬氏接著，收拾了晚飯與丈夫吃了，因問曰：「如今姜子牙，聞說他出將入相，百般富貴，果然真麼？」張三老聽說，忙陪笑臉答曰：「賢妻不問，我也不好說，果然是真的。前日姜丞相在朝歌，甚麼樣威儀？天下諸侯，俱各聽命。我那時要與你說去見他一見，也討個小小的富貴；我只怕他品位俱尊，恐惹出事來，故此一向不曾說得。今蒙娘子問及，只得說與你知道。如今遲了，姜丞相回國多時，只是當初在這裡好的。」馬氏聞言，半日無語。這張三老恐娘子著惱，又安慰了一回。馬氏假意勸丈夫睡了，自己收拾渾身乾淨，哭了數聲，懸梁自縊而死。一魂往封神臺去了。及至張三老知覺，天已明了。馬氏氣絕，張三老只得買棺木埋葬。不表。後人有詩歎之：

痴心尚望享榮華，應悔當時一念差。三復垂思無計策，懸梁雖死愧黃沙。

話說次日子牙入朝見武王，奏曰：「昔日老臣奉師命下山，助陛下弔民伐罪，原是應運而興，凡人、仙皆逢殺劫，先立有封神榜在封神臺上。今大事已定，人、仙魂魄無依，老臣特啟陛下，給假往崑崙山見師尊，請玉符金冊來封眾神，早安其位。望陛下准臣施行。」武王曰：「相父勞苦多年，當享太平之福；但此事亦是不了之局，相父可速即施行，不得久羈仙島，令朕朝夕凝望。」子牙曰：「老臣怎敢有

辜聖恩而樂遊林壑也！」子牙忙辭武王回相府，沐浴畢，駕土遁往崑崙山而來。不知後事如何，且聽下回分解。

評

當日飛廉惡來歸周，姜子牙當明其罪狀，收而戮之，使天下後世知奸佞，斷不容於盛世耳，何必定以詐力惑之然後殺之哉？子牙斯舉，殊失大聖人作用，予深惜之。

又評

馬氏先不隨子牙入西，原是個惡婦；只是一知子牙富貴，自羞當年不識人，遂自縊而死，這還是個知羞恥烈性婦人。只是當時一念之差，較之今日竟不為恥者，豈啻天淵哉？其事雖不足取，其情實又可憐！

第九十九回　姜子牙歸國封神

濛濛香靄彩雲生，滿道謳歌賀太平。北極祥光籠兌地，南來紫氣繞金城。
群仙此日皆證果，列聖明朝盡返貞。萬古崇呼禋祀遠，從今護國永澄清。

話說子牙借土遁來至玉虛宮前，不敢擅入。少時，只見白鶴童子出來，看見姜子牙，忙問曰：「師叔何來？」子牙曰：「煩你通報一聲，特來叩謁老師。」童子忙進宮來，至碧遊床前啟曰：「稟上老爺：姜師叔在宮外求見。」元始天尊曰：「著他進來。」童子出來，傳與子牙。子牙進宮，至碧遊床前，倒身下拜：「弟子姜尚願老師萬壽無疆！弟子今日上山，拜見老師，特為請玉符敕命，將陣亡忠臣孝子，逢劫神仙，早早封其品位，毋令他遊魂無依，終日懸望。乞老師大發慈悲，速賜施行。諸神幸甚！弟子幸甚！」元始曰：「我已知道了。你且先回，不日就有符敕至封神臺來。你速回去罷。」子牙叩首謝恩而退。子牙離了玉虛宮，回至西岐。次日，入朝參謁武王，備言封神一事，「老師自令人齎來。」不覺光陰迅速，也非止一日，只見那日空中笙簧嘹亮，香氣氤氳，旌幢羽蓋，黃巾力士簇擁而來。白鶴童子親齎符敕降臨相府。怎見得，有詩為證：

紫府金符降玉臺，旌幢羽蓋拂三臺。雷瘟火斗分先後，列宿群星次第開。
糾察無私稱至德，滋生有自序長才。仙神人鬼從今定，不使朝朝墮草萊。

話說子牙迎接玉符金敕，供于香案上，望玉虛宮謝恩畢，黃巾力士與白鶴童子別了子牙回崑崙不表。子牙將符敕親自齎捧，借土遁往岐山前來。只一陣風早到了封神臺。有清福神栢鑑來接子牙。子牙捧符敕進了封神臺，將符敕在正中供放，傳令武吉、南宮适，立八卦紙旛，鎮壓方向與干支旗號。又令二人領三千人馬，按五方排列。子牙吩咐停當，方沐浴更衣，拈香金鼎，酌酒獻花，遶臺三匝。子牙拜畢誥敕，先命清福神栢鑑在臺下聽候。子牙然後開讀玉虛宮元始天尊誥敕：

太上無極混元教主元始天尊敕曰：嗚呼！仙凡路迥，非厚培根行者不能通；神鬼途分，豈諂媚奸邪之所可覬？縱服氣煉形于島嶼，未曾斬卻三尸，終歸五百年後之劫；總抱真守一于玄關，若未超脫陽神，難赴三千瑤池之約。故爾等雖聞至道，未證菩提。有心日修持，貪癡未脫；有身已入聖，嗔怒難除。須知往愆累積，劫運相尋。或託凡軀而盡忠報國；或因嗔怒而自惹災尤。生死輪迴，循環無已；業冤相逐，轉報無休。吾甚憫焉！憐爾等身受鋒刃，日沉淪于苦海；心雖忠藎，每飄泊而無依。特命姜尚依劫運之輕重，循資品之高下，封爾等為八部正神，分掌各司，按布週天，糾察人間善惡，檢舉三界功行。禍福自爾等施行，生死從今超脫，有功之日，循序而遷。爾等其恪守弘規，毋肆私妄，自惹愆尤，以貽伊戚，永膺寶籙，常握絲綸。故茲爾敕，爾其欽哉！

子牙宣讀敕書畢，將符籙供放案桌之上，乃全裝甲胄，左手執杏黃旗，右手執打神鞭，站立中央，大呼曰：「栢鑑可將封神榜張掛臺下。諸神俱當循序而進，不得攙越取咎。」栢鑑領法旨，將封神榜張掛臺下。只見諸神俱簇擁前來觀看。那榜首就是栢鑑。栢鑑看見，手執引魂旛，忙進壇跪伏壇下，聽宣元始封誥。子牙曰：「今奉太上元始敕命：爾栢鑑昔為軒轅皇帝大帥，征伐蚩尤，曾有勳功，不幸殞死北海，

捐軀報國，忠藎可嘉！一向沉淪海嶠，寃尤可憫。幸遇姜尚封神，守臺功茂，特賜寶籙，慰爾忠魂。今敕封爾為三界首領八部三百六十五位清福正神之職。爾其欽哉！」栢鑑在壇下陰風影裡，手執百靈旛，望玉敕叩頭謝恩畢。只見壇下風雲簇擁，香霧盤旋。栢鑑至臺外，手執百靈旛伺候指揮。子牙命栢鑑：「引黃天化上臺聽封。」

不一時，只見清福神用旛引黃天化至臺下，跪聽宣讀敕命。子牙曰：「今奉太上元始敕命：爾黃天化以青年盡忠報國，下山首建大功，救父尤為孝德；未享榮封，捐軀馬革，情實痛焉！援功定賞，當從其厚，特敕封爾為管領三山正神炳靈公之職。爾其欽哉！」黃天化在壇下叩首謝恩，出壇而去。子牙命栢鑑：「引五岳正神上壇受封。」少時，清福神引黃飛虎等齊至臺下，跪聽宣讀敕命。子牙曰：「今奉太上元始敕命：爾黃飛虎遭暴主之慘惡，致逃亡于他國，流離遷徙，方切骨肉之悲；奮志酬知，空遇澠池之劫，遂罹凶禍，情實可悲！崇黑虎有志濟民，時逢劫運；聞聘等三人，金蘭氣重，方圖協力同心，忠義志堅，欲效股肱之願；豈意陽運告終，齎志而歿。爾五人同一孤忠，功有深淺。特賜榮封，以是差等。乃敕封爾黃飛虎為五岳之首，仍加敕一道，執掌幽冥地府一十八重地獄；凡一應生死轉化人神仙鬼，俱從東岳勘對，方許施行。特敕封爾為東岳泰山天齊仁聖大帝之職，總管天地人間吉凶禍福。爾其欽哉！毋渝厥典。」黃飛虎在臺下叩首謝恩。子牙方讀四敕曰：「特敕封爾崇黑虎為南岳衡山司天昭聖大帝；特敕封爾聞聘為中岳嵩山中天崇聖大帝；特敕封爾崔英為北岳恆山安天玄聖大帝；特敕封爾蔣雄為西岳華山金天願聖大帝。爾其欽哉！」崇黑虎等俱叩首謝恩畢，同黃飛虎出壇而去。子牙命栢鑑：「引雷部正神上臺受封。」只見清福神持引魂旛出壇來引雷部正神。只見聞太師，畢竟他英風銳氣，不肯讓人，

那裡肯隨栢鑑。子牙在臺上看見香風一陣，雲氣盤旋，率領二十四位正神逕闖至臺下，也不跪。子牙執鞭大呼曰：「雷部正神跪聽宣讀玉虛宮封號！」聞太師方纔率眾神跪聽封號。子牙曰：「今奉太上元始敕命：爾聞仲曾入名山，證修大道，雖聞朝元之果，未至真一之諦❶，登大羅❷而無緣，位人臣之極品，輔相兩朝，竭忠補衮，雖劫運之使然，其真烈之可憫。今特令爾督率雷部，興雲布雨，萬物托以長養，誅逆除奸，善惡由之禍福。特敕封爾為九天應元雷神普化天尊之職，仍率領雷部二十四員催雲助雨護法天君，任爾施行。爾其欽哉！

雷部二十四位天君正神名諱：

鄧天君忠　辛天君環　張天君節　陶天君榮　龐天君洪　劉天君甫　董天君章
畢天君環　秦天君完　趙天君江　苟天君全　袁天君角　李天君德　孫天君良
栢天君禮　王天君奕　姚天君賓　張天君紹　興雲神（彩雲仙）　金天君素
吉天君立　余天君慶　助風神（菡芝仙）　閃電神（金光聖母）」

話說雷祖率領二十四位天君聽封號畢，俱望臺上叩首謝恩，出封神臺去訖。只有祥光縹緲，紫霧盤旋，電光閃灼，風雲簇擁，自是不同。有詩贊之，詩曰：

布雨興雲助太平，滋培萬物育群生。從今雷部承天敕，誅惡安良達聖明。

雷祖去了。子牙又命栢鑑：「引火部正神上臺聽封。」不一時，清福神引羅宣等至臺下，跪聽宣讀敕命。

❶ 真一之諦：真一，謂道。真誥：「守真一者，頭不白，禿髮更生。」諦，即真理。

❷ 大羅：道家以為最高之天為大羅天。

子牙曰：「今奉太上元始敕命：爾羅宣昔在火龍島曾修無上之真，未跨青鸞之翼，因一念嗔癡，棄七尺為烏有。雖尤爾咎，實乃往愆。特敕封爾為南方三氣火德星君正神之職；仍率領火部五位正神，任爾施行，巡察人間善惡。爾其欽哉！

火部五位正神名諱：

尾火虎朱招　室火豬高震　嘴火猴方貴　翼火蛇王蛟　接火天君劉環」

話說火星率領五位正神叩首謝恩，出臺去了。子牙又命栢鑑：「引瘟部正神上臺受封。」少時，清福神引呂岳等至臺下，跪聽宣讀敕命。只見慘霧悽悽，陰風習習。子牙曰：「今奉太上元始敕命：爾呂岳潛修島嶼，有成仙了道之機，誤聽萋菲❸，動干戈殺戮之慘，自墮惡趣❹，夫復何戚！特敕封爾為主掌瘟癀昊天大帝之職，率領瘟部六位正神，凡有時症，任爾施行。爾其欽哉！

瘟部六位正神名諱：

東方行瘟使者周信　南方行瘟使者李奇　西方行瘟使者朱天麟　北方行瘟使者楊文輝

勸善大師陳庚　和瘟道士李平」

呂岳等聽罷封號，叩首謝恩，出壇去了。子牙又命栢鑑：「引斗部正神至臺上受封。」不一時，只見清神福引金靈聖母等至臺下，跪聽宣讀敕命。子牙曰：「今奉太上元始敕命：爾金靈聖母，道德已全，曾歷百年之劫；嗔心未退，致罹殺戮之殃。皆自蹈于烈焰之中，豈冥數已定輪迴之厄？悔已無及。慰爾潛

---

❸ 萋菲：讒言。

❹ 惡趣：佛家語。謂惡境。

修，特敕封爾執掌金闕，坐鎮斗府，居週天列宿之首，為北極紫氣之尊，八萬四千群星惡煞，咸聽驅使，永坐坎宮斗母正神之職。欽承新命，克蓋前愆！

五斗群星吉曜惡煞正神名諱：

東斗星君　蘇護　金奎　姬叔明　趙丙

西斗星君　黃天祿　龍環　孫子羽　胡昇　胡雲鵬

中斗星君　魯仁傑　晁雷　姬叔昇

中天北極紫微大帝　姬伯邑考

南斗星君　周紀　胡雷　高貴　余成　孫寶　雷鵾

北斗星君　黃天祥（天罡）　比干（文曲）　竇榮（武曲）　韓昇（左輔）　韓爕（右弼）
蘇全忠（破軍）　鄂順（貪狼）　郭宸（巨門）　董忠（招搖）

群星名諱：

青龍星　鄧九公　白虎星　殷成秀　朱雀星　馬　方　玄武星　徐　坤

勾陳星　雷　鵬　滕蛇星　張　山　太陽星　徐　蓋　太陰星　姜　后

玉堂星　商　容　天貴星　姬叔乾　龍德星　洪　錦　紅鸞星　龍吉公主

天喜星　紂　王　天德星　梅　伯　月德星　夏　招　天赦星　趙　啟

貌端星　賈　氏　金府星　蕭　臻　木府星　鄧　華　水府星　余　元

火府星　火靈聖母　土府星　土行孫　六合星　鄧嬋玉　博士星　杜元銑

力士星　鄔文化
帝車星　姜桓楚
皇恩星　李　錦
伏龍星　黃　明
喪門星　張桂芳
羅睺星　彭　遵
小耗星　殷破敗
五鬼星　鄧　秀
孤辰星　余　化
死符星　卞金龍
歲殺星　陳　庚
血光星　馬　忠
死氣星　陳季貞
黑殺星　高繼能
天刑星　歐陽天祿
華蓋星　敖　丙
掃帚星　馬　氏

奏善星　膠　鬲
天嗣星　黃飛豹
天醫星　錢　保
驛馬星　雷　開
弔客星　風　林
計都星　王　豹
貫索星　丘　引
羊刃星　趙　升
天狗星　季　康
天敗星　柏顯忠
歲刑星　徐　芳
亡神星　歐陽淳
咸池星　徐　忠
七殺星　張　奎
天羅星　陳　桐
十惡星　周　信
大禍星　李　艮

河魁星　黃飛彪
帝輅星　丁　策
地后星　黃　妃
黃旛星　魏　賁
勾絞星　費　仲
飛廉星　姬叔坤
欄杆星　龍安吉
血光星　孫焰紅
病符星　王　佐
浮沉星　鄭　椿
歲破星　晁　田
月破星　王　虎
月厭星　姚　忠
五谷星　殷　洪
地網星　姬叔吉
蠶畜星　黃元濟
狼籍星　韓　榮

月魁星　徹地夫人
天馬星　鄂崇禹
宅龍星　姬叔德
豹尾星　吳　謙
卷舌星　尤　渾
大耗星　崇侯虎
披頭星　太　鸞
官符星　方義真
鑽骨星　張　鳳
天殺星　卞　吉
獨火星　姬叔義
月遊星　石磯娘娘
月刑星　陳　梧
除殺星　余　忠
天空星　梅　武
桃花星　高蘭英
披麻星　林　善

九醜星　龍鬚虎　　三尸星　撒　堅　　三尸星　撒　強　　三尸星　撒　勇
陰錯星　金　成　　陽差星　馬成龍　　刃殺星　公孫鐸　　四廢星　袁　洪
五窮星　孫　合　　地空星　梅　德　　紅艷星　楊　妃　　流霞星　武　榮
寡宿星　朱　昇　　天瘟星　金大升　　荒蕪星　戴　禮　　胎神星　姬叔禮
伏斷星　朱子真　　反吟星　楊　顯　　伏吟星　姚庶良　　刀砧星　常　昊
滅沒星　房景元　　歲厭星　彭祖壽　　破碎星　吳　龍

二十八宿名諱（內有八人封在水、火部管事）：

角木蛟　栢　林　　斗木豸　楊　信　　奎木狼　李　雄　　井木犴　沈　庚
牛金牛　李　弘　　鬼金羊　趙白高　　婁金狗　張　雄　　亢金龍　李道通
女土蝠　鄭　元　　胃土雉　宋　庚　　柳土獐　吳　坤　　氐土貉　高　丙
星日馬　呂　能　　昴日雞　黃　倉　　虛日鼠　周　寶　　房日兔　姚公伯
畢月烏　金繩陽　　危月燕　侯太乙　　心月狐　蘇　元　　張月鹿　薛　定

隨斗部天罡星三十六位名諱：

天魁星　高　衍　　天罡星　黃　真　　天機星　盧　昌　　天閒星　紀　丙
天勇星　姚公孝　　天雄星　施　檜　　天猛星　孫　乙　　天威星　李　豹
天英星　朱　義　　天貴星　陳　坎　　天富星　黎　仙　　天滿星　方　保
天孤星　詹　秀　　天傷星　李洪仁　　天玄星　王龍茂　　天健星　鄧　玉

天暗星　李新　天佑星　徐正道　天空星　典通　天速星　吳旭
天異星　呂自成　天煞星　任來聘　天微星　龔清　天究星　單百招
天退星　高可　天壽星　戚成　天劍星　王虎　天平星　卜同
天罪星　姚公　天損星　唐天正　天敗星　申禮　天牢星　聞傑
天慧星　張智雄　天暴星　畢德　天哭星　劉達　天巧星　程三益

隨斗部地煞星七十二位名諱：

地魁星　陳繼真　地煞星　黃景元　地勇星　賈成　地傑星　呼百顏
地雄星　魯修德　地威星　須成　地英星　孫祥　地奇星　王平
地猛星　栢有患　地文星　革高　地正星　考鬲　地闢星　李燧
地闔星　劉衡　地強星　夏祥　地暗星　余惠　地輔星　鮑龍
地會星　魯芝　地佐星　黃丙慶　地祐星　張奇　地靈星　郭巳
地獸星　金南道　地微星　陳元　地慧星　車坤　地暴星　桑成道
地默星　周庚　地猖星　齊公　地狂星　霍之元　地飛星　葉中
地走星　顧宗　地巧星　李昌　地明星　方吉　地進星　徐吉
地退星　樊煥　地滿星　卓公　地遂星　孔成　地周星　姚金秀
地隱星　甯三益　地異星　余知　地理星　童貞　地俊星　袁鼎相
地樂星　汪祥　地捷星　耿顏　地速星　邢三鸞　地鎮星　姜忠

地羈星　孔天兆　　地魔星　李　躍　　地妖星　龔　倩　　地幽星　段　清
地伏星　門道正　　地僻星　祖　林　　地空星　蕭　電　　地孤星　吳四玉
地全星　匡　玉　　地短星　蔡　公　　地角星　藍　虎　　地囚星　宋　祿
地藏星　關　斌　　地平星　龍　成　　地損星　黃　烏　　地奴星　孔道靈
地察星　張　煥　　地惡星　李　信　　地魂星　徐　山　　地數星　葛　方
地陰星　焦　龍　　地刑星　秦　祥　　地壯星　武衍公　　地劣星　范　斌
地健星　葉景昌　　地耗星　姚　燁　　地賊星　孫　吉　　地狗星　陳夢庚

隨斗部九曜星官名諱：

崇應彪　高系平　韓　鵬
李　濟　王　封　劉　禁
王　儲　彭九元　李三益

北斗五氣水德星君名諱：

水德星　魯　雄（率領水部四位正神）
箕水豹　楊　真　　壁水貐　方吉清
參水猿　孫　祥　　軫水蚓　胡道元

眾群星列宿聽罷封號，叩首謝恩，紛紛出壇而去。子牙又命栢鑑：「引直年太歲至臺下受封。」少時，清福神用旛引殷郊、楊任等至臺下，跪聽宣讀勅命。子牙曰：「今奉太上元始勅命：爾殷郊昔身為紂子，

痛母后致觸君父，幾罹不測之殃；後證道名山，背師言有逆天意，釀成犁鋤之禍。雖申公豹之唆使，亦爾自作之愆由。爾楊任事紂，忠君直諫，先遭剜目之苦，歸周捨身報國，後罹橫死之災，總劫運之使然，亦冥數之難逭。特敕封爾殷郊為執年歲君太歲之神，坐守週年，管當年之休咎。爾楊任為甲子太歲之神，率領爾部下日值正神，循週天星宿度數，察人間過往愆尤。爾等宜恪修厥職，永欽新命。

太歲部下日值眾星名諱：

日遊神　溫　良　　　夜遊神　喬　坤
增福神　韓毒龍　　　損福神　薛惡虎
顯道神　方　弼　　　開路神　方　相
值年神　李　丙　　　值月神　黃承乙
值日神　周　登　　　值時神　劉　洪」

殷郊等聽罷封號，叩首謝恩，出壇去了。子牙又命栢鑑：「引王魔等上壇受封。」不一時，清福神用旛引王魔等至臺下，跪聽宣讀敕命。子牙曰：「今奉太上元始敕命：爾王魔等昔在九龍島潛修大道，奈根行未深，聽唆使之萋菲，致拋九轉功夫，反受血刃之苦。此亦自作之愆，莫怨彼蒼之咎。特敕封爾等為鎮守靈霄寶殿四聖大元帥。永承欽命，慰爾幽魂。

王　魔　楊　森　高友乾　李興霸」

王魔等聽罷封號，叩頭謝恩，出壇去了。又命栢鑑：「引趙公明等上壇受封。」不一時，清福神用旛引趙公明等至臺下，跪聽宣讀敕命。子牙曰：「今奉太上元始敕命：爾趙公明昔修大道，已證三乘根行；

深入仙鄉，無奈心頭火熱。德業迴超清淨，其如妄境牽纏，一墮惡趣，返真無路。生未能入大羅之境，死當受金誥之封。特敕封爾為金龍如意正一龍虎玄壇真君之神，率領部下四位正神，迎祥納福，追逃捕亡。爾其欽哉！

招寶天尊　蕭　昇　　納珍天尊　蕭　寶

招財使者　陳九公　　利市仙官　姚少司」

趙公明等聽罷封號，叩首謝恩，出壇去了。子牙又命栢鑑：「引魔家四將上壇受封。」少時，只見清福神用旛引魔禮青兄弟等至臺下，跪聽宣讀敕命。子牙曰：「今奉太上元始敕命：爾魔禮青等仗秘授之奇珍，有逆天命；逞弟兄之一體，致戮無辜。雖忠藎之可嘉，奈劫運之難躲。同時而盡，久入沉淪。今特敕封爾為四大天王之職；輔弼西方教典，立地水火風之相，護國安民，掌風調雨順之權。永修厥職，毋忝新綸。

增長天王　魔禮青，掌青光寶劍一口，職風。

廣目天王　魔禮紅，掌碧玉琵琶一面，職調。

多文天王　魔禮海，掌管混元珍珠傘，職雨。

持國天王　魔禮壽，掌紫金龍花狐貂，職順。」

魔禮青等聽罷封號，叩首謝恩，出壇去了。子牙又命栢鑑：「引鄭倫等上壇受封。」不一時，清福神用旛引鄭倫等至臺下，跪聽宣讀敕命。子牙曰：「今奉太上元始敕命：爾鄭倫棄紂歸周，方慶良臣之得主；督糧盡瘁，深勤跋涉之劬勞。未膺一命之榮，反罹陽九之厄。爾陳奇阻弔伐之師，雖違天命；盡忠節于

國，實有可嘉。總歸劫運，無用深嗟。茲特即爾等腹內之奇，加之位職。敕封爾等鎮守西釋山門，宣布教化，保護法寶，為哼哈二將之神。爾其恪修厥職，永欽成命。」鄭倫與陳奇聽罷封號，叩首謝恩，出壇去了。子牙又命栢鑑：「引余化龍父子上壇受封。」不一時，只見清福神用旛引余化龍等至壇下，跪聽宣讀敕命。子牙曰：「今奉太上元始敕命：爾余化龍父子，拒守孤城，深切忠貞，一門死難，永堪華袞之封。特賜爾之新綸，當克襄乎上理；乃敕封爾掌人間之時症，主生死之修短，秉陰陽之順逆，立造化之元神，為主痘碧霞元君之神，率領五方痘神，任爾施行。並敕封爾元配金氏為衛房聖母元君；同承新命，永修厥職，汝其欽哉！

五方主痘正神名諱：

東方主痘正神　余達　　西方主痘正神　余兆

南方主痘正神　余光　　北方主痘正神　余先

中央主痘正神　余德」

余化龍等聽罷封號，叩首謝恩，出壇去了。子牙命栢鑑：「引三仙島雲霄、瓊霄、碧霄上臺受封。」少時，只見清福神用旛引雲霄等至臺下，跪聽宣讀敕命。子牙曰：「今奉太上元始敕命：爾雲霄等，潛修仙島，雖勤日夜之功；得道天皇，未登大羅之岸。雖兄仇之當急，金蛟剪所傷實多，而師訓之頓忘，黃河陣為虐已甚。致歷代之上仙，劫遭金斗，削三花之元氣，復轉凡胎。罪孽造乎多端，性命於焉同盡。姑從寬典，賜爾榮封。奉敕封爾執掌混元金斗，專擅先後之天，凡一應仙、凡、人、聖，諸侯、天子，貴、賤，賢、愚，落地先從金斗轉劫，不得越此，為感應隨世仙姑正神之位。爾當念此鸞封，克勤爾職！

雲霄娘娘　瓊霄娘娘　碧霄娘娘」

以上三姑，正是坑三姑娘之神。混元金斗即人間之淨桶。凡人之生育，俱從此化生也。三姑聽罷封號，叩頭謝恩，出壇去了。子牙又命栢鑑：「引申公豹至臺上受封。」不一時，只見清福神用百靈旛引申公豹至臺下，跪聽宣讀敕命。子牙曰：「今奉太上元始敕命：爾申公豹身歸闡教，反助逆以拒直；既已被擒，又發誓以粉過。身雖塞乎北海，情難釋其往愆。姑念清修之苦，少加一命之榮。特敕封爾執掌東海，朝覲日出，暮轉天河，夏散冬凝，週而復始，為分水將軍之職。爾其永欽成命，毋替厥職！」申公豹聽罷封號，叩首謝恩出壇去了。

子牙封罷三百六十五位正神已畢，只見眾神各去領受執掌，不一時，封神臺邊悽風盡息，慘霧澄清，紅日中天，和風蕩漾。子牙下壇傳令，命南宮适會合朝大小文武官員，至岐山聽候發落。南宮适領命，忙令馬上飛遞前去。不表。次日，眾官蹡蹡蹌蹌，齊至壇下伺候。少時，子牙陞帳，眾官俱進帳參謁畢，子牙傳令：「將飛廉、惡來拿下。」飛廉、惡來二人齊曰：「無罪。」子牙笑曰：「你這二賊，惑君亂政，陷害忠良，斷送成湯社稷，罪盈惡貫，死有餘辜！今國破君亡，又來獻寶偷安，希圖仕周，以享厚祿。新天子祇承休命，萬國維新，豈容你這不忠不義之賊于世，以貽新政之羞也？」命左右：「推出斬之正法！」二人低頭不語。左右推出轅門，不知性命如何，且聽下回分解。

評

姜太公為諸神之祖，欽敕眾神，無不用命；其規模氣象，猗歟盛哉！宜其萬聖皈依，群仙景仰也！

又評

持寶縱惡，瓊霄碧霄二位之罪，若雲霄還有些處好，原是強逼而來，如何也一概定罪，致千古之下，受了多少臭氣？這都是元始天尊偏護自己弟子，只為削了他頂上三花，就令三姑永劫不磨，報之未免太重。

第一百回　武王封列國諸侯

周室開基立帝圖，分茅列土報功殊。制田世祿惟三等，品爵官人樹五途。
鐵券金書藏石室，高牙大纛擁銅符。從今藩鎮如星布，倡化宣猷萬姓蘇。

話說子牙傳令，命斬飛廉、惡來，只見左右旗門官將二人推至轅門外，斬首號令，回報子牙。子牙斬了兩個佞臣，復進封神臺，拍案大呼曰：「清福神栢鑑何在？快引飛廉、惡來魂魄至壇前受封！」不一時，只見清福神用旛引飛廉、惡來至壇下，跪聽宣讀敕命。但見二魂俯伏壇下，悽切不勝。子牙曰：「今奉太上元始敕命：爾飛廉、惡來，生前甘心奸佞，惶惑主聰，敗國亡君，偷生苟免；只知盜寶以榮身，孰意法網無疏漏？既正明刑，當有幽錄。此皆爾自受之愆，亦是運逢之劫。特敕封爾為冰消瓦解之神。雖為惡煞，爾宜克修厥職，毋得再肆凶鋒。汝其欽此！」飛廉、惡來聽罷封號，叩首謝恩，出壇去了。子牙封罷神下臺，率領百官回西岐。有詩為證：

天理循環若轉車，有成有敗更無差。往來消長應堪笑，反覆興衰若可嗟。
夏桀南巢風裡燭，商辛焚死浪中花。古今弔伐皆如此，惟有忠魂傍日斜。

話說子牙回岐州，進了都城，入相府安息。眾官俱回私宅。一夕晚景已過。次日早朝，武王登殿，真是有道天子，朝儀自是不同。所謂香霧橫空，瑞煙縹緲，

旭日圍黃，慶雲舒彩。只聽得玉珮叮噹，眾官袍袖舞清風；蛇龍弄影，四圍御帳迎曉日。靜鞭三響整朝班，文武嵩呼稱萬歲。怎見得早朝美景，後唐人有詩，單道早朝好處：

絳幘雞人報曉籌，尚衣方進翠雲裘。九天閶闔開宮殿，萬國衣冠拜冕旒。
日色纔臨仙掌動，香煙欲傍袞龍浮。朝罷須裁五色詔，珮聲歸到鳳池頭。

話說武王陞殿，只見當駕官傳旨：「有事出班啟奏，無事捲簾朝散。」言還未畢，班部中有姜子牙出班上殿，俯伏稱臣。武王曰：「相父有何奏章見朕？」子牙奏曰：「老臣昨日奉師命將忠臣良將與不道之仙，奸佞之輩，俱依劫運，遵玉敕一一封定神位，皆各分執掌，受享禋祀，護國祐民，掌風調雨順之權，職福善禍淫之柄。自今以往，永保澄清，無復勞陛下宸慮。但天下諸侯與隨行征戰功臣，名山洞府門人，曾親冒矢石，俱有血戰之功。今天下底定，宜分茅列土，封之以爵祿，使子孫世食其土，以昭崇德報功之義。其親王子孫，亦當封樹藩屏，以壯王室。昔上古三皇五帝之後，亦宜分封土地，以報其立極之功。此皆陛下首先之務，當亟行之，不可一刻緩者。」武王曰：「朕有此心久矣。只因相父封神未竣，故少俟之耳。今相父既回，一聽相父行之。」

武王方纔言罷，只見李靖、楊戩等出班奏曰：「臣等原係山谷野人，奉師法旨下山，克襄劫運，戡定禍亂。今已太平，臣等理宜歸山，以覆師命。凡紅塵富貴、功名、爵祿，亦非臣等所甘心者也。今日特陛辭皇上，望陛下敕臣等歸山，真莫大之洪恩也。」武王曰：「朕蒙卿等旋乾轉坤之力，浴日補天之才，戡禍亂于永清，闢宇宙而再朗，其有功于社稷生民，真無涯際；雖家禋戶祀，尚不足以報其勞，豈驟捨朕而歸山也？朕何忍焉！」李靖等曰：「陛下仁恩厚德，臣等沐之久矣。但臣等恬淡性成，志存泉

石，況師令難以抗違，天心豈敢故逆？乞陛下憐而允之，臣等不勝幸甚！」武王見李靖等堅執要去，不肯少留，不勝傷感，乃曰：「昔日從朕始事征伐之時，其忠臣義士，雲屯雨集；不意中道有死于王事、歿于征戰者，不知凡幾，今僅存者甚是殘落，朕已不勝今昔之感。今卿等方際太平，當與朕共享康寧之福；卿等又堅請歸山，朕欲強留，恐違素志，今勉從卿請，心甚戚然。俟明日，朕率百官親至南郊餞別，少盡數年從事之情。」李靖等謝恩而去，眾官無不悽惻。子牙聽得七人告辭歸山，也不勝慘戚，俱各朝散。一宿晚景不題。

次日，光祿寺典膳官預先至南郊，整治下九龍筵席，一色齊備。只見眾文武百官與李靖等先至南郊候駕；惟姜子牙在朝內伺候武王御駕同行。話說武王陞殿，傳旨排鑾輿出城，子牙隨後。一路上香煙載道，瑞彩繽紛，士民歡悅，俱來看天子與眾人、仙餞別，真是哄動一城居民，齊集郊外。只見武王來至南郊，眾文武百官上前接駕畢，李靖等復上前叩謝曰：「臣等有何德能，敢勞陛下御駕親臨賜宴，使臣等不勝感激！」武王用手挽住，慰之曰：「今日卿等歸山，乃方外神仙，朕與卿已無君臣之屬，卿等幸毋過謙。今日當痛飲盡醉，使朕不知卿之去方可耳。不然，朕心何以為情哉！」李靖等頓首稱謝不已。須臾，當駕官報：「酒已齊備。」武王命左右奏樂，各官俱依次就位。武王上坐。只見簫韶迭奏，君臣懽飲，把盞輪盃，真是暢快。說甚麼庖鳳烹龍，味窮水陸。君臣飲罷多時，只見李靖等出席謝宴告辭，武王亦起身執手，再三勸慰，又飲數盃。李靖等苦苦告別，武王知不可留，不覺淚下。李靖等慰之曰：「陛下當善保天和，則臣等不勝慶幸。俟他日再圖相晤也。」武王不得已，方肯放行。李靖等拜別武王及文武百官。子牙不忍分離，又送了一程，各灑淚而別。後來李靖、金吒、木吒、哪吒、楊戩、韋護、

雷震子，此七人俱是肉身成聖。後人有詩贊之，詩曰：

別駕歸山避世囂，閑將丹竈自焚燒。修成羽翼超三界，煉就陰陽越九霄。
兩耳怕聞金紫貴，一身離卻是非朝。逍遙不問人間事，任爾滄桑化海潮。

話說子牙別了李靖等七人率領從者進西岐城，回相府。至次日早朝，武王陞殿，姜子牙與周公旦出班奏曰：「昨蒙陛下賜李靖等歸山，得遂他修行之願，臣等不勝欣幸。但有功之臣，當分茅土者，乞陛下速賜施行，以慰臣下之望。」武王曰：「昨七臣歸山，朕心甚是不忍；今所有分封儀制，一如相父、御弟所議施行。」子牙與周公旦謝恩出殿，條議分封儀注併位次，上請武王裁定。次日武王登寶座，命御弟周公旦于金殿上唱名策封，先追王祖考，自太王、王季、文王皆為天子，其餘功臣與先朝帝王後裔俱列爵為五等：公、侯、伯、子、男，其不及五等者為附庸。

列侯分封國號名諱：

魯　姬姓，侯爵。周文王第四子周公旦，佐文王、武王，有大勳勞于天下。後成王命為冢宰，食邑扶風雍縣東北之周城，號周公，留相天子，主自陝以東之諸侯。乃封其長子伯禽于曲阜，地方七百里，分以寶玉大弓之器，俾侯于魯，以輔周室。

齊　姜姓，侯爵。係炎帝裔孫，伯益為四岳，佐禹平水土有功，賜姓曰姜氏，謂之呂侯。其國在南陽宛縣之西南。自太公望起自渭水，為周文王師，號為尚父，佐文、武定天下，有大功，封營丘，為齊侯，列于五侯九伯之上。即今山東青州府是也。

燕　姬姓，伯爵。係周同姓功臣，曰君奭，佐文、武定天下，有大功，為周太保。食邑于召，謂之召

康公。留相天子，主自陝以西之諸侯。乃封其子為北燕伯，其地乃幽州薊縣是也。

魏　姬姓，伯爵。係周同姓功臣，曰畢公高，佐文、武定天下，有大功，封於魏國。即今河南開封府高密縣是也。

管　姬姓，侯爵。係武王弟，曰姬叔鮮，以監武庚封于管。即今河南信陽縣是也。

蔡　姬姓，侯爵。係武王弟，曰姬叔度，以監武庚封于蔡。即今河南汝寧府上蔡縣是也。

曹　姬姓，伯爵。係武王弟，曰姬叔振鐸。武王克商，封于曹。即今濟陽定陶縣是也。

郕　姬姓，伯爵。係武王弟，曰姬叔武。武王克商，封于郕。即今山東兗州府汶上縣是也。

霍　姬姓，伯爵。係武王弟，曰姬叔處。武王克商，封于霍。即今山西平陽府是也。

衛　姬姓，侯爵。係武王同母少弟，封為大司寇，食采于康，謂之康叔，封于衛。即禹貢冀州是也。

滕　姬姓，侯爵。係武王弟，曰姬叔繡。武王克商，封于滕。即今山東章邱縣是也。

晉　姬姓，侯爵。係武王少子，曰唐叔虞。封于唐，後改為晉。即今山西平陽府絳縣東翼城是也。

吳　姬姓，子爵。係周太王長子泰伯之後。武王克商，遂封之為吳。即今吳郡是也。

虞　姬姓，公爵。係周太王子仲雍之後。武王克商，求泰伯、仲雍之後，得章，已為吳君；封其別子為虞公。在河東太陽縣是也。

虢　姬姓，公爵。係王季子號仲，文王弟也。仲與虢叔為文王卿士，勳在王室，藏于盟府。而文王友愛二弟，謂之二虢。武王克商，封仲于弘農陝縣東南之虢城。

楚　芈姓，子爵。係顓頊之裔，曰鬻熊。為周文王師，有勤勞于王家，封之于荊蠻，以子男之上居之。

即今丹陽南郡枝江縣是也。

許　姜姓，男爵。係堯四岳之後。因先世有功，武王克商，封其裔文叔于許。即今之許州是也。

秦　嬴姓，伯爵。係顓頊之裔。因先世有功，武王克商，封其裔栢翳于秦。即今之陝西西安府是也。

莒　嬴姓，子爵。係少昊之後。因先世有功，武王克商，封其後茲與期于莒城。即今之莒縣是也。

紀　姜姓，侯爵。係太公之次子。武王念太公之功，分封于紀。即今東莞劇縣是也。

郳　曹姓，子爵。係陸終第五子晏安之後。武王克商，封其裔曹挾于郳。即今之山東鄒縣是也。

薛　任姓，侯爵。黃帝之後。因世有功，武王克商，封其後裔奚仲于薛。即今山東沂州是也。

宋　子姓，公爵。係商王帝乙之長庶子曰微子啟。因紂王不道，微子抱祭器歸周。武王克商，封微子于宋。即今之睢陽縣是也。

杞　姒姓，伯爵。係夏禹王之後。武王克商，求夏禹苗裔，得東樓公，封于杞，以奉禹祀。即今之開封府雍丘縣是也。

陳　嬀姓，侯爵。係帝舜之後。其裔孫閼父為武王陶正，能利器用，王實賴之。以元女大姬下嫁其子滿，而封諸陳，使奉虞帝祀。其地在太皞之墟，即今之陳縣是也。

薊　姬姓，侯爵。係帝堯之裔。武王克商，求其後，封之于薊，以奉唐帝之祀。即今之北京順天府是也。

高麗　子姓，乃殷賢臣，曰箕子，亦商王之裔，因不肯臣事于周，武王請見，乃陳洪範九疇一篇而去之遼東。武王即其地以封之。至今乃其子孫，即朝鮮國是也。

其親王功臣，帝王後裔，共封有七十二國。今錄其最著者。其餘如越封于會稽，向封于譙國，凡封于汲郡，宿封于東平，郜封于濟陰，鄧封于潁川，戎封于陳留，芮封于馮翊，極封為附庸，穀封于南陽，牟封于泰山，葛封于梁國，郳封為附庸，譚封于平陵，遂封于濟北，滑封于河南，邢封于襄國，江封于汝南，冀封于皮縣，徐封于下邳，舒封于廬江，弦封于弋陽，鄶封于瑯琊，厲封于義陽，項封于汝陰，英封于楚，申封于南陽，共封于汲郡，夷封于城陽等國，不悉詳記。如南宮适、散宜生、閎夭等，各分列茅土有差。即于是日大排筵席，慶賀功臣、新封文武等官。又開庫藏，將金銀寶物悉分于諸侯人等。眾人俱各痛飲，盡醉而散。次日，各上謝表，陛辭天子，各歸本國。後人有詩為證：

一舉戎衣定大周，分茅列土賜諸侯。三王漫道家天下，全仗屛藩立遠謀。

話說眾人各領封敕，俱望本國以赴職任，惟御弟周公旦、召公奭在朝輔相王室。武王乃謂周公曰：「鎬京為天下之中，真乃帝王之居。」于是命召公遷都于鎬京，即今陝西西安府咸陽縣是也。武王謂：「師尚父年老，不便在朝。」乃厚其賜賚，賜以宮女、黃金、蜀錦，鎮國寶器黃鉞、白旄，得專征伐，為諸侯之長。令其之國，以享安康之福。

次日，子牙入朝，拜謝賜賚，陛辭之國。武王乃率百官餞送于南郊。子牙叩首謝恩曰：「臣蒙陛下賜令之國，不得朝夕侍奉左右。今日一別，不知何日再睹天顏也！」言罷，不勝傷感。武王慰之曰：「朕因相父年邁，多有勤勞于王室，欲令相父之國，以享安康之福，不再勞相父在此朝夕勤劬耳。」子牙再三拜謝曰：「陛下念臣至此，臣將何以報陛下知遇之恩也！」其日君臣分別，子牙拜送武王與百官進城，子牙方纔就道，往齊國而去。太公至齊，因思：「昔日下山至朝歌時，深蒙宋異人百般恩義，因王事多

艱，一向未曾圖報；今天下大定，不乘此時修候，是忘恩負義之人耳。」乃遣一使臣，齎黃金千斤，錦衣玉帛，修書一封，前往朝歌，問候宋異人。使臣離了齊國，一路行來，不覺一日來到朝歌。其時宋異人夫婦已死，止有兒子掌管家私，反覺比往時更勝幾倍。其日收了禮物，修回書與來使至齊，回覆太公。太公在齊，治國有法，使民以時，不越五月，而齊國大治。後子牙薨，公子伋嗣位，至小白，相管仲，霸天下，春秋賴之。後至康公，方為田氏所滅。此是後事，亦不必表。

且說武王西都長安，垂拱而治，海內清平，萬民樂業，天下熙熙皞皞，順帝之則。真一戎衣而天下大定，不遜堯舜之揖讓也。後武王崩，成王立，周公輔相之，戡定內難，天下復睹太平。自太公開基，周公贊襄，遂成周家八百年基業。然子牙、周公之鴻功偉烈，充塞乎天地之間矣。後人有詩單贊子牙斬將封神，開周家不世之基：

寶符秘籙出先天，斬將封神合往愆。敕賜崑崙承旨渥，名班冊籍注銓編。

斗瘟雷火分前後，神鬼人仙任倒顛。自是修持憑造化，故教伐紂洗腥羶。

又有詩贊周公輔相成王，戡定內難，為開基首功，而又有十亂以襄之，詩曰：

天潢分派足承祧，繼述訏謨更自饒。豈獨簪纓資啟沃，還從劍履秩宗朝。

和邦協佐能戡亂，典禮咸稱善補貂。總為周家多福蔭，天生十亂始同調。

評

周室之分茅列土，首自親王十亂以及諸臣，碁置星列藩屏帝京，捍衛王室，可為盡善盡美！所以周之享國久遠，良在是歟！

又評

封神一書，其說由來甚遠，事無可稽，情有可信。語云：生為上柱國，死作閻羅王。是又因人而可決者。況忠臣義士氣可貫虹，心可穿石，死後豈得泯泯無聞耶？然諸神名號，雖無可稽，而當日有無是事，亦未可知。余弟因伯敬先生所家藏之本，又詳為考訂，公諸同好；但取其新奇可喜，怪異不馴，用以醒倦目資談柄而已，其他非所計也。

東周列國志（上）（下）

馮夢龍／原著　蔡元放／改撰　劉本棟／校訂　繆天華／校閱

《東周列國志》是記載東周列國事跡的小說，它的特色在於將歷史予以小說化，既可當小說看，又可當歷史讀。其內容絕大部分都是可信的史實，與一般虛構的小說不同，甚至可說是趣味化的一部白話歷史。因為是根據經籍編撰而成，所以小說在用語方面多承襲原文，或稍加語體化，或許在文字上不如《水滸傳》、《西遊記》等通俗易懂，但其所具有之歷史價值，則是不容忽視的。本書校注者以審慎嚴謹的態度，將小說中一些明顯與史書矛盾錯誤之處加以校正，俚俗難懂的詞語並有簡明注釋，使本書更具可讀性。

東西漢演義

甄　偉、謝　詔／編著　朱恒夫／校注　劉本棟／校閱

《東西漢演義》在高度尊重史實的基礎上，演述了劉邦、項羽、張良、范增、韓信、班超、蘇武、劉秀等英雄人物的傳奇，以及鴻門之宴、築壇拜將、四面楚歌、王莽篡漢、光武中興等膾炙人口的故事。透過這本歷史演義，可以清晰地了解兩漢重要史實，並從中感知藝術之美，它既是一本通俗的歷史讀物，也是優秀的文學作品，值得您玩味欣賞。本書以三種清刊本互校精刊，生難詞語並摘出注釋，讓這部精彩的歷史演義小說以完善面目重新問世。

隋唐演義

褚人穫／著　嚴文儒／校注　劉本棟／校閱

《隋唐演義》以隋唐歷史為題材，內容繁富，人物眾多，將帝王后妃、達官貴人生活的奢靡與爭權奪利融入歷史事件中，組織巧妙，是部廣受讀者歡迎的歷史演義小說。《隋唐演義》以史為經、以人物事件為緯，使一般大眾可以藉小說認識歷史；性格化的語言，使人物形象鮮明。《隋唐演義》的藝術成就，值得讀者細細品味，一探究竟。

萬花樓演義

李雨堂／撰　陳大康／校注

《萬花樓演義》以英雄狄青從出身到發跡的傳奇經歷為主線，穿插包公查明狸貓換太子案、朝廷顯貴圖謀龍馬、龐孫奸黨謀害忠良等精彩故事，人物形象鮮明、情節緊湊、高潮迭起，每每令人欲罷不能、拍案叫絕。

楊家將演義

紀振倫／撰　楊子堅／校注　葉經柱／校閱

楊家將故事如木桂英掛帥、四郎探母、三岔口等早已廣泛流傳，家喻戶曉。天波楊府男女老少個個都是英雄，各富傳奇故事。清代以來，以楊家將故事為題材的京劇和地方戲劇不下百種，大都取材自小說《楊家將演義》。書中以楊繼業祖孫五代與入侵的遼和西夏人英勇戰鬥、前仆後繼的事跡為主軸，雖然事件紛繁，但鏡頭集中，人物形象突出，情節描述有條不紊、生動傳神，值得再三玩味。本書以明清諸多刊刻本詳為參照校注，內容嚴謹可靠。

說岳全傳

錢　彩／編次　金　豐／增訂　平慧善／校注

北宋靖康年間，金兀朮帶領金兵入侵，宋朝皇帝無能加上權臣誤國，在敵強我弱的情況下，社稷岌岌可危，一代名將岳飛便是在這樣的背景下躍上歷史舞台。本書從大鵬轉世、岳飛誕生寫起，精彩鋪陳岳飛一生轟轟烈烈的英雄事跡。縱觀全書，高潮迭起，兼顧史實與小說的技巧，是一部引人入勝、涵義深遠的經典文學作品。本書正文以乾隆餘慶堂刻本為主，另校以二種清刻本，引言與考證對於岳飛史實和相關文學創作，並有深入的評析。

民間故事論集

金榮華著

臺灣地區第一部專門討論國內外民間故事的論文集。從中國的故事、古代神話、比較民間文學、韓國民間故事，到民間故事的整理、分類和情節單元的編排，有系統地帶領讀者領略民族經驗與智慧之美。

細說桃花扇—思想與情愛

廖玉蕙著

本書探討《桃花扇》研究的狀況、桃花扇的運用線索、人物形象與史實的關係、關目的因襲與劇作的創新，及孔尚任寫作歷史劇的虛構點染，對號稱清代傳奇雙璧之一的《桃花扇》作出全新的詮釋，為喜愛戲劇的讀者開闢了全新的視野。

國文教學法

黃錦鋐著

作者集結數十年來教授語文教學法的心得，提出實用教學法的理論根據和教學實務建議：改變呆板、機械、背誦、記憶的教學法，提供學生思考的空間，以達到創造的境地。實為教師及自學者參考、自修的最佳讀物。

文心雕龍析論

王忠林著

作者就《文心雕龍》整體分析其結構內容，再就各篇文辭實際分析其細節，使讀者直接瞭解劉勰的意見，精確認識其理論。對研究中國文學原理、創作技巧及中國文學發展史的讀者，都有很大的幫助。

聲韻學

林燾、耿振生著

本書為聲韻學的基礎讀物，內容包含聲韻學的性質及其在傳統語文學與現代語言學中的地位；漢語字音結構的特點、現代標準音音系、各大方言語音特徵及其代表點的音系；從先秦到《切韻》、《中原音韻》乃至現代北京音的演變脈絡。對聲韻學的基本知識有全面的介紹，為中文系學生和初學者必讀。

治學方法

劉兆祐著

本書旨在為研治文史學者提供正確的治學方法。全書共分〈緒論〉、〈治學入門之必讀書目〉、〈研讀古籍的方法〉、〈善用工具書〉、〈重要的文史資料〉、〈治國學所需具備的基礎知識〉、〈撰寫學術論文的方法〉等七章，大抵治文史學者所應知的方法，都已論及。